수업전문성 Cafe

그것의 지형과 맥락

Classroom Teaching Skills | 9th edition

James M. Cooper 외 지음

서명석 · 곽유진 · 김외솔 · 박상현
양정은 · 장경숙 · 한민철 함께 옮김

CENGAGE Learning
아카데미프레스

Australia · Brazil · Japan · Korea · Mexico · Singapore · Spain · United Kingdom · United States

CENGAGE Learning™

Classroom Teaching Skills, **Ninth Edition**
James M. Cooper, Jason G. Irizarry, Mary S. Leighton, Greta G. Morine-Dershimer, David Sadker, Myra Sadker, Robert Shostak, Terry D. TenBrink, Carol Ann Tomlinson, Wilford A. Weber, Carol S. Weinstein, Karen R. Zittleman

Senior Publisher: Linda Schreiber-Ganster

Assistant Editor: Caitlin Cox

Editorial Assistant: Linda Stewart

Associate Media Editor: Ashley Cronin

Marketing Manager: Kara Kindstrom

Executive Advertising Project Manager: Brian Chaffee

Marketing Communications Manager: Martha Pfeiffer

Content Project Management: Pre-PressPMG

Creative Director: Rob Hugel

Art Director: Maria Epes

Print Buyer: Rebecca Cross

Rights Acquisitions Account Manager, Text: Bob Kauser

Rights Acquisitions Account Manager, Image: Leitha Etheridge-Sims

Production Service: Pre-PressPMG

Photo Researcher: Pre-PressPMG

Copy Editor: Daniel Nighting

Cover Designer: Gia Giasullo

Cover Image: Illustration Works

Compositor: Pre-PressPMG

ISBN-13: 978-89-91517-87-5 93370

Cengage Learning Korea Ltd.

Suite 1801 Seokyo Tower Building

353-1, 22 Seokyo-Dong, Mapo-Ku

Seoul 121-837, Korea

Tel: (82) 2 322 4926

Fax: (82) 2 322 4927

Cengage Learning is a leading provider of customized learning solutions with office locations around the globe, including Singapore, the United Kingdom, Australia, Mexico, Brazil, and Japan. Locate your local office at: **www.cengage.com/global**

Cengage Learning products are represented in Canada by Nelson Education, Ltd.

For product information, visit **www.cengageasia.com**

Printed in Korea
1 2 3 4 14 13 12 11

이 책은 Cooper, J. M., et al.(2011). *Classroom Teaching Skills*(9th ed.)을 우리말로 옮긴 것이다.

일러두기

1. 원래 원서에 실려있는 예화와 내용 등을 모두 우리 나라의 실정에 맞게 고쳐두었다.

2. 장별 로고스는 우리가 새롭게 추가해서 넣어두었다.

3. 특별히 강조해서 자세하게 풀이한 용어에 대해서는 '–'으로 연결하여 처리하였다.
   예시) 차이성–극대화–시키기

4. 장별로 실려있는 관련 사진과 풀이는 우리가 새롭게 추가해서 배치한 것이다.

5. 학습의 효율성을 위해서 〈연습문제〉와 〈종합문제〉에 대한 풀이와 해답을 장 뒤에 바로 배치해서 독자의 편의성을 고려하였다.

교사가 차이를 만든다.

Teacher makes a difference.

■ 역자 소개

서명석

/

제주대학교 교수

기획·감수

올해로 16년째 교사를 양성하는 대학에서 학생들을 가르치며 그들과 함께 배우고 있다. 장차 도저하고 웅숭깊은 교사로 그들을 키워내고 싶은 열망과 헌신으로 살아가고 있다. 요즈음 서양교육담론과 동양교육담론 사이의 차이성을 화쟁하여 이 둘을 융합[融二而不一] 시켜 나가는 새로운 길-내기에 힘쓰고 있다. 특히, 현재 나는 서양교육담론에 들어있지 않은 <몸공부와 마음공부>라는 동양전통을 탈-근대적으로 가공하여 교육적으로 담론화 하는 일에 매진하고 있다. 이런 생각을 함께 공유하는 학문공동체인 연진회를 만들어 이곳의 회원들과 더불어 존재의 공진화를 하는 중이다. * fieldpath@empal.com

■ 역자 소개

곽유진

/

제주 광양초등학교 교사

2011년 3월 14일, 한량 같기 그지없던 생활을 청산하고 처음으로 교직에 발을 내디뎠다. 생각했던 것 이상으로 현장은 즐겁고 유쾌하며 달콤하다. 아직 모르는 것이 너무 너무 많다. 그렇지만 달리 생각하면 무한한 가능성으로 가득한 일터. 교육의 쫄깃하고 명쾌한 '맛'을 서서히 느끼고 있다. 교육만큼이나 사랑하는 것은 바로 영화. 언젠가 아이들과 함께 한국판 <클래스> 같은 영화를 만들어보는 것이 목표이다. 내가 가르친 아이들이 비틀거리는 이 세상을 정의롭고 행복하게 만들기를 소망한다. 오늘도 아이들과 함께 외친다. "배운 것을 실천하겠습니다!"

김외솔

/

제주대학교 강사

왜 그럴까? 어떻게 해야 할까? 그러면 지금 나는 무엇을 해야 할까? 이러한 고민이 지금의 나를 있게 했다. 살아온 날 보다 살아갈 날이 더 많은 나에게 '교육'이란 내 인생의 큰 화두다. 마음으로는 <어떻게?> 보다는 <왜?>를, 몸으로는 <왜?>보다는 <어떻게?>를 추구하며, 실천하는 교육자로서 살아가려 한다. 가르치는 일은 어느덧 내 운명이 되어버렸다. 나는 그렇게 살아왔었고, 그렇게 살아가고, 앞으로 그렇게 살아갈 것이다. 나의 주된 관심사는 교사의 수업전문성, 한국 전통의 사람됨 교육, 질적 연구 등이다.

박상현

/

제주대학교 강사

교사라는 운명을 지닌 동시에 꿈을 갖고 주체적인 존재로 살아가야 하는 사명을 갖고 살아가고 있다. 교사로서의 삶에 끊임없이 질문을 던지며 내가 왜 가르쳐야 하고, 무엇을 가르쳐야 하는가 등에 대한 철학적 물음을 무엇보다 중요하게 생각하고 있다. 그러나 현재 학교 현장의 모습은 이런 모습이 삭제되어 있는 것 같아 위태로워 보인다. 나 역시 지금 바로 이 갈림길에 존재하고 있다. 하지만 나만의 존재론적 역사성에 스러짐 없는 이름을 남기고 싶다. 이를 위해 수업의 본질 해석, 교육과정의 해체, 교사의 수업 전문성, 현상학과 해석학, 몸공부와 마음공부에 관심을 갖고 끊임없이 수학하고 있다.

양정은

/

제주 서초등학교 교사

아이들과 함께 지내면서 나의 꿈은 예전에도 그랬고, 지금도 그렇듯이 "좋은 선생님"이다. "좋은 선생님"의 시작이 수업을 잘 하고 많은 것을 전해줄 수 있음이라고 생각했다. 그러나 여러 해 학교생활을 하면서 이 시대 점수와 개인주의로 상처받은 아이들에게 진정 심어주어야 할 것이 "마음의 다스림"이라는 생각을 하게 되었다. 그래서 아이들이 바른 마음을 담을 수 있는 몸가짐을 먼저 갖추어야 한다는 생각을 갖고, 현재 우리 반 아이들과 <격몽요결 속 구용법>으로 바른 몸가짐을 배우면서 실천하고 있다.

장경숙

/

제주 한림여자중학교 교장

좋은 교육은 좋은 교사라야만 가능하다. 좋은 교사가 되기 원한다면 자신의 꿈과 비전을 디자인해 나가는 끊임없는 자기계발의 노력이 필요하다. 학생에게는 꿈을 가지라고 말하면서 교사 자신은 정작 꿈을 가꾸는데 소홀할 수 있겠는가? 엄청나게 길고 오랜 시간 동안 가르치는 일에만 종사하면서 늘 진짜 교육전문가가 되고 싶었다. '학생들이 신나게 몰입하고, 교사들이 즐거움에 넘치는 수업'을 꿈꾸면서 오늘도 학교와 집과 대학을 부지런히 오간다.

한민철

/

제주 하례초등학교 교사

아직은 아이들과 함께 공부하는 것보다는 운동장에서 뛰어 노는 것을 좋아하는 철부지 교사이다. 학력이 점점 중시되는 학교현장에서 경시되기 쉬운 아이들의 사람됨 교육에 대한 해답을 찾고자 대학원에 입학하였다. 지금은 아이들의 마음공부, 몸공부와 관련해서 실제적인 이론을 연구하여 학교현장에 조금씩 적용시켜 나가는 중이다. 그리고 아이들이 사소하게 던지는 말 한마디 한 마디와 의미없는 행동에도 집중하며 좀 더 나은 수업을 위해 고민하고 있다. 아이들이 바른 인격을 함양하고, 행복하고 즐겁게 학교를 다니기를 바란다.

■ 머리말

Expertise in Teaching

수업전문성을 알고 싶은 이들에게 보내는 편지

혁 명

눈 감을 때만 보이는

별들의 회오리

가로등 밑에서

투명하게 보이는

잎맥의 길

— 진은영의 <일곱 개의 단어로 된 사전> 중에서

이 책은 수업전문성에 대한 일종의 안내 표지판이다. 더 말할 것도 없이 수업전문성이란 교사가 가르치는 일에 필요한 전문적 소양이다. 이것을 안내하는 것이 이 책의 길이다. 그것이 안내 표지판의 일이겠다. 그래서 이런 표현이 더욱 적실하게 들린다. "뛰어난 메타포는 감각의 문으로 들어가 사유의 문으로 나온다."* 이렇게 놓고 보면 안내 표지판은 일종의 메타포의 지평에 놓인다. 이것이 잘 되어 있어야 우리는 쉽게 수업전문성의 정상에 오를 수 있다. 다 올라가서 수업전문성의 조망권을 독자 스스로 획득해두기 바란다.

수업전문성에 대한 개념적 미로에 처해 있는 이들에게 이 책은 그것의 길-찾기를 도와주는 최소한의 약도이다. 그래서 이 책은 수업전문성이라는 평면과 능선을 입체적으로 주파하는 운동을 잔잔하게 담아낸 것이다. 작가 이수정은 이런 말을 한 적이 있다: "올라야 할 더 많은 산등성이들이 눈앞을 가로막고 선다." 분명 그렇다. 수업전문성을 맨 처음 마주 대하면 이런 생각이 먼저 든다. 그렇게 수업전문성은 쉽사리 그 속내를 우리들에게 보여주려고 하지 않는다. 그러나 모든 것이 안개로 덮여 있을 때 안개 속으로 들어가야 우리는 길을 찾을 수 있다. 이것만은 사실이다. 여러분이 수업전문성의 길을 찾으려면 주저하지 말고 이 책 속으로 들어가라. 그러면 이 안에서 우리는 수업전문성의 길을 끌끔하게 찾아낼 수 있으리라.

* 신형철, 『느낌의 공동체』, 서울: 문학동네, 2011, 54쪽.

하지만 이 책이 수업전문성의 모든 면을 적나라하게 보여주었다고 보기는 매우 어렵다. 그렇지만 이 책을 디딤돌로 해서 여기서 포착하지 못한 수업전문성의 다른 능선을 확장적으로 사유하는 계기가 되길 바랄뿐이다. 부디 이 책이 요즈음 교육당국과 현장에서 부쩍 강조되고 있는 수업전문성의 담론 생성에 하나의 전진기지가 되길 우리는 소망한다. 해서 여러분이 이 책을 열자마자 그 순간, 수업전문성의 동살이 마침내 여러분의 손에 잡히기 시작할 것이다.

2011. 6. 17.

아름다운 현의 소리韶絃 서명석

■ 차 례

역자 소개 vii

머리말 xi

1부 수업전문성의 전경

1장 효과적인 교사

1. 효과적인 수업 6
   (1) 효과적인 교사란 어떤 교사인가? 6
   (2) 교사 역량의 일반적 영역 8
2. 교사의 전문적 실천을 위한 Danielson의 이론체계 13
3. 수업에 대한 반성적 의사 결정 모형 18
4. 반성적 수업의 중요성 20
   (1) 임재훈 교사의 반성적 의사 결정 사례 21
5. 수업에 관한 의사 결정에 영향을 주는 요인 23

종합문제 해답 27

후주 28

2부 수업전문성의 배경

2장 수업 목표

1. 수업 목표의 원천 36
2. 유용한 수업 목표가 갖추어야 하는 준거 36
   (1) 학생 중심의 수업 목표 36
   (2) 적절한 학습 결과를 기술하는 수업 목표 37
   (3) 명확하고 이해하기 쉬운 수업 목표 39
   (4) 학습의 결과물을 관찰할 수 있는 수업 목표 41

3. 수업 목표 작성의 3단계 47
(1) 일반적인 목적의 상세화 47
(2) 일반적인 목적을 구체적이고 관찰 가능한 목표로 세분화 49
(3) 목표가 분명하고 적절한지 확인 51
4. 수업 목표는 수업을 계획하는 데 어떤 도움이 되는가? 54
(1) 계획에 초점 54
(2) 효과적인 수업 상황 계획 54
(3) 타당한 평가 절차 계획 56
5. 수업 목표는 수업 중에 어떤 도움을 주는가? 57
(1) 수업 시작 전에 유인물로 배부 58
(2) 학생들이 수업을 준비하는 데 활용 58
(3) 수업 중에 안내 자료로 활용 60
연습문제 해답 61
종합문제 해답 62
후주 64

3장 학생의 수업 참여

1. 수업 도입 단계 계획이란 무엇인가? 73
2. 수업 도입 단계 계획의 활용 시기 74
3. 수업 도입 단계 계획의 모범적 사례 76
(1) 수업 상황 1 76
(2) 수업상황 2 77
(3) 수업상황 3 77
4. 토론 계획이란 무엇인가? 81
5. 토론 계획의 사용 시기 82
6. 토론을 위한 학생 준비 활동 83
7. 토론 계획 87
8. 토론 얼개 준비 87
9. 수업 정리 단계 계획이란 무엇인가? 90
10. 수업 정리 단계 계획의 사용 시기 92
11. 수업 정리 단계 계획의 모범 사례 93

(1) 수업 상황 1 94
(2) 수업 상황 2 95
(3) 수업 상황 3 95
(4) 수업 상황 4 96
종합문제 해답 100
후주 102

4장 발문법

1. 발문에 대해서 우리가 알아야 하는 것은 무엇인가? 111
(1) 효과적인 발문자의 7가지 습관 112
(2) 다량의 발문보다는 양질의 발문 112
(3) 개인의 차이를 반영하는 발문 113
(4) 깊이 있는 발문 114
(5) 폭넓은 발문 116
(6) 숙고시간 및 숙려시간의 적절한 사용 118
(7) 소수가 아닌 모든 학생을 위한 발문 118
(8) 유용한 피드백 제공 121
2. Bloom의 교육목표분류체계(인지적 영역) 6단계 122
(1) 1단계: 지식 123
(2) 2단계: 이해 125
(3) 3단계: 적용 127
(4) 4단계: 분석 129
(5) 5단계: 종합 혹은 창안 131
(6) 6단계: 평가 134
3. 발문 구성의 제안점 141
4. 숙고시간 및 숙려시간의 적절한 사용 145
5. 교사의 피드백 148
6. 학생이 주도하는 질문 유도 153
연습문제 해답 161
종합문제 해답 164
후주 166

3부 수업전문성의 풍경

5장 아이들의 차이성을 반영한 수업

1. '아이들의 차이성을 반영하는 수업'이란 무엇인가? 174

2. 왜 아이들의 차이성을 반영하는 수업을 해야 하는가? 175

3. DI의 교실 속 원천 178

(1) 수업 대상 179

(2) 수업 현장 180

(3) 수업 내용 181

(4) 수업 방법 182

4. 아이들의 차이성을 반영하는 수업에 대한 몇 가지 접근 183

(1) 학습자의 준비성에 부응하는 DI 184

(2) 흥미에 부응하는 DI 188

(3) 학습자 프로파일에 부응하는 DI 191

5. DI의 주요 원리 196

6. 차이성에 민감하게 대응하는 수업에 대한 첫걸음 199

연습문제 해답 208

종합문제 해답 212

후주 213

6장 교실 관리

1. 논거 220

2. 교실 관리란 무엇인가? 그리고 그것이 왜 골칫거리인가? 222

3. 교실 관리의 3가지 양식 225

4. 교실 관리에서 교사가 해야 하는 일 228

(1) 물리적인 환경의 디자인 228

(2) 긍정적인 학생-교사 관계의 형성 230

(3) 학급 분위기 조성 235

(4) 행동규범의 제정 및 준수 239

(5) 가정과의 협력 242
(6) 부적절한 행동에 대한 대처 245

5. 결론 254

연습문제 해답 261
종합문제 해답 261
후주 263

7장 평가

1. 과거의 평가(Evaluation) 또는 새로운 평가(Assessment)? 270

2. 평가 과정 272

3. 전략 선택 275

(1) 1단계: 적절한 정보 수집 기법의 선택 275
(2) 2단계: 필요한 정보를 얻기 위한 최상의 도구 선택 279

4. 평가 유형에 따른 문제 작성 방법 285

(1) 논술형 문제 작성 방법 285
(2) 선다형 질문 작성 289
(3) 진위형의 작성 291
(4) 연결형의 작성 292

5. 루브릭 개발 294

(1) 체크리스트 294
(2) 평정척도 295
(3) 기타 루브릭 298

6. 학생 포트폴리오 300

(1) 평가를 위한 포트폴리오 사용 단계 301
(2) 전자 포트폴리오 302

7. 판단 형성 304

8. 판단의 유형 307

(1) 등급 판정 307
(2) 학생의 진보 판단 310
(3) 태도의 변화에 대한 평가 311
(4) 수업 효과성 평가 312

9. 평가와 기준 316
(1) 결과물인가 아니면 과정인가? 316
(2) 평가 과정에 학부모 참여 317
10. 표준화 검사란 무엇인가? 318
11. 표준화 검사의 선택 318
(1) 주요 질문 319
12. 표준화 검사의 사용 320
(1) 행정사항 320
(2) 채점 321
13. 공학의 역할 322
연습문제 해답 323
종합문제 해답 324
후주 325

역자 후기 327
부록 328

1부

수업전문성의 전경

1 장 효과적인 교사

교사에게

수업전문성이란

생존을 넘어 실존으로 들어가는

존재의 문과 같다.

1부

수업전문성의 전경

1장 효과적인 교사

● INTASC 제9원칙: 교사는 다른 이들(학생, 학부모, 학습 공동체)에 대한 자신의 선택과 행동의 효과를 지속적으로 평가하고, 전문적으로 성장하기 위한 기회를 능동적으로 탐색하는 반성적 실천가이다.

이 장의 목표

1. 효과적인 교사의 특징을 기술할 수 있다.

2. 교사의 성장에 수업 반성이 중요한 이유를 설명할 수 있다.

3. 반성적 수업 의사 결정 모형에 대해 설명할 수 있다.

4. 수업 의사 결정에 영향을 주는 중요한 요인들이 무엇인지 알 수 있다.

■ 효과적인 수업

'효과적인 수업'이란 무엇인가? 그 전에 '교사란 무엇인가?'라는 질문을 던져 보자. 언뜻 생각하면 이 질문에 답하기는 쉽다. **교사**란 학생들이 배우도록 돕고, 학생들이 새롭고 다양한 방식으로 행동하도록 돕는 사람을 말한다. 그러나 이렇게 정의하면 한 가지 문제가 생긴다. 과연 이런 정의가 교사에게만 해당될까? 이런 정의는 부모에게도 적용된다. 부모 역시 자녀가 학습하는데 도움을 주고, 다양한 방법으로 행동하도록 돕기 때문이다. 청소년 단체의 지도자는 또 어떤가? 결국 위의 정의는 교사에게만 적용되지 않는다. 교사가 아니더라도 우리는 항상 누군가를 가르친다.

우리는 교사를 일반적으로 다음과 같이 정의한다. '교사란 전문적인 기능을 갖추고, 사람들이 새로운 방식으로 학습하고 발달하도록 돕는 사람'이다. 교육, 수업, 학습 등 이러한 것들은 다양한 사태에서 일어나는 것이다. 교육은 너무나 중요하기 때문에 우연에 맡겨둘 수 없다. 그래서 우리는 학교를 만들어 학생의 학습에 도움을 주고 더 나은 삶을 살게 한다. 학교에서는 특정한 유형의 교육적 경험을 제공한다. 여기서 특정한 유형의 교육적 경험을 교육과정이라 한다. 사회는 학생들이 교육과정의 목적을 달성하도록 하기 위해 교사를 양성하고 고용한다. 학교 교육을 통해서 사회구성원들이 지적으로, 사회적으로, 인성적으로 발달하도록 돕기 위해 고용된 이들이 바로 교사이다.

효과적인 교사란 어떤 교사인가?

효과적인 교사란 어떤 교사를 말하는 것인지 생각해보자. **효과적인 교사**란 '의도한 학습 결과를 얻어낼 수 있는 교사'를 말한다. 여기에서 학습이 가장 중요하다. 두 명의 교사가 있다고 해보자. 이 두 명의 교사는 서로 다른 학습 결과를 추구하고, 각각 다른 결과를 얻을 것이다. 이처럼 두 명의 교사가 얻는 결과가 일치하지 않더라도 두 명의 교사 모두 효과적인 교사라 할 수 있다. 효과적인 수업은 **의도**와 **목표 달성**이라는 두 가지 기준을 충족시켜야 한다. 의도가 없다면 학생의 성취는 임의적이고 우연에 의한 것이 된다. 그러니 의도만으로는 충분하지가 않다. 교사가 의도했던 학습 목표를 학생이 달성하지 못한다면, 그 실패 원인이 교사가 통제할 수 있는 범위를 벗어난다고 하더라도 그 교사는 효과적인 교사라고 할 수 없다. 교사가 얼마나 효과적인지 평가하는 제도에서 학생의 학업성취도 결과를 반영하는 추세는 점점 증가하고 있다.

1장

많은 연구에서 다음의 두 가지 결론을 내렸다. 하나는 학생이 받는 교육의 질을 결정하는 데 있어 가장 중요한 요인은 교사의 질이라는 것이다. 그리고 다른 하나는 효과적인 교사가 효과적이지 않은 교사보다 훨씬 더 뛰어난 학습 결과를 얻어낸다는 것이다.[1] 따라서 효과적인 교사란 의도한 학습 결과를 만들어내는 능력을 보여주는 교사라고 정의할 수 있다. 그렇다면 효과적인 교사들은 과연 어떻게 원하는 결과를 얻어낼까? 효과적인 교사라면 무엇을 알아야 하는가? 어떤 생각을 가져야 하는가? 무엇을 할 수 있어야 하는가? 이들이 효과적이지 않은 교사와 다른 점이 있다면 그것은 과연 무엇인가?

■ 교사의 인성이 왜 중요한가?

어떤 사람들은 교사의 인성이 중요한 요인이라고 주장한다. 이들은 교사가 친근하고, 용기를 북돋아 주고, 마음이 통하고, 도덕적이고, 덕망이 있고, 열성적이고, 유머러스해야 한다고 말한다. David Ryans는 대규모 연구를 통해 효과적인 교사는 공정하고, 민주적이고, 민감하게 반응하고, 이해심이 많고, 친절하고, 자극을 주고, 독창적이고, 깨어 있고, 매력적이고, 신뢰롭고, 꾸준하고, 균형감이 있고, 자신감이 있다고 결론 내렸다. 반면에 효과적이지 않은 교사는 불공평하고, 독단적이고, 냉담하고, 엄격하고, 가혹하고, 우둔하고, 고정관념에 사로잡혀 있고, 강한 인상을 주지 못하고, 분명하지 않고, 변덕스럽고, 쉽게 흥분하고, 우유부단하다고 묘사했다.[2] 그러나 일부 연구자가 주장했듯이 "상호작용에 참여하는 사람들이 친절하고, 호의적이라면 사람들이 불친절한 경우보다 그 상호작용이 더 낫다는 것은 당연하지 않겠는가?"[3] 교사든 누구든지 간에 어떤 상호작용에 참여하는 사람들의 인성이 좋다면, 그들간의 상호작용은 인성이 나쁜 경우보다 더 좋을 것이다. 그렇다면 이러한 좋은 인성은 교사들에게도 바람직한 것이기는 하지만, 교사들만 이런 인성을 가져야 하는 것은 아니다.

■ 특별한 지식과 기능이 필요하다.

효과적인 교사가 반드시 어떤 지식과 기능을 가져야 한다고 합의하기는 매우 어렵다. 그렇지만 효과적인 교사가 지녀야 할 특별한 지식과 기능이 존재한다는 데에는 대부분이 동의할 것이다.

우선 효과적인 교사라면 아이들의 발달 단계에 대해 잘 알아야 한다. 그리고 학교 안팎에서 어떤 일들이 일어나는지 잘 알아야 한다. 또한, 교사는 자신이 가르치는 교과목에 대한 충분한 지식을 갖추고 있어야 한다. 교사는 학생들을 안내하는 데에 도움을 줄 수 있는 교육철학을 갖고 있어야 하며, 인간이 어떻게 학습하는지를 알아야 하고, 학습을 촉진하는 환경을 조성하는 법을 알아야 한다.

최근 몇 년간 연구자들은 효과적인 교사가 알아야 하고, 할 수 있어야 하는 것이 무엇인지를 밝히려고 시도하였다. 미국의 신규교사 평가 및 지원 협회(INTASC: The Interstate New Teachers Assessment and Support Consortium)에서는 신규교사가 갖추어야 하는 지식과 성향, 수행이 무엇인지 밝히고 신규교사가 보여주어야 하는 성과를 발표했다. INTASC에서 마련한 이 원칙과 기준은 이 책의 부록에 정리해 두었다. 그리고 이 책의 각 장마다 INTASC 원칙이 무엇인지를 밝히고 있다. INTASC 기준은 NBPTS(National Board for Professional Teaching Standards)가 개발한 기준에 토대를 두고 있다. NBPTS가 개발한 기준은 숙련된 교사용으로 작성된 것이다.

교사 역량의 일반적 영역

B. O. Smith의 주장에 따르면, 교사가 교육을 잘 받았다면 의도한 학습 결과를 성취해내기 위해서 다음 네 가지 영역의 교사 역량을 갖추고 있어야 한다고 했다.[4] 이러한 네 가지 영역의 역량은 다음과 같다.

1. 인간의 학습과 행동에 대한 이론적 지식의 장악력
2. 학습과 진정한 인간관계를 조성하는 태도의 표출
3. 가르칠 교과목의 지식에 대한 장악력
4. 학생의 학습을 촉진하는 각종 수업 기능 레퍼토리

이 책에서는 Smith가 주장한 네 가지 교사 영역에다가 개인의 실천적 지식(PPK: Personal Practical Knowledge)을 덧붙여서 고려할 것이다.

1. 인간의 학습과 행동에 대한 이론적 지식의 장악력

수년 동안 교육은 습관적인 방식으로 이루어져 왔다고 비판받았다. 수업에 관한 안내 지침이나 표준화 수업 절차는 신규교사들이 교실에 적응하는데 도움이 되도록 공식적·비공식적인 경로로 신규교사들에게 전달되었다. 신규교사들은 이로부터 도움 받을 수는 있지만, 심리학이나 인류학, 사회학, 언어학, 인지과학 등에는 교육에 대한 여러 가지 과학적 개념이 소개되어 있다. 이러한 개념들은 교사가 복잡한 교실의 실제를 이해하는 데 도움을 주고, 수업에 대한 **이론적 지식**을 구성할 수 있게 한다. 이러한 개념들을 통해 이론적 배경을 갖지 못한 교사들은 교실에서 일어나는 각종 사태를 상식이나 통상적인 믿음에 의해 해석하는 우를 범할 수 있다. 때로 상식은 유용하기도 하지만, 습관적으로 상식에 의존하는 교사들은 교실에서 일어나는 사태를 잘못 해석하는 경우가 많다.

신규교사들은 대학교수와 동료교사로부터 서로 상충되는 조언을 받기도 한다. 이는 신규교사에게 매우 곤혹스러운 일이다. 대학교수는 이론적인 지식에 초점을 두는 경향이 있는 반면, 경험이 많은 교사는 다음과 같이 조언한다. "이론 따위는 잊어버리고 내 말을 들어봐요. 실제 학교 현장이 어떻게 돌아가는지 알려줄게요." 경험이 많은 교사가 알려주는 이러한 교육 방식은 신규교사들이 대학에서 배운 내용과 다를 수도 있다. 그 결과 신규교사는 교실에서 벌어지는 각종 사태에 대해 어떻게 대처해야 하는지 판단을 내리기가 어려워진다.

■ 상식만으로는 충분하지 않다.

신규교사들의 문제는 그들이 알고 있는 이론이 학교 현장에서 작동하지 않는다는 것이 아니다. 진짜 문제는 신규교사들이 실제 교실의 문제를 해석하고 해결하는데 이론을 활용할 정도로 소화해내지 못했다는 것이다. 신규교사들은 어떤 이론을 배울 때 실제 학교 현장에서 그 이론을 적용할 수 있을 정도로 이론을 해석하고 익힐 수 있는 충분한 기회를 갖지 못했다.

■ 이론은 내면화될 때 그 가치를 발휘한다.

예를 들어, 교사에게 중요한 이론적 개념으로 심리학 용어인 '강화'가 있다. 대부분의 교사는 대학에서 교육심리학 과정을 이수했기 때문에, 강화된 행동은 더욱 심해지고 반복되리라는 것을 잘 알고 있다. 교사들은 강화의 개념을 잘 알고 있으면서도 다른 학생들에게 고른 관심을 보이기 보다는 문제가 있는 학생에게 집중시키는 방식으로 대응한다. 만약 그 학생이 관심을 받고 싶어서 문제 행동을 하는 것이라면, 교사는 그 행동에 더 관심을 부여함으로써 결국 그 학생의 행동을 더 강화시키게 된다. 그 학생이 계속해서 학급에 지장을 주는 행동을 해도, 교사는 왜 그런지 이해하지 못한다. 교사가 강화라는 개념을 머리로는 이해했다 하더라도, 그것이 교사가 그 개념을 내면화하고 숙달했다는 것을 의미하지는 않는다. 어떤 개념을 숙달하려면 구체적인 상황에 직접 적용해보아야 한다.

이론적 지식은 교실에서 일어나는 상황을 해석하고, 문제를 해결해내는 데에 매우 유용하다. 그러므로 교사가 인간 행동에 관한 이론과 개념을 교실 상황에 적용할 수 있다면, 평소에 의식하지 못하고 넘어갈 수도 있는 여러 사태를 명확하게 인식하고 문제를 해결할 수 있다. 그러나 이것은 말처럼 그리 쉬운 일이 아니다. 이렇게 할 수 있으려면 교사는 이론적 개념을 이해해야 하고, 연습해야 한다. 또한, 동료교사와 교수로부터 조언도 필요하다. 정규 교사양성과

정만으로는 이론적 지식을 충분히 숙달할 수 없다. 이론적 지식을 숙달하기 위해서는 정규 교사양성과정으로는 충분하지 않고, 교사는 학교 현장에서 끊임없이 자기 계발을 해야 한다.

2. 학습과 진정한 인간관계를 조성하는 태도의 표출

효과적인 수업을 위해 중요한 역량 중 두 번째는 태도에 관한 것이다. 태도란 타인에 대한 생각이나 사태에 대해 교사가 보이는 긍정적 또는 부정적 성향을 의미한다. 사실 모든 교사는 수업에서 교사의 태도가 중요한 영역이라고 확신한다. 태도는 우리의 행동에 직접적인 영향을 미친다. 자신의 태도에 따라서 각종 사태를 바라보는 관점이 달라지고, 다른 이들과 상호작용하는 방식이 달라진다.

■ 수업 행동에 영향을 주는 태도

수업에 영향을 주는 태도의 주요 범주는 (1) 교사 자신에 대한 태도, (2) 학생에 대한 교사의 태도, (3) 동료교사와 학부모에 대한 교사의 태도, (4) 교과목에 대한 교사의 태도이다.

(1) 교사 자신에 대한 태도. 심리학 이론에 따르면, 자신의 감정을 조절하거나 제어하지 못하는 사람은 타인의 감정을 존중하지 못하거나 타인의 감정에 대처하지 못한다. 학생의 감정을 이해하고 공감하려면, 교사는 우선 자신의 감정을 인식하고 이해해야 한다. 많은 대학에서는 학생 상담, 반성적 사고, 자기 인식의 경험 등과 같은 교육 프로그램을 제공하고 있다. 자기 인식의 경험 프로그램에서는 자기 성찰, 자기 평가, 다른 참여자로부터 받는 피드백 등을 강조한다. 이러한 프로그램의 목적은 장차 교사가 될 사람들이 자신과 자신의 태도, 그리고 다른 이들이 자신을 파악하는 방식에 관한 것들을 배우도록 돕는 것이다.

(2) 학생에 대한 교사의 태도. 많은 교사는 수업에 방해되는 학생들에게 어떤 특정한 태도나 감정을 갖게 된다. 특정 집단에 대한 선입견, 빈곤한 가정의 학생에 대한 낮은 학업 기대, 특정 학생에 대한 선호와 부정적 선입견과 같은 교사의 모든 행동은 수업의 효과성을 감소시킬 수 있다. 교사가 자신의 감정과 신념을 극복하려고 한다면, 학생 개인이나 계층에 대해 갖고 있는 자신의 태도를 인식해야 한다. 만일 교사가 학생들에게 감정을 이입하고, 특별한 개개인으로서 그들을 존중하는 태도를 갖는다면, 교사는 더 효과적이게 될 것이다. 그에 따라 수업도 더욱 만족스러울 것이다.

■ 교사 기대감의 중요성

한 연구에 따르면, 교사가 학생에게 낮은 기대치를 가지고 그러한 기대를 의식적으로나 무의식적으로 학생에게 전달하게 될 경우에 자아 충족적 예언이 부정적으로 일어날 수 있다.[5] 즉, 학생은 교사의 낮은 기대치에 맞춰지고, 그 결과 교사의 기대치도 더 낮아지는 것이다. 반대로 교사가 학생들에게 높은 기대치를 갖고 학생들과 상호작용하는 경우, 학생들은 교사의 높은 기대치를 충족시키려고 행동할 것이다. 이에 따라 교사는 학생들에 대해 더 높은 기대치를 갖게 된다. 이와 같이 학생에 대한 교사의 태도와 기대는 학생의 학습 의욕에 강한 영향을 미친다.

(3) 동료교사와 학부모에 대한 교사의 태도. 교사의 활동 공간이 교실이라고 해서 외부로부터 교사가 고립되어 있는 것은 아니다. 교사들은 동료교사나 학교 관리자와 접촉하고 학부모와도 관계를 맺는다. 아이들을 다루는 것은 잘하는데, 학부모나 동료교사 등 어른들에 대한 부정적인 태도 때문에 교사로서 성공하지 못하는 경우도 있다. 예를 들어, 어떤 교사들은 전문적인 위치에 있는 사람들이 자신의 그릇된 점을 개선하라고 제안하면 거부감을 느낄지도 모른다. 또한, 어떤 교사들은 권위 있는 사람들의 제안을 너무 쉽게 받아들인다. 그리고 나서는 자신의 신념을 고수했으면 하고 후회하는 경우도 있다. 또 어떤 교사들은 업무상 능력을 인정받거나 학생들에게 인정받기 위해 다른 교사들과 경쟁해야 한다고 느낄 것이다. 교사가 자신이나 학생에 대한 태도에 대해 위에서 언급한 이야기들은 동료교사나 학부모에 대한 교사의 태도에 대해서도 대부분 해당된다.

(4) 교과목에 대한 교사의 태도. 한마디로 말하면, 이 메시지는 교과목에 대한 교사의 열정이다. 교사가 교과목에 관심이 없다면, 어떻게 학생들에게 교과목에 대한 관심을 불러일으킬 수 있는가. 학생들이 교사에 대한 태도를 지각해낼 수 있는 것처럼, 학생들은 교과목에 대한 교사의 태도에도 민감하다. 가르치는 교과목에 대해 의욕이 없는 교사가 어떻게 학생에게 교과목에 대한 열정을 불어넣어 주기를 기대하는가. 결국 교사가 교과목에 관심이 없다면, 학생들에게 학습 동기를 부여할 수 없게 되는 것이다.

3. 가르칠 교과목의 지식에 대한 장악력

교사는 가르칠 교4과목에 대해 정통해야 한다. 그런데 교사가 교과목에 대해 정통하려면 과학이나 역사 또는 수학 등을 공부하는 것만으로는 충분하지 않다. 교사가 교과목에 대해 준비해야 하는 것에는 두 가지 측면이 있다.

(1) 교과목의 내용을 연구하는 것

(2) 학생들에게 잘 전달하기 위한 자료를 선택하는 것

■ 내용 지식 + 교수법

대학에서 수학이나 영어와 같은 과목을 배웠다면, 그 학문의 기본 개념이나 연구 방식 등을 이해하는 데에는 도움이 될 수도 있다. 그렇지만 대학 강의에서는 초·중·고 학생들에게 가르쳐야 하는 것을 다루는 것이 아니다. 학교에서 학생들에게 가르치는 것은 대학에서 배운 내용보다 범위가 더 좁아야 하고, 수준이 낮은 것이어야 한다.

또한, 교사는 학교 교육과정에 대해서도 잘 알고 있어야 한다. 학교 교육과정에 대한 지식은 **내용을 가르치는 데 적용되는 지식**(PCK: Pedagogical Content Knowledge)과 관련이 있다. PCK는 **내용 지식**(Content Knowledge)과 교수법의 가교 역할을 한다. PCK란 '특정 주제나 문제가 어떻게 조직되고 기술되는지, 그리고 학습자의 흥미와 능력을 어떻게 활용하는지, 수업을 어떻게 진행하는지 이해한 상태에서 교과목 내용과 교수법을 통합시키는 지식'을 말한다.[6] PCK를 갖춘 교사는 내용 지식을 해석할 수 있는데, 그 내용 지식에는 어떤 수업이 좋은 수업인지, 학생의 요구와 능력이 어떠한지 등이 포함된다. 이러한 교사들은 각 교과목의 주요 주제, 학생들이 학습하기에 어려운 측면, 그리고 학습 방법에서 학생들이 얻을 수 있는 것들을 잘 알고 있다. 또한, 그들은 학생들이 교과의 내용을 잘 이해할 수 있도록 좋은 예화나 일화, 유추, 증명 등을 활용하여 제시한다. 예를 들어, 전기의 흐름을 설명하기 위해 수도관에 물이 흐르는 것으로 비유해서 설명하는 경우를 살펴보자. 이는 처음에는 유용할 수 있다. 그러나 PCK를 갖춘 교사는 그런 유추의 한계와 더불어 전기의 다른 특성을 이해하는 데에 그 유추가 나중에 학생들에게 어떤 오해를 불러일으킬 수도 있는지를 잘 알고 있다.

특정 교과의 내용 대부분이 학생들의 삶과 관련되어 있기 때문에, 교사는 앞에서 비유로 든 그런 점들을 재고해야만 한다. 효과적인 의사소통을 위해서 교사는 학생과 교과목 모두를 이해해야 하고, 나아가 그 둘 사이를 연결하는 특별한 훈련을 받아야 한다.

4. 학생의 학습을 촉진하는 각종 수업 기능 레퍼토리

효과적인 교사라면 **수업 기능** 레퍼토리를 갖고 있어야 한다. 수업 기능 레퍼토리란 가르치는 일을 하는 데 필요한 행동을 묶은 것을 의미한다. 다양한 배경과 다른 적성을 가진 학생들과 효과적으로 소통하고자 한다면, 교사는 레퍼토리가 있어야 한다. 따라서 교사 교육 프로그램에는 특정한 수업 기능 습득에 중점을 둔 훈련 요소가 포함되어 있어야 한다. 이를테면, 학생들이 더 깊게 사고하도록 유도하는 발문 능력, 좋은 평가를 기술하는 능력, 학생의 학습을 촉진하는 교실 관리 능력과 같은 것이다. 수업의 실제적 차원을 무시하거나 경시하는 교육 프로그램은 없다. 지식의 요소는 교사가 직면하는 맥락과 사태에 초점을 두어 교사 양성 과정에 포함되지만, 기능의 요소는 직접적으로 교실 현장에서의 수습과정에 초점을 둔다. 이것은 수업 행동에 대한 관찰, 분석, 수정에 초점을 둔 개념이다.

5. 개인의 실천적 지식

개인의 실천적 지식(PPK: Personal Practical Knowledge)은 교사가 가르치는 실제 환경에서 포착하는 이해의 틀이다.[7] 이러한 이해의 틀에는 수업에 직접적으로 영향을 미치는 교사의 신념, 통찰, 습관 등이 포함된다. PPK는 특정한 사건을 통해 만들어진다. 그리고 교사의 선호와 행동에 영향을 미친다. 수년간 교육 연구자들은 PPK를 중요하게 생각하지 않았다. 그 이유는 실천적이고 개인적인 지식보다는 과학적으로 얻은 지식을 더욱 가치있게 여겼기 때문이다. 교사들은 현장에서 딜레마 상황을 해결하고, 긴장감을 해소하며, 복잡한 일을 단순하게 만들기 위해 개인의 실천적 지식을 이용한다.

1장

왜냐하면 교사의 실천적 지식은 개개인과 매우 밀접하게 연결되어 있기 때문이다.[8] PPK에 관한 연구는 수업에 대한 지식이 체계화될 수 없다는 것을 보여준다. 몇몇 교사의 사례 연구를 보면 구조화되지 않은 교실이나 복잡한 교실 상황을 교사가 어떻게 이해하는지에 대한 다채로운 교실 장면을 제공한다. 이러한 사례 연구는 교사 개인의 실천적 지식이 교사 역량의 중요한 차원을 제공한다는 증거이다.

■ 교사마다의 독특성

■ 교사의 전문적 실천을 위한 Danielson의 이론체계

지금까지 효과적인 교사가 갖추어야 하는 역량의 5가지 영역에 대해 살펴보았다. 이러한 5가지 영역을 알면 교사 교육 프로그램의 기본 요소가 무엇인지 이해할 수는 있지만, 실제로 교사가 교실에서 무엇을 하는지에 대해서는 알 수 없다. 교사가 교실에서 하는 일이 무엇인지 이해하기 위해 교사의 전문적 실천을 위한 이론체계를 살펴보자.

Charlotte Danielson은 교사의 책임에 대한 다양한 측면을 드러내는 수업의 이론체계를 개발했다. 이 연구는 학생의 학습 향상을 촉진하는 방법을 보여주고 있다.[9] 수업은 매우 복잡한 활동이다. 그러므로 교사가 전문성을 갖추기 위해 계발해야 하는 역량을 한 눈에 보려면 이 이론체계가 유용하다.

■ 교사 역량에 대한 로드맵

이렇게 Danielson은 수업의 복잡한 활동을 22가지 요소로 분류하고, 이를 다시 수업전문성의 4가지 영역으로 체계화했다.[10]

수업전문성의 4가지 영역

(1) 수업 계획과 준비

(2) 교실 환경의 조성

(3) 수업

(4) 교사의 전문적 책무성

위에서 제시한 4가지 영역을 검토하면 신규교사의 전문성 계발에 필요한 기능과 역량에 대한 로드맵을 얻을 수 있다.

영역 1: 수업 계획과 준비

영역 1에서는 교사가 수업 내용을 어떻게 조직하고 학생들이 학습에서 무엇을 기대하는지, 교사가 수업을 어떻게 설계하는지를 개괄적으로 다룬다. 이러한 요소는 내용 지식과 교수법의 측면을 드러내고, 학생들에 대한 지식이 무엇인가에 대해 알려준다. 또한, 수업 목표를 선정하는 활동과 자료의 원천에 대해 다루며, 일관성 있게 수업 설계하는 것에 대해 학생의 학습 과정과 결과를 평가하는 활동이 포함된다.

영역 2: 교실 환경의 조성

영역 2의 요소는 교실에서 일어나는 상호작용중에 수업 활동을 제외한 것이다. 이것은 교사와 학생 간에 서로 존중하고 래포를 형성하는 환경을 조성하는 것이다. 학습을 위해 교실 문화를 조성하고, 학생의 행동을 관리하며, 물리적 공간을 조직하는 것이다.

영역 3: 수업

영역 3의 요소는 학생을 학습에 참여시키는 것이 수업의 핵심을 구성한다. 이러한 요소에는 분명하고 정확하게 의사소통하고, 발문의 사용과 토론 기술, 학생의 학습 참여, 피드백 제공, 유연성과 민감성 등이 있다.

영역 4: 교사의 전문적 책무성

영역 4의 요소는 교사의 책임감을 교실 밖으로 확장한다. 이 요소에는 수업 반성, 정확한 기록 유지, 학부모와의 의사소통, 학교와 학구에 공헌, 전문적 성장과 계발, 전문성을 보이는 것 등이 포함된다. 이러한 역량을 갖춘 교사는 동료교사나 관리자가 높게 평가한다. 그뿐만 아니라 이들은 진정한 전문가라고 여겨진다. 이 책은 교실 수업 기능에 초점을 두기 때문에 이 영역의 많은 요소를 다루지는 않았다.

■ 공유할 수 있는 용어 제공

Danielson이 연구한 전문적 실천을 위한 이론체계를 사용하면 몇 가지 이점이 있다. 첫째, 이 이론체계에는 탁월한 수업전문성에 관한 풍부한 용어들이 있다. 이 이론체계를 사용하여 전문적 실천을 구성하는 22가지 중요 요소를 설계함으로써 신규교사는 탁월함으로 가는 길을 찾을 수 있다. 수업에 관한 이론체계를 사용하면 교사들은 수업에 대해 토론할 수 있는 틀을 획득할 수 있다. 이 이론체계는 교사의 전문성을 계발하는 데 초점을 두고 있다. 또한, 효과적인 교사가 되기 위해 필요한 역량들을 나열함으로써 학교와 사회가 효과적인 교사에 대해 소통할 수 있게 해준다.

Danielson이 밝혀낸 교사의 전문적 실천 요소

영역 1: 수업 계획과 준비

요소 1-1: 내용 지식과 교수법 시연

내용 지식과 교과의 구조

필수 요건의 관계에 대한 지식

내용관련 교수법에 대한 지식

요소 1-2: 학생에 대한 지식 시연

아동과 청소년 발달에 대한 지식

학습 과정에 대한 지식

학생의 기능, 지식, 언어 숙달도에 대한 지식

학생의 흥미와 문화적 유산에 대한 지식

학생의 특별한 욕구에 대한 지식

요소 1-3: 수업 목표 선정

가치, 계열, 정합성

명료성

균형

다양한 학습자를 위한 적합성

요소 1-4: 자원에 대한 지식

교실 활용을 위한 자원

내용 지식과 교수법을 확장시키는 자원

학생을 위한 자원

요소 1-5: 합치도가 있는 수업 설계

학습 활동

수업 자료 및 자원

수업 집단

차시와 단원의 구조

요소 1-6: 학생 평가 설계

수업 결과와 일치성

준거와 기준

형성 평가 설계

계획 활동

■ 그림 1.1
수업의 뼈대

(뒷면에 계속)

영역 2: 교실 환경 조성

요소 2-1: 존중과 래포형성의 환경 조성

교사와 학생의 상호작용

학생들 간의 상호작용

요소 2-2: 학습 문화의 확립

내용의 중요성

학업 성취에 대한 기대

학업에 대한 학생의 긍지

요소 2-3: 학급 절차의 관리

수업 집단 관리

이행 관리

자료와 재고 관리

수업 이외의 의무 수행

보조교사의 관리

요소 2-4: 학생 행동 관리

기대

학생 행동 관찰

학생의 부적절한 행동에 대한 반응

요소 2-5: 물리적 공간 조직

안전성과 접근성

가구의 배치와 물리적 자원의 활용

영역 3: 수업

요소 3-1: 학생들과 의사소통

학습 기대

방향과 절차

내용 해석

구어와 문어의 활용

요소 3-2: 발문법과 토론 기술의 활용

발문의 질

토론 기술

학생 참여

요소 3-3: 학생의 학습 참여

활동과 과제 부여

학생의 모둠 편성

수업 자료와 자원

구조와 속도 조절

■ 그림 1.1
수업의 뼈대

(옆면에 계속)

요소 3-4: 수업 평가 활동

평가 준거
학생의 학습 관찰
학생에게 피드백
학생의 자기 평가와 과정 관찰

요소 3-5: 유연성과 민감성을 설명하는 것

차시 조정
학생에 대한 반응
지속성

영역 4: 교사의 전문적 책무성

요소 4-1: 수업 반성

정확성
장래의 수업에 활용

요소 4-2: 정확한 기록 유지

학생의 과제 완성
학생의 학습에 대한 진보
수업 이외의 기록

요소 4-3: 학부모와 소통

수업 프로그램에 대한 정보
학생 개인에 대한 정보
수업 프로그램에 가정의 참여

요소 4-4: 교사의 전문적 연구회 참여

동료와의 관계
전문적인 연구 문화에 참여
학교 서비스
학교와 학구 프로젝트에 참여

요소 4-5: 전문적인 성장과 발달

내용 지식과 교수법 기능의 향상
동료의 피드백 수용
교직에 대한 봉사

요소 4-6: 전문성의 발현

성실성과 윤리적 행동
학생에게 서비스
옹호
의사 결정
학교와 학구 규정 수용

■ 그림 1.1
수업의 뼈대

■ 전문가의 두드러진 특징

■ 수업에 대한 반성적 의사 결정 모형

교사의 역할을 설명하는 모형에는 많은 종류가 있다. 각각의 모형은 효과적인 교사와 교사의 과업이라는 본질에 대한 가정이 각기 다르다. 이 책에서는 여러 모형 중에 **반성적 의사 결정자로서의 교사**라는 모형을 선정하였다. 이 모형을 택한 이유는 모형이 복잡하지 않아서, 수업 과정에서 교사가 하는 일의 본질을 강력하게 포착해 주기 때문이다. 교사는 교육전문가로서 의사 결정을 내리고 그에 따라 실행한다. 물론 이런 개념은 수업 중에 일어나는 것을 단순화한 것이다. 이런 단순함 때문에 모형이 유용하다. 반성적 의사 결정자로서의 교사라는 모형은 몇 가지 사항을 기본 전제로 삼는다.

첫째, 이 모형은 수업에는 일련의 목표가 있다고 전제한다. 즉, 수업에는 목표 달성을 위한 방향성이 있다는 것이다. 교사는 수업을 통해 학생들의 사고방식이나 행동에 변화가 일어나는 것을 추구한다는 것이다.

둘째, 이 모형에 따르면 교사는 자신의 행동을 능동적으로 만들어나간다. 교사는 수업을 계획하고 실행한다. 그리고 수업의 효과성에 영향을 주는 새로운 정보를 접하면 이를 수용하고 자신의 계획에 적용한다.

셋째, 이 모형은 분석적으로 수업을 검토하고 반성함으로써 수업을 향상시키는 것이 가능하다고 가정한다. 분석적 의사 결정은 교사가 빠르게 의사를 결정해야 하거나 불확실한 상태에 놓일 수도 있기 때문에 특히 중요하다. 교사가 스스로 내린 결정에 대해 반성하는 것은 시간이 흐를수록 교사 자신에게 도움이 될 것이다.

넷째, 이 모형은 교사 자신의 행동에 따라서 바람직한 방법으로 학생들의 생각이나 행동을 변화시킬 수 있다고 가정한다. 즉, 교사가 학생의 학습에 영향을 줄 수 있다는 것이다.

이러한 의사 결정의 단계는 그림 1.2처럼 나타낼 수 있다. 교사는 그림 1.2에서 보듯이 (1) 계획, (2) 실행, (3) 평가라는 세 가지 기본적인 수업 기능에 대해 의사 결정을 내려야 한다.

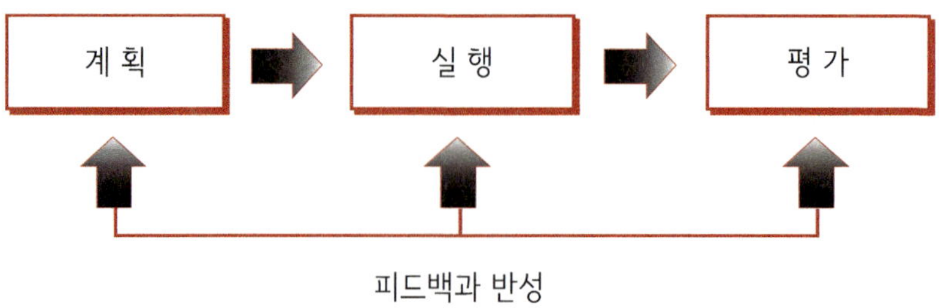

■ 그림 1.2
반성적 의사 결정자로서의 교사 모형

교사는 계획 단계에서 다음에 대한 의사 결정을 내려야 한다.

■ 계획

- 학생의 요구 확인
- 학생의 요구를 충족시키기 위해 필요한 가장 적절한 목적과 목표 확인
- 가르칠 내용 결정
- 목적과 목표를 달성하게 하는 데 필요한 동기부여 방법 구안
- 목적과 목표의 도달을 위해 가장 적합한 수업 방식과 수업 전략 선택

교사가 혼자 앉아 깊이 생각에 잠길 때 교사의 수업 계획이 이루어진다. 이 과정에서 교사는 학생의 목표 달성에 대한 진척 상황을 돌아본다. 그리고 수업에 필요한 자료들을 구할 수 있는지, 어떤 활동을 하려면 시간은 얼마나 필요한지 등에 대해 생각한다. 수업 계획 단계에서는 학생의 행동 관찰 기술, 요구 진단 기술, 목적과 목표를 설정하는 기술, 목표에 적합한 학습 활동을 결정하는 기술 등의 수업 기능이 쓰인다.

■ 실행

수업 실행 단계에서 교사는 수업 계획 단계에서 내렸던 결정을 수행하는 것과 관련한 의사 결정을 해야 한다. 수업 계획 단계는 교사가 혼자 있을 때 이루어지는 반면, 수업 실행 단계는 교사가 수업에서 학생들과 상호작용하는 과정에서 이루어진다. 한 연구에 따르면 교사들은 평균적으로 매 2~6분마다 상호작용에 대해 의사 결정을 내린다.[11] 교사는 교실 상황에 따라서 상호작용에 관한 의사 결정을 신속히 내려야 한다. 때때로 교사들은 학생들이 질문하는 내용에 따라서, 그리고 수업이 진행되는 상태에 따라서 수업 계획을 수정해야 한다. 수업 실행 단계에서는 내용 제시, 설명, 발문, 경청, 소개, 시범, 학생의 대답 유도, 수업 마무리 등의 수업 기능이 쓰인다.

■ 평가

수업 평가 단계에서 교사는 수업 목표가 적절했는지, 수업 목표 달성을 위한 수업 전략이 적절했는지, 학생들이 교사가 의도한 수업 목표를 달성하고 있는지를 판단해야 한다. 교사는 이러한 판단을 내리기 위해 어떤 정보가 필요한지 알아내야 하고, 그 정보를 수집해야 한다. 수업 평가 단계에서는 평가를 위한 학습 목표 진술, 평가에 필요한 정보의 기술, 획득, 분석, 기록, 판단 등의 수업 기능이 쓰인다.

의사 결정 모형에 나오는 **피드백**과 **반성**이란, 수업 결과를 검토하고, 그 의미를 고려하여 이 세 가지 단계를 각각 어떻게 조절할 지 결정하는 것을 의미한다. 이렇게 검토한 것을 기반으로 목표를 성취했는지, 새로운 계획을 만들 필요는 없는지, 실행 전략을 바꿔야 하는 것은 아닌지 결정한다. 피드백한 것에 기초하여 반성하면, 계획, 실행, 평가 단계를 조정하는데 필요한 정보를 얻을 수 있다. 이처럼 피드백과 반성을 통해 의사 결정 전체 과정을 고쳐나가는 것도 의사 결정체계 방법의 일부분이다.

■ 반성적 수업의 중요성

■ 반성적 습관의 형성

INTASC 제9원칙

반성적 수업이란 교사가 자신의 수업을 전반적으로 검토하고 평가하는 것을 의미한다. 관찰, 분석, 해석, 의사 결정 등을 통해 반성적 교사들은 수업을 분석할 수 있고, 비판적으로 생각할 수 있다. 반성에는 보통 경험을 재구성해내는 것, 기존의 지식 기능과 연결하는 것, 수업의 바탕이 되는 전제를 검토하는 것, 새로운 상황에 적용할 지식과 기능에 대해 의사 결정 내리는 것 등이 포함된다. Walter Doyle에 따르면 반성적 교사의 지식에는 개인적 지식, 숙련된 교사의 기능지식, 교실 연구에 관한 지식, 사회·행동 과학 분야의 지식 등이 있다.[12] Doyle은 또한 교사의 개념적 이론체계에 내포되어 있는 수업기능에 대한 이론적·경험적 지식을 사용하여 교사가 수업에 관한 문제에 대해 심사숙고할 수 있다고 했다. 반성적 교사들은 각종 연구에서 제시하는 규칙이나 처방을 맹목적으로 따르지 않고, 숙련된 교사로부터 이론적·경험적 지식을 얻고 활용한다. 반성적 수업이란 교사가 자신의 수업에 대해 지속적으로 고민하고 향상시켜 나가는 과정이다.

■ 논리의 개입과 정서의 이입

반성적인 수업과 반성적이지 못한 수업의 차이는 무엇일까? John Dewey는 수업에 대한 반성이 없는 교사들에 대해 연구했다. Dewey에 따르면, 반성하지 않는 교사들은 평범한 문제를 해결하는 가장 최적의 방법을 찾는데에만 집중했다. 즉, 최적의 방법 외에 문제의 이면에 대해서는 전혀 숙고하지 않았다. 모든 교사가 학교에서 일어나는 모든 일에 대해서 반성하기는 어렵다.[13] 그러나 Dewey는 교사의 일상생활과 학교생활에 대한 반성이 균형을 이루어야 한다고 말했다.

Dewey에 의하면, 반성에는 어떤 절차가 있는 것이 아니다. 반성한다는 것은 어떤 문제에 대해 검토하고 반응하며 옴살스럽게 접근하는 것이다. 그뿐만 아니라 수업에 대해 반성한다는 것은 논리적이고 이성적으로 문제를 해결한다는 의미가 아니다. 반성이란 오히려 감정이나 느낌, 직관 등과 같은 정서적인 것에 더욱 가깝다. 일상적인 행동과는 다르게 반성적인 행동에는 이성과 감정이 관여한다.[14]

Donald Schön 교수는 '행동 후 반성(reflection-on-action)'과 '행동 중 반성(reflection-in-action)', 이 두 단계에 걸쳐 반성하는 과정이 일어난다고 말했다. 이런 유형의 반성을 할 때에는 좀 더 여유가 있고 즉각적으로 반응하지 않아도 된다. 그러나 '행동 중 반성(reflection-in-action)'은 수업을 진행하는 중에 일어나며 대개 즉각적으로 반응해야 한다. 예를 들어, 교사가 질문을 던졌는데 학생이 전혀 예상 밖의 답을 한다면, 교사는 학생의 답에 어떻게 반응할지 재빠르게 결정해야 한다. 이 과정에서 교사는 학생의 능력과 이전에 학생들과 했던 상호작용, 반응해야 하는 범위 등을 고려하여 결정을 내릴 것이다.

■ 중요한 가정 고려

Schön은 교사들이 자신의 행동을 뒷받침하는 가정을 한다고 주장했다.[15] 교사는 자신의 행동을 반성하는 과정에서 미처 인식하지 못했던 자신의 가정을 파악할 수 있다. 이 과정을 통해 교사는 암묵적으로 하던 생각을 비판하고 검토하고 개선할 수 있게 된다. Schön은 교사들이 경험에 비추어 문제의 틀을 구성하고 재구성하는 과정에 참여해야 한다고 주장하였다. 이것을 효과적으로 하기 위해 교사는 자신의 신념과 가치를 이해해야 한다. 교사들은 자성을 통해 자신을 더욱 이해하는 기회를 얻는다.

■ 도덕적·윤리적인 문제의 고려

많은 교사들은 의사 결정 과정에서 도덕적이고 윤리적인 문제에 대해 반성한다. 교사들은 자신의 개인적 삶이나 교실 환경 그리고 학생, 학부모, 동료와 상호작용하는 과정에서 도덕적이고 윤리적인 결정을 내린다. 교사의 일상적인 수업 윤리는 교사와 접촉하는 사람들 모두에게 영향을 미친다. 교사가 학생들과 다른 사람들을 어떻게 대하는지 결정할 때 교사는 윤리적 결정을 내린다. 교사들이 안정적이고, 신뢰롭고, 협동적인 교실 풍토를 조성하고자 할 때 교사들은 윤리적 결정을 내린다. 교사가 학생들의 학습을 위해 역사나 문학에서 특정한 예를 선택할 때 교사들은 윤리적 결정을 내린다. 다시 말해 교사는 윤리적 결정을 내리지 않고는 가르칠 수가 없다.

일상에서 내리는 윤리적 결정에 더하여, 교사는 종종 자신의 가치에 반하는 행동을 해야 하는 윤리적 딜레마에 처한다. 한 가지 예를 살펴보자. 학업에 흥미가 없는 학생이 오랜 시간을 들여 과제를 해왔다. 과제 결과물의 질은 매우 좋지 않다. 과제에 점수를 매길 때 그 학생은 자신의 노력을 참작해 달라고 한다. 교사는 이 학생을 격려해주고 싶지만, 다른 학생들과의 공평성도 필요하다고 생각한다. 이 상황에서 교사는 어떻게 해야 할까? 이처럼 수업은 수많은 윤리적 딜레마로 가득 차 있다.

임재훈 교사의 반성적 의사 결정 사례

1년 차 교사인 임재훈은 연진 초등학교에서 3학년 학생들을 가르치고 있다. 임 교사는 개학 전에 자신이 원하는 대로 교실을 구성하며 주말을 보냈다. 학급 게시판은 생기가 넘쳤고, 3학년을 가르치기 위한 수업 계획을 철저히 세웠다. 임 교사는 수업을 준비하는 시간을 절약하기 위해, 책상 줄을 반듯하게 정렬하고, 모든 학생의 책상 위에 교과서를 올려두었다. 수업을 시작한 지 2시간 후에 일은 잘못되기 시작했다. 몇몇 남자아이들은 책상 위의 책들을 바닥으로 떨어뜨릴 때 더 큰 소리를 내는 게임을 시작했다. 몇 차례 주의를 주고 난 뒤, 임 교사는 평소 얌전하던 용수에게 호통을 쳤다. 쉬는 시간이 되었을 때 잘 정돈되었던 책상의 줄은 비뚤비뚤해졌고, 학생들은 연필을 깎으러 교실을 돌아다니거나 임 교사에게 질문하기 위해 교탁 앞으로 왔다. 하루가 끝날 때마다 임 교사는 스트레스를 받아 약을 복용하게 되었다. 그리고 자신이 직업을 잘 선택했는지 의문이

들었다.

임 교사는 퇴근하기 전에 한 연수 프로그램에서 배웠던 교사 일지를 20분 정도 썼다. 교사 일지를 쓴 이후로 임 교사는 다른 교사들도 실수할 수 있을 법한 여섯 가지의 중대한 실수를 했다는 것을 스스로 알게 되었다.

임 교사는 퇴근 후에 30분간 달리기를 했다. 샤워를 한 후에 가벼운 저녁 식사를 한 임 교사는 자신이 쓴 일지를 다시 읽었다. 그는 자신이 했던 실수를 바로잡기 위한 여러 가지 아이디어를 일지에 적어두었다. 예를 들어, 책상 줄을 한 줄로 맞추는 것 대신에 네 개의 책상을 한 모둠으로 만드는 시도를 해보자는 것 등이다. 임 교사는 오늘 낮에 학교에서 용수에게 호통쳤던 것을 후회하며, 용수의 마음을 풀어주어야겠다고 다짐했다. 그리고 내일 용수가 무엇인가를 잘하는 상황을 포착해서 격려해주어야겠다고 결심했다. 잠자리에 들기 전 임 교사는 수업에 대해서 기분이 좀 나아졌고, 아직 배울 점이 더 많다는 것을 알게 되었다.

지금까지 교사의 역할에 반성적 의사 결정자가 포함된다는 것을 보이기 위해 임재훈 교사의 예를 제시했다. 임 교사는 수업 계획에 대해 많은 결정을 내렸지만, 그 결과는 좋지 않았다. 예를 들면, 일렬로 책상을 배열하기로 한 것과 자기 자리에서 이동하려면 어떻게 허락을 받아야 하는지 알려주지 않은 것이다. 임 교사가 남학생들이 하는 게임을 즉시 중단하게 하지 않은 점만 보더라도 계획대로 실행하겠다는 결정도 역시 부족했다. 그렇지만 임 교사가 정말 잘한 것은 그날 하루 동안 일어났던 일에 대해 신중히 그리고 적극적으로 반성했던 점이다. 임 교사는 방과 후에 바로 하루 동안 일어난 일에 대한 기억이 아직 생생하게 남아 있을 때 자신의 경험을 포착해두었다.

임 교사는 자신의 실수를 인정하고 자신에게 솔직했다. 그리고 학생을 탓하거나 외부 요인을 탓하지 않으려고 노력했다. 실수할 때마다 어떻게 하면 그 실수를 앞으로 안 할 수 있을지를 고민하면서 그날그날의 경험으로부터 배워나갔다. 이런 방식으로 자기가 가르친 경험에 대해서 반성한다면 효과적인 수업을 할 수 있게 될 것이다.

■ 수업 실천에 대해 반성하는 방법

반성적 교사를 위한 도구

수업 실천에 대해 반성하는 방법은 다양하다.

- **수업 일지 |** 많은 교사는 일상 사태에 대한 자신의 생각과 반응을 기록하기 위해 일지를 작성한다. 학급에서 일어나는 사태를 기록함으로써 교사는 차분하게 이 사태에 대해 재평가하고, 방과 후에 가정에서 일어날 수도 있는 문제에 대한 해결책을 떠올릴 수 있다. 또한 수업 일지를 통해서 신규교사는 사고와 문제해결능력이 성장해 나가는 과정을 기록할 수 있다.

- **비디오 녹화 |** 비디오는 교실에서 일어나는 사태, 교사의 감정, 의도를 상기하기 위한 계기를 시각적, 청각적으로 제공한다. 비디오 녹화는 수업을 구체화하고, 교사를 덜 방어적으로 느끼게 하고, 대안을 생각하게 한다. 자신의 수업 영상을 보면 자신도 모르는 행동의 패턴을 세밀하게 볼 수 있다. 학생의 학습에 대한 이러한 행동 패턴의 효과를 반성하는 것은 이러한 패턴을 지속하거나 변화하기 위한 동기를 제공한다.
- **수업 포트폴리오 |** 수업 포트폴리오는 교사의 전문적 성장과 계발의 기록을 제공하는 각종 자료(비디오, 시험, 수업 계획, 학생의 결과물, 동료교사의 수업 자료)로 구성된다. 교사는 자신의 포트폴리오에 포함하기 원하는 항목을 선택할 수 있다. 그것은 특별한 항목을 포함하기 원하는 이유와 그들이 여러분과 여러분의 수업에 대해 말하는 것을 스스로 정당화하는 것이다. 교사의 포트폴리오 재검토는 교사가 자신의 수업을 반성하게 하고, 변화가 필요하게 하고, 자신들이 잘하는 부분을 인식하게 한다. 수업 포트폴리오는 디지털화하거나 출력물의 형태가 될 수 있다.
- **동료교사 |** 반성은 여러분이 다른 사람의 시각을 취하고 새로운 아이디어를 얻기 위해 멘토나 동료교사와 함께할 때 더 수월하다. 다른 교사에게 자신의 수업을 드러냄으로써, 여러분은 자신의 생각을 명백하게 하고, 검토를 열어놓는다. 가능하다면 동료를 관찰하라. 동료교사들을 관찰하는 것은 여러분에게 새로운 아이디어를 줄 뿐만 아니라 여러분의 실천에 대한 통찰을 제공할 수 있다.

■ 수업에 관한 의사 결정에 영향을 주는 요인

교사들은 백지 상태에서 수업에 대한 의사 결정을 내리는 것이 아니다. 많은 요인이 수업 의사 결정 과정에 영향을 미친다. 예를 들어, 교사가 수업을 계획하고 효과적으로 수업을 실행하려고 할 때 교사가 학생을 이해하고, 학생의 배경에 대해서 이해하는 것은 필수적이다. 학생들은 여러 종류의 다양성을 보일 것이다. 이러한 다양성은 학생들이 학습하는 방식에 영향을 미친다. 다문화적인 배경의 측면에서 학생들은 서로 다르다. 이러한 학생들 간의 차이는 여러 가지 이슈에 대한 교사의 관점에 영향을 미친다. 그리고 학습과 행동하는 데에서 학생이 선호하는 방법에 영향을 미친다.

■ 빈곤

몇몇 학생들은 빈곤한 가정에서 자랄 수도 있고, 이로 인해 특정 개념이나 원리를 학습할 준비가 안 되어 있을 수 있다. 많은 연구에 따르면, 빈곤은 학생의 성취에 해로운 영향을 끼친다. 예를 들어, 빈곤한 가정에서 자란 학생은 건강, 안전, 영양 면에서 어려움을 겪을 가능성이 훨씬 크다. 이러한 부정적 조건들은 학생들이 학교에 꾸준히 출석하고, 학습에 집중하고, 숙제하는 것에 영향을 미친다. 빈곤한 가정의 학생들은 학교에서 보면 상대하기 힘겨운 이들이다. 그 이유는 학교가 일반적으로 중산층 학생들을 위주로 하는 경향을 보이기 때문이다. 빈곤한 가정 출신의 학생들이 중산층 학생들보다 학업을 포기하는 경우가 더 많다. 빈곤한 가정의 학생들과 관련된 교육과정을 설계하는 것은 학교나 교사들에게 어려우면서도 중요한 과제이다.

■ 학생의 성별

또한 학생의 성별은 교사가 학생들에 대해 생각하는 방식과 학생에게 갖는 기대치에 영향을 준다. 다양성의 시대에 교사는 학생들을 성별에 관계없이 공정하게 대해야 한다.

■ 기타 요인

학생들의 요구는 소속감, 안전성, 자존감에 따라 서로 다르다. 안정적인 가정의 학생들과 안정감이 없는 가정의 학생들의 요구는 다를 수 있다. 다양한 요구의 인식은 학생들을 더 잘 이해하고, 그들이 왜 그런 행동을 하는지에 대해 여러분에게 도움을 줄 것이다. 학생들은 또한 각기 다른 능력, 학업 성취도, 학습 양식을 가지고 교실로 들어올 것이다. 교사인 여러분에게 부과되는 큰 짐은 학생들의 다양한 배경, 요구, 학습 양식, 능력을 수용하기 위해 다양한 학습 경험을 제공해야 한다는 것이다.

■ 개인의 실천적 지식

교사 개인의 실천적 지식 역시 교사의 의사 결정에 영향을 준다. Richard Kindsvatter와 연구진들은 교사가 합리적인 결정을 내리려면 신념 체계가 잘 형성되어 있어야 한다고 주장했다.[16] 이들은 교사가 자신의 신념 체계에 내재되어 있는 기본 가정과 가치가 무엇인지 알아야 한다고 말한다. 또한, 교사는 학생에 대한 태도와 의사 결정의 패턴과 같은 습관을 새롭게 개발함으로써 교육적 원리와의 일치성을 주의 깊게 검토해야 할 것이다. 교사가 수업을 계획하고, 교실에서 학생들과 상호작용하고, 수업의 결과를 평가할 때 이러한 태도와 검증된 습관은 좋지 않은 교육적 의사 결정을 피하는 안전망이 될 것이다.

교사 역량의 다섯 가지 일반적 영역은 교사가 지적이고, 효과적인 결정을 하기 위한 사전 준비이다. 따라서 학습에 대한 이론적 지식, 학습과 긍정적 인간관계를 촉진하는 태도, 교과목에 대한 지식, 수업 기능의 레퍼토리, 개인의 실천적 지식이라는 역량은 시간이 흐르면서 교사의 교실 경험과 함께 계발된다. 교실 경험은 교사가 전문적 판단을 실행하고 결정하는 데 필요한 도구의 역할을 한다.

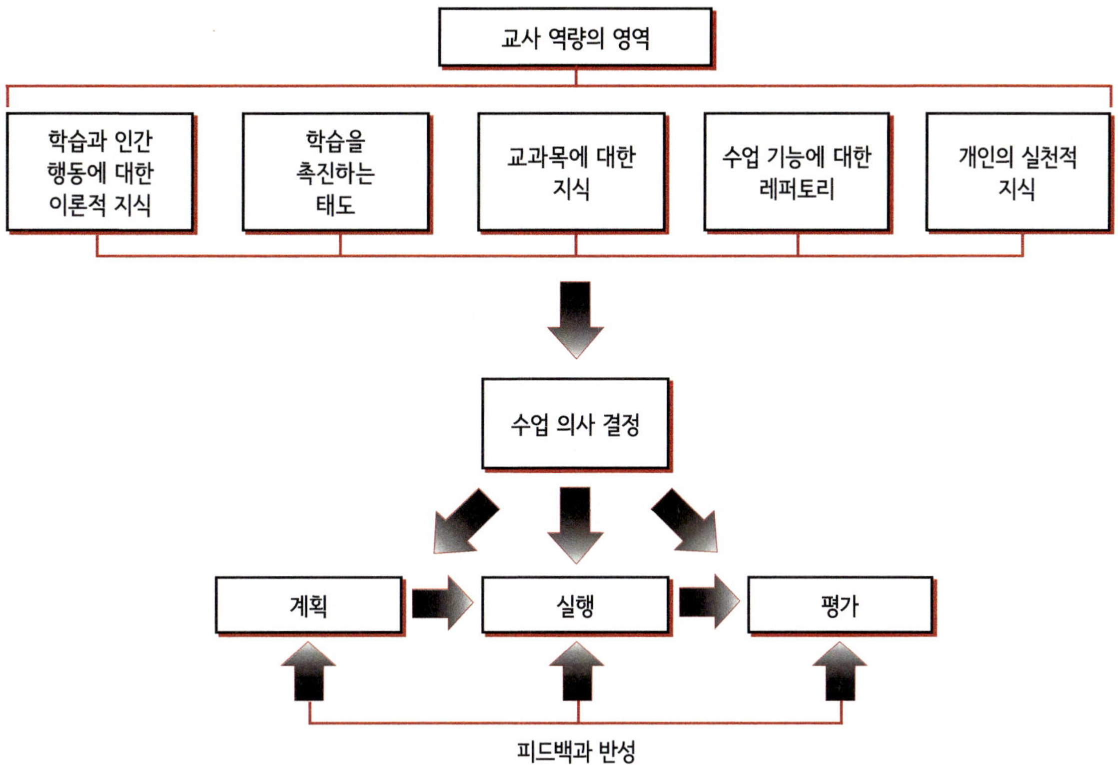

■ 그림 1.3
수업 의사 결정의 과정에서 교사 역량 영역들의 관련성

그림 1.3에 대해 여러분이 생각하는 것처럼, 반성적 의사 결정 모형에 숙달하기 위해서는 그것을 완벽하게 여러분의 것으로 만들어야 하겠다는 의지가 있어야 한다. 이 모형을 이해하는 것은 역량과 지식을 전문적으로 요구하는 능력, 태도, 수업의 의사 결정에서 요구되는 기능, 이 네 가지 일반적 영역을 총체적으로 파악해야만 가능한 것이다. 비록 완벽하게 의사 결정할 수는 없더라도 반성을 통해 교사는 유능하게 될 수 있고, 그 결과로 학생들에게 더욱 효과적이 될 수 있다. 사례나 모의 활동, 실천 방법 연구, 반성 등을 활용하면 교사의 의사 결정 능력을 계발할 수 있다. 이런 방법을 각종 교사 교육 연수 프로그램에서 활용한다면 교사의 수업전문성 신장에 큰 도움이 될 것이다.

종합문제 1

목표 1: 효과적인 교사의 특징을 기술할 수 있다.

목표 2: 교사의 성장에 수업 반성이 중요한 이유를 설명할 수 있다.

목표 3: 반성적 수업 의사 결정 모형에 대해 설명할 수 있다.

목표 4: 수업 의사 결정에 영향을 주는 중요한 요인들이 무엇인지 알 수 있다.

1. 효과적인 교사의 중요한 특징을 5~6가지 쓰시오. 그리고 그것들이 왜 중요하다고 생각하는지 이유를 쓰시오. 여러분이 추가하고 싶은 다른 특징은 무엇인가?

2. 반성적 의사 결정이 효과적인 수업에서 왜 중요한가?

3. 교사들이 반성적 수업을 증진하기 위해서 활용할 수 있는 기술이나 과정에는 어떤 것들이 있는가?

4. 수업에 대한 반성적 의사 결정 모형의 단계와 그 각각의 관계에 대해 논하시오.

5. 수업 의사 결정에 영향을 주는 학생들의 사회적 요인과 특징은 무엇인가? 각 요인의 실례를 들고, 교사의 의사 결정이 어떻게 영향을 줄 수 있는지 진술하시오.

효과적인 교사란 의도한 학습 결과를 얻어낼 수 있는 교사이다.

종합문제 해답

종합문제 1

1. 해답은 다양할 수 있지만, 다음의 요소를 포함해야 한다.
   - 교과목 지식
   - 계획, 발문, 토론 기술, 공학의 활용, DI 등을 포함한 수업 기능의 레퍼토리
   - 학습과 긍정적인 상호작용을 촉진하는 태도
   - 인간의 학습과 행동에 관한 이론적 지식의 장악력
   - 개인의 실천적 지식
   - 학생의 흥미와 문화적 유산에 대한 지식
   - 학생의 다양한 학습 접근에 대한 지식
   - 교실 규칙과 학생의 행동 관리
   - 수업 반성 습관
   - 동료교사와의 협력
2. 반성적 의사 결정은 효과적인 수업에 매우 중요하다. 그 이유는 수업 반성을 통해서 교사가 성장하고, 전문가로 나아가며, 수업 기능을 향상시킬 수 있기 때문이다. 실천에 대한 반성을 통해, 교사는 자신의 행동에 깔려있는 문제를 인식할 수 있다. 또한, 자신이 인식하지 못했던 행동을 알아차릴 수 있다. 반성은 교사의 가치관이나 신념을 더 잘 이해하는데 도움을 준다.
3. 교사가 수업 반성에서 사용할 수 있는 기술이나 과정은 다음의 것들을 포함한다.
   - 자신의 일상에 대한 생각이나 행동을 일지에 기록하는 것
   - 자신의 수업을 비디오로 녹화하고, 자신의 문제 행동에 대한 패턴을 확인하는 것
   - 교사와 학생 모두의 성장과 발달을 기록한 수업 포트폴리오를 작성하는 것
   - 동료교사와 함께 다른 수업을 관찰하고 비평하는 것
4. (예시)
   - 반성적 의사 결정 모형은 계획, 실행, 평가, 그리고 피드백과 반성 단계로 되어 있다. 교사는 학생의 요구, 시간 할당, 목표를 달성하기 위한 수업 전략과 방법을 고려하여 수업을 계획한다. 그리고 나서 교사는 학생들과 상호작용하며 수업을 실행한다. 학생들이 수업 목표에 따라 학습을 잘 하고 있는지 판단하며, 교사는 수업을 계속할 지, 아니면 다시 반복할 지 결정한다. 평가는 선정된 목표가 적절하고, 수업전략이 이 목표에 알맞은 지를 판단한다. 궁극적으로는 교사가 의도한 성취목표를 학생들이 달성했는지 아닌지를 판단하는 것이다. 피드백과 반성은 수업의 결과를 평가하고 그 의미를 생각한 후 위의 세 가지 수업 절차를 어떻게 이행했는지 판단하는 것이다.
   - 반성적 의사 결정 모형의 피드백과 반성 단계에서는 수업의 결과를 검토하여 어떤 의미를 지니는 지 생각해보고 세 가지 수업 기능을 자신이 얼마나 잘 다루었는지를 확인한다. 이러한 검토를 거친 뒤 여러분은 원하는 목적을 달성하였는지, 새로운 계획을 해야 할 필요가 있는지 또는 다른 실행 전략을 시도해보아야 하는지를 결정한다. 그 다음 이어지는 피드백과 반성 단계에 대한 '피드백'은 계획·실행·평가 기능을 새롭게 조정할 지 아니면 원래대로 진행할 지를 결정하는 과정에서 새로운 정보가 될 것이다. 반성적 의사 결정은 자신을 가다듬는 좋은 방법이다.
5. 교사의 의사 결정 과정에는 실로 많은 요인이 영향을 미친다.
   - 학습자의 문화적 배경
   - 성별
   - 학습자의 사회·경제적 지위
   - 자기 충족감, 안전, 소속에 대한 요구
   - 다양한 능력 및 동기 수준
   - 교사의 실천적 지식

교사는 수업에 대한 의사 결정을 내릴 때 이러한 수많은 요인들을 고려해야만 한다. 요인들이 보여주는 다양성은 교사들에게 학생들의 요구에 대응하는 DI를 해야 할 것을 알려준다.

여러 요인들이 각각 교사의 의사 결정 과정에 어떻게 영향을 미치는지는 교사의 순간적인 선택, 학년, 교과목 별로 다양하다.

후주

1. Robert J. Marzano, *The Art and Science of Teaching* (Alexandria, VA: Association for Supervision and Curriculum Development, 2007), pp. 1–2.
2. David Ryans, *Characteristics of Teachers* (Washington, D.C.: American Council on Education, 1960).
3. J. W. Getzels and P. W. Jackson, "The Teacher's Personality and Characteristics," in *Handbook of Research on Teaching*, ed. N. L. Gage (Chicago: Rand McNally, 1963), p. 574.
4. B. O. Smith, *Teachers for the Real World* (Washington, D.C.: American Association of Colleges for Teacher Education, 1969), p. 122.
5. Thomas L. Good and Jere E. Brophy, *Looking in Classrooms,* 10th ed. (New York: Longman, 2008), pp. 49–51.
6. Lee S. Shulman, "Knowledge and Teaching: Foundations of the New Reform," *Harvard Educational Review* 57 (February 1987): 8.
7. Kathy Carter and Walter Doyle, "Personal Narrative and Life History in Learning to Teach," in *Handbook of Research on Teacher Education,* 2nd ed., ed. John Sikula (New York: Macmillan, 1996), pp. 124–125.
8. Kathy Carter, "Teachers' Knowledge and Learning to Teach," in *Handbook of Research on Teacher*
9. Charlotte Danielson, "Enhancing Professional Practice: A Framework for Teaching, Second Edition" Association for Supervision and Curriculum Development, 2007, pp. 3-4.
10. *Ibid.*
11. Christopher Clark and Penelope Peterson, "Teacher Stimulated Recall of Interactive Decisions" (Paper presented at the annual meeting of the American Educational Research Association, San Francisco, 1986); Richard Shavelson, "Review of Research on Teachers' Pedagogical Judgments, Plans, and Decisions," *Elementary School Journal* 83, no. 4 (1983): 392–413.
12. Walter Doyle, "Themes in Teacher Education Research," in *Handbook of Research on Teacher Education,* ed. W. R. Houston (New York: Macmillan, 1990), p. 6.
13. John Dewey, *How We Think* (Chicago: Henry Regnery, 1933).
14. Kenneth M. Zeichner and Daniel P. Liston, *Reflective Teaching: An Introduction* (Mahwah, N.J.: Lawrence Earlbaum Associates, 1996), p. 10.
15. Donald A. Schön, *Educating the Reflective Practitioner* (San Francisco: Jossey-Bass, 1987), p. 26.
16. Richard Kindsvatter, William Wilen, and Margaret Ishler, *Dynamics of Effective Teaching* (White Plains, N.Y.: Longman, 1996), pp. 2–3.

2부

수업전문성의 배경

2장 수업 목표
3장 학생의 학습 참여
4장 발문법

아마추어와 전문가는

그들이 학생들과 만나

상호작용하는 방식에서

질적으로 전혀 다르다.*

* A. M. Guillaume, *Classroom teaching: A primes for new professionals*, New Jersey: Prentice Hall, 2000, p. 161.

2부

수업전문성의 배경

2장 수업 목표

- INTASC 제1원칙: 주요 개념, 조사 도구, 가르칠 교과의 구조를 이해한다. 학생들에게 유의미한 학습 경험을 창안한다.
- INTASC 제2원칙: 아이들이 어떻게 학습하고 발달하는지를 이해하고, 그들의 발달을 지원하는 학습 기회를 제공한다.
- INTASC 제4원칙: 다양한 수업 전략을 이해하고 활용한다.
- INTASC 제7원칙: 교과목, 학생, 지역 사회, 교육과정 목적에 대한 지식을 기초로 하여 수업을 계획한다.

2장

이 장의 목표

1. 잘 정의된 수업 목표를 알 수 있다.

2. 잘 정의된 수업 목표를 작성할 수 있다.

3. 수업 계획 단계에서 수업 목표를 사용할 수 있다.

4. 수업 실행 단계에서 수업 목표를 사용할 수 있다.

교사는 학생들의 삶에 큰 영향을 주는 존재다.
그들은 기억한다, 교사의 한마디 한마디를.

INTASC 제1, 7, 4원칙

교사가 하는 일이 무엇인지에 대해 잠시 생각해보자. 여러분에게 가장 큰 영향을 미친 교사를 떠올려보라. 그리고 그 분의 특징을 가능한 떠올려보자. 아마 여러분이 기억하는 교사의 특징은 다음과 같을 것이다. 그 교사는 여러분을 개인적으로 잘 알고 있고, 여러분이 앞으로 어떤 일을 하면 좋을지에 대해서도 잘 파악하고 있었을 것이다. 또한, 여러분이 바람직한 태도를 갖거나 좋은 습관을 형성하는 데에도 큰 도움을 주었을 것이다. 또한, 여러분이 목표를 달성할 수 있도록 안내하며 직접적으로 도움을 주었을 것이다. 시각적인 보조 도구를 많이 활용했을 수도 있고, 전혀 그렇지 않았을 수도 있다. 객관식 시험을 보게 했을 수도 있고, 주관식 시험을 보게 했을 수도 있다. 아니면 시험을 전혀 치르지 않았을 수도 있다. 이처럼 그 교사는 여러분의 인생에 강한 영향을 미쳤을 것이다. 효과적인 교사들의 공통점은 그들의 수업 기술이나 스타일, 시험의 종류가 아니다. 그것은 교사가 어떻게 성취하는가에 대한 방법이 아니라 무엇을 성취하는가에 있다.

교사가 학생의 삶에 중대한 변화를 일으키려고 한다면, 교사는 학생이 무엇을 성취하기 원하는지를 알아야 한다. 학생의 성취 목적을 파악하고, 수업 목표를 설정하고 나면, 교사는 이러한 목표를 학생들에게 제시한다. 그럼으로써 학생들도 자신이 어디를 향해 가는지, 자신에게 기대되는 것이 무엇인지를 알 수 있게 된다. 교사가 명확하게 정의된 수업 목표를 선정하고, 이것을 학생들과 공유했을 때 다음과 같은 좋은 결과를 얻을 수 있다.[1]

1. 교사의 수업 개선
2. 학생들의 학습 능력 개선
3. 학생들의 평가 결과 개선
4. 학생들의 자기 평가 능력 개선

수업 목표는 학생들이 알아야 하고, 할 수 있어야 한다는 것이라고 정의할 수 있다. 이때 수업 목표는 명확하고 유효한 것이어야 한다. 따라서 교사는 수업 능력을 향상시키기 위해 이러한 수업 목표를 활용할 수 있어야 한다.

효과적인 교사는 수업 목표를 학생들의 요구를 반영하여 선정할 수 있어야 한다.

수업 목표의 원천

수업 목표를 선정하기 위한 자료를 구할 수 있는 곳은 많다. 이러한 원천은 교사에게 수업 목표를 선정하는데 필요한 것들을 제공해준다. 교사는 이러한 목표를 그대로 사용할 수도 있고, 수정한 후에 사용할 수도 있다.

■ 교과서와 교수 요목

교과서와 교사용 지도서에는 수업 목표가 잘 정리되어 있다. 이러한 목표가 유용한 수업 목표의 기준을 만족하는지 확인해보자. 목표를 구할 수 있는 또 하나의 중요한 원천은 학교에서 제공하는 교육과정 교수 요목이다. 일반적으로 단위 학교 수준에서 학교 교육과정을 통해 이러한 교수 요목을 제공한다.

■ 인터넷

수업 목표를 구할 수 있는 또 다른 원천으로는 각종 웹사이트가 있다. 교육과정 자료(curricular materials)를 제공하는 좋은 웹사이트들이 있는데, 이 교육과정 자료에는 수업 목표와 수업 전략이 포함되어 있어 매우 유용하다.

목표 1: 잘 정의된 수업 목표를 알 수 있다.

유용한 수업 목표가 갖추어야 하는 준거

INTASC 제7원칙

유용한 수업 목표는 몇 가지 기준을 충족시켜야 한다. 이러한 기준[2]은 다음과 같다. (1) 학생 중심이어야 한다. (2) 적절한 학습 결과를 기술할 수 있어야 한다. (3) 명확하고 이해하기 쉬워야 한다. (4) 관찰 가능해야 한다.

학생 중심의 수업 목표

학생 중심의 수업 목표는 학생이 해야 하는 것이 무엇인지에 관한 것이다. 다음의 실례에서 주목할 점은 교사의 행동을 기술하는 것이 아니라 학생의 행동을 기술한다는 것이다.

학생 중심 목표의 실례

(1) 최소한 두 가지 방법으로 나눗셈을 할 수 있다.

(2) 높은음자리표가 그려진 악보를 보고 계이름을 말할 수 있다.

(3) 간단한 실험을 한 후, 무엇을 했고, 어떤 일이 일어났는지에 대해 관찰한 것을 쓸 수 있다.

(4) 대통령제와 내각제의 특징을 기술할 수 있다.

때로는 학생이 아닌 교사가 무엇을 할지 강조하는 수업 목표를 사용하기도 한다. 이러한 교사 중심의 수업 목표는 결과적으로 교사 자신이 기대하는 학습 결과물이 나올 경우에만 가치가 있다. 학생들이 나눗셈 문제를 해결하는 데 도움을 주려는 교사는 칠판에 나눗셈 문제를 풀어줄 수도 있고, 문제 풀이의 각 단계를 자세히 설명해줄 수도 있다. 이 경우에 수업 목표는 교사 중심 목표가 될 수 있으며, 이러한 목표의 진술은 다음과 같을 것이다. '나눗셈 문제의 해결 단계를 설명한다.' 이러한 교사의 활동은 학생들에게 도움이 될 수는 있지만, 이는 학생들이 나눗셈 문제를 해결하는 데 도움이 되는 여러 가지 활동 중 하나에 불과하다는 것도 기억해야 한다.

2장

연습문제 1 학생 중심 목표를 확인하시오.

다음의 문제는 학생 중심 수업 목표와 교사 중심 수업 목표를 구분하는 것이다. 학생 중심 수업 목표에는 '학생', 교사 중심 수업 목표에는 '교사'라고 쓰시오.

_______ 1. 소설의 내용을 80% 이상 이해하며, 1분에 최소 250단어를 읽을 수 있다.

_______ 2. 학생과 학부모와 함께 학생의 개별적인 교육 계획에 대해 논의할 수 있다.

_______ 3. 수업 시작 전 칠판에 강의 개요를 쓸 수 있다.

_______ 4. 클래식 음악을 감상하도록 학생들을 도울 수 있다.

_______ 5. 과학적 방법으로 기본 단계를 강의할 수 있다.

_______ 6. 과학적 방법으로 조사할 수 있다.

_______ 7. 학급 안에서 규율을 유지할 수 있다.

_______ 8. 소실점을 사용해서 한 장면의 그림을 그릴 수 있다.

_______ 9. 시에 대해 모둠원끼리 토론할 때, 좋은 시의 준거를 들어 평가할 수 있다.

적절한 학습 결과를 기술하는 수업 목표

우리의 주요 관심사는 '학생들이 무엇을 배울 것인가?'이다. 학습 활동 보다 더 중요한 것은 학습 결과이다. 학생들에게 두 가지 다른 방법으로 나눗셈 문제를 해결하라는 것은 학습의 결과가 아니다. 이것은 학생들이 어떤 특정한 결과에 이르도록 돕기 위해 설계된 학생 중심의 활동이다. 유용한 수업 목표는 수업의 계열상 적절한 시점에서 학생들에게 제시되어야 한다. 또한, 학생의 발달 단계에도 적합해야 한다.

■ 순서의 적절성

수업 목표가 순서상 적절하기 위해서는 사전 수업 목표가 필수적으로 이미 달성되어 있어야 한다. 항상 새로운 목표를 학습하기 전에 전제 조건이 되는 기능을 학생들이 제대로 익혔는지를 확인해야 한다. 특히 장애가 있거나 재능이 뛰어난 학생을 가르칠 때에는 전제 조건이 되는 목표를 달성했는지 반드시 확인해야 한다. 여기서 한 가지 유의할 점은 학생이 장애가 있다고 해서 전제 조건이 되는 목표를 달성하지 않았다고 섣불리 단정지어서는 안 된다는 것이다.

이 책의 부록에 제시된 INTASC는 신규교사의 자격증과 전문성 계발을 위한 표준 모형(Model Standards for Beginning Teacher Licensing and Development)을 제공한다. 여러분은 이것을 주의 깊게 살펴보아야 한다. 왜냐하면 이 기준은 현재 신규교사가 갖추어야 할 역량에 대해 안내하는 가장 좋은 길잡이가 되기 때문이다. 이 기준 중에 하나는 다음과 같다.

'교사는 각 영역 내에서 학생이 어느 정도 발달해야 하는지 잘 알고 있어야 하고, 각 영역에서 발달에 대한 개인차의 범위를 알고 있어야 한다. 여기서 각 영역이란 신체적·사회적·감정적·도덕적·인지적 발달 영역을 의미한다. 또한, 교사는 학생의 학습 준비도 수준을 파악할 수 있으며, 한 영역의 발달수준이 다른 영역에의 수행에 어떻게 영향을 미칠 수 있는지 이해할 수 있어야 한다.'

■ 발달 단계에 적합한 목표

INTASC 제2원칙

특히, 초등교사라면 학생의 발달 단계를 더욱 잘 알고 있어야 한다. Piaget는 어떤 학자보다도 아동의 지적 발달 단계를 명확하게 정의했다.[3] Piaget의 인지발달 이론 외에도, Vygotsky의 언어발달[4], Erikson의 사회성 발달[5], Kohlberg의 도덕성 발달[6] 이론에 대하여 충분히 숙지할 필요가 있다.

■ 목표는 인지적, 정의적, 심동적

모든 수업 목표가 인지적 속성만을 갖는 것은 아니다. 교육실천가들은 수업 목표를 다음의 세 가지 영역—인지적 영역, 정의적 영역, 심동적 영역—으로 구분할 수 있다는 데에 동의한다. **인지적 영역의 목표**는 지적으로 성취할 수 있는 것에 초점을 둔 결과물을 나타낸다. 이러한 결과물에는 지식 기억, 개념 형성, 문제 해결, 정보 분석·종합 등이 포함된다. **정의적 영역의 목표**는 사람이나 장소, 사물, 생각 등에 대한 감정적인 반응의 결과물을 나타낸다. 교육과정에서 중요한 부분을 차지하는 대부분의 정의적 목표는 학생들의 태도에 관한 것이다. 정의적 목표의 달성 여부를 측정한다는 것은 쉽지 않은 일이지만, 학생들이 건전한 민주 시민으로 성장할 수 있도록 지도하는 데 있어 매우 중요하다. 정의적 목표의 달성 여부를 측정하려고 할 때 이 책의 7장에서 거론된 새로운 평가 전략이 유용하다. **심동적 영역의 목표**는 신체의 움직임이나 근육을 조절하는데 초점을 둔 결과물을 나타낸다. 학생들이 달성해야 할 심동적 목표는 생각보다 많은 교과목에서 제시된다. 예를 들어, 연필을 잡고 글을 쓰기 위해서는 눈과 손을 함께 사용할 수 있어야 하고, 그림을 그리거나 조각을 하려고 해도 마찬가지다. 어떤 스포츠를 하든지 자신의 근육을 통제할 수 있어야 하고, 악기를 연주하려면 총체적 운동기능을 섬세하게 사용할 수 있어야 한다.

명확하고 이해하기 쉬운 수업 목표

명확하고 이해하기 쉬운 수업 목표의 첫 번째 필수조건은 명료성이다. 따라서 명확한 동사를 사용해서 행동 목표로 나타내야 한다. 다음에 나오는 명확한 목표의 실례를 살펴보자. 각각의 목표에서 동사와 행동의 목적 부분은 진하게 표시하였다. 다음의 실례를 보면서, 하나 이상의 의미로 해석할 여지가 있는 것이 단 하나라도 있는지 확인해보자. 명확한 목표는 한 가지 의미로만 해석할 수 있어야 한다.

명확한 목표의 실례

(1) 교재 27쪽에 나와 있는 심장 그림에 각 **심장 부위의 명칭**을 **쓸 수 있다.**

(2) 맞춤법이 **틀린 단어**를 **찾을 수 있다.**

(3) 5m 줄자를 이용하여 방에 있는 **가구의 높이와 너비**를 **잴 수 있다.** 단, 그 오차가 1cm를 넘으면 안 된다.

(4) 교사가 미리 준비한 **화합물의 개별 성분**이 무엇인지 정확히 **찾을 수 있다.**

(5) 수업시간에 논의했던 기준에 따라서 **현대 시(時)**를 **평가할 수 있다.**

(6) **편지글의 짜임과 각 부분의 기능**을 간략하게 **설명할 수 있다.**

(7) 여러 종류의 음악을 들려주었을 때, 학생들은 **자신이 좋아하는 세 가지 이상의 음악 유형**을 **고를 수 있다.**

(8) 다양한 문화적 배경을 가진 친구들과 프로젝트를 진행하는 것에 대해 **다섯 가지 이상의 장점**을 **나열할 수 있다.**

■ 관찰 가능한 단 하나의 의미

위의 실례를 보면, 명확한 의미의 동사와 이를 수반하는 목적어가 있다는 것을 알 수 있다. 그뿐만 아니라 한 문장을 단 하나의 의미로만 이해할 수 있다. 또한, 수업을 관찰하는 사람들은 수업이 목표에 명시한 대로 진행되었는지에 대해서 대부분 같은 판단을 내릴 것이다. 다시 말하면, 위에서 제시된 수업 목표의 실례는 명확하게 작성되었을 뿐 아니라 관찰도 가능하다는 의미이다.

주의할 점: 수업 목표가 명확해야 한다는 것과 수업 목표가 매우 구체적이어야 한다는 것은

명백히 다른 것이다. 수업 목표는 명확해야 한다. 즉, 모호하지 않아야 하며, 이해하기 쉬워야 한다. 그러나 여기서 명확하다는 의미가 매우 구체적이라는 것을 말하지는 않는다. 어떤 행동에 대한 세부적인 사항들을 써보자. 다음은 일반적인 용어로 작성된 수업 목표를 점점 더 구체적으로 써내려간 것이다.

(1) 이해하면서 읽을 수 있다.

(2) 한 편의 이야기를 읽고, 그 내용에 대한 질문에 답할 수 있다.

(3) 한 편의 단편소설을 읽고, 주요 인물들의 특징을 보여주는 문단을 찾아낼 수 있다.

(4) 심청전을 읽고, 주요 인물들의 성격을 묘사하는 문단을 찾을 수 있다.

(5) 심청전을 읽고, 아버지를 생각하는 심청이의 마음을 묘사하는 문단을 5개 이상 찾을 수 있다.

■ 지나치게 일반적이지도 않고, 너무 구체적이지도 않은 수업 목표

수업 목표는 지나치게 일반적이지도 않고, 너무 구체적이지도 않아야 한다. 위에 제시된 수업 목표 중 가장 유용한 것은 지나치게 일반적이지도 않고, 지나치게 구체적이지도 않은 것이다. 수업 목표는 이 둘 사이의 중간 어디쯤에 있다고 보면 맞다. 수업 목표가 지나치게 구체적이면 학습을 위한 안내자로서의 기능을 상실하고 단순한 확인용 질문으로 전락한다. 반면에 수업 목표가 지나치게 구체적으로 제시된다면, 학생들은 목표를 달성하기 위해 필요한 정도로만 공부하려는 경향을 보이고 좋지 않은 학습 습관을 갖게 된다.

학생들은 구체적인 수업 목표를 통해서 학습하려고 하지만, 이런 방식으로는 일반적인 최종 목표에 도달하기가 어렵다. 즉, 학생들이 심청전에서 주요 인물들의 성격을 파악할 수 있는 능력은 다른 이야기를 읽었을 때에도 동시에 그 능력이 발휘될 수 있어야 한다는 것이다. 이러한 전이는 수업 목표를 더욱 가치있게 해준다.

연습문제 2 명확하고 모호하지 않은 수업 목표를 알아보자.

다음에 제시된 수업 목표가 단 하나의 의미만 있다면 '1'로 표시하고, 두 가지 이상의 의미가 있다면 '2'로 표시하시오. 1~3번 목표는 여러분이 참고할 수 있도록 이미 표시해 두었다. 1번 수업 목표는 다소 모호하다. 사실 이 목표는 2, 3번과 같은 의미로도 해석할 수 있다. 1번 수업 목표의 문제는 동사가 명확하지 않다는 것이다. 2, 3번처럼 명확한 동사를 쓰면 모호함을 없앨 수 있다.

__2__ 1. 한국의 역대 대통령을 알 수 있다.

__1__ 2. 한국의 역대 대통령 이름을 나열할 수 있다.

__1__ 3. 한국의 역대 대통령 사진을 보고 이름을 말할 수 있다.

______ 4. 잘 쓴 문장과 잘 쓴 이야기는 어떤 관계를 갖는지 알 수 있다.

______ 5. 제 3자의 관점에서 그려진 그림을 보고 소실점을 찾을 수 있다.

______ 6. 발표를 하는 중에 다섯 명 이상의 사람들과 시선을 마주칠 수 있다.

______ 7. 디지털 카메라를 이용하여 1분 이상의 간단한 영상을 편집할 수 있다.

______ 8. 10분 이내에 1km를 달릴 수 있다.

______ 9. 음악을 감상할 수 있다.

______ 10. 다른 학생들이 어떤 동물인지 정확히 알 수 있도록 찰흙으로 동물을 만들 수 있다.

______ 11. 핵에너지 발전소가 작동하는 방식을 이해할 수 있다.

______ 12. '아파트 정원 가꾸기'라는 글에 나온 기준을 만족하는 소형 정원을 설계할 수 있다.

______ 13. 원래 가지고 있던 실재론의 개념을 확장시킬 수 있다.

학습의 결과물을 관찰할 수 있는 수업 목표

학습의 결과물을 평가한다는 것은 그 결과물이 관찰 가능한 것인지에 관한 문제이다. 수업 목표에 따른 학습 결과를 관찰하려면, 수업 목표를 쓸 때 적절한 동사를 사용해야 한다. 즉, 수업 목표에 사용된 동사대로 수행했을때 관찰 가능한 결과물이 나와야 한다는 것이다.

앞에서 논의했던 것처럼, 유용한 수업 목표는 명확한 동사를 사용하여 행동을 정의한다. 이러한 요건을 만족시킨다면 수업 목표를 명확하게 만들 수 있다. 또한, 수업 목표에 쓰인 동사는 관찰 가능한 행동을 기술하거나 관찰할 수 있는 결과물을 만들어낼 수 있도록 행동을 제시할 수 있어야 한다. 다음 표에 나오는 동사는 다소 모호하며, 관찰하기 어려운 것으로써 이런 동사들은 가급적 피해야 한다.

2장

모호하고 관찰이 어려운 동사 [7]		
알다	감상하다	가치를 알다
이해하다	생각하다	좋아하다
종합하다	즐기다	다루다
포착하다	깨닫다	사랑하다
믿다	익숙해지다	

아래 나오는 동사들은 관찰 가능한 행동이나 관찰 가능한 결과물을 만들어내는 행동을 기술한다. 수업 목표를 쓸 때에는 다음과 같은 동사를 사용하자.

분명하고 관찰 가능한 동사 [8]		
확인하다	계산하다	위치시키다
말하다	조작하다	설명하다
나열하다	이끌어내다	구분하다
선택하다	분석하다	분리하다
정렬하다	예상하다	추론하다

직접 관찰할 수는 없지만, 관찰할 수 있는 결과를 만들어내는 절차나 기능은 많다. 예를 들어, 학생이 대수 방정식을 푸는 동안에 생각하는 과정을 관찰하는 것은 불가능하다. 그러나 학생이 도달한 결론을 검토하여, 그것이 옳은지 그른지를 판단하는 것은 가능하다. 또한, 학생에게 계산 과정을 쓰게 함으로써 문제를 풀기 위해 거친 풀이 과정을 살펴보는 것도 가능하다. 이때 학생이 쓴 것은 학생의 사고과정의 결과라고 할 수 있다. 반면에 잘 쓴 문단이나 시, 유화 그림 등은 모두 관찰 가능하며 분석 가능하다. 이러한 최종 결과물들은 '관찰 가능한 것'이며, 교사가 기대한 학습 목표가 달성되었는지를 파악하는 데 도움이 될 수 있다.

수업 목표를 선정하고 작성할 때에는, 관찰 가능한 행동이 무엇인지를 명확히 하는 것과 행동의 최종 결과물이 무엇인지를 명확히 하는 것, 이 두 가지를 구별하는 것이 매우 중요하다.

■ 관찰 가능한 목적어를 사용하라.

두 번째 표에서 제시했던 분명하고 관찰 가능한 동사를 사용하면 관찰 가능한 행동을 수업 목표로 만들어 낼 수 있다. 또한, 동사에 따른 최종 결과물을 통해서도 수업 목표를 만들어낼 수 있다. 그러나 동사의 목적어가 관찰 가능한 최종결과물을 나타내는 것이 아니라면, 그 동사를 사용한 수업 목표는 모호할 뿐만 아니라 관찰 가능하지도 않다. 한 예로 다음의 수업 목표를 살펴

보자. '다양성에 대해 설명할 수 있다.'

학생이 설명해야 하는 것은 무엇인가? 한 사회 안에서 다양성이 어떤 가치를 갖는지 설명해야 하는가? 한 조직 내에서 다양성을 두려워하는 이유가 무엇인지를 설명해야 하는가? 다양성이 존재하는 조직에서, 개인이 긍정적으로 적응할 수 있도록 조직이 취할 수 있는 다양한 전략이 무엇인지를 설명해야 하는가? 이 밖에도 다른 설명이 가능하다. 이 수업 목표의 문제는 동사가 아니라 동사의 목적어이다. 반드시 동사와 동사의 목적어가 관찰 가능한 행위나 관찰 가능한 결과물을 나타내도록 해야 한다.

종합문제 1

목표 1: 잘 정의된 수업 목표를 알 수 있다.

다음에 나오는 수업 목표 중에서 유용한 수업 목표의 조건에 충족하는 수업 목표에 √로 표시하시오.

1. ________ (1) 디지털 카메라를 사용하여 1분 이상의 영상을 만들 수 있다.
   ________ (2) 의사가 하는 일을 이해할 수 있다.
2. ________ (1) 유용한 수업 목표를 선정할 수 있다.
   ________ (2) 어떤 수업 목표가 유용한지를 알 수 있다.
3. ________ (1) 유인물에 제시된 용어들 중에서 가장 명확한 정의를 고를 수 있다.
   ________ (2) 유인물에 제시된 용어들의 의미를 알 수 있다.
4. ________ (1) 피타고라스의 정의를 이해해야 풀 수 있는 수학 문제를 해결할 수 있다.
   ________ (2) 문제 해결 기법을 이해할 수 있다.
5. ________ (1) 뉴스에 나온 사람들의 사진을 인지할 수 있다.
   ________ (2) 뉴스에 나온 사람들의 이름과 사진 속의 얼굴을 대응시킬 수 있다.
6. ________ (1) 좋은 시와 그렇지 않은 시 중에서 좋은 시를 선택할 수 있다.
   ________ (2) 시의 형식을 평가할 수 있다.
7. ________ (1) 나비의 한살이를 기억할 수 있다.
   ________ (2) 나비의 한살이를 그림으로 그릴 수 있다.
8. ________ (1) 표준어와 사투리를 구분해서 들을 수 있다.
   ________ (2) 표준어와 사투리를 구분해서 말할 수 있다.

9. ________ (1) 산문의 각 단락에 구두점을 찍을 수 있다.

________ (2) 구두점 찍는 규칙을 열거할 수 있다.

다음의 수업 목표를 보고, 근원적으로 가장 잘못된 점이 무엇인지를 고르시오.

10. 보전의 의미를 포착할 수 있다.
 (1) 정의적 목표
 (2) 교사 중심
 (3) 모호하고 관찰 가능하지 않음

11. 학생들에게 청결의 필요성을 설명할 수 있다.
 (1) 교사 중심
 (2) 관찰 가능하지 않음
 (3) 학생 중심

12. 색칠할 수 있다.
 (1) 불분명한 결과
 (2) 모호함
 (3) 교사 중심

13. 18~20쪽에 있는 과제를 할 수 있다.
 (1) 모호함
 (2) 불분명한 결과
 (3) 학생 중심의 활동이지 학습의 결과가 아님

14. 다른 사람에게 다양성에 대한 설명을 들을 수 있다.
 (1) 교사 중심
 (2) 학생 중심의 활동이지 학습의 결과가 아님
 (3) 모호함

관찰 기록지

수업 목표 분석

이 활동은 수업 목표를 점검해보는 기회를 얻을 수 있도록 설계되었다.

주의할 내용: 이 기록지를 사용할 때 학교, 교사, 관리자, 학생의 실명을 사용하지 마시오.

관찰자 이름: ______________________________

날짜: ______________________________

학년: ______________________________

교과명: ______________________________

학생 수: ______________________________

배경정보: 학교의 사회적, 경제적, 다문화 구성원에 대해서 간단히 서술하시오.

____

____

기록할 내용: 수업을 진행하는 교사에게 다음과 같이 안내하시오. 관찰의 목적은 교사가 그날 혹은 그 주에 사용하려는 수업 목표가 무엇인지를 파악하는 것이다. 교사가 사용하는 수업 목표는 교사의 수업 계획안, 교수 요목, 교사용 지도서에 제시된 것일 수 있다.

관찰 내용에 대한 숙고사항: 여러분이 검토한 수업 목표의 주요 장점과 단점을 요약하시오. 각각의 수업 목표가 다음의 요건을 충족했는지 판단하시오.

1. 잘 정의되었는가?

2. 수업 목표는 학생 중심인가?

3. 순서 배치의 측면에서 적절한가?

4. 발달 단계의 측면에서 적절한가?

5. 학습 결과물을 기술하는가?

6. 명확하게 기술되어 있는가?

7. (행동이나 행동의 결과물이) 관찰 가능한가?

목표 2: 잘 정의된 수업 목표를 작성할 수 있다.

■ 수업 목표 작성의 3단계

INTASC 제1, 2, 7원칙

효과적인 수업 목표를 작성하기 위한 일반적인 3단계를 소개하자.[9] 때로는 순서대로 진행하다가 이전 단계로 돌아가서 다시 생각할 수도 있다. 이와 같은 모니터링은 목표가 잘 정의되었는지를 매번 검토하게 하고, 분명한 목표를 작성할 수 있도록 돕는다. 수업 목표의 작성은 다음의 3단계로 이루어진다.

(1) 일반적인 목적의 상세화

(2) 일반적인 목적을 좀 더 구체적이고 관찰할 수 있는 수업 목표로 세분화

(3) 수업 목표가 명확하고 적절한지 검토

한 차시 수업을 계획할 때뿐만 아니라 전체 과정을 계획할 때에도 이 3단계를 적용할 수 있다. 그렇지만 단기간 내에 전체 과정에 대한 모든 수업 목표를 작성할 수는 없다. 따라서 한 단원 또는 한 차시의 수업 목표를 작성하는 것부터 시작하는 것이 좋다. 이러한 과정이 누적되면 과정 전체에 해당하는 수업 목표의 틀을 구성할 수 있다. 여기서 한 가지 유의할 점은 단원의 수업 목표와 차시의 수업 목표가 전체 과정에 대한 전반적인 계획에도 들어맞아야 한다는 것이다. 따라서 여러분은 특정 단원의 수업 목표나 한 차시의 수업 목표를 작성하기 전에 아래의 첫 번째 단계를 완벽하게 이해할 수 있어야 한다.

일반적인 목적의 상세화

첫 번째 단계에는 학생들이 성취했으면 하는 것을 일반적인 용어로 기술한다. 이 단계에서는 표현에 대해서 너무 신경 쓰지 말고 일반적인 목적을 작성하면 된다. 이러한 일반적인 목적은 관찰 가능하고, 상세하게 다시 작성할 수 있다. 일반적으로 한 가지 목적에서 여러 개의 목표가 나오며, 각각의 목표는 학생들이 일반적인 목적을 달성하는데 도움을 준다.

■ 우선 일반적인 목적을 만들어야 한다.

다음에 제시된 목적을 살펴보자. 이것은 고등학교 심리학 과목에서 설정할 수 있는 일반적인 목적이다. 이러한 목적에서 각각 여러 개의 구체적이고 관찰 가능한 수업 목표를 산출할 수 있다.

고등학교 심리학 과목의 일반적인 목적

1. 최종 목적

가. '심리학은 과학이다'라는 말이 무엇을 의미하는지 이해할 수 있다.

나. 인간이 발달하는 방식에 대한 주요 이론을 알 수 있다.

다. 인간이 타인을 포함한 환경과 어떻게 상호작용하는지 알 수 있다.

라. 성격, 동기부여, 학습, 정신건강, 사회심리학에 관한 다양한 이론에 대해 알 수 있다.

마. 우리 사회의 다양성에 관한 최근 이론을 알 수 있다.

바. 인간 행동과 상호작용에 관한 구체적인 문제를 해결하는 데에 심리학의 주요 연구결과를 적용할 수 있다.

사. 자신이 일상적으로 하는 행동과 그 행동에 대한 이유를 알 수 있다.

2. 1단원의 중간 목적: 과학으로써의 심리학

가. 인지적 목적

(1) 심리학에서 역사적으로 중요한 날짜를 알 수 있다.

(2) 심리학을 중요한 응용 과학의 한 분야로 만든 주요 연구를 알 수 있다.

(3) 이론의 전개에 따른 단계를 알 수 있고, 그 이론을 탐구하고 평가할 수 있으며, 실제 상황에서 연구 결과를 적용할 수 있다.

나. 정의적 목적

(1) 문명화된 국가에서 심리 과학의 가치를 인정할 수 있다.

(2) 다양한 심리학 이론의 유용성에 대한 고마움을 느낄 수 있다.

(3) 학생들은 다양한 배경을 가진 사람들의 욕구와 의견에 민감해야 한다.

연습문제 3 일반적인 목적을 상세화 하시오.

심리학에서 일반적인 최종 목적을 쓰려고 노력하시오. 여러분은 이 과정을 위해 최소한 5가지 이상의 일반적인 목적을 쓸 수 있어야 한다. 이러한 예와 여러분이 쓴 것을 비교하시오.

각 교과의 최종 목적은 이미 결정되어 있다. 중간 목적은 각 교과의 단원을 위한 것이다. 다시 말하지만, 여러분이 작성한 일반적인 목적이 당장 관찰 가능한지 아닌지에 대해 고민할 필요는 없다. 우선, 일반적인 목적을 작성하시오. 여러분은 나중에 목적을 다시 작성할 수도 있다.

다음은 '과학으로써의 심리학'이라는 1단원에 가능한 목적이다. 앞의 표에서 1단원의 중간 목적에 대한 3가지 인지적 목적과 3가지 정의적 목적을 이미 제시하였다. 이 목적을 주의 깊게 읽고 나서, 여러분 스스로 작성하도록 노력하시오.

기억할 점: 단원 수준의 목적은 교과목의 최종 목적을 반영해야 한다.

2장

일반적인 목적을 구체적이고 관찰 가능한 목표로 세분화

이 단계에서는 각각의 일반적인 목적을 두 가지 주요 부분으로 세분화한다. 이 두 가지는 교과의 내용과 기대되는 학생의 반응이다. 고등학교 심리학 과목의 일반적인 목적을 살펴보자.

학생들은 심리학의 주요 학자들과 그들의 이론에서 중요한 요점을 알 수 있다.

■ 일반적인 목적을 가지고 구체적인 목표로 세분화하라.

우선, 교과 내용은 심리학의 주요 학자들과 이론의 중요한 요점으로 구분할 수 있다. 수업 목표를 작성할 때, 이 두 가지 영역을 구분하고, 각각의 영역을 최소한 하나의 목표를 위한 기본 바탕으로 활용한다. 일반적으로 목표는 교과의 한 가지 영역만을 다루는 것이 가장 좋다. 이제 교과 내용이 무엇인지를 알았으면 다음의 문제를 생각해보자.

(1) 교과 내용은 분명하게 정의되고 명확한가?

(2) 교과 내용을 구성하기 위해 기대되는 학생들의 반응은 정확히 무엇인가?

위에 제시된 일반적인 목적은 잘 정의되어 있다. 주요 이론의 창시자들을 나열함으로써 이 목적을 좀 더 구체적으로 표현할 수 있다. 또한, 각각의 이론에서 가장 중요한 용어도 나열할 수 있다. 물론 위에 제시된 일반적인 목적의 가장 큰 문제는 '…를 알 수 있다'라는 모호하고도 관찰하기 어려운 동사를 사용한 것이다. 학생이 '쓰면서 나열하는 것'에 대한 증거가 될 수 있는 관찰 가능한 학생의 반응은 무엇인가? 다음의 세 가지 목적은 위에서 제시한 일반적인 목적을 좀 더 세분화 한 것이다. 일반적인 목적에 대한 교과 내용도 명확하고, 그 내용에 대해 기대되는 학생의 반응도 좀 더 명확하게 제시되어 있다.

(1) 심리학 이론을 창시한 학자들을 나열할 수 있다.

(2) 심리학 이론과 각각의 중요한 개념을 대응시킬 수 있다.

(3) 초기 심리학 학자들의 이름이 제시되었을 때, 각각의 이론에 대한 주요 개념이 무엇인지 찾을 수 있다.

위의 내용을 바탕으로 **정의적 목적**을 세분화하라.

> 학생들은 심리학자들이 연구했던 인간 행동의 특수한 양상을 더 많이 알아내며 흥미를 느낄 수 있다.

■ 내용 + 행동의 구체화

일부 교사들은 정의적 목적을 달성하기 위한 수업 계획에 종종 실패하기도 한다. 그 이유는 정의적 목적을 관찰 가능한 방식으로 정의하기 어렵기 때문이다. 그러나 해당 교과의 내용을 명확하게 정의하고, 그 내용에 대한 바람직한 태도를 갖게 하는 행동을 명시하는 것은 비교적 어렵지 않다.

> 심리학에 대한 가치를 논의하는 토론에서 심리학자들이 인간 행동의 어떤 측면을 연구해왔는지 발견하는 데 도움이 되는 질문을 할 수 있다.

위의 목표에서 내용은 '심리학자들이 인간 행동의 어떤 측면을 연구해왔는지 알아내는 데에 도움이 되는 질문'이다. 여기서 학생들이 해야 하는 행동은 '질문'이다. 그리고 '심리학에 대한 가치를 논의하는 토론에서'라는 부분은 우리가 기대하는 학생의 행동이 어떤 특정 상황이나 조건하에서 일어나기를 바라는지 제시한다.

■ 조건을 포함하라.

효과적인 목표를 작성할 때 조건이 반드시 필요하다고 할 수는 없지만, 학생들에게 기대되는 행동을 진술할 때 도움이 된다. 같은 목적을 달성하기 위한 또 하나의 수업 목표를 살펴보자. (조건 부분은 굵은 글씨로 표시하였다.)

> **유명한 심리학자에게 보내는 질문을 작성하라는 과제에 대해** 학생들은 다음과 같이 질문할 것이다.
> "심리학자들은 인간의 행동 중에서 어떤 측면을 연구하였습니까?"

■ 성취의 수준

반드시 필요한 것은 아니지만, 학생들이 어떤 조건에서 응답해야 한다고 구체적으로 명시하는 것 이외에도 수업 목표에 추가할 수 있는 것이 또 하나 있다. 그것은 바로 **성취 수준**을 구체적으로 명시하는 것이다.[10] 위의 목표를 달성하기 위한 수업 목표로 다음과 같은 예를 들 수 있다.

> 심리학자들이 연구한 인간 행동의 측면을 설명한 책이나 자료를 학교 도서관에 비치하면, 학생들은 두 가지 이상의 자료를 선정해서 대출할 수 있다.

위의 수업 목표에는 '두 가지 이상의 자료를 대출한다'라는 목표 성취에 대한 준거가 있다. 이러한 준거를 통해 개별 학생에 대한 성취 기준을 설정하는 것이 가능할 뿐만 아니라 학급 전체에 적용할 수도 있다. 또한, 각 학생의 성취 수준을 파악함으로써 그 수업 목표에 대한 학생의 수행을 평가할 수도 있다. 이렇게 학급 전체가 학습을 어떻게 했는지 판단함으로써 여러분 역시 자신이 교사로서 어떻게 수행하였는지를 평가할 수 있다. 예를 들어, 위에서 제시한 수업 목표가 다음과 같이 작성되었다고 가정해보자.

> 심리학자들이 연구한 인간 행동의 측면에 대해 설명하는 책과 자료가 학교 도서관에 비치되어 있다. 최소한 75%의 학생들은 2권 이상의 자료를 대출할 수 있다.

만약 일부 학생들이 2권 이상의 자료를 대출했다고 하더라도, 75%보다 적은 수의 학생들이 2권 이상의 자료를 대출했다면 목표를 달성했다고 할 수 없다.

재검토: 일반적인 목적을 구체적이고 관찰 가능한 수업 목표로 세분화하라.

1. 일반적인 목적을 (1) 교과목 내용과 (2) 내용에 대한 학생의 반응으로 구분한다.
2. 교과의 내용을 명확하게 하고, 필요하다면 그것을 더욱 구체화 한다.
3. 교과 내용에 대한 학생들의 반응을 확인한다.
4. 필요하다면 예상되는 학생들의 반응을 판단하는 유용한 준거나 기대되는 성취 수준을 판단하고, 학생들의 반응을 파악한다.

목표가 분명하고 적절한지 확인

마지막 단계는 다소 불필요할지도 모른다. 만약 위의 두 가지 단계를 잘 이행했다면, 목표를 사용하기 위한 준비가 된 것이다. 마지막 방법까지 검토한다면 학생들에게 진정 전하고자 했던 것을 좀 더 쉽게 전할 수 있을 것이다. 목표가 명료한지 확인하는 마지막 방법은 자신이 설정한 목표를 재검토해 줄 수 있는 동료교사를 찾는 것이다.

만약 동료교사가 여러분이 작성한 각각의 목표의 의미를 잘 파악한다면, 그 목표는 명료하다고 할 수 있다. 만약 그렇지 못한다면, 그 목표를 좀 더 명확하게 다듬어야 한다. 수업 목표는 교사가 관찰할 수 있는 방식으로 명확하게 진술해야 하지만, 학생들에게도 적절해야 한다. 목표가 적절한지 판단하기 위해 52쪽에 제시된 체크리스트를 활용해보자.

여러분이 작성한 목표가 관찰할 수 있는 방식으로 명확하게 진술되었고, 위의 요건에 만족한

적절한 목표를 위한 준거

예	아니오	
______	______	1. 학생들의 발달 단계를 고려했을 때 적절하다.
______	______	2. 제한 시간 내에 학생들이 달성할 수 있다.
______	______	3. 다른 목표를 고려했을 때 순서상 적절한 위치에 있고, 우선 달성해야 하는 목표보다 앞서지 않는다.
______	______	4. 해당 교과와 교육과정의 전반적인 목적과 조화를 이룬다.
______	______	5. 학교의 목적 및 가치와 조화를 이룬다.

다면, 그 목표는 여러분과 학생들에게 매우 유용할 것이다. 종합 문제 2를 풀기 전에 다음의 예를 살펴보자. 다음은 초등학교에서 사용하는 일반적인 목적과 그 목적에서 나온 구체적인 목표이다.

■ 일반적인 목적

■ 더 구체적인 목표

일반적인 목적

학생들은 기존의 읽기 수업에서 접한 적이 없는 단어를 발음할 수 있다.

구체적인 목표

두 개의 자음이 합성된 받침이 있는 단어를 보고, 학생들은 다음의 규칙을 활용하여 이 단어를 소리 내어 발음할 수 있다. '두 개의 자음이 합성된 받침이 있는 단어는 앞의 자음을 받침으로 읽고, 뒤에 나오는 자음은 다음 글자의 첫 자음으로 읽는다.'

이처럼 구체적인 목표는 수업을 계획할 때 유용하다. 더불어 학생들이 이 목표를 달성하기 위해서는 전제 조건이 되는 목표에 완벽히 도달했다는 것도 반드시 확인해야 한다.

■ 목표 달성의 전제 조건

학생들은 주어진 단어에 나오는 합성 자음으로 된 받침을 모두 알아볼 수 있어야 하며, 합성 자음이 사용된 단어에서 자음으로 된 받침을 이미 알고 있어야 한다. 또한, 학생들은 합성자음으로 된 받침 이외의 어떤 단어라도 이미 발음할 수 있어야 한다.

정리하면, 우선 일반적인 목적을 작성하는 것으로 시작하고, 그 목적을 구체적이고 관찰할 수 있는 목표로 세분화한다. 그리고 필요하다면 우선 학습해야 할 전제 조건이 되는 목표를 명시한다. 이런 방식으로 수업 목표를 작성한다면, 여러분은 구체적이고 결과를 측정할 수 있는 목표를 만들 수 있을 뿐만 아니라 먼저 배워야 하는 것들을 완전히 익힌 후에 그 목표에 따라 수업을 할 수 있게 될 것이다.

연습문제 4 일반적인 목적을 구체적이고 관찰 가능한 목표로 세분화

다음의 목적을 관찰 가능한 목표로 작성하시오.

목적: 학생들은 심리학 연구에서 사용되는 주요 개념과 용어, 그리고 원리를 이해할 수 있다.

1. 교과의 내용을 반영하고, 분명하게 정의되었는지를 판단하시오. 만약 그렇지 않다면 목표를 분명하게 하기 위해 필요한 것이 무엇인지 기술하시오.
2. 교과의 내용에 대한 학생의 관찰 가능한 반응을 적어도 하나 이상 기술하시오.
3. 학생의 반응이 기대되는 적절하고 명확한 조건이라면, 학생의 수행 수준을 세분화해보시오.

2장

종합문제 2

목표 2: 잘 정의된 수업 목표를 작성할 수 있다.

1. 수업 목표를 작성하기 위해 따라야 하는 3가지 단계를 써보시오.
2. 일반적인 목적은 관찰할 수 있는 방식으로 작성할 필요가 없다. (참, 거짓)
3. 다음에 제시된 3가지 일반적인 목적을 관찰할 수 있는 방식으로 다시 작성해 보시오.
   (1) 학생들은 인간이 학습하는 과정을 이해할 수 있다.
   (2) 학생들은 인간이 행동하도록 동기부여 하는 것이 무엇인지 알 수 있다.
   (3) 학생들은 교실 내 다양성이 갖는 가치를 이해할 수 있다.
4. 효과적인 수업 목표를 작성하는 데 필요한 2가지는 무엇인가?
5. 효과적인 수업 목표를 작성하는 데 유용하게 사용되는 2가지는 무엇인가? (단, 항상 필요한 것은 아니다.)

목표 3: 수업 계획 단계에서 수업 목표를 사용할 수 있다.

■ 수업 목표는 수업을 계획하는데 어떤 도움이 되는가?

INTASC 제4, 7원칙

수업 목표가 유용한지에 대해서는 많은 논쟁이 있다. 그러나 수업 목표가 수업 계획 단계에서 중요한 기능을 한다는 것은 명백한 사실이다.[11] 좋은 수업 목표는 다음과 같은 부분에서 도움이 된다.

(1) 계획에 초점
(2) 효과적인 수업 상황 계획
(3) 타당한 평가 절차 수립

계획에 초점

많은 교사들은 수업 자료를 준비할 시간이 부족하다고 불평한다. 여러분은 수업 목표를 작성하기 전에 학생들에게 알려주고 싶은 것이 무엇인지, 학생들이 할 수 있었으면 하는 것이 무엇인지를 우선 결정해야 한다. 이런 과정을 통해서 여러분은 두 가지 방법에 주목하게 될 것이다. 첫째, 수업 목표는 중요하지 않은 주제를 제외시키고, 교과의 더욱 중요한 부분을 강조하도록 도움을 준다. 둘째, 수업 목표는 다양한 종류의 학습이 균형을 이루도록 수업을 계획하는데 도움을 준다. 한 교과에 대한 최종적인 수업 목표를 검토함으로써, 수업 계획이 기억, 개념화, 문제 해결 등 학습의 다양한 방법을 포함하는지 판단할 수 있다.

Bloom[12]과 Gagné[13]가 제안한 교육목표분류학 등을 활용하는 것도 좋은 방법이다. 이를 활용하여 여러분이 높은 수준의 학습 결과를 충분히 성취하도록 계획했는지, 인지적 목표 이외에 정의적·심동적 목표들을 포함했는지 판단한다. 마지막으로 국가수준 교육과정에 명시된 성취 기준을 충족시키는 데 도움이 되도록 작성하였는지 다시 한 번 검토한다.

효과적인 수업 상황 계획

수업 상황에서 가장 중요한 것은 학생의 머릿속에서 무슨 일이 일어나고 있는지에 관한 것이다. 교사가 하는 일은 학생들을 의도한 학습 결과에 도달하도록 수업을 설계하는 것이다. 만약 수업 목표가 어떤 정보를 암기하는 것이라면, 학생들이 정보를 반복해서 보게 하고, 적절한 정보의 연관성을 만들어내는 등의 활동을 하도록 학습 활동을 설계해야 한다. 그리고 만약 수업 목표가 새로운 개념을 형성하는 것이라면, 학생들을 학습한 개념의 중요한 특징을 중점적으로 보게하고, 긍정적이거나 부정적인 예를 비교·대조하도록 학습 활동을 설계해야 한다. 결국 교사는 학생들이 암기하거나 개념을 이해하기 위한 사고활동을 돕도록 수업을 계획해야 한다.

여기서 수업 상황이라는 개념을 이해하는 것이 중요하다. **수업 상황**이란 학생들이 학습(예를 들어, 수업 목표를 달성하는 것)을 목적으로 참여(교사와 함께, 또는 교사 없이)하는 활동의 총체를 의미한다. 교사의 설명을 듣는 것, 영화를 보는 것, 역사 과목의 과제를 하는 것, 연습문제를 푸는 것 등이 모두 수업 상황의 실례이다.

2장

모든 수업 상황은 학습을 위한 조건을 최적화하도록 설계되어야 하며, 그 수업 상황을 통해서 교사와 학생 모두가 적절한 활동을 할 수 있어야 한다. 또한, 학습의 종류에 따라 학습을 위한 조건도 달라진다.[14] Bloom의 교육목표분류학에서 제시하는 지식 단계에 학생이 도달하게 하기 위해 교사는 신중하게 계획한 발문을 사용할 수 있다. Sadker와 Zittleman은 발문법에 관한 논의에서 Bloom의 교육목표분류학에 나오는 학생의 사고 단계에 따라 교사가 하는 발문을 분류할 수 있다고 주장했다(4장 발문법 참조). 수업 목표도 Bloom의 교육목표분류학에 따라 분류할 수 있다. 수업 목표를 분류할 때에는 Bloom의 교육목표분류학의 각 단계를 결정하기 위한 도구로 이 책의 4장 발문법에 나오는 다양한 단어를 사용할 수 있다. 교육목표분류학을 활용해서 수업 목표에 따른 학습 수준을 결정하고 나면, 의도한 수준에서 그 수업 목표를 달성하는데 가장 효과적인 종류의 활동을 설계할 수 있다.

■ 어떤 유형의 학습인가?

학생과 교사의 활동을 계획하는 데 있어서 첫 번째로 해야 하는 것은, 각 수업 목표에 대해 어떤 유형의 학습이 이루어져야 하는지를 결정하는 것이다. 수업 목표를 잘 정의해 두었다면, 이 일은 비교적 쉬울 것이다. 비밀은 동사에 있다. 동사는 학습의 종류가 어떤 유형인지에 대해 힌트를 준다. 예를 들어, '나열하다, 기억하다, 기술하다' 등의 동사는 기억하는 유형의 학습이라는 것을 암시한다. '구분하다, 구별해내다, 대조하다' 등의 동사는 구분하는 유형의 학습을 암시한다. '무엇인지 말하다, 분류하다, 인식하다' 등의 동사는 개념을 익히는 유형의 학습을 암시한다. '풀다, 진단하다, 해결하다, 결정하다' 등은 문제를 해결하는 유형의 학습임을 암시한다. '좋아하다, 즐기다, 원하다, 선호하다' 등의 동사는 태도에 관한 정의적 유형의 학습임을 암시한다. '조작하다, 공연하다, 행하다, 신체적으로 다루다' 등은 기능을 익히는 유형의 학습임을 암시한다.

■ 어떤 종류의 활동인가?

목표에 따른 학습의 종류를 결정한 후, 다음 단계는 그런 유형의 학습을 위해 학생들이 수행해야 하는 활동의 종류를 결정하는 것이다.

이제 여러분은 최종적으로 교사 활동을 결정하기 위한 준비를 갖추었다. 수업의 핵심적인 원칙은 모든 교사가 학생들을 돕기 위해 설계를 해야 한다는 것이다. 따라서 교사는 학생들이 필요로 하는 정보를 제공해야 할 뿐만 아니라 적절한 방법으로 정보를 처리할 수 있도록 도와주어야 한다. 이것은 교사가 적절한 시점에서 좋은 발문을 해야 하는 것만큼이나 중요한 것이다.

타당한 평가 절차 계획

학생의 학습을 평가하기 위해 가장 중요하게 고려해야 할 사항은 타당도와 신뢰도이다. 수업 목표는 기대되는 학습의 결과로 정의할 수 있다. 따라서 결과적으로 타당한 시험을 개발하는 것이 핵심이라 할 수 있다. 시험이 기대되는 것을 정확히 측정한다면 그것은 타당한 것이 된다. 교사는 학생들이 어떻게 교과 내용을 학습하는지 알고 싶어 한다. 따라서 교사는 학생들이 어떻게 수업 목표의 결과를 성취해내는지를 측정해야 한다. 이 책의 7장 평가에서는 타당도와 신뢰도를 동시에 갖춘 시험과 믿을 만한 평가 도구를 개발하기 위한 수업 목표의 활용 방법을 제시한다. 시험이 학생들의 학업 성취도를 측정하는데 타당하다면, 수업 목표를 가능한 직접적으로 측정할 수 있다.

종합문제 3

목표 3: 수업 계획 단계에서 수업 목표를 사용할 수 있다.

1. 수업을 계획하는 데 도움이 되는 수업 목표를 3가지 방법으로 기술하시오.
2. 수업 목표를 작성할 때 첫 번째로 결정해야할 것은?
   (1) 교사 활동
   (2) 학생 활동
   (3) 상관 없음 (어느 것이 처음 결정되더라도 문제가 없다.)
3. 수업 목표에 따라 학습의 유형을 결정하려고 할 때, 수업 목표의 어떤 부분이 가장 도움이 되는가?
   (1) 동사
   (2) 교과목의 기술
   (3) 성취 기준
   (4) 성취 조건

4. 수업 목표를 달성하기 위해 학습의 유형을 결정하는 것이 중요한 이유는 무엇인가?

5. 학생의 학습을 효과적으로 평가하기 위해 수업 목표의 사용을 강조하는 준거는 무엇인가?

(1) 유용성
(2) 신뢰도
(3) 타당도

목표 4: 수업 실행 단계에서 수업 목표를 사용할 수 있다.

교사는 대부분 수업 목표의 사용이 유용하다고 생각한다. 수업 계획에 관한 분석 자료를 살펴보면, 계획 단계에서 수업 목표가 갖는 가치를 충분히 인정할 수 있다. 다양한 수업 계획 자료(특정 과목의 교수 요목, 완성된 수업 계획안, 교사용 지도서 등)를 수집한 후, 수업 목표가 이 자료에 포함되어 있는지 확인해보자. 그리고 포함되어 있다면, 수업 목표가 학생과 교사의 활동에 영향을 미치는지, 영향을 미친다면 어떻게 영향을 미치는지 검토해보자. 마지막으로 수업 목표를 살펴본 후, 이 수업 목표를 달성하기 위한 다른 여러 가지 학생·교사 활동을 생각해보자.

■ 수업 목표는 수업 중에 어떤 도움을 주는가?

INTASC 제1, 2, 4원칙

수업 목표가 잘 정의되어 있다면, 수업 진행 중에 교사와 학생 모두에게 큰 도움이 될 수 있다. 수업 목표를 적절하게 사용하면 첫째, 교사가 기대하는 것이 무엇인지를 학생들에게 명확하게 보여줄 수 있다.[15] 이러한 수업 목표의 명확성은 성공적인 수업에 매우 중요한 요소이다. 둘째, 수업 목표는 학생들이 수업을 듣거나, 과제를 하거나, 시험을 준비할 때 유용한 안내자 역할을 한다.[16] 마지막으로, 잘 정의된 수업 목표를 사용하면 원래 의도했던 방향으로 수업하는 데 도움이 되며, 수업이 삼천포로 빠지더라도 효과적으로 대처할 수 있다. 수업을 향상시키기 위해 수업 목표를 다음과 같이 활용할 수 있다.

(1) 수업 시작 전에 유인물로 배부

(2) 학생들이 수업을 준비하는 데 활용

(3) 수업 중에 안내 자료로 활용

수업 시작 전에 유인물로 배부

학생들이 잘 정의된 수업 목표를 유인물로 미리 받아보았을 때, 시험의 결과가 더 좋다는 연구 결과도 있다.[17] 유인물을 최대한 효과적으로 만드는 방법은 많다. 이 장의 앞부분에서 다루었던 요건을 만족할 정도로 수업 목표를 명확하게 작성했다면, 학생의 학업 성취도 향상에 이바지할 것이다.[18] Melton[19]에 따르면, 수업 목표는 학생들의 흥미를 끌 수 있어야 하며, 난이도가 적절해야 하고, 교과 내용과 연관되어야 한다고 그는 보았다.

■ 유인물이나 보고서를 자주 사용하라.

한 번에 너무 많은 수업 목표를 제시하면(예를 들어, 한 달에 해당되는 수업 목표), 효과적으로 활용하기 어려우며, 학생의 학업 성취도를 향상시키는데에도 거의 도움이 되지 않는다. 따라서 한 단원에 해당하는 수업 목표만을 학생들에게 제시하도록 해야 한다. 그리고 매일 수업을 진행해 나가면서 수업 목표를 점검해야 한다. 마지막으로 학생들의 다양성[20]에 대해 항상 고려해야 한다. 그러한 다양성에 대처할 수 있도록 수업 전략을 조정하고, 필요하다면 학생 개개인의 요구에 맞추어야 한다.

학생들이 수업을 준비하는 데 활용

■ 정답을 제공하지 말라.

Madeline Hunter는 학생들에게 수업에서 얻게 될 것이 무엇인지를 말해줌으로써 적절한 학습 양식을 만들어주는 것이 좋다고 주장했다.[21] 그러나 학습에서 발견이나 탐구 방식의 접근법을 옹호하는 이들은 이 개념을 비판한다. 문제는 만약 학생들이 처음부터 학습의 결과를 알아버리면, 탐구의 과정이 효과적으로 이루어지지 않는다는 것이다. 또한, 학생들이 처음부터 학습 결과에 대해 알고 있다면, 탐구의 과정이 효과적으로 일어나지 않을 것이다. 정답을 바로 제시하지 않고도 학생들이 학습에 준비하도록 할 수 있다. 잘 작성된 목표는 불분명하거나 모호해서도 안 되지만, 너무 구체적이어도 안 된다는 것을 기억하자. 따라서 학생들에게 어떤 종류의 문제를 풀 것인지를 미리 알려주어야 한다. 또한, 상호관계나 인과관계 등과 같이 어떤 것을 발견할 수 있어야 하는지도 사전에 알려주어야 한다. 그러나 학생들에게 탐구의 과정에서 발견하게 될 구체적인 해답을 알려주어서는 곤란하다. 즉, 교사는 학생들이 탐구 활동을 통해 익히게 될 기능에 초점을 맞추어야지, 탐구 활동을 통해 나오는 특정 결과에 초점을 맞추어서는 안 된다는 것이다.

각각의 수업 활동은 학생들에게 각기 다른 것을 요구할 수 있기 때문에, 교사는 수업을 시작하기 전에 학생들이 수업을 준비할 수 있도록 해야 한다. 적어도 다음의 4가지 정보는 학생들이 수업을 준비하는데 도움이 된다.

(1) 학습 결과물

(2) 학생 활동

(3) 교사 활동

(4) 평가 활동

학습 결과물

잘 작성된 수업 목표는 학습의 결과를 가장 잘 나타낸다. 따라서 학생들이 수업을 준비할 때에 특히 유용하다. 학생들이 수업이 끝난 후에 무엇을 알게 될 것인지 혹은 무엇을 할 수 있게 될 것인지를 미리 알게 된다면, 관련된 활동을 준비하는 데 도움이 될 것이다.

학생 활동

많은 학생의 경우, 학습의 결과를 아는 것만으로는 부족할 수가 있다. 예를 들어, 교사가 학생들에게 1단원을 공부하고(수업 상황), 수업이 끝나면 5·18 민주화 항쟁의 주요 원인에 대해서 기술할 수 있을 것(학습 결과물)이라고 제시하는 것만으로는 학생들이 그 학습의 결과를 성취하는 방법을 모를 수도 있다. 따라서 학생들의 성공적인 학습을 위해서 교사는 학생들이 해야 하는 활동이 무엇인지를 구체적으로 알려주어야 한다. 수업 목표를 잘 정의했을 때에는 가장 적절한 학생 활동의 유형을 선정하기가 훨씬 수월하다.[22]

교사 활동

대부분의 수업 활동에서 교사의 역할은 분명하다. 수업 중 교사의 활동은 다음과 같은 것들이 있다. 강의식 설명, 피드백 제공, 학생의 수행 관찰 등. 그러나 어떠한 활동이든 교사의 활동은 항상 학습자가 학습 활동을 통해 학습 결과(수업 목표)를 성취해내는 것이어야 한다. 수업을 시작할 때 교사의 역할이 정확히 무엇인지, 교사에게 어느 정도의 안내자 역할을 기대할 수 있는지를 학생들에게 미리 알려준다면 학생들에게 도움이 될 것이다.

평가 활동

만약 학생들이 학습 결과를 달성했는지를 어떻게 알 것인가? 학습 결과에 관련된 학생의 수행 및 결과를 교사가 어떤 방식으로 판단할 것인가? 위의 두 가지 질문을 학생들에게 한다면, 학생들이 수업을 준비하는 데 도움이 된다. 또한, 학생들의 학습 능률도 향상시켜줄 수 있다. 잘 정의된 수업 목표는 측정 가능하고 관찰 가능한 방식으로 기술되기 때문에 평가 방식의 유형을 쉽게 정할 수 있다.

수업 중에 안내 자료로 활용

수업 목표는 학생들이 학습을 준비하는 데 도움이 될 뿐만 아니라 학생과 교사가 수업의 전 과정에 집중할 수 있도록 도움을 준다. 수업의 전 과정에서 학생들의 머릿속에 수업 목표가 항상 자리 잡고 있다면, 교사는 수업 도중에 삼천포로 빠지거나 수업과 관련 없는 주제에 집중하는 문제를 줄일 수 있다. 이러한 전략은 수업을 구성주의적 접근으로 볼 때 특히 효과적이다. 학생들이 수업 목표를 스스로 발견할 때 더 좋은 학습이 일어난다. 교사가 수업 목표를 명확하게 사용하고, 학생들에게 하는 발문이 수업 목표를 달성하는데 도움을 주도록 설계되어 있으며, 시험이 수업 목표를 제대로 평가한다면, 교사와 학생 모두가 수업에 더욱 집중할 것이다. 수업이 삼천포로 빠지는 것이 항상 나쁘다는 것은 아니다. 또한, 수업 목표에 제시되어 있지 않았다고 해서 그것이 배울 가치가 없다는 뜻도 아니다. 교사는 가르치고자 하는 것, 학생들이 배우기 원하는 것, 교사가 평가하고자 하는 것을 수업 목표로 제공해야 한다.

종합문제 4

목표 4: 수업 실행 단계에서 수업 목표를 사용할 수 있다.

1. 수업을 개선하기 위해 수업 목표를 사용할 수 있는 3가지 방법을 쓰시오.

2. 학생들이 수업을 준비할 수 있도록 교사가 수업 전에 제시해야 하는 4가지를 쓰시오.

3. 수업 목표는 [?] 활동 내용을 안내해야 한다.
   (1) 수업
   (2) 평가
   (3) 학습
   (4) 위의 내용 모두

연습문제 해답

연습문제 1: 학생 중심 목표 확인

1. 학생
2. 교사
3. 교사
4. 교사
5. 교사
6. 학생
7. 교사
8. 학생
9. 학생

연습문제 2: 명확하고 모호하지 않은 수업 목표 확인

1. 2
2. 1
3. 1
4. 2
5. 1
6. 1
7. 1
8. 1
9. 2
10. 1
11. 2
12. 1
13. 2

연습문제 3: 일반적인 목적 기술

1. (예시)
    - 성격 유형, 학습 전략, 결정과 행위에 영향을 미치는 내적·외적 동기부여 요소, 사회적 압력에 대응하는 방식에 대하여 알 수 있다.
    - 심리학의 연구 결과의 가치에 대하여 바르게 판단할 수 있다.
    - 심리학 영역의 전문가가 꼭 필요함을 이해할 수 있다.
    - 인간 발달의 복잡성에 대하여 이해할 수 있다.
    - 학습 원리에 기초한 더 나은 학습 습관을 기를 수 있다.
    - 어떠한 행위를 초래하게 한 심리기제를 이해할 수 있다.
    - 정신 질환에 대하여 관심을 가지고 이해의 대상으로 바라볼 수 있다.
2. (예시)

    <인지적 목적>

    - 심리학 이론의 창시자와 여러 심리학 이론의 핵심을 알 수 있다.
    - 심리학 중 과학으로 분류할 수 있는 측면을 설명할 수 있다.
    - 심리학 연구 결과에서 방법론적인 단계를 목록화 할 수 있다.
    - 과학으로써의 심리학에 쓰이는 주요 개념과 용어를 정의할 수 있다.

    <정의적 목적>

    - 유명 심리학자들의 견해 간에 존재하는 다양성을 수용할 수 있다.
    - 기초적인 심리학 연구에 흥미를 가지고 참여할 수 있다.
    - 심리학자에 의해 연구된 인간 행위의 특수한 측면을 알아내는 데 흥미를 가지고 참여할 수 있다.

연습문제 4: 일반적인 목적을 구체적이고 관찰 가능한 목표로 세분화

여러분이 작성한 3가지의 목표를 주어진 원래의 목적과 비교해 보고, 이해 가능하며 동시에 관찰 가능하게 기술되었는지 확인해 보시오. 또한, 다른 동료교사가 작성한 것과 비교해 보시오.

1. (예시) 심리학 연구에서 사용되는 주요한 용어나 개념이 주어졌을 때, 수많은 대안적 정의 또는 예시 중 그것을 가장 잘 설명할

수 있는 최적의 것을 선택할 수 있다.

2. (예시) 심리학 연구 방법론을 짧게 기술하라고 했을 때, 수업 시간에 소개된 15개의 주요 개념들 중, 10개 이상을 정확하게 사용할 수 있다.

3. (예시) 어떤 심리학 연구 문제에 대해 그 문제에 가장 적절한 해답을 제시하는 여러 원리 중 최적의 것을 선택할 수 있다.

종합문제 해답

종합문제 1

<목표 1> 잘 정의된 수업 목표를 알 수 있다.

1. 1
2. 1
3. 1
4. 1
5. 2
6. 1
7. 2
8. 2
9. 1
10. 3
11. 1
12. 1
13. 3
14. 2

종합문제 2

<목표 2> 잘 정의된 수업 목표를 작성할 수 있다.

1.

첫째, 일반적인 목적을 상세화 한다.

둘째, 일반적인 목적을 좀 더 구체적이고 관찰 가능한 수업 목표로 세밀화 한다.

셋째, 수업 목표가 명확하고 적절한지 검토한다.

2. 참 (일반적인 목적을 세분화 할 때, 교사가 기대하는 학습 목표는 반드시 관찰 가능한 형태로 기술되어야 한다. 일반적인 목적은 사용 가능하고 관찰 가능한 목표들의 진전을 통해 도달할 수 있다.)

3.

(1) 학습 과업이 주어지면 성취할 수 있도록 학습자에 의해 활용 가능한 절차를 설명할 수 있다. 또한, 학습 절차에 영향을 주는 많은 요인들을 설명할 수 있다.

(2) 몇 가지 가능한 동기부여 요인과 특수한 인간 행동이 제시될 때 그 행동을 가장 잘 촉진할 수 있는 동기부여 요인을 선택할 수 있다. 인간 행동의 주된 동기부여 요인을 나열할 수 있다.

(3) 교실 속 다양한 배경과 문화로부터 아동들이 얻을 수 있는 이점을 최소한 여섯 가지 이상 나열할 수 있다. 다양한 배경과 문화 속에서 아동들이 교실을 더 흥미롭게 만드는지에 대하여 설명할 수 있다.

4.

첫째, 분명하게 정의된 명확한 교과목 내용

둘째, 교과목 내용에 대한 관찰 가능하며 예상되는 학생들의 반응

5.

첫째, 학습자들이 반응할 것이라 예상되는 조건

둘째, 목표가 충족되는 증거로써 수용 가능한 수행 수준

종합문제 3

<목표 3> 수업 계획에서 수업 목표를 사용할 수 있다

1.

첫째, 계획에 초점

둘째, 효과적인 수업 상황을 계획

셋째, 타당한 평가 절차 수립

2. 2

3. 1

4. 다양한 학습 방식은 그에 맞는 다양한 사고 방식과 학습 조건이 갖추어져야 하기 때문이다.

5. 3

종합문제 4

1.

첫째, 수업 시작 전에 유인물로 배부

둘째, 학생들이 수업을 준비하는 데 사용

셋째, 수업 중에 안내 자료로 사용

2.

첫째, 학습 결과물

둘째, 학습 활동

셋째, 교사 활동

넷째, 평가 활동

3. 4

후주

1. W. J. Popham, "Instructional Objectives 1960–1970," *Performance and Instruction* 26, no. 2 (1987): 11–14. Also see Additional Resources at the end of this chapter.
2. T. D. TenBrink, *Evaluation: A Practical Guide for Teachers*. (Boston: McGraw-Hill, 1974).
3. Jean Piaget, *Science of Education and the Psychology of the Child* (New York: Orion, 1970); Jean Piaget and Bärbel Inhelder, *The Growth of Logical Thinking from Childhood to Adolescence,* trans. A. Parsons and S. Seagrin (New York: Basic Books, 1958).
4. Lev Vygotsky, *Thought and Language* (Cambridge, Mass.: MIT Press, 1962).
5. Erik Erikson, *Identity: Youth and Crisis* (New York: Norton, 1968).
6. Lawrence Kohlberg, "The Cognitive-Developmental Approach to Moral Education," *Phi Delta Kappan* 56 (1975): 567–677.
7. TenBrink, *op cit.*
8. *Ibid.*
9. *Ibid.*
10. Some authors use the term *performance* to refer to student outcome, *condition* to refer to conditions under which the performance is expected to occur, and *criteria* to refer to the level of performance expected.
11. Lim, Cheer Ping and Ching Sing Chai, "Rethinking Classroom-Oriented Instructional Models to Mediate Instructional Planning in Technology-enhanced Learning" *Teaching and Teacher Education: An International Journal of Research and Studies*, 24, no. 8 (November 2008): 2002–2023.
12. Lorin W. Anderson and David R. Krathwohl, eds., *Taxonomy for Learning, Teaching, and Assessing: A Revision of Bloom's Taxonomy of Educational Objectives* (New York: Longman, 2000).
13. R. M. Gagné, "Learning Outcomes and Their Effects: Useful Categories of Human Performance," *American Psychologist* 39, no. 4 (1984): 377–385.
14. R. M. Gagné, *Conditions of Learning and Theory of Instruction,* 4th ed. (San Diego: Harcourt Brace Jovanovich, 1985).
15. C. V. Hines, D. R. Cruickshank, and J. J. Kennedy, "Teacher Clarity and Its Relationship to Student Achievement and Satisfaction," *American Educational Research Journal* 22, no. 1 (1985): 87–99.
16. J. Hartley and I. Davies, "Preinstructional Strategies: The Role of Pretests, Behavioral Objectives, Overviews and Advance Organizers," *Review of Educational Research* 46 (1976): 239–265.
17. P. C. Duchastel and P. F. Merrill, "The Effects of Behavioral Objectives on Learning: A Review of Empirical Studies," *Review of Educational Research* 45 (1973): 53–69.
18. G. T. Dalis, "Effects of Precise Objectives upon Student Achievement in Health Education," *Journal of Experimental Education* 39 (1970): 20–23.
19. R. F. Melton, "Resolution of Conflicting Claims Concerning the Effects of Behavioral Objectives on Student Learning," *Review of Educational Research* 48 (1978): 291–302.
20. T. J. Lasley II and T. J. Matczynski, *Strategies for Teaching in a Diverse Society: Instructional Models,* 2nd ed. (Belmont, Calif.: Wadsworth, 1997).
21. Madeline Hunter, *Mastery Teaching: Increasing Instructional Effectiveness in Elementary and Secondary Schools, Colleges, and Universities (Madeline Hunter Collection Series)* Phoenix, AZ Crown Press 1994.
22. R. M. Gagné, W. W. Wager, K. Golas, and J. M. Keller. *Principles of Instructional Design*, 5th ed. (Belmont, Calif.: Wadsworth, 2004).

2부

수업전문성의 배경

2장 수업 목표
3장 학생의 학습 참여
4장 발문법

수업은 일방적인 말하기가 아니라
다양한 학생의 수업 참여를 이끄는 것이다.
수업의 시작과 끝은 교사의 의도 속에서 이루어진다.

2부

수업전문성의 배경

3장 학생의 수업 참여

- INTASC 제2원칙: 교사는 아이들이 어떻게 학습하고 발달하는지를 이해한다. 그리고 그들의 지적, 사회적, 인성적 발달을 지원하는 학습 기회를 제공할 수 있다.
- INTASC 제3원칙: 교사는 학생들의 학습 방식이 어떻게 차이가 나는지 이해하고, 다양한 학습자를 아우르는 교육적 기회를 창안한다.
- INTASC 제4원칙: 교사는 학생의 비판적 사고, 문제해결력, 수행 기능의 발달을 장려하는 다양한 수업 전략을 이해하고 활용한다.
- INTASC 제5원칙: 교사는 개인 및 집단의 동기에 대한 이해와 긍정적인 사회적 상호작용, 적극적인 학습 참여, 자기 동기화를 장려하는 학습 환경을 조성한다.
- INTASC 제6원칙: 교사는 적극적 탐구, 협력, 교실 상호작용을 지지하는 분위기 조성을 위해 효과적인 언어적·비언어적 지식과 미디어 의사소통 공학에 대한 지식을 활용한다.
- INTASC 제8원칙: 교사는 학습자의 연속적인 인지적, 사회적, 신체적 발달을 보장하고, 평가할 수 있는 형식적이거나 비형식적인 평가 전략을 이해하고 활용한다.

3장

이 장의 목표

1. 수업 도입 단계 계획을 정의하고, 목적을 설명하며 학생을 학습에 참여시키기 위하여 그것을 언제 사용해야 하는지 실례를 들 수 있다.
2. 학생을 학습에 참여시키기 위해 독창적인 수업 도입 단계 계획을 창안할 수 있다.
3. 토론 계획을 정의하고, 목적을 설명하며 수업에 학생을 참여시키기 위해서 그것을 언제 사용해야 하는지 실례를 들 수 있다.
4. 교실 토론에 학생들을 효과적으로 참여시키기 위해 사전에 알아야 할 토론 기술을 설명할 수 있다.
5. 학습 상황에 사용하기 위한 독창적인 토론 계획을 창안할 수 있다.
6. 수업 정리 단계 계획을 정의하고, 목적을 설명하며, 학생을 학습에 참여시키기 위해서 그것을 어떻게 사용해야 하는지 실례를 들 수 있다.
7. 학습 상황에 사용하기 위한 독창적인 수업 정리 단계 계획을 창안할 수 있다.

교실은 수업이 전달되는 방식과 학습에 끼치는 교사들의 영향력을 함축하는 복잡한 사회적 환경이다.

오늘날 교육 전문가들은 교사보다는 학생들에게 초점을 맞추고 있다. 그들은 "교실이란 수업이 전달되는 방식과 학습에 끼치는 교사의 영향력을 함축하는 복잡한 사회적 환경"이라 말한다.[1] 또한, 학습을 사회언어학과 학생들의 문화적 특징에 깊이 영향을 받은 일종의 사회적 과정으로 본다. **구성주의자**들은 학생이 스펀지와 같이 지식을 수동적으로 받아들이는 존재가 아니라고 주장한다. 효과적인 학습이란 학생들이 스스로 의미를 만들고, 지식을 구성하기 위해서 학생-학생, 학생-교사 간에 의견을 교환하고 상호작용할 때 일어나는 것이다.[2]

The Council of Chief State School Officers는 신규교사에게 도움이 될 만한 핵심적인 기준을 개발하는 프로젝트에서 현재의 많은 연구와 이론들을 통합시켰다. 여기에서는 효과적인 교실 수업을 위해 필요한 10가지 영역의 세부적인 수행 기준을 정의하여 제시하고 있다.

이 장에서는 교사를 연출가와 동일시한다. 연출가는 대본을 이해하고 그 대본을 통해 관객들에게 기쁨과 교훈을 준다. 의사 결정자(연출가)로서의 교사 또한 학생들을 효과적으로 학습에 참여시키고, 학생들에게 즐겁고 의미 있는 경험을 제공하기 위한 수업 전략을 선택할 수 있어야 한다.

INTASC 제2원칙

이 장의 초점은 학생들의 학습 참여 방법과 교사의 수업 전략을 선택하는 기준이다. 교사가 학습 목표를 가장 효과적으로 성취할 수 있는 수업 전략을 선택하기 위해서는 학생들의 학습 참여에 영향을 줄 수 있는 사항들을 알고 있어야 한다. 그러기 위해서는 학생들이 모두 같지 않고, 각각 다른 능력을 갖추고 있다는 사실을 이해해야 한다. 왜냐하면 그들은 다르게 배우고 다른 흥미거리를 가지고 있으며 다른 요구사항을 가지고 있기 때문이다. 사회가 점점 문화적으로 다양해짐에 따라 학생들이 학습 과정에 의미 있게 참여하길 바란다면, 교사는 학생들의 경험과 학습 양식을 파악하고 이에 알맞게 대응할 수 있어야 한다.

교사는 학생들의 학습을 향상시키기 위해 적절한 수업 전략을 선택한다. 그러기 위해서는 우선 자신의 수업에서 일어나는 생각들을 이해하고 발전시키며, 활용할 수 있는 다양한 기회가 주어져야 한다. 지난 수년간 연구자들의 이론과 현장 교사의 경험적 연구 결과물은 수업에 효과적으로 사용할 수 있는 많은 수업 전략을 제공한다. 지금부터는 이 전략 중 세 가지를 재검토하고 다른 세 가지를 좀 더 세부적으로 살펴볼 것이다.

학생들은 각자 서로 다른 관심과 요구, 그리고 흥미를 가지고 있다.

INTASC 제3, 4, 5원칙

최근 성공적인 교사들이 채택한 유용한 수업 전략은 **아이들의 차이성을 반영한 수업**(DI: Differentiated Instruction)이다. 이 책의 5장에서 Tomlinson은 "DI란 모든 학습자가 각자 달성할 수 있는 최대한의 학습량을 효과적으로 증가시키기 위해 사전에 교사가 수업 내용, 수업 방식, 평가 방법 등의 다양한 접근을 계획하는 수업이다"라고 정의했다.

INTASC 제3, 4, 5원칙

교사들이 자주 사용하는 또 다른 수업 전략은 **탐구중심학습**이다. 비록 탐구중심학습이 과학적인 방법에 기초를 두고 있지만, 이 방법은 모든 교과중심 교육과정으로 확장될 수 있다. 교사가 이 수업 전략을 사용할 때, 학생들은 여러 사실의 연관관계로부터 의미를 발견하는 정보 처리 모형에 기초하여 새로운 지식을 얻는다. 성공적인 탐구중심학습의 열쇠는 의문 제기, 정보 수집, 조사결과 토론, 그리고 학습한 것을 토대로 한 결론 도출이다.

INTASC 제2, 5, 6원칙

협동학습은 학생들을 학습에 참여시키기 위해 고안된 모든 전략 중 가장 많이 연구된 수업 전략이다. 이 수업 전략을 적절하게 사용할 경우, 학생들은 학습 내용을 효과적으로 배우고, 배운 내용을 좀 더 오래 기억할 수 있다. 그리고 학습이 본질적으로 가치 있다는 태도를 학생들에게 심어줄 수 있다. 협동학습의 목적은 학습 결과물이 학생 개인과 집단 모두에게 이익이 된다는 점을 깨닫게 하는 것이다. 이 수업 전략을 성공적으로 사용하기 위해 교사는 수업 계획을 신중하게 세워야 하고, 수업 목표를 분명하게 명시하여야 한다. 또한, 교사는 모든 학생을 활동 과정에 참여시켜야 하고, 각각의 학생들에게 구체적인 역할을 부여하여 언제든지 역할을 바꿀 수 있도록 해야 한다. 그러나 단순히 교사가 학생들을 집단에 포함하고 그들에게 협동하라고 지시하는 것만으로는 이 수업 전략을 제대로 사용한다고 볼 수 없다.

협동학습은 학생들을 학습에 참여시키기 위해 고안된 모든 전략 중 가장 많이 연구된 수업 전략이다. △

학습 동기와 관련된 연구 결과에서 학생들은 자신의 행동을 통하여 학습 내용을 배울 수 있다는 사실을 분명하게 보여준다. 교사는 어떤 수업 전략을 채택하든 다양한 활동을 통해 학생들이 적극적으로 수업에 참여할 수 있도록 해야 한다. 학생을 성공적으로 학습에 참여시키기 위해 교사에게 필요한 세 가지 필수적인 기능은 다음과 같다.

(1) 효과적인 수업 도입 단계 계획을 창안하는 방법
(2) 생산적인 교실 토론을 이끌어내는 방법
(3) 효과적인 수업 정리 단계 계획을 창안하는 방법

목표 1: 수업 도입 단계 계획을 정의하고, 목적을 설명하며 학생을 학습에 참여시키기 위하여 그것을 언제 사용해야 하는지 실례를 들 수 있다.

■ 수업 도입 단계 계획이란 무엇인가?

INTASC 제3원칙

수업 도입 단계 계획이란 학생의 경험을 수업 목표에 연관짓기 위한 교사의 말과 행동을 의미한다.[3] 학생이 기존에 알고 있는 사실과 모르는 사실을 연관시킬 때 그들의 사전지식을 사용한다는 개념은 동기와 관련된 연구(사람들은 사전에 가지고 있는 흥미나 지식에 대해 좀 더 수용적인 경향을 보인다.)에 의해 지지를 받는다. 또한, 학생들을 직접적으로 학습 과정에 참여시켜야 한다는 것은 동기와 관련된 연구의 또 다른 기본적인 입장을 반영한 것이라 볼 수 있다. 학생들은 주어진 학습 과제가 자신들에게 적합할 때, 좀 더 큰 성취감을 느끼고 성공하려는 욕구를 더 많이 표현하는 경향이 있다. 이것이 바로 **적합성**이다.

3장

교사는 학생을 학습에 참여시키기 위해서 다음의 중요한 과업들을 완수할 수 있어야 한다.

(1) 학생들이 수업에 주의집중 하도록 초점
(2) 학습할 내용에 대한 기대치 설정
(3) 수업 참여에 대한 학생들의 동기부여
(4) 학생의 사전지식을 활용하여 새로운 자료에 연결

■ 주의집중에 초점

수업 도입 단계 계획의 첫 번째 목적은 학생들이 수업에 주의집중 하도록 초점을 두는 것이다. 효과적인 교사는 자신의 기본적인 과업 중 하나가 학생을 학습 과정에 참여시키는 일임을 알고 있다.

■ 기대

수업 도입 단계 계획의 두 번째 목적은 학습할 내용에 대한 기대치를 설정하는 것이다. 이것은 생각, 원칙, 혹은 정보에 대한 이론체계를 만들면서 이루어질 수 있다. Good과 Brophy는 선행조직자란 수업 시작 전에 학습할 내용을 학생들에게 알려주는 것이라고 주장하였다. **선행조직자**(advance organizers)란 교사가 제시하는 구체적 내용을 학생들이 잘 동화할 수 있도록 구조를 만들어 보여 주는 것을 말한다.[4] 효과적인 교사들은 학생들의 학습과 그들의 수업 참여를 위하여 수업 목적과 수업 목표를 학생들과 공유한다.

■ 동기

수업 도입 단계 계획의 세 번째 목적은 학생들이 수업에 참여하도록 동기를 부여하는 것이다. 수년간 학생들의 수업 참여도 증가과 동기부여에 대한 연구는 많이 이루어졌다. Maria

Montessori는 어린 아이들이 한 게임에서 오랫동안 동기부여 될 때, 더욱 흥미있고 역할 활동에 적극 참여하는 것을 관찰하였다. 여기에서 요점은 수업 도입 부분에서의 적극적인 참여가 아이들의 호기심을 증가시키고, 수업에 대한 학생의 관심을 자극한다는 것이다.[5] 가령, 교사가 학생들에게 범주화의 개념을 가르치기 위하여 동물카드, 다양한 CD 모음 혹은 나뭇잎이 들어 있는 바구니를 교실로 가져왔다면 이는 학생들의 수업 참여를 촉진하기 위한 좋은 자료가 된다. 학생들은 모둠별로 자료를 분류하고, 어떤 방법으로 그리고, 왜 그렇게 분류했는지를 설명하는 활동을 하게 된다. 이 활동을 통해 학생들은 수업에 대한 호기심과 관심이 증가하게 될 것이다.

■ 사전지식

수업 도입 단계 계획의 네 번째이자 마지막 목적은 학생의 사전지식을 학습할 새로운 내용에 연결하는 것이다. 새로운 생각이나 원칙을 학생들이 즉시 이해하기란 쉽지 않다. 게다가 많은 학생들이 새로운 생각이나 원칙을 이해했다 하더라도 이를 새로운 상황에 적용하는 데에 어려움을 겪는다. 참고로 예시와 유추의 방법은 학생들이 그들의 사전지식을 학습할 새로운 내용에 연결할 수 있도록 많은 도움을 준다.

■ 수업 도입 단계 계획의 활용 시기

수업 도입 단계 계획의 정의와 목적들을 살펴보았다. 이제 수업의 어느 과정에서 활용할 지에 초점을 맞추어보자. 수업 도입 단계 계획의 활용을 더 잘 이해하기 위해서는 교실 수업을 게임이라고 생각해 보자. Bellack은 교사의 언어와 학생들의 수업 참여 간의 관계에 대한 연구를 통해 '전체적인 교실 게임을 위한 적절한 움직임 구성하기'에 대해서 말한다.[6] 더 나아가서 그는 수업을 주어진 '놀이'시간 동안 일어나는 활동의 종류에 따라 몇 개의 하위 게임을 포함하는 것으로 본다.

■ 각 수업의 하위 게임

예를 들어, 다양한 과목에서 읽기, 쓰기, 토론과 같은 여러 가지 활동 계획을 세운다고 하자. 각각의 활동은 전체 수업을 게임이라고 가정했을 때 전체 수업의 맥락 안에 포함되는 하위 게임이다. 각 활동은 학생들이 수업(게임)에 적극적으로 참여(경기)할 수 있도록 고안되어야 한다. 구체적인 예는 목표 2에서 논의되는 수업 예시에 제시되어 있다.

수업 도입 단계 계획을 활용하는 데 필요한 교실 활동(하위 게임)의 종류는 무수히 많다. 다음의 목록은 여러분이 수업 도입 단계 계획을 교실에서 언제 사용해야 할지에 대해 도움을 줄 것이다.

수업 도입 단계 계획을 언제 활용할 것인가의 실례

- 식물, 동물, 역사와 같은 광범위한 단원의 수업을 시작할 때
- 새로운 개념이나 원칙을 소개할 때
- 토론을 시작할 때
- 독해나 시각적 변별력과 같은 능력 계발 활동을 시작할 때
- 영화, 텔레비전 프로그램, 비디오를 소개할 때
- 컴퓨터의 특정 기능을 설명할 때
- 현장 학습을 준비할 때
- 연사를 소개할 때
- 숙제를 알려줄 때
- 실험 활동을 시작할 때
- 학생이 내용을 잘 이해하지 못해서 다시 설명할 때

수업을 하나의 게임이라고 볼 때, 수업은 주제에 맞는 활동의 종류에 따라 몇 개의 하위 게임을 포함한다. ▽

3장

종합문제 1

목표 1: 수업 도입 단계 계획을 정의하고, 목적을 설명하며 학생을 학습에 참여시키기 위하여 그것을 언제 사용해야 하는지 실례를 들 수 있다.

다음의 질문들은 목표 1과 관련해서 여러분의 지식과 이해의 수준을 판단하기 위해 고안된 것이다. 이 질문에 답할 수 있다면, 여러분은 목표 1을 달성했다고 볼 수 있다.

1. 수업 도입 단계 계획을 정의하고, 학생을 학습에 참여시킬 수 있는 세 가지 구체적인 목적을 설명하시오.
2. 수업 도입 단계 계획의 세 가지 다른 상황을 간단히 기술하시오.

목표 2: 학생을 학습에 참여시키기 위해 독창적인 수업 도입 단계 계획을 창안할 수 있다.

이제 수업 도입 단계 계획을 창안하기 위한 방법을 연습할 준비가 되었다. 먼저 경험 있는 교사들의 수업 도입 단계 계획의 사례를 살펴보자.

■ 수업 도입 단계 계획의 모범적 사례

다음은 경험이 풍부한 교사들이 수업 도입 단계 계획을 사용하기 위해 참고하는 목록들이다. 다음을 주의 깊게 읽고 뒤따르는 수업 사례와 그에 수반된 분석을 자세히 살펴보라. 그러면 주어진 수업 상황에 맞는 자신만의 수업 도입 단계 계획을 창안할 수 있을 것이다.

1. 학생들의 관심이나 사전 경험에 직접적으로 연관되는 활동, 사건, 물건, 인물 등을 활용하면서 학생을 수업에 집중하게 할 것.
2. 수업의 목표, 내용 혹은 활동을 학생들에게 시각적으로 보여주는 구조나 이론체계를 제공함으로써 학습에 대한 기대를 하게 할 것.
3. 학생 중심 활동을 통해 학생들이 수업에 참여하도록 동기를 부여할 것.
4. 알고 있거나 이미 다루었던 내용을 학생의 현재 지식, 과거 경험, 친숙한 예, 유사점을 활용함으로써 새롭거나 알지 못하는 내용으로 순조롭게 전이되게 할 것.

수업 상황 1

오늘 수업시간에 학생들은 비율에 대하여 배울 것이고, 교사는 학생들이 지역 야구팀에 관심이 있다는 것을 알고 있다. 교사는 학생들과 전날 야구게임에 대해 간단히 이야기하며 비율과 관련된 기본적인 단위를 소개한다. 수업의 내용은 타율과 비율이 직접적으로 연관되어 있고 교사는 타율을 어떻게 계산하는지 학생들에게 보여준다. 교사는 학생들에게 자신이 좋아하는 선수 몇 명의 타율을 계산해 보도록 한다.

분석. 이 수업 도입 단계 계획은 새로운 단위나 개념을 소개할 때 가장 적절하게 사용할 수 있다. 위에서 언급한 수업 도입 단계 계획의 참고 목록을 볼 때 다음을 주의하라.

1. 학생들의 관심을 얻기 위해 친숙한 흥밋거리인 어제의 야구 경기를 활용한다.

2. 새로 학습할 개념인 비율을 위한 참고자료(타율)를 제공한다.
3. 학생들이 즐거워하는 활동(좋아하는 스포츠)에 참여하게 하면서 학생들에게 동기를 부여한다.
4. 사전지식과 경험(기존에 학습한 수학의 개념과 타율이라는 용어)을 새로운 개념인 비율에 연결한다.

수업 상황 2

교사는 과학 수업 시간 초반부에 혼합물에 대한 기본적인 내용을 학생들에게 설명하였다. 그리고 혼합물의 개념을 시각적으로 보여주는 실험을 하기로 계획한다. 교사는 다양한 종류의 샐러드 드레싱을 교실로 가지고 온다. 학생들은 다양한 샐러드 드레싱을 가지고 실험을 하면서 그것들이 섞이기 전과 후의 차이점을 관찰하도록 한다.

분석. 이 수업 도입 단계 계획은 실험 활동을 할 때 가장 적절하다. 위에서 언급한 수업 도입 단계 계획의 참고 목록을 볼 때 다음을 주의하라.

1. 학생들의 관심을 얻기 위한 장치로써 많이 알려진 샐러드 드레싱을 사용한다.
2. 학생들이 샐러드 드레싱을 가지고 실험하는 동안 무엇을 찾을 수 있는지에 초점을 맞추면서 학습 기대치를 설정한다.
3. 여러 가지 실험 활동을 하면서 학생들이 참여하도록 동기를 부여한다.
4. 학생들이 공부하고 있는 주제와 관련된 새로운 지식을 발견하도록 혼합물에 대한 학생들의 사전지식을 이용한다.

수업 상황 3

학생들은 새로운 이메일 프로그램에 내용을 입력하는 방법을 배우고 있다. 교사는 학생들에게 펜팔 친구를 고르고 메시지를 보내는 방법을 배우자고 말한다.

분석. 이 수업 도입 단계 계획은 이미 배운 기술 활동과 연관된 새로운 기술을 소개할 때 가장 적절하다. 위에서 언급한 수업 도입 단계 계획의 참고 목록을 볼 때 다음을 주의하라.

1. 학생들이 즐거워하고 기대하는 펜팔 친구 고르기 활동을 통하여 학생들의 관심을 수업에 집중시킨다.
2. 학생들은 이미 배운 이메일 내용 입력 방법을 펜팔 친구에게 메시지 보내는 활동에 연결

3장

하면서 학습의 틀(뼈대)을 세운다.

3. 학생들이 평소에 즐거워하는 활동에 그들이 배운 것을 활용하게 함으로써 수업 참여 동기를 부여한다.
4. 타인과의 의미 있는 관계 형성 기회를 만들기 위해 학생의 언어 기능과 컴퓨터에 대한 지식을 활용한다.

지금까지는 글 속에서 수업 상황을 검토하였고, 이제 학생들이 실제로 학습에 참여한 교실 수업을 관찰할 시간이다. 관찰할 준비가 되었을 때 뒤에 나오는 정보 수집을 위한 관찰 기록지를 활용하라. 차후의 교실 활동에서 관찰한 결과를 다른 교사와 비교할 수 있을 것이다.

종합문제 2

목표 2: 학생을 학습에 참여시키기 위해 독창적인 수업 도입 단계 계획을 창안할 수 있다.

다음은 다섯 가지 가상 수업 상황이다. 각 상황을 주의 깊게 읽고 상황별 효과적인 수업 도입 단계 계획을 창안하시오. 76~78쪽의 수업 도입 단계 계획 참고 목록과 모범적 사례의 내용은 이 문제를 해결하는 데 도움이 될 것이다.

상황 1. 서로 다른 문화를 비교하는 단원을 공부 중이다. 수업 도입부에서 학생들은 중요한 문화적 차이를 보여주는 짧은 비디오테이프를 보았다. 교사는 수업 시간에 학생들이 더 직접적으로 참여하기 위한 활동을 위해 지난 수업 시간에 배운 내용을 활용하길 바란다.

상황 2. 환경과 오염에 대한 주제를 학생들에게 소개하고 있다. 수업의 시작이 매우 중요하다.

상황 3. 온라인상에서의 검색 엔진 사용 방법을 소개한다.

상황 4. 학생들이 사전 찾는 법을 배우고 있다. 학생들이 여러 가지 단어들을 사전의 순서대로 배열하는 것을 얼마나 할 수 있는지 알아보기 위해서, 수업한 같은 날 시간을 내어 사전 찾는 활동을 다시 한 번 하길 원한다.

상황 5. 학생들이 일상 생활을 글로 표현하는 여러 가지 방법에 대해서 배우고 있다. 오늘 수업에서는 인물의 모습을 나타내는 다양한 묘사의 순서를 소개한다.

관찰 기록지

수업 도입 단계의 관찰 내용

이 관찰 활동은 실제로 수업 시간에 본 것과 수업 도입 단계 계획에 대해 배운 내용을 비교할 기회를 제공한다.

주의할 내용: 이 기록지를 사용할 때 학교, 교사, 관리자, 학생의 실명을 사용하지 마시오.

관찰자 이름: ______________________________

날짜: ______________________________

학년: ______________________________

교과명: ______________________________

학생 수: ______________________________

배경정보: 학교의 사회적, 경제적, 다문화 구성원에 대해서 간단히 서술하시오.

____

____

기록할 내용: 수업 중인 교사를 관찰하면서 교사가 새로운 수업 내용을 소개할 때 집중하여 관찰하시오. 학생을 수업에 준비시키기 위해 교사가 어떤 말을 하는지 다음의 양식을 이용하여 기록하시오.

3장

1. 학생들은 수업이 시작되는지 어떻게 알게 되는가?

2. 학생들은 어떻게 수업에 참여하도록 동기를 부여 받는가?

3. 학생들이 스스로 학습 내용을 조직할 수 있도록 어떤 참조 틀이 제공되는가?

4. 새로운 학습 자료와 연결시키기 위해 교사는 학생들의 사전지식을 어떻게 활용하는가?

관찰 내용에 대한 숙고사항: 관찰한 교사의 수업 도입 단계의 내용과 이 책에 제시된 수업 도입 단계 계획을 비교해 보시오. 어떤 면에서 같거나 혹은 다른가? 개인적인 생각으로는 수업의 시작이 효과적이었는가? 효과적이었다면 왜 그렇게 생각하는가? 만약 효과적이지 않았다면 왜 그렇게 생각하는가?

목표 3: 토론 계획을 정의하고, 목적을 설명하며 수업에 학생을 참여시키기 위해서 그것을 언제 사용해야 하는지 실례를 들 수 있다.

토론 계획은 학생과 교사뿐만 아니라 학생과 학생 사이의 열린 상호작용을 가능하게 한다. △

■ 토론 계획이란 무엇인가?

최근 교실에서 일어나고 있는 많은 변화가 교실어(classroom talk)의 사용 양상에 대한 사회언어학 연구 결과에서 발견된다. 이 연구는 학생들이 수동적으로 지식을 수용만 하고 교사는 그 지식을 전달만 한다는 생각에서부터 학생들 스스로 지식을 구성하며 수업에 참여할 때 오히려 더욱 많이 배우게 된다는 생각으로 바뀌고 있다는 것을 말해주고 있다.[7]

이러한 변화를 가져오고 있는 교육실천가들은 **구성주의 학습이론**에 기초한다. 이 이론은 뇌와 학습이 어떻게 일어나는지에 대한 최근 연구에 기반을 두고 있다. 구성주의 학습이론의 정의에 대한 명확한 합의점이 있는 것은 아니지만, 많은 학자들은 인간이 어떻게 학습하는지 혹은 지식을 어떻게 구성하는지에 대한 기본적인 가정에 동의하고 있다.

3장

■ 토론 계획의 목적

구성주의 학습이론은 모든 **학습 상황**에서 교사가 아닌 학생 개개인이 중심이 되며 학습 과정에서 교실 내의 사회적 상호작용이 핵심이라는 개념을 기본으로 하고 있다. 특히, 구성주의 학습이론은 학습 상황이 학생들의 경험을 포함하고 있을 때, 어떠한 학습 자료든지 학생들이 직접적으로 상호작용을 할 때, 그리고 이 상호작용으로부터 그들 나름의 생각과 이해를 창조해 낼 때 학습이 일어난다고 본다. 이것은 구성주의가 교사의 일방적인 설명이 아닌 학습에 초점을 두고 있다는 것을 의미한다. 그래서 교사는 학생들이 주어진 학습 기회를 통해 스스로 실험을 하고 그들의 학습에 대한 책임을 지도록 장려하며 학생들이 상호작용할 수 있는 학습 환경을 만들어야 한다.

구성주의자들은 대부분 교사를 학습의 촉진자로 본다. 여기에서의 교사는 학생 스스로 생각하고 나름대로 새로운 내용을 창조할 수 있는 학습 상황을 제공해야 한다. 또한, 교사는 협동학습을 조장하고 학생들이 의미 있는 대화에 참여할 필요가 있다는 것을 강조한다. 그래서 교실 토론이 학생들 스스로 지식을 창조하는 데 교사가 사용할 수 있는 가장 중요한 학습 상황의 하나로 여겨지는 이유이다.[8]

INTASC 제5 , 6 원칙

토론 계획은 학생과 교사뿐만 아니라 학생과 학생 사이의 열린 상호작용을 가능하게 한다. 비록 교사는 토론을 시작하기는 하지만, 중심적인 역할을 하는 것이 아니라 집단의 구성원으로서 모두가 수용 가능한 토론을 위한 안내 지침을 제시하는 역할을 해야 한다. 토론은 학생을 학습에 참여시키는 수단으로써 몇 가지 중요한 목적을 수행한다.

토론을 통해 학생들은

1. 새로운 지식을 습득한다.
2. 자신의 생각이나 견해를 명확하게 표현하는 방법을 배운다.
3. 자신의 사고나 타인에 대한 사고를 평가하는 방법을 배운다.
4. 자신의 의견과 다른 의견을 반영하는 방법을 배운다.
5. 개인적인 의견을 공유하는 방법을 배운다.

■ 토론 계획의 사용 시기

지금까지 토론 계획의 정의와 그 목적을 살펴보았다. 이제 수업 중 가장 효과적으로 토론을 사용할 수 있는 시기를 알아야 한다. 다음의 목록은 여러분이 토론을 언제 교실에서 사용해야 할지에 도움을 줄 것이다.

토론을 사용할 때의 실례

- 같은 문제에 대한 다른 해결책을 비교할 때
- 실험 연구 혹은 현장 학습에서 무엇을 배울 수 있을지를 결정할 때
- 소설, 연극, 자서전에서 파생된 영화를 비교할 때
- 사회 정책에서 새로운 혹은 제안된 변화를 평가할 때
- 문화의 유사점과 차이점을 탐구할 때

종합문제 3

목표 3: 토론 계획을 정의하고, 목적을 설명하며 수업에 학생을 참여시키기 위해서 그 것을 언제 사용해야 하는지 실례를 들 수 있다.

다음의 질문들은 목표 3과 관련해서 여러분의 지식과 이해의 수준을 판단하기 위해 고안된 것이다. 이 질문에 답할 수 있다면, 여러분은 목표 3을 달성했다고 볼 수 있다.

1. 토론 계획의 용어를 정의하시오.
2. 수업에서 토론 계획을 사용하는 세 가지 구체적인 목적을 서술하시오.
3. 실제 수업에서 토론 계획을 사용할 세 가지의 다른 상황을 간단하게 기술하시오.

목표 4: 교실 토론에 학생들을 효과적으로 참여시키기 위해 사전에 알아야 할 토론 기술을 설명할 수 있다.

■ 토론을 위한 학생 준비 활동

성공적인 토론을 위해 계획을 하는 것도 분명 중요하지만, 학생들을 토론에 효과적으로 참여시키기 위한 방법을 아는 것도 중요하다. 집단 역학 전문가들은 성공적인 교실 토론을 준비하기 위한 핵심 중 하나가 학생 상호 간 그리고 학생과 교사 사이에 신뢰감을 조성할 수 있는 교사의 능력이라고 말하고 있다. 학생들은 민망해지거나 친구들에게 웃음거리가 될 수 있다는 걱정을 할 필요 없이, 자신의 생각과 느낌을 표현하기에 교실이 편안한 곳이라는 느낌을 받을 수 있어야 한다. 오늘날 교사가 점점 다양해지는 교실 환경에서 이러한 분위기를 만들기 위해서는 학생들 개개인의 유사성과 차이, 다문화적 차이를 파악할 수 있어야 한다. 다음 학습 활동을 하기 전에 5장에 있는 '아이들의 차이성을 반영한 수업'을 검토한다면 도움이 될 것이다.

3장

■ 기본적인 토론기술

많은 교사는 학생들이 토론 과정에서 얼마든지 효과적으로 의사소통할 수 있는 능력을 갖추고 있을 것이라는 잘못된 생각을 하고 있다. 학생들이 토론에 효과적으로 참여하기 위해서는 그와 관련된 기본적인 기술을 배워야 한다. 토론 수업을 계획할 때, 교사는 학생들에게 집단 토론에 효과적으로 참여하는 데 필요한 토론 기술을 습득할 수 있는 시간을 주어야 한다. 다음은 교실 토론을 하기 전에 참고할 수 있는 기본적인 토론 기술들이다. 다음을 학생들에게 안내하면 여러분은 성공적인 토론 수업을 진행할 수 있을 것이다.

1. 상대방의 내용에 동의하지 않더라도 정중히 들어라.
2. 이야기가 진행될 때 타인을 방해하지 않도록 하라.
3. 다른 견해에도 개방적인 태도를 유지하라.
4. 과제를 마무리하는 것에 대해서 책임지는 법을 배워라.
5. 문제의 해결책을 위해 협동하는 법을 배워라.
6. 비판적으로 듣는 법을 배워라.
7. 문제에 초점을 맞추고 상관없는 말, 질문, 이야기는 피하라.
8. 모두가 동의할 수 있는 공통의 이해에 도달하는 방법을 배워라.

종합문제 4

목표 4: 교실 토론에 학생들을 효과적으로 참여시키기 위해 사전에 알아야 할 토론 기술을 설명할 수 있다.

토론 계획을 사용하는 목적, 수업 시간에 토론 계획을 사용해야 하는 시기, 그리고 효과적인 토론에 학생을 참여시키기 위해서는 준비가 필요하다는 것을 알았다. 실제 교실 현장에서 여러분의 관찰 기능을 점검해 볼 준비가 된 것이다. 이제 과업은 학생들이 효과적으로 교실 토론에 참여하는지를 관찰함으로써 확인하는 것이다. 관찰할 준비가 되었을 때 뒤에 제시되는 관찰 기록지를 활용하면 된다. 차후의 교실 활동에서 관찰 결과를 다른 교사와 비교할 수도 있을 것이다.

토론에 효과적으로 참여하기 위해서는 기본적인 의사소통 기술을 배워야 한다.

관찰 기록지

토론 계획

여러분은 이 관찰 활동을 통해 학생들이 효과적으로 교실 토론에 참여하는지를 확인할 수 있다.

주의할 내용: 이 기록지를 사용할 때 학교, 교사, 관리자, 학생의 실명을 사용하지 마시오.

관찰자 이름: ______________________________

날짜: ______________________________

학년: ______________________________

교과명: ______________________________

학생 수: ______________________________

배경 정보: 학교의 사회적, 경제적, 다문화 구성원에 대해서 간단히 서술하시오.

____

____

기록할 내용: 이제 교실 토론에 참여하는 학생들의 태도를 관찰하게 될 것이다. 학생들이 학습을 하는 동안 어떤 태도를 보이고 있는지를 다음 내용을 참고하여 기록하시오.

1. 학생들은 상대방의 의견에 동의하지 않더라도 정중히 듣고 있는가?

____

____

2. 상대방이 의견을 제시하고 있을 때 타인의 말에 끼어들고 있지는 않은가?

____

____

3장

3. 학생들은 자신과 다른 의견에도 개방적인 태도를 유지하고 있는가?

4. 학생들은 과제 마무리에 대한 책임을 지겠다는 의지를 어떤 방식으로 보여주는가?

5. 학생들은 문제에 대한 해결책을 찾기 위해 서로 협동하고 있는가?

6. 토론하고 있는 문제에 대해서 학생들이 계속 생각하고 있다는 증거는 무엇인가?

7. 학생들은 토론 주제와 관련이 없는 말이나 질문, 이야기를 하고 있지 않은가?

8. 학생들은 모두가 동의할 수 있는 의견을 제시하고 있는가?

관찰 내용에 대한 숙고사항

1. 교실 토론에 참여하는 학생들의 태도에 대한 전반적인 소감을 요약하시오.

2. 만약 여러분이 이 토론을 이끌었다면 어떤 변화를 가져올 수 있다고 생각하는가? 그렇게 생각한 이유는 무엇인가?

목표 5: 학습 상황에 사용하기 위한 독창적인 토론 계획을 창안할 수 있다.

■ 토론 계획

■ 토론 틀 제공

좋은 토론은 교실에서 자연스럽게 이루어질 수 있지만, 그것이 언제나 자연스러울 것이라고 확신할 수는 없을 것이다. 의미 있는 토론이 이루어지게 하려면 교사는 토론 수업과 관련한 계획에 주의를 기울여야 한다. 이것이 토론의 결과를 사전에 추측하거나 결정하자는 의미는 아니다. 효과적인 토론을 위한 계획은 학생들이 서로 의미 있고 생산적인 대화가 이루어질 수 있도록 하나의 틀을 제공하는 것이다. 이 때문에 다음에 제시된 숙련된 교사가 사용하는 토론 계획의 기본적인 얼개를 참고할 필요가 있다.

1. 학생에게 토론의 목적(목표)을 기억하게 하라.
2. 토론할 내용을 명확하게 진술해라. 즉, 이것은 토론 내용과 관련된 개념들 혹은 탐구되어야 할 문제들이다.
3. 토론에 사용할 자료를 준비하라. 즉, 이것들은 읽기 지문, DVD, 탐구할 웹 사이트, 토론 질문 목록 등이다.
4. 토론 참여를 위한 일련의 과정이나 안내지침을 정형화하라.
5. 과제나 시험, 학습 활동, 혹은 구두 질문에 대한 학생의 반응 관찰 등과 같이 토론 결과를 평가할 수 있는 수단을 창안하라.

■ 토론 얼개 준비

토론 얼개를 준비하기 전에 경험이 풍부한 교사의 실제 토론 수업을 보고, 다른 관찰자들이 수집한 정보와 본인의 관찰 기록지를 비교하라. 이러한 활동은 토론 얼개를 준비하는 데 큰 도움이 될 것이다. 토론을 계획하는 것은 수업을 계획하는 것과 비슷하다. 교사가 토론할 교과목에 대한 지식을 습득하고 학생들에게 토론 중에 어떻게 상호작용해야 하는지를 이해시켰다면, 다음과 같은 의미 있고 생산적인 토론을 이끌어 내는 데 도움이 되는 토론 얼개를 준비해야 한다.

토론 계획의 구체적 모형의 실례

목표 구어와 문어에서의 리듬감 인식

내용 구어와 문어의 자료에 사용된 리듬을 조사하고, 그것이 의미를 전달하는데 어떤 도움을 주는지 발견한다.

자료 동시 (반복되는 말이 있어 운율을 느낄 수 있는 동시 선택)

시조 (3·4조, 4·4조 시조 선택)

동요 (같은 글자와 리듬감이 반복되는 동요 선택)

토론 중 학생들에게 도움이 되는 질문 준비

학습지 (리듬감을 느낄 수 있도록 동시나 시조를 짓거나 동요의 가사를 바꾸어 표현)

절차

1. 동시와 시조, 동요 자료를 나누어준다.
2. 각 자료를 소리 내어 크게 읽도록 한다.
3. 모둠에서 토론 질문에 대해 논의하도록 한다.
   (1) 세 가지의 자료에서 리듬이 나타난 부분은 어떤 내용인가요?
   (2) 위에서 찾은 자료는 어떤 느낌을 주나요?
   (3) 이 리듬들은 의미를 전달하는데 어떤 도움을 주나요?
4. 토론 과정에서 나온 결론을 학생들이 요약하고 발표하도록 한다.

평가 리듬감이 드러나도록 동시나 시조를 짓거나, 동요의 가사를 바꾸도록 한다. 자신이 완성한 학습 내용을 소리 내어 읽은 후, 다른 친구들의 작품에서 리듬감이 잘 표현되었는지 생각하면서 돌려 읽는다.

토론 계획의 구체적 모형 자료

<동시>

우리 반 여름이

김용택

우리 반에 여름이
가을에도 여름이
겨울에도 여름이
봄이 와도 여름이

우리 반에 여름이
여름 내내 여름이

<시조>

단심가

정몽주

이몸이 죽고 죽어 일백번 고쳐 죽어
백골이 진토되어 넋이라도 있고 없고
임향한 일편단심이야 가실 줄이 있으랴.

此身死了死了 一百番更死了
白骨爲塵土 魂魄有也無
向主一片丹心 寧有改理與之

<동요>

종합문제 5

목표 5: 학습 상황에 사용하기 위한 독창적인 토론 계획을 창안할 수 있다.

다음은 가상의 다섯 가지 수업 상황이다. 각각을 주의 깊게 읽고 한 가지 수업 상황을 선택하여 자신만의 토론 계획을 창안해 보시오. 만약 토론의 창안이 어렵다면 이전에 제시된 예시를 참고하시오.

상황 1. 소설 작가가 캐릭터 개발을 위해 사용하는 다양한 기법에 대해서 수업을 하고 있다. 학년 수준에 맞는 소설 자료를 선택하시오. 그리고 학습 중인 기법을 명확하게 보여주는 자료에 대한 토론을 계획하시오.

상황 2. 컴퓨터를 통해 사람들은 인터넷 쇼핑, 인터넷으로 공과금 내기, 인터넷 전화 등과 같은 일상적인 일이 가능하게 되었다. 그러나 사람들이 점점 컴퓨터에 의존하면서 직면하게 된 몇 가지 문제점이 있다. 컴퓨터가 일상생활의 일부가 되면서 실제적이든, 잠재적이든 발생할 수 있는 문제에 대한 토론 계획을 개발하시오.

상황 3. 학년 수준 혹은 교과 영역에 적절한 시사 문제에서 주제를 선정하시오. 그리고 주제와 관련 있는 논쟁거리에 대한 토론을 개발하시오.

상황 4. 학생들은 각 나라의 기념일에 대해 학습하고 있다. 교사는 학생들에게 각 나라의 기념일로 우리나라의 추석, 미국의 추수감사절, 중국의 춘추절에 대한 자료를 소개한다. 다양한 문화권의 기념일을 비교 혹은 대조할 수 있는 토론을 계획하시오.

상황 5. 수업의 중심 주제는 안전이다. 학생들은 현장학습을 통해 지역소방서를 방문하고 화재 예방에 대한 홍보 영상을 보았다. 현장학습에서 새롭게 알게 된 내용에 대한 토론을 계획하시오.

목표 6: 수업 정리 단계 계획을 정의하고, 목적을 설명하며, 학생을 학습에 참여시키기 위해서 그것을 어떻게 사용해야 하는지 실례를 들 수 있다.

■ 수업 정리 단계 계획이란 무엇인가?

매주 TV 쇼를 보는 사람들이라면 학생들을 학습에 참여시키기 위한 수업 정리 단계 계획의 개념을 쉽게 이해할 것이다. TV 작가들은 매주 시청자들이 만족할 만한 결말을 생각한다. 가령, 시청자는 드라마의 결말이 빠르게 전개되거나 갈등 상황이 해결되는 것을 보고 편안함을 느낀다. 또한, 드라마 결말의 대부분은 주인공들이 끝맺는다. TV 작가와 교사를 비교해 볼 때, 교사가 사용하는 수업 정리 단계 계획은 TV 작가가 사용하는 기술보다는 좀 더 정교하다고 할 수 있다.

만약 교사가 학생들에게 TV 작가가 시청자들에게 만족감이나 성취감을 느끼게 한 것과 같이 하고 싶다면, 수업 정리 단계 계획 혹은 수업의 끝맺음을 효과적으로 하는 방법을 알고 있어야 한다. 여기서 **수업 정리 단계 계획**이란 학생들이 그들의 의견을 통합하도록 도와주고, 수업의 내용이나 학습 활동에서 의미를 찾을 수 있도록 하는 교사의 말과 행동을 의미한다.

■ 학생들이 수업을 소화할 수 있도록 도와주어라.

INTASC 제8원칙

학생들이 수업의 정리 단계에 왔다는 것을 확실하게 알 수 있도록 하는 것은 교사의 노련한 수업 정리 단계 계획에 달렸다. Gagnon과 Collay는 학습 설계 모형의 여섯 가지 구성 요소 중 하나로써 '반성'에 대한 필요성을 강조한다. 교사는 학생들이 새로운 지식을 창조하도록 학생들이 경험한 것을 검토하게 하고, 학습 내용을 그들의 사전지식에 연결하게 하는 반성의 과정을 통해 수업을 마무리하도록 해야 한다.[9]

■ 정리 단계로 주의 집중하게 하라.

수업 정리 단계 계획의 첫 번째 목적은 학생들의 주의집중이다. 불행하게도 많은 교사는 수업의 정리 부분을 소홀히 진행한다. 많은 교사는 대개 다음과 같이 수업을 끝마친다.

교사 오영수: 자, 종이 울렸네. 갈 준비 하렴. 다음 수업에 늦겠다.

■ 많은 교사들은 정리를 소홀히 한다.

교사 김슬희: 이건 충분히 했고, 교재를 덮고 줄 서서 나갈 준비 해라.

교사 조민성: 종이 울렸네. 자, 오늘은 여기까지 하고 내일 이 부분부터 다시 시작하자.

교사 박명아: 질문 있니? 없어? 좋아. 다음 장으로 넘어가자.

학생들은 앞에서 제시된 교사의 말에서 분명히 수업이 끝났다는 것을 알게 되지만, 그것이 전부이다. 이렇게 정교하지 못한 수업의 끝맺음은 수업 계획안의 내용을 완전히 무시하거나 수업의 정리 부분에 대한 교사의 수업 계획이 전혀 없다는 것을 의미한다.

수업 정리 단계 계획은 학생들에게 그들이 수업의 중요한 부분에 도달했으며, 수업 내용을 정리할 시간이 되었음을 알려준다. 수업 정리 단계 계획은 이에 대응 관계에 있는 수업 도입 단계 계획만큼이나 주의 깊게 계획하여야 하며, 그것의 적시성도 아주 중요하다. 교사는 수업이 끝나는 시간을 염두에 두며 수업이 끝나기 전에 수업의 마무리 과정을 가져야 한다.

■ 학습을 통합하라.

수업 정리 단계 계획의 두 번째 목적은 학생들의 학습을 통합시키는 것이다. 수업의 정리 부분에서 학생들이 수업의 결론에 관심을 끌게 하는 것만으로는 충분하지 않다. 학생들이 수업 중에 제시된 많은 양의 정보를 의미 있는 하나의 전체로 묶을 수 있는지에 대한 여부는 교사에게 달려 있다. 교사는 학생들이 학습한 내용과 그들의 경험을 통합하면서 새로운 지식을 창조할 수 있는 기회를 제공해 주어야 한다.

■ 요점을 강화하라.

수업 정리 단계 계획의 세 번째 목적은 수업 시간에 학생들이 반드시 학습해야 할 학습요점을 확인하는 것이다. 여기에서 수업 정리 단계 계획의 궁극적인 목표는 학생들로 하여금 수업 시간에 배운 내용을 회상하게 하고, 나중에 그 내용을 활용할 수 있는 가능성을 증가시키는 것이다. 정보의 저장과 인출에 관한 논의에서 Gagné와 Briggs는 다음과 같이 말했다. "정보 또는 지식을 회상할 경우, 새로 학습한 자료가 포함된 관계망은 그것의 인출을 위한 단서로 다양한 가능성을 제공한다."[10] 수업 정리 단계 계획은 수업의 정리 부분에서 학생들의 주위를 환기시키고, 전체적으로 학습 요점을 찾게 하며, 마지막으로는 학생들의 더 큰 개념망에 그것들을 정착시키면서 추후 활용할 수 있도록 하는 것이다.

■ 수업 정리 단계 계획의 사용 시기

■ 수업 정리 단계 계획의 사용 시기

앞서 수업 정리 단계 계획의 정의와 그 목적들을 살펴보았으니, 지금부터는 수업에서 수업 정리 단계 계획을 언제 사용할지에 초점을 맞추어보자. 앞서 수업 도입 단계 계획의 내용을 살펴보았다면 언제 수업 정리 단계 계획을 사용해야 하는지를 예측해 볼 수 있을 것이다. 그런 면에서 수업을 몇 개의 하위 범주를 가진 게임에 비유할 수 있다. 가령, 교실에서 새로운 개념, 생각 혹은 활동을 소개하는 수업에서 읽기, 쓰기, 감상, 토론을 하위 게임으로 볼 수 있다. 다음 목록은 수업 정리 단계 계획을 언제 교실에서 사용해야 할 지에 대한 도움을 줄 것이다.

수업 정리 단계 계획이 사용될 때의 실례

- 학습 중인 동물, 가족, 국가 같은 광범위한 단원을 마무리할 때
- 새로운 개념이나 원리를 통합할 때
- 토론을 마무리할 때
- 수학에서의 기본적인 기능 연습과 같은 활동을 마무리 할 때
- 현장학습에서 학습 경험을 통합할 때
- 실험 활동을 끝낼 때
- 새로운 개념이나 원칙에 대한 사고를 정리할 때(예를 들면, "모든 언어가 글로 쓰일 수 있는 것은 아니다" 혹은 "다른 문화는 다른 가치관을 반영한다")

종합문제 6

목표 6: 수업 정리 단계 계획을 정의하고, 목적을 설명하며, 학생을 학습에 참여시키기 위해서 그것을 어떻게 사용해야 하는지 실례를 들 수 있다.

1. 수업 정리 단계 계획을 정의하고, 학생을 학습에 참여시키기 위한 수업 정리 단계 계획의 세 가지 구체적인 목적을 설명하시오.

2. 다음의 내용을 보고 맞으면 'O', 틀리면 'X'로 표시하시오.

( ) (1) 수업 정리 단계 계획은 수업 도입 단계 계획과 비슷하다고 볼 수 있다.

(　　) (2) 학생들은 시계를 보면서 수업이 언제 끝날지 알 수 있기 때문에 수업 정리 단계 계획은 수업 도입 단계 계획보다 덜 중요하다.

(　　) (3) 수업 정리 단계 계획은 학생들이 수업 목표를 언제 이루었는지 알 수 있도록 도와준다.

(　　) (4) 수업 정리 단계 계획의 목적 중 하나는 학생들의 주의를 집중시키는 것이다.

(　　) (5) 수업 정리 단계 계획은 학생들의 학습 내용을 검토할 기회를 제공한다.

(　　) (6) 수업 정리 단계 계획은 자연스럽게 이루어지고 별도로 계획할 필요가 없다.

(　　) (7) 수업 정리 단계 계획의 목적 중 하나는 학생들이 학습을 정리하도록 도와주는 것이다.

(　　) (8) 수업 정리 단계 계획을 사용하는 데 있어 적시성은 중요하다.

(　　) (9) 수업 정리 단계 계획은 수업이 순조롭게 시작되도록 도와준다.

(　　) (10) 수업 정리 단계 계획의 목적 중 하나는 수업 내용 중 학습해야 할 요점을 통합하거나 강화시키는 것이다.

3. 학생을 학습에 참여시키기 위한 수업 정리 단계 계획이 사용될 수 있는 실례 세 가지를 기술하시오.

목표 7: 학습 상황에 사용하기 위한 독창적인 수업 정리 단계 계획을 창안할 수 있다.

이제 수업 정리 단계 계획을 창안하기 위한 방법을 연습할 준비가 되었다. 먼저 경험 있는 교사들이 창안한 수업 정리 단계 계획의 사례를 살펴보자.

■ 수업 정리 단계 계획의 모범 사례

다음은 경험이 풍부한 교사들이 수업 정리 단계 계획을 사용하기 위해 참고하는 내용이다. 다음을 주의 깊게 읽고 뒤따르는 수업 사례와 그에 수반된 분석을 자세히 살펴보라. 그러면 주어진 수업 상황에 맞는 자신만의 수업 정리 단계 계획을 창안할 수 있을 것이다.

1. 수업의 끝맺음 지점으로 학생의 주의를 끌려고 시도한다.
2. 수업 내용에서 주요 요점을 검토한다.

3. 수업 내용에서 학습 자료에 사용된 계열을 검토한다.
4. 학생들의 토론 내용을 요약해서 제공한다.
5. 교사는 독창적으로 조직화한 원리나 개념을 수업에 연결한다.
6. 학생들이 사전에 학습된 개념으로부터 새로운 지식을 확장하고 개발하도록 시도한다.
7. 학생들이 배운 것을 연습하게 한다.

수업 상황 1

지리 시간에 교사는 학생들에게 2가지 기본적인 개념을 소개할 계획이다.

(1) 환경 속에서 인간의 역할

(2) 환경이 인간에게 주는 제한사항

교사는 첫 번째 개념에 대한 학습이 끝나는 상황에서 학생들의 관심이 집중될 수 있도록 학생들이 서로의 생각을 정리할 수 있는 시간을 마련한다.

수업 정리 단계 계획: "제한된 환경에 놓여 있는 인간에 대한 다음 개념으로 넘어가기 전에, 앞에서 다루었던 인간이 환경을 형성하는 데 있어서 어떠한 역할을 해야 하는지에 대한 주요사항을 검토해보자." 교사는 학생들이 토론할 수 있도록 모둠으로 배치하고 이 수업에서 가장 중요한 내용이 무엇인지에 대한 개요를 준비한다.

분석: 이 수업 정리 단계 계획은 학생들이 새로운 생각을 하기 전에, 새로운 개념에 대한 그들의 의견을 정리할 수 있도록 도움을 준다. 이 수업 사례와 관련해서 수업 정리 단계 계획을 효과적으로 사용하기 위해서는 다음의 목록을 참고하라.

1. '자, 다음 내용으로 넘어가기 전에'와 같은 구두신호를 사용하면서 수업의 끝으로 학생들의 주의를 집중시킨다.
2. 학생들이 앞에서 배운 내용의 요점을 파악하기 위해서 학생들을 모둠으로 배치하고 토론할 수 있도록 한다.
3. 교사는 수업에서 가장 중요한 내용에 대해 학생들이 개요를 준비하도록 도와주고, 학생들이 첫 번째 개념에 대해 다시 생각할 수 있도록 해준다.

수업 상황 2

국어, 사회, 과학, 혹은 다른 과목에 대한 수업시간이다. 교사는 수업에 중요한 논쟁거리를 정하고 학생들이 토론하도록 계획한다. 이제 토론을 끝낼 시간이 왔다.

> 수업 정리 단계 계획: 교사는 학생을 호명하고 말한다, "형찬아, 지금까지 토론한 내용을 요약하고, 네가 느끼기에 중요한 사항이 무엇인지 말해볼래?"

분석: 이런 종류의 수업 정리 단계 계획은 토론을 마무리하고자 할 때 사용하면 적절하다. 이 수업 사례와 관련해서 수업 정리 단계 계획을 효과적으로 사용하기 위해 다음의 목록을 참고하라.

1. 교사는 학생에게 수업내용을 요약해보라고 말하면서 토론이 잠정적으로 끝날 시간이 되었다는 사실로 학생들의 주의를 집중시킨다.
2. 교사는 학생들이 토론한 내용을 요약하도록 한다.
3. 교사는 학생들에게 토론의 요점을 목록으로 작성하라고 구체적으로 요청한다. 그리고 학생들이 그들의 생각을 정리하거나 재배열하도록 도와준다.

수업 상황 3

교사는 학생들에게 인터넷을 사용하여 검색하는 방법을 가르치고 있다. 학생들은 인터넷상에서 비타민에 대한 정보를 수집하고 정보를 검색하는 방법을 노트에 기록하는 숙제를 부여받았다. 교사는 학생들의 숙제내용을 참고하여 정보를 검색하는 방법 몇 가지를 모든 학생들과 공유한다. 교사는 정보 검색 방법에 대해 학생들과 공유하고 나서 학생들이 효과적인 검색 방법에 대한 첫 번째 방법을 성공적으로 배웠다고 생각한다. 교사는 새로운 수업 내용으로 넘어갈 준비가 되었고 오늘의 수업을 끝내기를 원한다.

> 수업 정리 단계 계획: "여러분, 검색을 정말 잘했고, 몇몇 재미있는 정보들도 찾았어요. 이제는 이 방법을 이용하여 교과서에 있는 단백질에 관한 문제를 해결해 봅시다."

분석: 이 수업 정리 단계 계획은 수업 시간에 학생들의 숙제를 검토한 뒤, 새롭게 학습한 방법을 적용하기 전에 사용하면 적절하다. 이 수업 사례와 관련해서 수업 정리 단계 계획을 효과적으로 사용하기 위해서는 다음의 목록을 참고하라.

3장

1. 교사는 학생들에 대한 인정의 말과 학생들의 숙제에 대한 이야기로 학생들의 주의를 이끈다. "컴퓨터 검색 숙제를 아주 잘했고 몇 가지 흥미로운 정보가 나왔구나."
2. 학생들은 연습을 통해 그들이 이미 학습한 방법을 새로운 문제로 확장시킨다.

수업 상황 4

수학 수업에서 교사는 문제 해결을 하기 위해 수학 문제를 해석하는 방법에 대해 설명하고 있다. (1) 문제 읽기, (2) 세부사항이나 상관관계 파악하기, (3) 자기 자신만의 언어로 문제를 재해석하기, (4) 문제를 풀기 위한 식 세우기. 이제 학생들이 학습한 내용에 대해 얼마나 잘 이해했는지 확인해볼 시간이 왔다.

> 수업 정리 단계 계획: "문제 해결에 대한 새로운 방법을 각자 시도해보기 전에 문제를 풀기 위한 단계를 칠판에 적어봅시다. 그리고 교재 27쪽에 있는 첫 번째 문제에 이것들을 적용해 봅시다. 문제를 풀고 나면, 새로운 문제 해결 방법에 대한 여러분의 경험을 다른 학생들과 공유해 볼 것입니다."

분석: 이 수업 정리 단계 계획은 기술 습득 활동을 끝내고 교사가 학생들이 배운 것을 통합하도록 도와주고자 할 때 효과적으로 사용된다. 이 수업 사례와 관련해서 수업 정리 단계 계획을 효과적으로 사용하기 위해서는 다음의 목록을 참고하라.

1. 교사는 "이 접근법을 사용하기 전에… 단계를 칠판에 적어보자"와 같은 구두신호를 통해 설명이 끝났다는 것을 학생들에게 알려줌으로써 학생들의 주의를 집중시킨다.
2. 교사는 학생들이 새로운 문제를 해결하는 데 있어 기존에 학습한 순서를 검토하도록 한다.
3. 학생들에게 그들이 학습한 것을 즉시 연습하도록 한다.

학생들이 실제로 학습에 참여하는 현장의 수업을 관찰할 시간이 되었을 때 다시 한 번 이 장의 주제를 여러분이 깨닫게 될 것이다. 관찰할 준비가 되었을 때 뒤에 나오는 정보 수집을 위한 관찰 기록지를 활용하라. 차후의 교실 활동에서 관찰 결과를 다른 교사와 비교할 수 있을 것이다.

종합문제 7

목표 7: 학습 상황에 사용하기 위한 독창적인 수업 정리 단계 계획을 창안할 수 있다.

다음은 다섯 가지 가상의 수업 상황이다. 각각을 주의 깊게 읽고, 각 상황에서 효과적으로 활용할 수 있는 수업 정리 단계를 계획하시오. 본인만의 수업 정리 단계 계획을 위한 도움을 받기 위해서는 93~94쪽의 수업 정리 단계 계획 목록을 참고하시오.

상황 1. 요리 준비하기 단계에 대한 교사의 설명이 방금 끝났다.

상황 2. 컴퓨터로 작성한 문서를 저장하는 방법에 대한 교사의 설명이 방금 끝났다.

상황 3. 수업 시간에 토론 수업을 하였는데, 수업을 마쳐야 할 시점에 도달했다.

상황 4. 문학 수업 시간에 교사는 옷감을 짤 때 씨실과 날실에 의해 다양하게 조직되는 것처럼 소설도 주제를 표현하기 위해 다양한 사건이 긴밀하게 연관된다는 것을 설명해 주었다. 이제 수업을 마칠 시간이다.

상황 5. 교사는 학생들에게 과학 시간에 오목렌즈의 원리를 설명하고, 학생들에게 이 원리가 사용되는 상황을 찾아보라고 발문했다.

관찰 기록지

수업 정리 단계의 관찰 내용

이 관찰 활동은 실제로 수업 시간에 본 것과 수업 정리 단계 계획에 대해 배운 내용을 비교할 기회를 제공한다.

주의할 내용: 이 기록지를 사용할 때 학교, 교사, 관리자, 학생의 실명을 사용하지 마시오.

관찰자 이름: ______________________________

날짜: ______________________________

학년: ______________________________

교과명: ______________________________

학생 수: ______________________________

배경정보: 학교의 사회적, 경제적, 다문화 구성원에 대해서 간단히 서술하시오.

____

____

기록할 내용: 수업중인 교사를 관찰하면서 교사가 수업을 정리할 때의 시간을 집중해서 관찰하시오. 그리고 수업 정리 단계에서 교사가 어떤 말을 하고 있는지 기록할 때 다음을 참고하시오.

1. 학생들은 수업이 끝나가고 있음을 어떻게 알게 되는가?

2. 학생들은 어떤 방법으로 배운 내용을 정리하고 통합할 수 있도록 교사로부터 도움을 받고 있는가?

3. 학생들의 학습은 어떤 방식으로 강화되고 있는가?

3장

관찰 내용에 대한 숙고사항

1. 여러분의 판단으로는 수업 정리가 효과적이었는가? 그렇다면 그렇게 생각한 이유는 무엇인가? 그렇지 않다면 그렇게 생각한 이유는 무엇인가?

2. 수업을 끝내는 방법을 최소 한 가지 이상 생각해보고 그 정리 방법을 기술하시오.

종합문제 해답

종합문제 1

1.
- 일반적인 정의: 수업 도입 단계 계획은 학생의 경험을 수업 목표에 연관짓기 위한 교사의 말과 행동을 의미한다.
- 다음 네 가지 목표 중 세 가지를 포함하면 된다.

  (1) 학생들이 수업에 주의집중 하도록 초점을 두는 것

  (2) 학습할 내용에 대한 기대치를 설정하는 것

  (3) 수업 참여에 학생들의 동기를 부여하는 것

  (4) 학생의 사전지식을 활용하여 새로운 자료에 연결하는 것

2.
- 예시에서 주어진 상황을 사용하거나 혹은 본인의 상황을 포함하시오.

종합문제 2

1. 다섯 가지 상황에 대한 반응은 다를 수 있다. 그러나 각각의 상황을 주의 깊게 읽어본다면, 각 상황은 이해할 수 있는 일반적인 방향을 제시한다.

- 상황 1. 학생들이 비디오테이프를 얼마나 잘 이해했는지 혹은 그들이 배운 것을 어떻게 새로운 활동에 적용할 것인지를 결정하는 수업 도입 단계 계획을 세우는 것이 적절하다.
- 상황 2. 학생들에게 오염의 심각성과 환경에 미치는 영향에 대해서 관심을 끌게 하여 내용을 파악할 수 있는 수업 도입 단계 계획을 세우는 것이 적절하다.
- 상황 3. 이 경우에는 학생들이 도표, 사전, 백과사전 등의 다른 영역에서 이미 습득한 검색 기술에 초점을 맞추는 것이 적절하다.
- 상황 4. 이 상황에서의 수업 도입 단계 계획은 학생들이 배운 정보를 적극적으로 활용할 수 있도록 평가 활동과 통합되어야 하며 교사는 학생들이 얼마나 배웠는지 알아볼 기회를 얻게 된다.
- 상황 5. 이 수업 도입 단계 계획은 학생들이 사전지식을 새로운 기술과 통합하는 기회를 제공해야 한다.

종합문제 3

1.
- 일반적인 정의: 토론 계획은 학생과 교사뿐만 아니라 학생과 학생 사이의 열린 상호작용을 가능하게 해야만 한다.

2.
- 다음 다섯 가지 목표 중 세 가지를 포함해야 한다.

  (1) 토론을 통해 학생들은 새로운 지식을 습득한다.

  (2) 토론을 통해 학생들은 자신의 생각이나 견해를 명확하게 표현하는 방법을 배운다.

  (3) 토론을 통해 학생들은 자신의 사고나 타인에 대한 사고를 평가하는 방법을 배운다.

  (4) 토론을 통해 학생들은 자신의 의견과 다른 의견을 수용하는 방법을 배운다.

  (5) 토론을 통해 학생들은 개인적인 의견을 공유하는 법을 배운다.

3.
- 앞에 제시된 토론 계획을 사용할 때의 실례를 참고하거나 혹은 본인의 상황을 포함하시오.

종합문제 4

1.
- 자신의 관찰 기록지를 다른 교사의 것과 비교하고, 토론 결과에 대한 보고서를 준비하시오.

종합문제 5

1.
- 이 질문에 대한 답변은 답변자에 따라 각각 다를 것이다. 그

러나 답변의 내용에는 87~88쪽에 있는 토론 얼개의 각 단계를 반드시 포함해야 한다.

종합문제 6

1.

- 일반적인 정의: 학생들이 그들의 의견을 통합하도록 도와주고, 수업의 내용이나 학습활동에서 의미를 찾을 수 있도록 하는 교사의 말과 행동을 의미한다.
- 다음 목적들에 대한 설명을 포함해야 한다.

  (1) 학생들의 주의를 집중시키는 것이다.

  (2) 학생들의 학습을 통합시키는 것이다.

  (3) 수업 시간에 학생들이 반드시 학습해야 할 학습 요점을 확인하는 것이다.

2.

- (○) (1) 수업 도입 단계 계획은 수업을 시작하게 하는 방법이고, 수업 정리 단계 계획은 수업을 끝내는 방법이다.
- (×) (2) 시계는 시간을 말해주지만, 수업을 끝내는 것은 교사이다.
- (○) (3) 수업 정리 단계 계획의 적절한 사용은 학생들 스스로 얼마나 수업을 이해했는지를 평가하게 한다.
- (○) (4) 수업 정리 단계 계획은 수업의 자연스러운 끝맺음을 보여준다.
- (○) (5) 수업 정리 단계 계획의 목적 중 하나는 학습 내용을 요약하는 것이다.
- (×) (6) 효과적인 수업 정리 단계 계획은 자연스럽게 이루어지는 것이 아니라 교사의 의식적인 통제가 있어야 한다.
- (○) (7) 효과적인 수업 정리 단계 계획은 복습을 통해 학습에 일관성을 유지하도록 도와준다.
- (○) (8) 수업 정리 단계 계획은 수업과정의 일부이기 때문에 적시성이 필요하다.
- (×) (9) 수업 정리 단계 계획은 수업을 끝내는 것이고, 수업 도입 단계 계획은 수업을 시작하는 것이다.
- (○) (10) 수업 정리 단계 계획은 복습을 통해 학생들이 학습한 내용을 정리하고, 유지하도록 도와준다.

3.

- 예시에서 주어진 상황을 사용하거나 혹은 본인의 상황을 포함하시오.

종합문제 7

1. 다섯 가지 상황에 대한 반응은 다를 수 있다. 그러나 각각의 상황을 주의 깊게 읽어본다면, 각 상황은 이해할 수 있는 일반적인 방향을 제시한다.

- 상황 1. 단계에 따른 결과물의 예시들을 보여주면서 마무리하는 수업 정리 단계 계획이 적절하다.
- 상황 2. 학생들이 관찰한 내용을 직접 실습할 기회를 제공하는 수업 정리 단계 계획이 적절하다.
- 상황 3. 토론을 통해 발전시킨 요점, 생각, 개념을 검토하는 수업 정리 단계 계획이 적절하다.
- 상황 4. 수업의 결과물을 검토하고, 수업의 도입에서 소개된 원칙을 정리하는 것이 적절하다.
- 상황 5. 학생들이 수업시간에 배운 내용을 새로운 상황에 적용하는 수업 정리 단계 계획이 적절하다.

후주

1. Thomas J. Shuell, "Teaching and Learning in a Classroom Context," in *Handbook of Educational Psychology,* eds. D. C. Berliner and R. C. Calfee (New York: Macmillan, 1996), p. 745.
2. Catherine Fosnot, *Constructivism: Theory, Perspectives, and Practice* (New York: Teachers College Press, 1996).
3. Set induction as a lesson presentation skill was developed for use in teacher training by J. C. Fortune and V. B. Rosenshine for the School of Education, Stanford University, Stanford, Calif.
4. Thomas L. Good and Jere E. Brophy, *Looking in Classrooms,* 10th ed. (Boston, MA: Pearson/Allyn & Bacon, 2008), p. 309.
5. Maria Montessori, *The Montessori Method* (New York: Schocken Books, 1964), p. 170.
6. Arno A. Bellack et al., *The Language of the Classroom* (New York: Teachers College Press, 1966), p. 134.
7. George W. Gagnon, Jr., and Michelle Collay, "Constructivist Learning Design." Paper available at http://www.prainbow.com/cld/cldp.html.
8. C. T. Adger, M. Kalyanpur, D. B. Peterson, and T. L. Bridger, *Engaging Students: Thinking, Talking, Cooperating* (Thousand Oaks, Calif.: Corwin Press, 1995), p. 1.
9. Gagnon and Collay, *op. cit.*
10. Robert M. Gagné, Leslie J. Briggs, and Walter W. Wager, *Principles of Instructional Design,* 4th ed. (Fort Worth: Harcourt Brace Jovanovich College, 1992), p. 123.

2부

수업전문성의 배경

2장 수업 목표
3장 학생의 학습 참여
4장 발문법

발문이란 교사와 학생간의 농도 깊은 대화와

긴밀한 관계를 통해 행하는 수업 전략이다.*

* D. C. Orlich, R. J. Harder, R. C. Callahan, M. S. Trevisan, and A. H. Brown, *Teaching strategies: A guide to effective instruction*(9th ed.), CA: Wadsworth, 2010, p. 219.

2부

수업전문성의 배경

4장 발문법

- INTASC 제2원칙: 교사는 아이들이 어떻게 학습하고 발달하는지를 이해한다. 그리고 그들의 지적, 사회적, 인성적 발달을 지원하는 학습 기회를 제공할 수 있다.
- INTASC 제3원칙: 교사는 학생들의 학습 방식이 어떻게 차이가 나는지 이해하고, 다양한 학습자를 아우르는 교육적 기회를 창안한다.
- INTASC 제4원칙: 교사는 학생의 비판적 사고, 문제해결력, 수행 기능의 발달을 장려하는 다양한 수업 전략을 이해하고 활용한다.
- INTASC 제5원칙: 교사는 개인 및 집단의 동기에 대한 이해와 긍정적인 사회적 상호작용, 적극적인 학습 참여, 자기 동기화를 장려하는 학습 환경을 조성한다.
- INTASC 제6원칙: 교사는 적극적 탐구, 협력, 교실 상호작용을 지지하는 분위기 조성을 위해 효과적인 언어적·비언어적 지식과 미디어 의사소통 공학에 대한 지식을 활용한다.
- INTASC 제7원칙: 교사는 교과목, 학생, 지역 사회, 교육과정 목적에 대한 지식을 기초로 하여 수업을 계획한다.
- INTASC 제8원칙: 교사는 학습자의 연속적인 인지적, 사회적, 신체적 발달을 보장하고, 평가할 수 있는 형식적이거나 비형식적인 평가 전략을 이해하고 활용한다.

4장

이 장의 목표

1. 효과적인 발문의 7가지 특징을 설명할 수 있다.
2. 'Bloom의 교육목표분류체계: 인지적 영역'에 따라 발문을 분류할 수 있다.
3. 'Bloom의 교육목표분류체계: 인지적 영역'에 따라 발문을 구성할 수 있다.
4. 학생의 수업 참여를 향상시키기 위한 발문 전략사례를 작성할 수 있다.

교사가 어떤 발문을 하느냐에 따라 교실 전체의 분위기가 바뀔 수 있다.

김 교사가 교실에 들어섰다. 김 교사는 6학년 학생들이 모두 제자리에 앉을 때까지 이번 주 토요일에 예정된 교내 학예회에 관해서 학생들과 이야기를 나누었다. 학생들은 김 교사를 좋아했다. 왜냐하면 그는 학생들의 관심사를 학습 내용과 연관시켜 효과적으로 학생들의 집중을 유도하기 때문이었다. 김 교사가 근무하는 학교의 교장은 김 교사의 교실 옆을 지나가다 잠시 멈춰 김 교사의 교실 안을 바라보았다. 겉으로 보았을 때, 김 교사의 학급은 매우 매끄럽게 수업이 진행되는 것 같았다. 교장은 계속해서 김 교사의 수업 내용에 귀를 기울였다. 김 교사는 학생들에게 발문하고 학생들은 대답하고 있었다. 교장은 한참을 관찰하다가 김 교사가 학생들에게 제시하는 발문 형식이 너무 단순하다는 생각이 들었다. 다음은 김 교사의 발문과 학생들의 답변이다.

김 교사: 여러분이 과제로 읽어온 김유정의 소설 '봄봄'에 대해서 이야기해 보도록 하겠습니다. 소설에서 남자 주인공이 좋아하는 여자 주인공의 이름은 무엇입니까? 소민이가 말해 볼까요?

소민: 점순이입니다.

김 교사: 맞습니다. 그렇다면 소설에서 남자 주인공이 원하는 것은 무엇입니까? 성훈이가 말해 볼까요?

성훈: 점순이에게 장가를 가고 싶어 합니다.

김 교사: 맞습니다. 그렇다면 그것을 방해하는 인물은 누구입니까? 이번에는 수환이가 말해 볼까요?

수환: 점순이의 아버지 봉필입니다.

김 교사: 그렇습니다. 점순이의 아버지 봉필이 남자 주인공에게 자신의 딸과 결혼하기 위한 조건으로 제시한 것은 무엇입니까? 윤아가 말해 볼까요?

윤아: 점순이의 아버지는 남자 주인공에게 점순이의 키가 커야 혼인을 시켜준다고 말하였습니다.

김 교사: 좋습니다. 소설의 끝 부분에서 점순이와의 혼인 문제로 남자 주인공이 점순이의 아버지와 승강이를 벌이게 됩니다. 이때, 점순이는 누구의 편을 들었을까요? 민혁이가 말해 볼까요?

민혁: 자기 아버지의 편을 들었습니다.

국어 수업에서 김 교사는 주로 사실을 확인하는 발문을 하고, 학생들로부터 짤막한 답변을 듣고 있다. 그러나 교사는 수업에서 이처럼 단순한 사실을 묘사하는 방식의 발문만을 고수해서는 안 된다. 이러한 발문만으로는 수업 상황에서 효과적으로 학생들의 참여를 유도할 수 없기 때문이다. 즉, 교사가 학생들에게 어떠한 방식의 발문을 하느냐에 따라 수업의 성패에 큰 영향을 미칠 수가 있다. 많은 교육실천가들은 수업의 과정에서 발문의 중요한 역할을 주장해왔다.

■ 교사 발문의 중요성

교사의 발문은 수업의 성패를 결정한다. 이 때문에 그 어떤 것보다 교사가 발문을 능숙하게 사용하는 것은 하나의 수업 예술이라고도 할 수 있다. 교사의 능숙한 발문은 그 의미가 분명하고, 학생들의 사고와 상상력을 자극하며, 학생들의 행동을 촉진한다.[1]

4장

학생들은 교사가 하는 발문을 듣고 그것을 모델로 삼아 자신의 질문을 만든다.

발문을 통해 여러분은 학생들에게 무엇을 물어볼 수 있는가? 아마 모든 것을 물어볼 수 있을 것이다. 그리고 학생들의 사고를 자극하거나 학생들의 질문을 유발할 수도 있을 것이다. 그런 의미에서 본질적으로 발문은 수업의 핵심이라 할 수 있다.[2] 발문의 예술은… 학습을 이끄는 예술인 것이다.[3]

학생 스스로 생각하도록 유도하는 것이 발문이라고 지적한 사람이 바로 John Dewey이다. 연구에 따르면 숙련된 교사를 포함한 많은 교사들은 불행하게도 효과적인 발문 기술을 사용하지 않는다고 한다. 초등학교와 중학교 시절을 회상해 보라. 아마 교과서를 읽고 나서 혹은 노트 필기를 하고 나서 교사는 대개 내용 확인을 위한 간단한 발문을 여러분에게 했을 것이다. 그 과목이 국어이든 사회이든 혹은 과학이든 상관은 없다. 물론 발문을 통해서 교사는 학생들이 그 내용을 잘 기억하고 있는지 아닌지를 확인할 수가 있다. 그러나 발문은 이러한 방법으로만 사용되어서는 의미 없다. 교사가 사용하는 적절한 발문은 학생들의 사고를 자극하고 활기찬 학습 환경을 조성할 수 있어야 한다. 다음에 등장하는 박 교사는 학생들이 스스로 생각하고 수업에 열의를 가질 수 있도록 발문을 통해 유도하고 있다.

박 교사는 교실로 들어선다. 그리고 학생들이 아무리 시끄러워도 화를 내지 않고, 학생들에게 무슨 이야기든지 시작한다. 박 교사는 수업 시간 대부분을 학생들에게 발문하는 데 사용한다.

박 교사: 만약 여러분이 부족하지만, 스스로 생각하며 대답하기 위해 끊임없이 노력한다면, 여러분은 전혀 알지 못했던 것에 대해 자신 있게 대답하는 자신을 발견할 수 있을 것입니다.

박 교사는 발문을 통해 학생들의 잠재 능력을 이끌어 내기 위해 노력한다. 그의 수업은 말 그대로 '교육' 그 자체였다. 학생들은 스스로 잠재된 자신의 능력을 끌어냈고, 머릿속에서 다양한 아이디어를 생산해냈다. 박 교사가 한 것이라고는 학생들에게 자신이 흥미 있어 하는 분야에 대해 의사소통할 기회를 제공해준 것뿐이었다. 의미 있는 것은 교사가 답을 제시하지 않고 학생들이 답을 찾도록 이끌어 준 점에 있다.[3]

■ 더 나은 발문의 필요

박 교사를 재능이 있는 교사라고 말하거나 그가 예술적인 발문 기술을 갖고 있다고 우리가 쉽게 속단하는 경향이 있다. 하여간 교사의 효과적인 발문은 너무나 중요한 것이다. 여러분은 지금부터라도 더 나은 발문의 중요성을 깨닫고, 발문 기술의 향상을 위해 끊임없이 노력해야 한다.

목표 1: 효과적인 발문의 7가지 특징을 설명할 수 있다.

■ 발문에 대해서 우리가 알아야 하는 것은 무엇인가?

INTASC 제2, 4, 5, 6, 7, 8원칙

연구자들은 일반적으로 교사가 교직 생활을 하면서 150만 개의 발문을 사용한다고 밝혔다. 또한, 교사가 평균 한 시간 동안 30~120개의 발문을 한다고 추산하였다.[5] 교사는 학생들에게 많은 발문을 하지만, 대개 학생들이 답변할 때까지 충분히 기다려 주지 못한다. 일반적으로 교사가 학생에게 발문하고 나서 학생이 대답하면 단 1초도 기다리지 못하고 다른 학생을 지목하여 새로운 발문을 한다고 한다. 학생이 대답하면 교사는 학생이 좀 더 답변하도록 기다려주는 것이 아니라 0.9초 만에 다른 학생에게 새로운 발문을 하는 것이다. 교사는 학생들에게 계속해서 많은 발문을 하고, 학생들은 교사의 발문에 대해 대답할 시간이 상대적으로 짧기 때문에 실질적으로 학생들이 발문 내용에 대해서 생각해 볼 시간이 매우 부족하다. 이러한 상황에서 교사의 발문은 단순히 정보의 신속한 기억을 요구할 뿐이다.[6]

교사가 발문과 관련해서 착각하지 말아야 할 점은 학생들에게 많은 발문을 하는 것이 유능한 교사의 모습이라고 생각하는 점이다. 연구에 의하면 교사 발문의 70~95%는 학생들의 깊은 사고를 요하지 않는 발문임이 밝혀졌다. 즉, 저차원의 발문이 주를 이루고 있는 것이다. 저차원의 발문이란 주로 학생들의 기억을 요하는 발문을 말한다. 고차원적인 생각을 요하는 발문이 없는 수업에서의 학습은 단순 암기식의 수업 방향으로 흐를 가능성이 크다. 앞의 이야기와는 모순될지 모르겠지만, 고차원적인 발문에 대한 연구에 따르면 학생들의 사고 수준과 학업 성취도를 자극하는 고차원적인 발문이 점차 늘어나고 있다고 한다.[7] 이 연구는 또한, 교사가 학생들에게 발문에 대해 생각할 시간을 줄 경우 학생 대답의 양과 질이 향상된다고 밝히고 있다. 만약 학생들이 교사의 발문에 답하기 전에 생각할 수 있는 시간을 3초 혹은 그 이상으로 제공 받는다면, 학생들은 발문 내용에 대해 좀 더 생각할 수 있고 학급활동에 더 적극적으로 참여할 수 있을 것이다.[8]

거듭 강조해서 말하지만, 발문은 교실에서 중요한 역할을 차지하고 있기 때문에 교사는 발문 기술을 꾸준히 향상시켜 나가야 한다.[9] 이 장에서는 이와 관련해서 발문 기술을 향상시킬 수 있는 활동이 제시되어 있다.

효과적인 발문자의 7가지 습관

베스트셀러인 『**성공하는 사람들의 7가지 습관**』[10]이라는 책을 쓴 Stephen Covey는 개인과 조직의 성공을 위한 실제적인 제안을 한다. 이 장은 Covey의 제안과 함께 발문과 관련된 연구 내용을 바탕으로 7가지 전략(습관)을 밝힌 것이다.

(1) 다량의 발문보다는 양질의 발문

(2) 개인의 차이를 반영하는 발문

(3) 깊이 있는 발문

(4) 폭넓은 발문

(5) 숙고시간 및 숙려시간의 적절한 사용

(6) 소수가 아닌 모든 학생을 위한 발문

(7) 유용한 피드백 제공

다량의 발문보다는 양질의 발문

과하면 모자람만 못하다. 오늘날 교사는 대부분 학생들에게 너무 많은 발문을 한다. 다음 내용은 교사 발문의 기능들이다. 달리 이야기하면 교사가 교실에서 발문을 하는 까닭이라고도 말할 수 있다. 교사는 왜 학급에서 발문을 하는 것일까?

- 발문을 함으로써 교사는 권위 있고 정답을 알고 있는 '전문가'로서의 이미지를 강화시킨다.
- 강의식 수업의 특징이 교사 중심적이라고 할 때, 발문은 아마 그 반대의 경우로 학생들에게 비칠 것이다. 다시 말해서 강의식 수업에서의 교사는 학생들에게 독단적인 이미지로 비칠 수 있지만, 발문 중심으로 수업을 운영하는 교사는 민주적인 이미지로 비칠 수 있다.
- 교사가 발문을 사용하지 않을 때보다 발문을 많이 사용할 때가 학생들은 수업에 열심히 참여하고 더 많은 것을 배우게 된다.
- 발문을 통해 교사는 수업 내용에서 중요한 주제를 강조하고 학생들에게 확인시킬 수 있다.
- 발문은 학생들을 과업에 몰두할 수 있도록 해 준다.

교사가 학생들에게 많은 발문을 한다고 꼭 좋은 수업은 아니다. 발문에서 중요한 것은 양이 아니라 질이다.

교사는 저차원적 수준의 발문에서부터 고차원적 수준의 발문에 이르기까지 학생들에게 다양한 수준의 발문을 자유롭게 구사할 수 있어야 한다.

개인의 차이를 반영하는 발문

다량의 발문보다는 양질의 발문을 하기 위해서 교사는 개인의 차이를 반영하는 발문을 해야 한다. 비록 같은 학급의 학생들은 같은 나이일지라도 학습 준비도, 학습 양식, 관심, 그리고 개인적인 배경이 각기 다르다. 교사가 발문할 경우에는 학생들의 개인차를 고려해서 각각 학생의 요구에 맞는 발문을 하는 것이 매우 중요하다. 교사는 발문하기 전에 다음의 내용을 생각해 보아야 한다.

- 교사의 발문이 학생의 지식에 기반을 두고 있는가?
- 학생의 능력에 비하여 발문이 너무 어렵지는 않은가? 혹은 너무 단순하지는 않은가?
- 학생의 학습 양식에 맞는 효과적인 발문 기술을 사용하고 있는가?
- 학생의 관심사는 무엇이며 어떻게 하면 교사의 발문을 학생의 관심사와 연관지을 수 있는가?
- 교사의 발문이 그 학생의 배경과 경험에 적합한가?

■ 학생들의 관심 분야를 확인하라.

교사가 학생들과 그들의 관심 분야에 대해 잘 알고 있다면 개인의 차이를 반영하여 효과적으로 발문할 수 있을 것이다. 예를 들어, 여러분이 국어 교사이고, 한 학생이 여성 권리에 대해 관심이 있다는 것을 안다면, 여러분은 그러한 관심에 기반을 둔 발문을 만들 수 있을 것이다. "만약 홍길동이 남자가 아닌 여자였다면, 홍길동전의 줄거리는 어떻게 달라졌을까?" 학생의 관심사에 기반을 둔 발문은 교과를 학문적 과업으로부터 개인적이고 흥미로운 탐구로까지 변형시킬 수 있다.

교사는 발문을 통해 학생들을 변화시킬 수 있다. △

일부 교사들은 한 발자국 더 나아가서 학생들의 관심사뿐만 아니라 그들의 경험과 연관된 발문을 만든다. 이러한 것을 **진정한 발문**이라고 한다.[11] 진정한 발문은 학생들에게 의문을 불러일으킨다. "이것이 나와 무슨 관련이 있는가?", "이러한 이슈가 나의 삶과 경험에 어떠한 관련이 있는가?" 가령, 홍길동전과 관련해서 학생에게 할 수 있는 진정한 발문의 예는 다음과 같다. "여러분이 홍길동이라면 어떤 도술을 부리고 싶나요?", "여러분이 홍길동이 된다면 가장 먼저 무엇을 하고 싶을까요?", "만약 여러분이 홍길동의 동생이었다면 이야기는 어떻게 달라질까요?"

한편, 교사는 학생의 개인차를 고려하여 학생들이 문제를 해결하도록 하는 도전적인 발문을 사용할 때도 있다. 이때 교사는 반드시 사전에 학생들을 완전히 파악하고 학생들을 좌절시키지 않는 범위 내에서 발문의 수준을 조절해야 한다. 만약 그렇지 않을 경우, 도전적인 발문은 오히려 학생들에게 부담감만 안겨준다.[12]

깊이 있는 발문

"6·25전쟁은 몇 년도에 일어났을까요?" 이 발문은 우리에게 익숙한 발문 중 하나이다. 이 발문은 어떤 특별한 문제는 없지만, 그렇다고 특별하지도 않다. 이 발문은 단순한 상기를 요구한다. 발문은 단순한 상기를 넘어서야만 한다. 그리고 주제에 대한 **학생의 깊이 있는 이해**를 필요로 한다. 위와 관련 있으면서도 더 심화된 발문은 "6·25전쟁이 한 세기 더 일찍 혹은 한 세기 더 늦게 일어났다면 대한민국은 어떻게 변했을까요?"이다. 다음의 예는 좀 더 높은 수준의 발문이다.

장영실이 에디슨과 만난다면 어떤 대화를 했을지 가상의 대화를 만들어라.
독립운동에서 유관순 열사가 어떤 영향을 주었는지 분석하라.
김홍도와 신윤복을 대조하라.

위에 기술한 발문이 내용에 대한 깊이 있는 이해를 도와주는 반면, 다음에 제시된 발문은 내용보다는 개별 학생에게 초점이 맞춰져 있다. 교사는 학생의 이해 정도를 파악하기 위해서 학생들이 처음 답변한 내용을 토대로 깊이 있게 파고들어야 한다. 다음 발문들을 **탐구, 탐색 발문**이라고 한다. 그 예를 살펴보자.

여러분이 그 대답을 선택한 이유는 무엇인가?
여러분이 찾은 이 후보의 가장 매력적인 특성은 무엇인가?
그것의 예를 하나 들어줄 수 있겠는가?

학생에게 지식의 경계에서 그 경계의 한 측면은 학생이 이해하여 알고 있는 부분으로 정확하게 답을 함으로써 드러나게 된다. 다른 한 측면은 학생이 이해하지 못하고, 알지 못하는 부분으로 오답을 하거나 답을 하지 못함으로써 드러나게 된다. 교육문헌에서는 이처럼 학생이 알고 있는 부분과 학생이 지금은 모르지만, 학습을 통해 알 수 있게 되는 부분 간의 차이를 **근접발달영역**(zone of proximal development)이라고 부른다.[13] Lev Vygotsky는 근접발달영역을 한 아이가 가진 지적 통찰력과 다른 사람의 도움으로 도달할 수 있는 더 높고 깊은 수준 간의 차이라고 정의했다. 여러분도 학생들에게 도움을 줄 수 있다. 특히 탐구와 탐색 발문은 학생들을 근접발달영역으로 끌어들여 높은 수준의 사고를 하도록 한다. 만약 교사의 발문 수준이 너무 낮으면 학생들은 교사의 발문에 빨리 대답할 수는 있지만, 대답에 이르기까지의 사고과정은 거의 거치지 않게 된다. 또한, 발문을 통해 수업에서 배우는 내용도 거의 없게 된다. 반면에 교사의 발문이 학생들에게 혼란을 줄 만큼 어렵다면 발문을 학생들 수준에 맞게 고쳐야 한다. 그렇지 않으면 학생들은 좌절하게 될 것이다. 교사의 발문 외에 학생들 상호 간에 사회적 상호작용 또한 학생들을 근접발달영역으로 끌어들이는 데 도움이 된다. 가령, 학생들은 교실 토론에서 친구들의 의견을 듣고 토론에 함께 참여함으로써 서로에게 많은 것을 배운다.

■ 근접발달영역

학생이 교사의 발문에 대답을 못할 경우, 교사는 학생에게 답에 대한 적절한 단서를 줄 수 있다. 단서를 주는 과정은 탐구와 탐색 발문의 반대 과정이라고 생각하면 된다. 예를 들어, 탐색 발문은 학생이 처음 답변한 내용에 대한 배경에 초점을 두어 학생 스스로 자신의 생각에 대해 탐구하도록 하는 것이다. 반면에 단서를 주는 것은 교사가 학생들에게 적절한 대답을 할 수 있도록 돕기 위해 계속해서 발문하는 것이다. 교사는 학생들에게 발문에 대한 정보를 제공하거나 힌트를 주면서 학생이 성공적으로 답을 찾아가도록 유도해야 한다. 다음에 나오는 예를 확인해보자.

■ 단서

> 우리는 국어 훼손 사례를 조사하는 중이다. 만약 여러분이 인터넷 게시판에 글을 올리거나 인터넷으로 대화를 할 때 주로 어떤 단어를 사용하는지를 생각한다면 국어 훼손 사례를 기억해 내는데 도움을 줄 것이다.

때때로 교사가 학생에게 제시할 단서가 충분하지 않고, 더 복잡한 전략을 요구할 때가 있다. 이 전략을 **비계설정**(scaffolding)이라고 한다. 비계설정은 공사 중인 건축물의 이미지를 떠오르게 한다. 임시 구조물은 처음에 밖에서도 볼 수 있지만, 나중에는 건물을 받치는 기둥과 벽에 의해 가려지게 된다. 이렇게 일시적인 지원을 비계라고 부른다. 비계는 건물을 둘러싸고 있으며 서서히 덧붙여 나간다. 그리고 건물의 형태가 잡히면 비계는 줄어들게 되고, 완성될 때쯤 비계는 완전히 제거된다.

■ 비계설정

4장

교육실천가들은 학생의 능력을 향상하기 위한 교사의 역할을 비계설정의 차원으로 설정한다. 교육적인 비계설정은 '공사'의 시작 부분에서는 아주 견고하게 되어 있다. 교사는 주의 깊게 학생들의 능력을 진단하고 새로운 지식이 어느 부분에서 만들어지는가를 결정한다. 다음으로, 적절한 교사의 발문과 설명, 학생의 사고를 자극하는 학생 활동을 통해 학생들은 혼자서 알 수 없었던 지식, 정보를 획득하게 된다. 이 장에 서술된 발문 기술의 대부분은 교사의 비계설정을 도와줄 것이다. 학생이 획득한 지식, 정보가 점차 학생에게 내면화됨에 따라 교사의 비계설정은 줄어들게 된다. 학생이 획득한 지식, 정보가 학생에게 완전히 내면화되었다면 교사의 비계설정도 완전히 제거된다.[14]

폭넓은 발문

■ 수렴적 발문 = 폐쇄적 발문
■ 확산적 발문 = 개방적 발문

모든 발문과 답변이 두 가지 중 한 가지 범주에 딱 맞아떨어진다. '옳고 그름'이 아닌 바로 '**수렴**과 **확산**'이다. 수렴적인 발문은 닫힌 발문이라고 하는데 발문에 대한 답이 정해져 있다. 이 때문에 답을 토대로 옳고 그름을 분명하게 판별할 수 있다. 예를 들어, "이 시를 누가 썼는가?"라는 발문이 있다. 수렴적 발문은 대부분 낮은 수준의 발문이고, 기억 수준의 발문보다도 더 낮은 수준이다. 물론 그렇지 않은 예도 있다. 수렴적 발문도 답변자에게 높은 수준의 사고를 요구할 수도 있다. 예를 들어, 복잡한 수학문제나 과학문제와 관련된 질문은 한 가지 답이 정해져 있지만, 답변자에게는 상당히 도전적인 사고를 요구한다.

수렴적 발문과 달리 확산적 발문은 하나 이상의 정답을 갖고 있으며 보통 높은 수준의 사고를 요구한다. 확산적 발문은 열린 발문이라고도 한다. 예를 들면, "이 시가 여러분에게 어떤 의미가 있는가?" 혹은 "컴퓨터를 발명하지 않았더라면 여러분의 삶이 어떻게 달라졌겠는가?"와 같은 발문들이다. 교사는 교실에서 학생들에게 서로 다른 생각들을 표현하게 하고 창조적인 발판을 제공하고자 할 때 확산적 발문을 사용한다.

다중 지능에 관한 Howard Gardner의 연구는 여러분이 폭넓은 발문을 하는 데 큰 도움을 준다.[15] Gardner는 오늘날 학교의 문제는 두 가지 유형의 지능(언어적, 논리-수학적 지능)만을 강조하는 데에 있다고 생각한다.

■ 다양한 지능의 활용

(1) **언어적 지능**: 말하는 능력, 시를 쓰는 능력, 논리적으로 글을 쓰는 능력(단어의 의미와 리듬, 언어의 기능에 대한 민감성)

(2) **논리-수학적 지능**: 과학적이고 수학적인 능력, 수학적 조작에 관련된 기능(논리적 과정에 대한 문제 해결과 안목)

Gardner에 따르면, 표준화 시험을 비롯한 학교생활의 많은 부분에서 앞서 두 가지 유형의 지능을 강조하는 반면 다른 지능들은 무시된다고 본다. 지능의 다른 영역들에는 무엇이 있을까? 여기 Gardner에 의해 제시된 것들이 있다.

(3) **신체-운동학적 지능:** 몸의 움직임을 조절하거나 물체를 기술적으로 다루는데 관련된 기능(운동 능력과 무용, 춤과 같이 몸동작으로 표현하는 능력)

(4) **음악적 지능:** 노래, 작곡, 악기 연주 능력, 그리고 리듬, 음정, 음색을 만들어내고 인식하는 능력(음악에 대한 인식)

(5) **공간적 지능:** 물리적인 세계를 정확히 지각하는 능력(조각가, 항해사, 건축가와 같은 직업과 연관)

(6) **대인 관계 지능:** 다른 사람의 기분, 감정, 의향, 욕구를 분석하고 반응하는 능력(영업 사원, 교사, 심리학자와 같은 직업과 연관)

(7) **자기 이해 지능:** 자신의 욕구, 장·단점에 대한 지식, 그리고 이 정보들이 행동을 이끌도록 하는 능력(대부분의 직업에서 유용)

(8) **자연 탐구 지능:** 자연의 패턴을 관찰하고 대상을 정의하고 분류하며 세계의 자원들을 존중하는 능력(자연 보호와 관련된 직업과 연관)

Gardner는 위의 지능들을 지능의 확정적인 목록으로 보지 않고, 다가올 몇 년 안에 더 많은 지능이 등장할 것으로 본다. 그러나 다중지능에 대한 Gardner의 견해는 오늘날에도 유용하다. 왜냐하면 Gardner가 연구한 다양한 지능 영역들은 오늘날 교실 발문을 대표할 수 있기 때문이다. 여러분은 Gardner가 아직 밝혀내지 못한 다른 지능들에 대해서 생각해 볼 수 있는가? 여러분은 Gardner가 밝혀낸 지능 영역과 그렇지 못한 영역을 발문과 연관지어 생각해 볼 수 있다. 그리고 이러한 폭넓은 생각을 토대로 언어적 지능 영역 혹은 논리-수학적 지능 영역의 한계를 넘어서는 다음과 같은 발문을 구사할 수 있다.

- 자신의 기분을 움직임을 통해 표현할 수 있는가?
- 자신이 계획한 카프라 조형물을 창조할 수 있는가?
- 이 음악을 듣고 어떤 장면들이 떠오르는가?
- 친구와의 관계에서 여러분의 장점은 무엇인가?

숙고시간 및 숙려시간의 적절한 사용

■ 숙고시간과 숙려시간

전형적인 교실 속 교사는 학생들에게 발문하고 나서 학생이 발문 내용에 대해 생각하기까지 1초도 못 기다려준다. 이와 같은 교사의 태도는 발문 내용에 대해 1초보다 더 많은 시간이 필요한 학생들에게는 매우 난감한 것이다. 1초도 안 되는 시간은 학생들이 발문 내용을 고민하기에는 매우 짧은 시간이다. **숙고시간**(wait time 1)이란 '학생들이 교사의 발문에 대해 생각할 수 있는 여유 시간'을 뜻한다. 문제는 학생들뿐만 아니라 교사들 또한 짧은 숙고시간의 피해자라고 볼 수 있다. 즉, 교사는 발문 내용에 대해 깊이 있게 생각하고 있는 학생보다는 '가장 빨리 손을 든 학생'을 지목하는 경우가 많다.

두 번째 숙려시간(wait time 2)은 잘 알려지지는 않았지만 발문에서 매우 중요하다. **숙려시간**은 '학생들이 교사의 발문에 대해 대답한 후에 교사가 기다려 주는 시간'을 의미한다. 전형적인 교실 속 교사는 숙고시간처럼 이 또한 1초 이상 기다려 주지 못한다. 숙려시간이 짧은 교사의 모습은 통상적으로 학생들의 대답을 중간에 중단시키는 교사에게 빈번하게 나타난다. 이런 교사는 학생들이 대답하고 있는 도중에 "네, 그래요", "좋아요", 또는 "알았어요"와 같은 반응을 보인다. 이러한 반응은 학생들이 교사의 발문에 대답하면서 그들의 생각을 완성하고 확장하는 데 방해만 된다. 교사는 학생들의 대답에 대해 계속해서 반응을 보여야 한다는 압박감에 사로잡혀 학생들의 대답에 대해 진지하게 반응하지 못한다. 결국, 교사는 학생들의 대답에 대해 단조롭고, 부정확하며, 심지어는 학습에 비효과적이기까지 한 반응을 보이게 된다. 이는 궁극적으로 효과적인 교수-학습을 방해한다.

소수가 아닌 모든 학생을 위한 발문

초등학교나 중학교 시절을 회상해보자. 아마 학급에서 극소수의 최상위권 학생들이 교사와의 상호작용을 독차지하였을 것이다. 교사는 학생들에게 발문하고 나서 어떤 학생을 선택할지를 결정할 때, 발표를 원하는 학생들을 지목하는 경향이 있다. 그리고 발표를 원하는 학생들은 대개 교사의 발문이 끝나기가 무섭게 손을 들어 발표하기를 원한다. 발표를 원하는 학생들은 발표하고 발표를 원하지 않는 학생들은 조용히 자리에 앉아 있는 교실을 떠올려보자. 이 상황에서 교사의 수업은 모든 학생의 욕구를 충족시키는 듯 보인다. 그렇지만 문제는 남아 있다. 학교는 교육을 위한 곳이며, 때로는 학생 본인이 원하지 않더라도 기본적인 기능과 내용을 가르치고 배워야 하는 곳이기 때문이다.

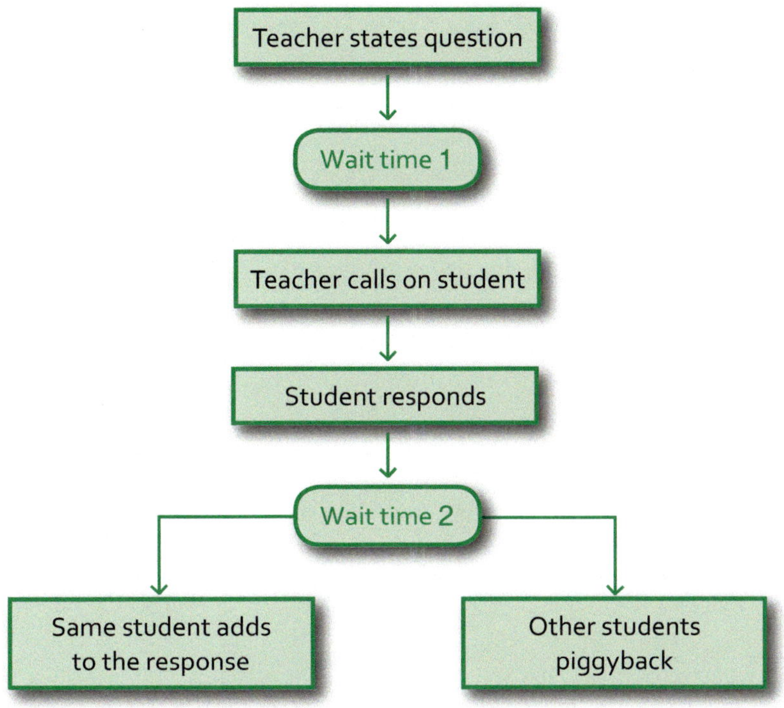

* D. C. Orlich, R. J. Harder, R. C. Callahan, M. S. Trevisan, and A. H. Brown, *Teaching strategies: A guide to effective instruction*(9th ed.), CA: Wadsworth, 2010, p. 219.

4장

■ 모든 학생에게 기회 제공

유능한 교사는 만약 자신이 제일 먼저 손을 든 학생들만 지목한다면 상대적으로 다른 학생들은 수업에서 소외되고, 수업에 참여할 의욕과 기회를 잃는다는 사실을 알고 있다. 여러분은 아마 학급 토론에서 소수의 학생이 다른 학생을 배제한 채 토론을 주도해 나가는 것을 경험했을 것이다. 교사의 발문에 대해 생각할 시간을 더 많이 필요로 하는 학생들, 즉 선천적으로 생각이 많거나 부끄러움을 많이 타는 학생들은 발표가 빠르게 진행되는 수업에서 관중이 되어 버린다. 만약 교사가 극소수의 학생들만이 발표하는 수업 분위기를 계속해서 유지해 나간다면, 교사는 자신의 교육적 책무성 중에서 중요한 한 가지를 잊고 있는 셈이다. 모든 학생이 적극적으로 학습할 수 있도록 하는 것, 이것이 바로 교사의 책무성이다.

발문의 속임수와 함정: 부적절한 교사의 발문과 잘못된 교사의 응답

■ 부적절한 발문과 응답

불행하게도 교사는 부지불식간에 부적절한 발문을 사용하는 경우가 있다. 다음에 비효과적이고 부적절한 발문의 예들이 제시되어 있다. 여기에서는 어떠한 발문을 하지 말아야 하는지를 충분히 설명해 줄 것이다. 그러나 아주 자세하고 구체적인 설명을 하지는 않는다.

- **잘못된 행동을 통제하기 위한 발문:** 일부 교사들은 학생들의 잘못된 행동을 막거나 멈추기 위해 다음과 같은 종류의 발문을 사용한다. "선생님이 여러분을 계속 지켜보고 있어요. 나중에 여러분에게 물어보면, 대답할 수 있겠죠? 떠들지 말고 선생님 말에 집중하세요!" 이와 같은 '처벌이나 다름없는 발문'은 사실 잘못된 행동을 하는 학생에게 약간의 집중을 유도하기는 한다. 그러나 적절한 행동을 하는 학생들에게는 쉽게 무시될 수 있다. 교사의 발문은 교실에 있는 모든 학생을 대상으로 사용되어야 한다. 즉, 소수의 학생을 통제하기 위해서 쓰여서는 안 된다.

- **학생의 능력을 고려하지 않는 발문:** 교사에게는 학생 개개인을 고려하는 발문의 기회가 언제나 존재한다. 학생 개개인의 능력을 고려하는 발문은 특히 학습 부진 학생에게는 더욱 중요하다. 너무 어려운 발문은 그들에게 좌절감을 줄 수 있고 당황스러운 상황을 만들 수 있다. 반면에 교사의 발문이 너무 쉽다면, 학생은 학습에 대한 흥미를 잃어버리게 된다. 이 때문에 교사는 특별한 도움이 필요한 학생들을 포함하여 학급 학생들에 대한 능력이나 재능이 발문에 반영될 수 있도록 발문을 다듬어야 한다.

- **학생에게 굴욕감을 주는 발문:** 교사는 간혹 발문을 학생에게 굴욕감을 주기 위한 도구로 사용하는 경우가 있다. 즉, 수업에 비협조적인 학생에게 단 몇 명만이 대답할 수 있는 매우 어려운 발문을 함으로써 그 학생을 깎아내리는 경우가 이에 해당한다. 또한, 수업에 비협조적인 학생이 교사의 발문에 간신히 대답했을 때, 교사가 빈정대는 말을 덧붙여서 반응하는 것도 이에 포함된다. 교사는 어떤 상황에서도 발문을 수업의 무기로써 이용해서는 안 된다.

- **학생의 참여를 촉진하기 위한 남발성 발문:** 수업에서 교사가 많은 학생의 참여를 얻어내기 위한 가장 손쉬운 방법은 학생들에게 발문을 마구 쏟아 붓는 것이다. 많은 학생의 수업 참여를 유도하기 위해 빗발치듯 멈추지 않는 발문은 이상적인 학습 환경을 조성하는 데 오히려 해로울 수 있다.

- **학생의 대답을 임의로 수정하는 교사의 응답:** 교사는 수업을 미리 정해진 방향으로 진행하기 위해 간혹 학생들의 대답을 수정해서 피드백하는 경우가 있다. 그 결과 학생들의 대답은 학생들의 생각이라기보다는 교사의 수업 흐름을 위한 수단이 될 뿐이다. 이처럼 교사는 피드백을 할 경우, 학생의 대답을 임의대로 바꾸어 표현하거나 조작해서는 안 된다.

- **"그래, 하지만…"이 습관이 된 교사의 응답:** 일부 교사들은 학생들의 대답에 반응해 주고 싶은 욕구가 있다. 또한, 이와 동시에 교사는 학생들의 대답을 조금이라도 고쳐주고 싶은 욕구도 지니고 있다. 이때 "그래, 하지만…"의 함정에 빠지고 만다. 이러한 교사의 피드백은 학생이 자신의 답변 내용에 대한 자신감을 떨어뜨리는 경향이 있다.

유용한 피드백 제공

교육실천가들은 발문을 고차원 혹은 저차원으로 나누어 적용하는 반면, 학생 대답에 대한 교사의 반응에는 적용하지 않는다. 만일 학생 대답에 대한 교사의 반응을 고차원과 저차원으로 나눈다면 대부분 교사의 반응은 저차원으로 기록될 것이다. 학생 대답에 대한 교사의 반응은 일반적으로 부정확하고 학생들의 학습과는 관련이 없는 내용일 때가 많다. 부정확한 교사의 피드백은 학생들이 교사의 발문에 대해 훌륭하게 대답하는데 아무런 도움이 되지 않고 오히려 방해된다. 학생들이 답변을 잘못했을 때, 부정확한 교사의 피드백은 자신의 답변 중에 무엇이 잘못되었고 어떻게 수정해야 하는지를 알지 못한다. 일반적으로 교사의 피드백에는 "좋아"와 "괜찮아"와 같은 저차원적인 피드백이 대부분이다.

■ 피드백 기회의 부족

교사가 하는 대부분의 발문은 학생들에게 간단한 기억을 요구하는 수준이기 때문에 당연히 양질의 교사 피드백이 나오기가 어려운 것이다. 또한, 짧은 숙려시간을 사용하는 것이 습관이 된 교사에게는 학생들이 답변한 것에 대하여 깊이 생각해 볼 여유조차 없다. 그 결과 교사는 점점 양질의 피드백을 학생들에게 제공할 기회가 줄어들게 된다.

앞서 살펴본 효과적인 발문자를 위한 7가지 습관을 실천하는 것은, 학생들의 의미 있는 학습을 가능하게 하고 교사가 학생들의 능동적인 수업 참여를 이끄는 데 도움이 된다. 다음 연습문제를 통해 7가지 효과적인 발문의 특징들을 다시 검토해 보자.

4장

연습문제 1 효과적인 발문의 특징

1~5의 항목 중에 맞는 진술은 'O', 틀린 진술은 'X'로 표시하시오.

________ 1. 전형적인 교실에서 교사는 발문한 후에 3~5초의 숙고시간을 갖는다.

________ 2. 대부분의 교실 발문은 저차원으로 구분될 수 있고, 학생들의 깊은 사고를 요구하지 않는다.

________ 3. 교사가 매일 수백 개의 발문과 짧은 시간에 많은 발문을 하는 것은 일반적인 일이다.

________ 4. 전형적인 교실에서 교사는 학생이 대답한 뒤, 1초가 넘게 기다려 주지 못한다.

________ 5. 학생 대답에 대한 교사의 피드백은 수업 방향에 알맞게 학생 대답을 수정해야 한다.

6. 숙고시간과 숙려시간이 어떻게 다른지 간단히 기술하시오.

종합문제 1

목표 1: 효과적인 발문의 7가지 특징을 설명할 수 있다.

다시 한번 효과적인 교실 발문의 7가지 특징을 살펴보고, 교재 내용을 참고하여 각 특징에 걸맞은 교사의 모습을 간단하게 기술하시오.

목표 2: 'Bloom의 교육목표분류체계: 인지적 영역'에 따라 발문을 분류할 수 있다.

Bloom의 교육목표분류체계(인지적 영역) 6단계

INTASC 제2, 4, 5, 6, 7, 8원칙

다양한 종류의 발문은 여러 가지 방식으로 분류할 수 있다. 발문을 분류하는 방식은 발문을 새롭게 바라보는 개념 틀을 제공하기 때문에 유용하다. 이렇게 발문을 분류하는 여러 가지 방식 중에서 **Bloom의 분류체계**[16]는 발문뿐만 아니라 교육 목표를 분류하는 방식으로도 널리 알려졌다. 다음에 Bloom의 분류체계 6단계가 제시되어 있다. 교사는 학생들이 다양한 인지 과정에 참여하도록 Bloom의 분류체계 6단계에 맞춰 발문을 구성해야 한다. 발문을 구성하기에 앞서 교사는 Bloom의 분류체계 각 단계에 대한 이해가 선행되어야 한다. 또한, 교사는 언제 각 단계에 해당하는 발문을 사용할 수 있는지 인지하고 있어야 한다. Bloom의 분류체계 6단계는 다음과 같다.

(1) 지식

(2) 이해

(3) 적용

(4) 분석

(5) 종합 혹은 창안

(6) 평가

일부 교육실천가들은 최근에 Bloom의 분류체계에서 '종합 혹은 창안'을 가장 높은 단계로 수정하였다. 그들은 '종합 혹은 창안'이 '평가'보다 더 많은 지적 활동을 요구한다고 생각한다.[17]

여러분은 어떻게 생각하는가?

다음에 나오는 정의, 예, 연습들은 여러분이 Bloom의 교육목표분류체계(인지적 영역) 6단계에 해당하는 발문들을 알아보고 그것을 분류할 수 있도록 도움을 줄 것이다.

1단계: 지식

Bloom의 교육목표분류체계(인지적 영역)의 첫 단계인 지식은 학생들이 정보를 인식하고 기억해 내는 능력을 요구한다. 이 단계에서 학생들은 정보에 대한 처리보다는 단지 배운 것을 기억해 내는 것을 요구받는다. 지식 단계의 발문에 대한 대답은 이전에 배운 사실, 관찰 내용, 그리고 정의들을 단순히 기억해서 말하면 된다.

지식 발문의 예

- 대한민국의 수도는 어디인가?
- 산성 용액은 푸른색 리트머스 종이를 무슨 색으로 변하게 하는가?
- 현재 우리나라의 국무총리는 누구인가?
- 삼국유사는 누가 썼는가?

■ 유용한 지식 단계의 발문

이는 학생들의 기억에 의존하는 발문으로 일부 학생들에게는 싱겁게 느껴질 수도 있다. 또한, 일부 대학입학의 논술시험 채점관에게 종종 들리게 되는 불평은 학생들이 답안을 작성할 때 사전에 암기한 내용을 그대로 적는다는 것이다. 그러나 자료에 대한 단순 기억은 몇 가지 이유에서 중요하다. 학생들은 기본적인 정보가 부족한 상태에서 높은 수준의 사고를 할 수 없기 때문이다. 또한, 단순 정보를 기억하도록 하는 **지식 단계의 발문**은 학생들의 수업 참여를 촉진하고, 학생들이 효과적으로 학업을 성취하도록 할 수 있다. 연구에 따르면 지식 단계의 발문을 효과적으로 사용하는 교사는 학업 능력이 낮은 학생들과 높은 학생들 모두에게 성공률이 높은 답변의 기회를 제공할 수 있다고 한다. 그리고 이러한 교실환경에서 학생들 중 70~80% 정도는 교사의 발문에 정확하게 대답한다고 한다.[18]

■ 남용되는 지식 단계의 발문

이렇게 중요한 역할에도 불구하고, 지식 단계의 발문은 그것을 사용하는 교사에 따라 심각한 문제점을 가져올 수 있다. 즉, 교사가 이를 남용한다는 것이다. 교사가 수업시간과 시험에서 시험지를 통해 학생들에게 물어보는 대부분의 발문은 Bloom의 교육목표분류체계(인지적 영역)에서 지식 단계에 해당할 것이다. 또 다른 문제는 이 단계의 발문에 답변하기 위해 학생들이 암기하는 정보들은 빨리 잊혀진다는 점이다. 세 번째 문제는 지식 단계의 발문이 단지 학생들의 피상적인 이해를 평가하는 것에 그칠 수 있다는 것이다. 다음의 표에 있는 몇 가지 단어들은 지식 단계의 발문에서 자주 발견되는 단어들이다.

지식 단계의 발문에서 자주 발견되는 용례			
정의하다	누가	열거하다	이름을 밝히다
상기하다	무엇을	확인하다	재현하다
인식하다	어디서	암송하다	
기억하다	언제	검토하다	

연습문제 2 지식 단계의 발문

다음 문제를 통해 지식 단계의 발문에 대한 이해의 정도와 Bloom의 교육목표분류체계(인지적 영역) 6단계 중에서 지식 단계의 발문을 올바르게 분류하는 능력을 점검해 볼 것이다. 또한, 종합문제를 해결하는 데에도 도움이 될 것이다.

1~5의 항목 중에 맞는 진술은 'O', 틀린 진술은 'X'로 표시하시오.

_______ 1. Bloom의 교육목표분류체계의 첫 단계는 고차원적 사고를 요구한다.

_______ 2. 교사가 수업시간이나 시험시간에 시험지를 통해 학생들에게 하는 대부분의 발문은 지식 단계의 발문이다.

_______ 3. 지식 단계의 발문은 학생들에게 유용하지 않다.

_______ 4. 학생들은 기본적인 정보가 부족한 상태에서는 높은 수준의 사고를 할 수 없다.

_______ 5. 1~4번까지의 문제들은 Bloom의 교육목표분류체계의 첫 단계인 지식 단계에 속한다.

6~11의 항목 중에서 지식 단계 발문을 나타내면 '지식'이라고 쓰시오. 아닌 경우에는 그냥 빈칸으로 놔두시오.

_______ 6. 천연두에 대한 치료법을 발견한 사람은 누구인가?

_______ 7. 6·25전쟁의 원인에 대해 분석할 수 있겠는가?

_______ 8. 우리나라는 어느 나라에서 가장 많은 석유를 수입해 오는가?

_______ 9. 이 글의 핵심은 무엇인가?

_______ 10. 정사각형에 대해 정의하시오.

_______ 11. 공립학교 교사가 비정규직으로 바뀐다면 교사에게는 어떤 변화가 일어날 것 같은가?

2단계: 이해

두 번째 단계의 발문은 이해에 관한 것이다. 이해는 학생들이 내용을 조직하고, 정렬하거나, 충분한 이해를 바탕으로 설명하는 것을 말한다. 학생들이 이해 단계의 발문에 대답하기 위해서는 학습 내용을 상기하는 과정이 필요하다. 또한, 학생들은 받아들인 정보를 다시 설명할 수 있어야 하며, 자신만의 언어로 기술할 수 있어야 한다.

■ 단순 정보의 상기를 넘어서라.

예를 들어, 다음과 같은 교사의 발문을 생각해 보자. "우리가 어제 배웠던 김소월의 시 진달래꽃의 유명한 인용구는 무엇인가요?", "그 인용구는 반어법과 역설법이 드러난 것이었나요?" 이러한 발문은 교사가 학생들에게 단순 정보를 상기하도록 하는 지식 단계의 발문이다.

■ 자신이 이해한 언어를 사용하라.

대신에 만일 교사가 "김소월의 시 진달래꽃에서 '나 보기가 역겨워 가실 때에는 죽어도 아니 눈물 흘리오리다'의 의미는 무엇인가요?"와 같은 발문을 한다면 이는 이해 단계의 발문이 되는 것이다. 이러한 발문을 통해 교사는 학생들에게 주어진 정보를 자신이 이해한 언어로 바꾸어 표현하도록 요구한다.

흔히 교사는 학생들에게 차트, 그래프, 표 등에서 주어진 자료를 이해시키고 설명하기 위해 **이해 단계의 발문**을 사용한다. 다음은 이해 단계 발문의 예이다.

이해 단계 발문의 예

- 이 표가 나타내고 있는 핵심은 무엇인가?
- 이 글에서 글쓴이가 말하고자 하는 요지는 무엇인가?

학생들이 이 단계의 발문에 대답하도록 하기 위해서는 교사가 먼저 학생들에게 발문과 관련된 정보를 제공해야 한다는 점을 기억하라. 예를 들어, 만약 교사가 학생들에게 6·25전쟁에 관한 자료를 미리 제시한 후, 6·25전쟁의 원인에 대한 생각을 묻는다고 생각해 보자. 이때 학생들은 교사로부터 이해 단계의 발문에 대한 대답을 요구받는다고 볼 수 있다. 그러나 사전에 교사가 학생들에게 6·25전쟁에 대한 어떠한 자료도 제시하지 않은 채, 6·25전쟁의 원인에 대해 묻는다

교사가 학생들에게 단순한 지식을 기억해 내는 발문만을 주로 한다면, 학생들은 교사의 발문에 대해 생각하기에 앞서 암기한 내용을 말하기에 급급할 것이다. ▽

고 가정해 보자. 여기서 학생들에게는 6·25전쟁이 왜 발생하였는지를 깊이 생각해 보고 분석하는 능력이 요구된다. 즉, 이때의 발문은 이해 단계의 발문이 아닌 다음에 제시될 분석 단계의 발문이 되어 버린다.

이해 단계의 발문에서 자주 발견되는 용례	
기술하다	바꾸어 말하다
비교하다	자신만의 언어로 바꾸다
대조하다	요지를 설명하다

연습문제 3 이해 단계의 발문

1~4의 항목 중에 맞는 진술은 'O', 틀린 진술은 'X'로 표시하시오.

_______ 1. 이해 단계의 발문을 통해 교사는 학생들에게 이전에 제공되지 않은 새로운 정보를 사용하도록 요구한다.

_______ 2. 이해 단계의 발문을 통해 교사는 학생이 주어진 정보를 자신이 이해한 언어로 바꾸어 표현하도록 요구한다.

_______ 3. 학생들은 주어진 내용에 대한 정보를 기억해 낼 수 있다. 그러나 그렇다고 해서 반드시 주어진 정보를 자신이 이해한 언어로 바꾸어 표현할 수 있는 것은 아니다.

_______ 4. 이해 단계의 발문을 통해 교사는 학생들이 이전에 학습한 정보를 정확히 상기하도록 요구한다.

다음에 제시된 발문 중 몇 개는 지식 단계의 발문에 해당하는 것이고, 나머지는 이해 단계의 발문에 해당하는 것이다. 다음 중 이해 단계의 발문은 '이해'라고 쓰고, 지식 단계의 발문은 '지식'이라고 쓰시오.

_______ 5. 베를린 장벽은 언제 무너졌는가?

_______ 6. 벤다이어그램을 이용하여 고래와 상어를 비교하시오.

_______ 7. 이 그래프의 의미는 무엇인가?

________ 8. 소설 감자의 저자는 누구인가?

________ 9. 이 글에서 글쓴이가 말하고자 하는 요지는 무엇인가?

________ 10. 이 글에서 글쓴이가 주장하는 '인터넷 중독'의 주요 원인은 무엇인지 여러분의 생각을 기술하시오.

3단계: 적용

학생들은 정보를 기억하는 것만으로는 충분하지 않다. 심지어 학생들이 기억한 내용을 다시 바꾸어 말하거나, 이해한다고 해도 여전히 충분하지 않다. 학생들은 정보를 적용할 수 있어야 한다. 적용 단계의 발문은 학생들이 이전에 습득한 정보들을 문제를 해결하는데 적용하도록 하는 발문을 의미한다.

적용 단계의 발문을 통해 교사는 학생들이 주어진 규칙이나 정보를 문제에 적용하게 함으로써 문제에 대한 정답을 찾도록 한다. 적용 단계의 문제는 수학 교과에서 매우 흔하게 볼 수 있다. 그 예는 다음과 같다.

만약 $x = 2, y = 5$일 때,
그때, $x^2 + 2y$는 얼마인가?

적용 단계의 발문은 수학 교과뿐만 아니라 다른 교과에서도 얼마든지 사용 가능하다. 예를 들어, 사회 교과에서 교사는 사전에 학생들에게 위도와 경도의 정의를 설명해 줄 수 있다. 그리고 학생들에게 이 정의에 대해 반복해서 말하도록 한다(지식 단계의 발문). 그 다음에 교사는 학생들에게 위도와 경도가 어떻게 다른지 대조해 보도록 요구할 수 있다(이해 단계의 발문). 마지막으로 교사는 학생들에게 위도와 경도를 제시하여 지도에서 한 점의 위치를 찾아내도록 요구할 수 있다(적용 단계의 발문).

국어 교과에서는 다음과 같이 사용할 수 있다. 교사가 학생들에게 연시조의 정의를 설명한 후, 다양한 종류의 시조가 적힌 학습지를 학생들에게 나누어 준다. 그리고 나서 학생들에게 연시조의 정의에 적합한 시조 하나를 선택하도록 한다. 이렇게 함으로써, 학생들은 다양한 시조에서 연시조의 정의를 적용할 수 있고, 정의에 적합한 연시조를 찾을 수 있다. 다음에 적용 단계 발문의 또 다른 예가 있다.

■ 학생들이 알고 있는지 입증하게 하라.

적용 단계 발문의 예

- 다음에서 뉴턴의 법칙을 설명하고 있는 예는 어느 것인가?
- 사회주의의 정의에 따르면, 다음 국가 중 오늘날 사회주의라고 말할 수 있는 국가는 어느 나라인가?
- 여러분이 토론해 본 양성평등의 사례를 쓰시오.
- 현철이가 세차하면 3시간이 걸리고 소영이가 세차하면 2시간이 걸린다. 그들이 함께 세차하면 얼마의 시간이 걸리겠는가?
- 볼록렌즈를 실생활에서 사용하는 예에는 무엇이 있는가?

적용 단계의 발문에서 자주 발견되는 용례			
적용하다	예를 들다	보여주다	증명하다
분류하다	해결하다	바꾸다	도표/지도
사용하다	얼마나 많이	만들다	기록/차트
선택하다	어떤	삽화를 그리다	
이용하다	무엇인가	가르치다	

연습문제 4 적용 단계의 발문

다음 발문들에 해당하는 Bloom의 교육목표분류체계의 단계를 쓰시오.

지식 단계의 발문에는 '지식', 이해 단계의 발문에는 '이해', 적용 단계의 발문에는 '적용'이라고 쓰시오.

_______ 1. 여러분에게 언론의 자유란 무엇을 의미하는가?

_______ 2. 인터넷을 사용하여, 학교 홈페이지를 찾아내시오.

_______ 3. 소설 태평천하의 저자는 누구인가?

_______ 4. 이 도표가 정확하다면, 회사는 이익을 얻을 것인가 아니면 손실을 볼 것인가?

_______ 5. 우리가 검토한 분류체계에 따라 식물을 분류하시오.

_______ 6. 달리기 선수와 수영선수에 대한 글을 읽고, 이 선수들의 공통점을 분명하게 말하시오.

_______ 7. 지역 갈등 해소에 대해 논의를 할 경우, 여러분이 열거한 절차를 사용해서 문제를 해결하시오.

_______ 8. 만유인력의 법칙을 자신만의 언어로 말해 보시오.

_______ 9. 여러분이 어제 배운 등산할 때 유의해야 할 세 가지 안전 지침을 다시 말해보시오.

_______ 10. 포유동물의 정의에 따라, 사진 속 동물 중에서 포유동물이라 생각되는 동물을 선택하시오.

4단계: 분석

분석 단계의 발문은 학생들에게 비판적이고 깊이 있는 생각을 요구하는 고차원적인 발문이다. 분석 단계의 발문을 통해 교사는 학생들이 특정한 상황의 이유를 확인하고, 결론을 내리기 위한 근거를 분석하거나 결론을 분석하여 그 근거를 찾도록 한다. 다음은 세 가지 종류의 분석 단계 발문이다.

4장

(1) 특정한 상황의 동기, 이유, 원인을 확인하는 발문

- 안네 프랑크의 집필에 영향을 준 요소는 무엇인가?
- 왜 여성 의원은 대통령직에 입후보하지 않는가?
- 경제 회복기와 하락기에 여러분의 개인자산을 어떻게 운용할 것인가?

학생들은 이 발문에 대답하기 위해서 특정한 상황을 분석하고, 그 상황이 발생한 원인이나 이유를 발견할 수 있어야 한다.

(2) 결론이나 추론에 도달하기 위해 이용 가능한 정보 혹은 일반화하기 위해 기초가 되는 정보를 분석하기 위한 발문

- 이야기를 읽은 후, 작가의 태도와 관점의 특징을 찾을 수 있는가?
- 새로운 발명품을 살펴보자. 이 발명품의 목적이 무엇인가?
- 남아프리카와 중국의 경제 성장 과정에 관하여 공부해 보자. 혁신적인 경제 성장을 일으킬 수 있는 다양한 요인은 무엇이라고 결론 내릴 수 있는가?

이러한 발문을 통해 교사는 학생들이 근거를 가지고 결론, 추론, 혹은 일반화에 도달할 수 있도록 한다. ■ 근거 찾기

교사가 좋은 발문은 하는 것은 학생들만을 위한 것이 아니다. 교사와 학생 모두를 위하는 것이다. △

(3) 반박하거나 옹호하기 위한 근거를 찾기 위해 결론, 추론, 혹은 일반화한 내용을 분석하기 위한 발문

- 사형 제도 폐지를 지지하는 글쓴이의 요점은 무엇인가?
- 역할극을 통해 어떻게 학생들의 문화적 이해를 촉진할 수 있는가?
- 담배를 피우는 것은 술을 마시는 것보다 더 해롭다는 것을 입증하기 위한 근거는 무엇인가?

이러한 발문을 통해 교사는 학생들에게 특정한 결론, 추론, 일반화한 내용을 뒷받침하기 위한 근거를 분석할 것을 요구한다. 만약 여러분이 이러한 발문에 답해 본다면, 가능한 답이 여러 가지가 떠오를 것이다. 발문에 대해 가능한 답이 여러 가지가 떠오른다는 사실은 여러분이 가장 적절한 답을 결정하는 데 많은 시간이 필요하다는 것을 의미한다. 즉, 이러한 발문은 생각하거나 발문의 내용을 분석하는데 많은 시간이 걸리기 때문에 재빨리 답할 수 있는 성격의 발문이 아니다. 즉, 분석 단계의 발문은 기존의 정보를 단순히 상기하거나 자신만의 언어로 바꾸어 표현하거나 혹은 특정한 규칙이나 내용을 적용하는 방법으로는 답을 내릴 수가 없다.

분석 단계의 발문에서 자주 발견되는 용례

동기나 원인을 확인하다	지지하다	순서/차례	조사하다
	분석하다	요약하다	정당화하다
결론을 이끌어내다	이유	범주화/분석	
증거를 밝히다	비교/대조	연역하다	

연습문제 5 분석 단계의 발문

1~4의 항목 중에 맞는 진술은 'O', 틀린 진술은 'X'로 표시하시오.

________ 1. 분석 단계의 발문을 통해 교사는 학생들에게 좀 더 고차원적인 사고를 요구한다.

________ 2. '왜'라고 물어보는 경우, 대개 분석 단계의 발문이다.

________ 3. 분석 단계의 발문을 통해 교사는 학생들에게 오로지 정보를 바꾸어 말하거나 정보에 대해 자신만의 언어로 진술할 것을 요구한다.

________ 4. 분석 단계의 발문을 통해 교사는 학생들에게 특정한 결론, 추론, 일반화한 내용을 뒷받침하기 위한 근거에 대한 분석을 요구한다.

5. 다음 중 분석 단계의 발문이 필요하지 않은 경우는 어느 것인가?
   (1) 결론을 지지하기 위한 근거를 확인하는 경우
   (2) 근거에 기반을 두어 결론을 내리는 경우
   (3) 동기나 원인을 설명하는 경우
   (4) 주어진 정보를 평가하기 위한 경우

다음 발문들에 해당하는 Bloom의 교육목표분류체계의 단계를 쓰시오.

지식 단계의 발문에는 '지식', 이해 단계의 발문에는 '이해', 적용 단계의 발문에는 '적용', 분석 단계의 발문에는 '분석'이라고 쓰시오.

________ 6. 햄릿은 왜 배반을 당하고도 선뜻 복수를 위한 행동을 하지 않았는가?

________ 7. 덴마크에서 햄릿의 직위 혹은 직함은 무엇인가?

________ 8. 여러분만의 언어로, 어제 토론에서 햄릿의 성격을 어떻게 특징지었는가?

________ 9. 여러분은 햄릿이 겁쟁이라는 진술을 뒷받침하기 위해 어떤 근거를 제시할 수 있는가?

________ 10. 도덕적 딜레마의 정의에 따르면, 햄릿은 언제 도덕적 딜레마에 빠졌는가?

5단계: 종합 혹은 창안

■ 독창적이며 창의적인 발문을 하라.

종합 단계의 발문은 학생들에게 독창적이고 창의적인 생각을 수행하도록 요구하는 고차원적인 발문이다. 이러한 발문을 통해 교사는 학생들에게 독창적인 의사소통을 하고 문제에 대해 예측을 하거나 문제를 해결하도록 요구한다. 비록 적용 단계의 발문도 학생들이 문제를 해결하도록 유도하지만, 종합 단계의 발문에서는 단 하나의 답이 아닌 학생들의 다양하고 창의적인 답을 모두 인정한다는 점에서 적용 단계의 발문과는 구별된다. 다음은 세 가지 종류의 종합 단계 발문이다.

(1) 독창적인 의사소통을 창조할 수 있는 발문

- 가치와 느낌을 대표할 수 있는 사진을 어떻게 콜라주로 구성할 수 있는가?
- 비디오 게임 영상을 보고 이 비디오 게임의 새로운 이름을 무엇이라고 정할 것인가?
- 관심 있어 하는 사회적 이슈에 대해 지역 신문 편집자에게 이메일을 보낸다면 어떤 내용을 쓸 것인가?

(2) 예측을 유도하는 발문

- 만약 고구려가 삼국을 통일했다면 우리나라는 어떻게 되었을까?
- 만약 학교가 의무교육이 아니었다면 여러분의 삶은 어떻게 달라질 수 있을까?
- 독도의 기후 특징에 대해 학습한 후, 울릉도의 기후 특징에 대해 어떻게 추측할 수 있는가?

(3) (정답이 정해져 있지 않은) 문제를 해결하도록 유도하는 발문

- 건물 밖에서 어떻게 건물의 높이를 측정할 수 있는가?
- 어떻게 하면 노숙자 쉼터 프로젝트를 위한 기금마련을 성공적으로 완수할 수 있는가?
- 실험실에 있는 재료를 가지고 물리학의 3가지 법칙을 보여줄 수 있는 실험을 어떻게 설계할 수 있을까?

교사는 학생의 창의력을 신장시키기 위해 종합 단계의 발문을 사용할 수 있다. 그러나 불행하게도 교사는 지식 단계의 발문과 같이 저차원적인 발문을 선호하고, 종합 단계의 발문과 같은 고차원적인 발문을 피하는 경우가 있다.

종합 단계의 발문은 자료에 대한 전반적인 이해가 필요하다. 학생들은 이러한 발문에 대한 답을 대충 생각하면 안 된다. 예를 들면, "만약 고구려가 삼국을 통일했다면 우리나라는 어떻게 되었을까?"라는 종합 단계의 발문에서 학생들은 말로 답변하기 전에 먼저 발문과 관련된 정보를 정확하게 이해하고 있어야 한다.

종합 단계의 발문에서 자주 발견되는 용례

예측하다	우리는 …을 어떻게 향상 시킬 수 있는가?	여러분은 …을 고안할 수 있는가?	창안하다
생산하다			상상하다
쓰다	만약 …한다면 어떤 일이 일어나겠는가?	우리는 어떻게 …를 해결해야 하는가?	가정하다
설계하다			결합하다
개발하다			추정하다
종합하다			발명하다
구성하다			

연습문제 6 종합 단계의 발문

1~10의 항목을 Bloom의 교육목표분류체계상의 단계로 구분해서 쓰시오.

지식 단계의 발문에는 '지식', 이해 단계의 발문에는 '이해', 적용 단계의 발문에는 '적용', 분석 단계의 발문에는 '분석', 종합 단계의 발문에는 '종합'이라고 쓰시오.

________ 1. 수도란 무엇인가?

________ 2. 우리나라 수도는 어디에 있는가?

________ 3. 우리나라 수도를 지도에서 가리켜 보시오.

________ 4. 만약 여러분이 새로운 지역을 수도로 정한다면, 어떤 지역을 선택할 것인가?

________ 5. 새로운 지역을 수도로 정한 이유는 무엇인가?

________ 6. 만약 우리가 2개의 수도를 갖는다면 어떻게 되겠는가?

________ 7. 여러분이 생각하는 이상적인 수도의 청사진을 간단하게 그려보시오.

________ 8. 수도의 주요 기능에 대해 교과서의 내용을 인용하시오.

________ 9. 수도의 주요 기능을 기술하시오.

________ 10. 수도를 정하는 새로운 기준(면적, 자연환경 등)이 주어진다면, 현재의 수도는 어떻게 분류(수도, 도, 광역시 등)할 수 있을 것인가?

11. 다음 중 종합 단계의 발문과 관련이 없는 내용은 어느 것인가?

(1) 예측하기

(2) 문제 해결

(3) 기억에 주로 의존

(4) 독창적 의사소통 창조

________ 12. 종합 단계의 발문을 통해 교사는 학생들에게 독창적이고 창의적인 사고를 요구한다. (참이면 'O', 거짓이면 'X'로 표시하시오.)

4장

6단계: 평가

Bloom의 교육목표분류체계의 마지막 단계는 평가이다. 분석 단계의 발문이나 종합 단계의 발문과 같이 평가 단계의 발문도 답변자의 고차원적인 정신 과정이 요구된다. **평가 단계의 발문**은 하나의 정답만을 필요로 하지 않는다. 이 발문을 통해 교사는 학생들에게 그들이 생각하고 있는 가치, 문제 해결 방법을 판단하기를 요구한다. 또한, 주제에 대한 학생들의 의견 제시를 요구하기도 한다. 다음은 몇 가지 평가 단계 발문의 예이다.

평가 단계 발문의 예

- 어린아이들이 자신이 원하는 책을 읽어야 하는지, 읽지 말아야 하는지에 대한 의견을 말하라.
- 학교에서 어떻게 여러분의 행동을 평가할 것인가?
- 이 그림이 어떤 이유에서 여러분에게 최고인지 그 이유를 3가지 제시하라.
- 자신이 영화평론가라고 생각하고, 최근 개봉한 3편의 영화에 대해 논평하라.
- 우리나라의 국회의원 중에서 어느 의원이 가장 의정 활동에 적극적으로 참여하는가? 그리고 그렇게 생각한 이유는 무엇인가?

■ 평가의 준거 사용

여러분은 한 가지 쟁점에 대한 여러분의 의견을 표현하거나 미적 가치, 혹은 최적의 문제 해결 방법에 대해 판단을 내릴 경우, 몇 가지 준거를 사용할 것이다. 즉, 여러분이 어떠한 내용을 평가하기 위해서는 객관적인 기준이나 개인의 주관적인 가치관을 사용해야만 한다. 예를 들어, 여러분이 만약 개인의 주관적인 가치관을 사용하여 앞서 제시된 평가 단계의 발문 목록의 마지막 물음에 답을 했다면, 여러분은 자신의 정치 철학에 맞는 국회의원을 선택했을 것이다. 만약 여러분이 국방비 지출에 반대하고 민권 법안의 신속한 처리를 찬성하고 있다면, 이러한 여러분의 주관적인 가치는 가장 유능한 국회의원을 선택하는데 영향을 미칠 것이다.

국회의원을 평가하기 위해 사용할 수 있는 또 다른 방법은 객관적인 기준이다. 몇 가지 기준은 아마도 의회 출석기록, 정치자금 집행 건수, 법안 상정 건수 등을 포함할 것이다. 이러한 기준에서 국회의원을 개별적으로 비교하면 '가장 유능한 국회의원'과 관계된 판단을 내릴 수 있다.

평가 단계의 발문과 관련해서 여러분이 기억해야 할 중요한 점은 교사는 발문 내용에 대해 학생들이 건성으로 혹은 경솔하거나 단순하게 판단하도록 허용하지 말아야 한다는 점이다. 교사는 학생들에게 몇 가지 기준에 따라서 발문 내용을 평가하도록 하고, 학생들의 다양한 대답을 유도해야 한다.

평가 단계의 발문에서 자주 발견되는 용례

판단하다	의견을 말하다	입증하다
주장하다	어떤 해결책이 더 나은가?	등급을 매기다
결정하다	동의하는가?	선택하다
평가하다(evaluate)	그것이 더 나은가?	추천하다
평가하다(assess)		결론내리다

연습문제 7 평가 단계의 발문

1~7의 항목을 Bloom의 교육목표분류체계상의 단계로 구분해서 쓰시오.

지식 단계의 발문에는 '지식', 이해 단계의 발문에는 '이해', 적용 단계의 발문에는 '적용', 분석 단계의 발문에는 '분석', 종합 단계의 발문에는 '종합', 평가 단계의 발문에는 '평가'라고 쓰시오.

________ 1. 추상파의 창시자가 누구인가?

________ 2. 추상파 창시자의 첫 번째 시도는 무엇이었는지 기술하시오.

________ 3. 여러분이 만든 추상 조각에 색칠하시오.

________ 4. 추상파에 대한 여러분의 의견은 무엇인가?

________ 5. 추상파 그림에 사용한 유화와 가장 비슷한 느낌의 토산품은 무엇이 있을까?

________ 6. 왜 추상파를 대표하는 이미지는 여성이었는가?

________ 7. 여러분이 좋아하는 예술가는 모네인가? 아니면 피카소인가?

우리는 지금까지 Bloom의 교육목표분류체계(인지적 영역)의 모든 단계를 검토하였다. 이제 여러분은 종합문제를 해결할 준비가 되었다. 여러분은 종합문제에서 몇 개의 발문을 보고, 이 발문이 과연 어느 단계의 발문인지를 말할 수 있어야 한다. Bloom의 교육목표분류체계(인지적 영역)에 제시된 6단계가 모두 등장할 것이다.

종합문제 2

목표 2: 'Bloom의 교육목표 분류: 인지적 영역'에 따라 발문을 분류할 수 있다.

다음에 제시된 지문을 읽고 하단에 나오는 발문 1~11을 Bloom의 교육목표 분류(인지적 영역) 6단계에 따라서 분류하시오.(지식, 이해, 적용, 분석, 종합, 평가)

교사는 수업을 하면서 학생들의 이해 정도를 점검하기 위해 학생들에게 발문을 한다. 한 명의 학생에게 던지는 발문은 오직 해당 학생에게만 학습 내용을 설명하는 기회를 제공한다. 반면 생각-짝-나누기(TPS: Think-Pair-Share)를 활용하는 교사는 모든 학생에게 학습 내용에 대한 연습기회를 제공하고 폭넓은 학습숙달을 가능하게 한다. 다음에 TPS에 대한 구체적인 방법을 안내한다.

1. 계획하기: 교사는 사전에 학생들에게 도움이 될 수 있고 학생들의 자유로운 의견 교환이 생길 수 있는 수업 주제를 선정한다.
2. 전략을 학생들에게 설명하기: 수업을 시작하기 전에, 교사는 생각-짝-나누기 전략을 학생들에게 설명한다. 수업 상황에서 교사가 학생들에게 신호를 보낼 때마다 학생들은 자신의 짝과 마주하여 서로의 생각을 나누게 되는 것이다.
3. 짝 정하기: 예를 들어, 교사는 학생들이 자기 옆에 있는 친구를 짝으로 정하도록 하고, 필요한 경우, 학생 수를 맞추기 위해 3명의 짝을 정해주거나 교사가 학생의 짝이 되어 주기도 한다.
4. '발문'하기: 교사는 수업의 적절한 시점에서 학생들에게 '생각(think)' 신호를 보낸다. 학생들에게 발문을 하고 발문의 성격에 따라 약 10초 정도 '생각 시간(think-time)'을 외친다. '생각 시간' 동안 학생들은 발문에 대한 대답을 마음속으로 정리해야 한다.
5. '공유' 신호를 보내기: 교사가 '공유'라고 외치거나 타이머 벨소리 신호를 이용해서 학생들이 자신의 짝과 함께 교사의 발문에 대해 서로의 의견을 교환하게 한다. 이 활동은 학생들이 서로의 생각을 설명하고, 어느 정도 서로의 생각을 나눌 수 있도록 1분 동안 진행된다.
6. (선택사항) 다른 짝을 찾아 생각 나누기: 개별적으로 생각하는 시간과 짝과의 생각 나누기 시간이 끝나면(발문에 대한 전체 학급 토론시간을 갖기 전에) 다른 짝을 찾아서 서로의 생각을 비교하고 의견을 교환한다.
7. 수업을 계속 진행하기: 필요에 따라 4~7단계를 반복해서 실행한다.

________ 1. 교사가 한 학생에게 발문을 하는 경우와 TPS를 사용하는 경우를 비교해 보시오.

________ 2. 학생들의 이해정도를 점검하는 상황에서 한 명의 학생을 대상으로 하는 교사의 발문과 TPS의 방법 중에서 어느 방법이 더 나은지 자신의 의견을 말해 보시오.

________ 3. 지문에서 제시된 TPS의 첫 번째 과정은 무엇인가?

________ 4. 지문은 무엇을 설명하고 있는지 그 중심 내용을 설명해 보시오.

________ 5. 교사가 학생들에게 TPS를 활용하여 수업을 진행할 때, 예상되는 어려움에는 어떤 것들이 있을까?

________ 6. TPS의 방법에 대한 여러분의 의견은 무엇인가?

________ 7. 만약 '발문하기 단계'에서 교사가 학생들에게 생각시간을 10초가 아닌 좀 더 많은 시간(가령, 1분)을 제공한다면, 학생들의 학습에 어떤 영향을 미치겠는가?

________ 8. '발문하기 단계'에서의 생각시간보다 '공유신호를 보내기 단계'에서의 공유시간이 좀 더 길게 제공되는 이유는 무엇 때문이라고 생각하는가?

________ 9. 공유신호를 보내는 방법으로 지문에 제시된 방법은 무엇인가?

________ 10. 지문에 제시된 선택사항은 여러분이 생각하기에 필요한가? 아니면 필요하지 않은가?

________ 11. 지문에서 교사가 TPS를 수업에 활용할 경우, 모든 학생에게 학습 내용에 대한 연습기회를 제공할 수 있다고 제시되어 있는데, 그 이유는 무엇인가?

관찰 기록지

교사의 고차원적인 발문에 초점

교실에서 교사와 학생의 대화가 빠르게 진행되는 과정에서 교사의 발문 단계를 포착하는 것은 다소 어려울 수도 있다. 그러나 이 관찰 기록지를 사용하면 여러분은 교사가 하는 발문을 분석하는 데 큰 도움이 될 것이다.

주의할 내용: 이 기록지를 사용할 때 학교, 교사, 관리자, 학생의 실명을 사용하지 마시오.

관찰자 이름: ____

날짜: ____

학년: ____

교과명: ____

학생 수: ____

배경정보: 학교의 사회적, 경제적, 다문화 구성원에 대해서 간단히 서술하시오.

____

____

기록할 내용: 사후 분석을 위해 교사가 사용한 각각의 발문 내용을 기록하시오. 그리고 관찰 후, Bloom의 교육목표분류에 따라 발문을 분류해 보시오. 이러한 작업은 교사가 학생들에게 하는 발문 중에 어느 단계의 발문이 학생들에게 의미가 있는지를 분석하는데 도움을 줄 것이다. 참고로 교사가 하는 발문 중에 어떤 발문은 수업 내용과 관계없는 내용일 수도 있다. 이 경우에는 여러분이 기타 범주를 만들어 발문을 분류하면 될 것이다.

관찰 내용에 대한 숙고사항

1. 교사의 발문이 Bloom의 교육목표분류(인지적 영역) 6단계에 따라 나눠지는가?

2. 교사는 주로 어느 단계의 발문을 사용하고 있는가? 혹시 전혀 사용하지 않는 단계의 발문이 있는가?

3. Bloom의 교육목표분류(인지적 영역) 6단계에 따른 발문을 교사가 어떻게 이상적으로 배분해서 사용해야 하는지에 대한 정답은 없다. 관찰 결과, 여러분이 생각하기에 교사는 어느 단계의 발문을 학생들에게 주로 사용해야 한다고 생각하는가?

목표 3: 'Bloom의 교육목표분류체계: 인지적 영역'에 따라 발문을 구성할 수 있다.

INTASC 제2, 4, 5, 6, 7, 8원칙

효과적인 발문법을 익히는 과정에서 첫 단계이면서도 가장 어려운 단계는 Bloom의 교육목표분류체계를 철저하게 이해하는 것이다. 이제 Bloom의 교육목표분류체계에 따라 발문을 분류할 수 있게 되었다. 즉, 발문을 만들기 위한 준비가 된 것이다. 짧은 시간에 교사가 발문에 반영할 수 있는 것은 Bloom의 교육목표분류체계상의 한두 가지 단계밖에 안 되겠지만, 이것이 모이고 모여 한 학기 동안의 시간이 흐르면, 학생들은 모든 단계에 걸쳐서 교사의 발문에 대답할 기회를 갖게 될 것이다. 이번 학습 활동에 제시되는 예시 발문과 정보는 여러분이 발문을 만들 때 매우 유용할 것이다. 그리고 Bloom의 교육목표분류체계의 다양한 단계에 해당하는 발문을 만들 때, 다음에 제시되는 Bloom의 교육목표분류체계 6단계 표를 참고하면 도움이 될 것이다.

Bloom의 교육목표분류체계 6단계: 각 단계를 암시하는 단어

지식	이해	적용	분석	종합 및 창안	평가
정의하다	기술하다	적용하다	동기나 원인을 확인하다	예측하다	판단하다
상기하다	비교하다	분류하다	결론을 이끌어내다	생산하다	주장하다
인식하다	대조하다	사용하다	증거를 밝히다	쓰다	결정하다
기억하다	바꾸어 말하다	선택하다	지지하다	설계하다	평가하다(evaluate)
누가	자신의 언어로 말하다	이용하다	분석하다	개발하다	평가하다(assess)
무엇을	요지를 설명하다	예를 들다	이유	종합하다	의견을 말하다
어디서		해결하다	비교/대조	구성하다	어떤 해결책이 더 나은가?
언제		얼마나 많이	순서/차례	우리는 …을 어떻게 향상시킬 수 있는가?	동의하는가?
열거하다		어떤	요약하다	만약 …한다면 어떤 일이 일어나겠는가?	그것이 더 나은가?
확인하다		무엇인가	범주화/분석	여러분은 …을 고안할 수 있겠는가?	입증하다
암송하다		보여주다	연역하다	우리는 어떻게 …을 해결해야 하는가?	등급을 매기다
검토하다		바꾸다	조사하다	창안하다	선택하다
이름을 밝히다		만들다	정당화하다	상상하다	추천하다
재현하다		삽화를 그리다		가정하다	결론내리다
		가르치다		결합하다	
		증명하다		추정하다	
		도표/지도		발명하다	
		기록/차트			

■ 발문 구성의 제안점

이제 Bloom의 교육목표분류체계의 인지적 처리 과정과 특정 단계를 암시하는 동사를 살펴볼 것이다. 이 내용을 살펴보면서 여러분은 각각의 발문을 분석하는 것이 매우 중요한 일임을 깨달아야 한다. 왜냐하면 특정 키워드를 포함하고 있다고 해서 그 발문이 반드시 Bloom의 교육목표분류체계의 특정 단계에 속한다고 확신할 수 없기 때문이다. 발문을 구성하는 데 있어 참고해야 할 내용이 있다. 다음의 내용을 살펴보고 예시 지문에 적합한 발문을 만드는 연습을 해보자.

■ 발문에 너무 많은 단어를 사용하지 마라.

아마 발문 내용에 너무 많은 단어가 포함되어 있어서 발문의 의미가 헷갈린 적이 한두 번은 있을 것이다. 실제로 몇몇 연구에 따르면 교사가 하는 발문의 거의 절반이 모호하거나 제대로 표현되지 않는다고 한다. 교사는 학생들이 발문을 확실히 이해하도록 명확하게 발문을 만들어야 하며, 동시에 너무 많은 단어를 사용하여 발문을 만들지 말아야 한다. 발문에 단어가 너무 많으면 학생들은 어리둥절해하며 답변을 하지 못한다. 결국, 교사가 발문을 다시 해야 하는 상황이 되는 것이다.

■ 단계별로 발문 구성 시 유의할 점

이제 Bloom의 교육목표분류체계의 6단계 각각에 해당하는 발문을 만들 준비가 되었다. 다음 연습문제에 나오는 지문을 읽고, 그 문단과 관계된 발문 열두 개를 만들어 보자. Bloom의 교육목표분류체계에 따라 단계별로 2개의 발문을 만들어야 한다. 우선 발문을 만들기 전에 다음 내용을 참고하라.

지식 단계

지문에 있는 사실 중에서, 학생이 인식하거나 기억하기를 원할 만한 것들에는 무엇이 있는지 생각해 보시오.

이해 단계

지문에서 학생들이 반드시 이해하고 자신의 언어로 재구성해서 말할 수 있는 핵심사항은 무엇인지 생각해 보시오.

적용 단계

지문에서 학생들이 문제를 해결하거나, 분류하거나, 예를 들 수 있는 정보에는 어떤 것들이 있는지 생각해 보시오.

분석 단계

지문에 대해서, 글에서 제시한 이유나 글을 쓴 동기가 무엇인지 생각하게 하는 발문, 결론이 유효한지를 검토하게 하는 발문, 그리고 결론을 뒷받침하는 근거를 찾도록 요구하는 발문에는 어떤 것들이 있는지 생각해 보시오.

종합 단계

이 지문을 발판으로 하여, 글쓰기, 음악, 무용, 예술 등의 영역에서 학생의 고유한 사고(즉, 자신만의 의사소통하기, 예측하기, 창의적인 문제 해결)를 자극할 수 있는 방법은 무엇이 있는지 생각해 보시오.

평가 단계

마지막으로 지문에 나온 내용을 가지고 어떠한 생각이나 문제 해결책 또는 미적인 작품을 학생들이 평가하는 것을 유도하도록, 여러분이 제기할 수 있는 논쟁거리에는 어떤 것들이 있는지 생각해 보시오.

연습문제 8 Bloom의 교육목표분류체계 6단계와 관련된 발문 구성

옛날 토끼와 거북이가 살았다. 토끼는 자기보다 느린 거북이가 늘 우스웠다. 어느 날 토끼는 거북이에게 자신의 달리기 실력을 뽐내고 싶었다. 토끼는 거북이를 찾아서 경주를 신청했다. 다음 날, 토끼와 거북이의 달리기 경주가 시작되었다. 경기가 시작되자마자 토끼는 거북이를 앞서 나갔다. 토끼는 거북이가 더는 보이지 않자, 잠시 낮잠을 자도 되겠다고 생각하였다. 토끼가 나무 그늘에서 낮잠을 자는 사이, 거북이는 토끼를 지나치며 계속해서 결승점을 향해 나아갔다. 한참을 앞서 가던 거북이는 토끼가 자는 사이에 경기를 진행하는 것은 비겁한 행동이라고 생각하였다. 그래서 나무 그늘로 되돌아와서 토끼를 업고 다시 결승선을 향해 나아갔다. 결승선을 막 지나칠 때, 토끼가 잠에서 깨어났다. 잠에서 깨어난 토끼는 자신의 행동을 부끄러워하며, 거북이에게 존경스런 마음을 가졌다.

위의 자료를 바탕으로 Bloom의 교육목표분류체계 6단계와 관련해서 단계별로 2개씩, 총 12개의 발문을 작성하시오.

(1) 지식 단계

(2) 이해 단계

(3) 적용 단계

(4) 분석 단계

(5) 종합 단계

(6) 평가 단계

발문을 모두 작성하였다면, 정답지의 예시 발문과 비교해 보시오. 물론 이 지문과 관련하여 매우 다양한 발문을 작성할 수 있을 것이다. 정답지에 발문의 예를 제시하는 이유는 간단하다. 예시 발문을 통해 여러분이 작성한 내용과 비교할 대상이 생기며 Bloom의 교육목표분류체계 6단계에 따라서 각각 어떤 종류의 발문이 존재하는지를 보여줄 수 있다.

정답지의 예시 발문뿐만 아니라 이전 학습활동에 나왔던 내용과 예문을 여러분의 발문과 비교해볼 수도 있다. 시간이 된다면 여러분이 작성한 발문을 가지고 여러분의 동료와 함께 토론해 보는 것도 유용할 것이다. 여러분이 작성한 12개 남짓한 발문이 Bloom의 교육목표분류체계의 각 단계를 정확하게 반영하고 있다면, 발문은 잘 만들어졌다고 볼 수 있다. 만약 여러분이 2~3개 정도의 발문을 잘못 만들었다면, 주저하지 말고 이전 내용을 다시 살펴보는 것이 좋다. 특히 여러분이 정확하게 만들지 못한 단계의 내용을 자세히 살펴보라. 만약 네 개 이상의 발문을 잘못 만들었다면, 다음의 종합문제를 풀기 전에 바로 앞서 제시한 '단계별로 발문 구성 시 유의할 점'을 다시 한번 주의 깊게 읽어 보라. 물론 목표 2의 내용도 다시 살펴보아야 한다.

종합문제 3

목표 3: 'Bloom의 교육목표분류체계: 인지적 영역'에 따라 발문을 구성할 수 있다.

다음을 읽고 이 글에 기초하여 12개의 발문을 구성해보시오. 여러분의 발문 중에 2개는 지식 단계, 2개는 이해 단계, 2개는 적용 단계, 2개는 분석 단계, 2개는 종합 단계, 2개는 평가 단계이어야 한다. 이 종합문제를 성공적으로 수행하기 위해서는 총 12개의 발문 중 9개가 정확하게 Bloom의 교육목표분류체계의 각 단계를 반영해야 한다.

3×3×3은 생각-짝-나누기(TPS: Thinking-Pair-Share)를 단순화하고 융통성 있게 만든 버전이다. 3×3×3이란 세 명의 학생들, 세 개의 생각들, 3분의 시간을 의미한다. 이 구조는 교사의 사전 계획이나 학생들에게 특별한 교육이 필요하지 않고, 수백 명의 청중이 있는 대학 강의에서도 성공적으로 사용할 수 있다. 다음은 3×3×3에 대한 구체적인 방법이다.

4장

1. 보여주기: 수업 내용과 관련 있는 일부분(가령, 영화의 첫 10~15분)을 보여주고 잠시 멈춘다.

2. 모둠(3명으로 구성된)별로 과제를 부여하기: 교사는 학생들에게 근처에 앉은 3명의 학생으로 모둠을 구성하고, 학생들에게 발문을 한다. 그리고 3분의 활동 시간을 준다. 학생들은 앞서 교사가 보여준 내용과 관련해서 떠오르는 생각과 사실 혹은 논쟁거리에 대해 브레인스토밍(적어도 3개 정도)을 하고 교사의 발문에 대한 대답을 적는다.

3. 추가 발문을 하거나 수업을 계속 진행하기: 3분이 지나면, 교사는 학생들에게 추가 발문을 하거나 수업을 계속해서 진행한다. 그리고 수업 중간마다 필요할 경우 3×3×3 활동을 한다.

일반적으로 3×3×3을 활용하는 수업에서 교사가 학생들에게 하는 발문은 학생들끼리 3분 동안 논의하는 중에 해결되거나, 3분이 지나고 교사가 학생들에게 질문을 받아 설명해줌으로써 해결된다.

이제 위 내용을 바탕으로 12개의 발문을 각각 2개씩 Bloom의 교육목표분류체계의 각 단계에 맞추어 구성해 보시오.

(1) 지식 단계 발문

(2) 이해 단계 발문

(3) 적용 단계 발문

(4) 분석 단계 발문

(5) 종합 단계 발문

(6) 평가 단계 발문

목표 4: 학생의 수업 참여를 향상시키기 위한 발문 전략의 구체적 사례를 작성할 수 있다.

INTASC 제2, 4, 5, 6, 7, 8원칙

지금까지의 내용이 Bloom의 교육목표분류체계(인지적 영역)에 따라 발문을 분류하고 구성하는 데 초점을 두었다면, 이제부터는 학생의 수업 참여를 향상시킬 수 있는 발문 전략에 대해 살펴볼 것이다. 네 가지 발문 전략의 영역은 다음과 같다.

(1) 숙고시간의 적절한 사용

(2) 숙려시간의 적절한 사용

(3) 교사의 피드백

(4) 학생이 주도하는 질문 유도

■ 숙고시간 및 숙려시간의 적절한 사용

짧은 시간에 학생들에게 많은 발문을 한다고 좋은 교사는 아니다. 교사는 학생들에게 한 가지 발문을 하더라도 발문 내용에 대해 생각할 수 있는 충분한 시간을 주어야 한다. △

만약 교실 안에서 들려오는 소리에 귀를 기울여 본다면, 다음과 같은 교사와 학생의 대화를 들을 수 있을 것이다.

교사: 여러분! 어제 과제로 읽어본 시 '엄마야 누나야'의 저자는 누구입니까? 시훈이가 발표해 볼까요?

시훈: 김소월입니다.

교사: 잘 말했습니다. 그렇다면 이 시에서 화자는 남자일까요? 여자일까요? 수빈이가 말해 볼까요?

수빈: 시에서 '엄마야 누나야'라는 표현이 나오는 것으로 봐서 남자라고 생각합니다.

교사: 그렇습니다. 시의 화자를 소년으로 볼 때, 소년은 무슨 생각을 하고 있을까요? 이번에는 우경이가 말해 볼까요?

우경: 강변에 살고 싶어 합니다.**(1초 동안의 침묵이 흐른다.)**

교사: 또 어떤 생각을 하고 있을까요? 진희가 말해 볼까요?

진희: 평화로운 곳에서 살고 싶어 합니다.**(1초 동안의 침묵이 흐른다.)**

교사: 네, 더 없나요? 성준이가 말해 볼까요?**(0.5초 동안 기다린다.)** 성준이가 말해 보세요. 충분히 답을 생각해 낼 수 있을 거예요.**(1초 동안 기다린다.)** 그렇다면 다른 것을 물어볼게요. 왜 소년은 강변에 가서 살고 싶어 할까요? 요람이가 말해 볼까요?

요람: 현재의 삶에 만족하지 못하는 것 같습니다. 강변은 이상적인 공간이라고 생각합니다.

교사: 잘 말했어요. 이 시의 저자가 일제 강점기 때 활동했던 시인임을 생각해 보았을 때, 이 시의 내용을 사회적 맥락에서 어떻게 해석할 수 있을까요? 현철이가 말해 볼까요?

현철: 글쎄요, 제 생각에는…….**(1초 정도의 침묵이 흐른다.)**

교사: 생각해 보세요.**(0.5초 동안 기다린다.)** 알겠어요. 그렇다면 정아가 말해 볼래요?**(또 다시 0.5초 동안 기다린다.)** 아니면 지상이가 말해 볼래요?**(0.5초 동안 기다린다.)** 왜 아무도 모르는 거죠? 오늘 무슨 문제라도 있나요? 아니면 어제 여러분은 이 시를 읽어 보지 않았나요?

4장

이러한 교실 상황에서 여러분이 하고 싶은 이야기는 매우 많을 것이다. 가령, 여러분은 앞의 내용에서 교사가 낮은 수준의 발문을 하다가 점차 높은 수준의 발문을 하는 점에 주목해볼 수 있다. 또한, 교사의 발문에 대해서 학생들이 대답하지 못하자 교사가 점점 당황해 하는 점에 대해서도 이야기해볼 수 있다.

만약 이 모든 상황이 1분도 채 안 되는 시간 동안에 일어났다고 가정해 보자. 1분도 안 되는 교사와 학생의 짧은 의사소통 시간 동안, 교사는 학생들에게 6개의 발문을 했던 셈이다. 이와 같은 상황에서 교사의 발문에 빠르게 대답하기 위해서 학생들은 매우 높은 수준의 인지적인 처리 과정을 거쳐야 한다. 앞에서 논의했던 것처럼 교사와 학생의 문답 과정이 매우 빠르게 진행되는 상황은 흔한 일이다. 교사가 하는 발문의 개수는 분당 평균 2~3개이다. 심지어는 수업 중에 교사가 1분 동안 하는 발문의 개수가 7~10개에 이르는 경우도 있다.

■ 숙고시간: 학생들이 교사의 발문에 대해 생각할 수 있는 여유 시간

이렇게 교사와 학생의 문답 과정이 빠르게 진행되는 교실에서 학생들은 교사의 발문 내용에 대해 깊이 있게 생각할 시간이 거의 없게 된다. 한 연구에 따르면 교사가 학생들에게 발문하고 난 뒤에 기다리는 시간(숙고시간)은 평균 1초밖에 안 된다고 한다. 만약 학생이 교사의 발문 속도에 맞춰 대답을 생각해 내지 못하면, 교사는 학생에게 반복해서 발문하거나, 약간 다르게 표현하여 다시 학생에게 발문하거나, 아니면 아예 다른 발문을 하거나, 그것도 아니면 다른 학생에게 대답을 요구한다.

■ 숙려시간: 학생들이 교사의 발문에 대해 대답한 후에 교사가 기다려 주는 시간

학생이 교사의 발문에 빠르게 대답하는 경우, 교사는 평균 0.9초 내(숙려시간)에 학생의 답변에 대해 피드백을 하거나 또 다른 발문을 한다. 교사가 발문하는 속도가 빠르면 빠를수록 그리고 그 수준이 높으면 높을수록 학생들은 교사의 발문에 대답하는 속도가 늦어지는 경향이 있다는 사실은 그리 놀랄 만한 일도 아니다. 교사가 학생에게 발문하는 상황 속에서, 다시 말해서 교사가 학생에게 마치 말하기 평가를 하는 것과 같은 긴장된 교실 분위기에서 학생들은 무엇인가를 표현하거나 생각하고 싶은 욕구를 갖기 어렵다. 교사가 학생들에게 발문하는 속도를 늦추고, 숙고시간과 숙려시간을 1초에서 약 3~5초 정도로 늘린다면, 교실에 큰 변화가 생기게 될 것이다. 그 변화의 예는 다음과 같다.[19]

■ 숙고시간 및 숙려시간을 늘렸을 때의 이점

(1) 학생들은 전보다 좀 더 길게 답변한다.

(2) 학생들은 이전보다 교사의 발문 내용에 대해 좀 더 적절한 대답을 한다. 또한, 교사의 발문에 대답하지 못하는 경우가 이전보다 줄어든다.

(3) 학생들은 교사에게 Bloom의 교육목표분류체계의 분석과 종합 단계에 해당하는 답변을 전보다 더욱 많이 한다. 그리고 학생들은 교사의 발문에 대해 근거에 바탕을 두고 추론의

과정을 거친 답변을 더욱 많이 하게 되며, 발문 내용에 대해 깊이 생각하고 나서 대답을 하게 된다.

(4) 학생들은 교사에게 전보다 더욱 많은 질문을 한다.

(5) 학생들은 자신의 발언에 대해서 자신감을 갖게 된다. 그리고 교사가 평소에 다른 학생에 비해 상대적으로 학업 능력이 부진하다고 생각하는 학생들의 대답이 전보다 증가한다.

(6) 학생들의 학업 성취도가 전보다 좀 더 높아진다.

교사는 학생들에게 발문하고 난 뒤에 조금 더 기다려주는 것만으로도 놀라운 변화를 경험할 수 있다. 특히 교사의 높은 수준의 발문에 대한 학생들의 대답이 양적 측면과 질적 측면에서 향상되고, 학생들의 학업 성취도도 더욱 좋아진다. 그러나 교사가 학생들에게 발문하고 난 뒤에 3~5초 정도를 기다리는 것은 생각보다 쉽지 않다. 대개 교사는 학생들에게 발문하고 나서 학생이 바로 대답을 하지 않으면 당황스러워한다. 그리고 자신의 발문이 효과적이지 않았는지 혹은 학생이 답을 모르는 것은 아닌지를 고민하게 된다. 실제로 숙고시간 및 숙려시간을 늘리는 실험에 참가한 경험이 있는 교사들은 실험 기간 중에 2~3주 동안은 학생들로부터 당황스러운 감정을 많이 느꼈다고 한다. 그리고 그들은 발문을 한 후에 얼마 동안의 시간을 기다려야 하는지를 쉽게 결정하지 못했다. 이러한 어려움에도 불구하고 다음과 같은 사실은 교사가 숙고시간 및 숙려시간을 1초에서 약 3~5초 정도로 늘리는 데 많은 도움이 될 것이다.

■ 숙고시간 및 숙려시간을 늘리기 위한 방법

(1) 학생이 대답한 내용을 교사가 반복해서 말하지 않는다.(학생 대답에 대한 교사의 반복적 응답 금지)

(2) 학생들에게 생각하는 데 도움이 되는 단서나 생각을 정리할 수 있는 시간을 충분히 주지 않으면서, "좀 더 생각해 보세요"라고 말하지 않는다.

(3) 학생의 의견에 대해 "그래요!" 또는 "알겠어요"와 같은 반응을 가급적 적게 한다.

(4) 학생이 대답한 것에 대해서 "그래요, 하지만…"이라는 반응을 하지 않는다.

오늘날 많은 교실에서 교사는 빠른 속도로 학생들에게 연이어 발문한다. 그리고 교사는 학생들이 교사의 발문에 대해 생각할 시간을 충분히 주지 못하고 있다. 만약 교사가 학생들에게 인지적으로 높은 수준의 발문을 하고 나서 숙고시간 및 숙려시간을 1초에서 3~5초 정도로 늘린다면, 학급에서 토론을 할 때나 학생의 학업 성취도 향상에도 긍정적인 변화가 생길 것이다.

■ 교사의 피드백

John Goodlad와 그의 연구팀은 천 개 이상의 학급을 대상으로 관찰 연구를 하였다. Goodlad는 다음과 같은 연구 결과를 얻을 수 있었다.

■ 단조로운 교실

> 학생의 답변에 대한 교사의 칭찬과 교정이 부족합니다. 그리고 학생들이 다음에 더욱 잘 대답하려면 어떻게 해야 하는지에 대해 교사의 지도도 이루어지지 않았습니다. 교사는 학생들의 과업에 대해 긍정적이든 부정적이든 명확하게 반응하지 않는 경향이 있습니다. 우리 연구팀은 연구를 마치고 나서 교실이라는 공간이 그다지 긍정적이지도 부정적이지도 않은 곳이라는 느낌을 받았습니다. 교실이라는 곳은 열정과 기쁨, 분노와 같은 감정들이 통제된 공간이라 할 수 있습니다.[20]

Goodlad는 학교에서 느껴지는 정서적인 분위기에 대해서 학생들에게 그리 가혹하지도 그렇다고 해서 학생들을 즐겁게 하지도 않는다는 결론을 내렸다. 그는 학교라는 환경의 특징이 "밋밋하다"라고 말한다. 학교의 분위기가 단조로운 이유 중 하나는 교사가 학생들의 대답에 반응하는 방식 때문이다. 연구자들은 학생들의 대답과 의견에 대한 교사의 피드백을 분석하였다. 그리고 이들은 다음과 같은 사실을 발견하였다.

교사가 학생들에게 좋은 발문을 하는 것도 중요한 일이지만, 학생들의 답변을 듣고 어떠한 피드백을 해야 할지 결정하는 것도 중요한 일이다.

- 교사는 학생들을 자주 칭찬하지 않는다. 학생들을 칭찬하는 것은 교사의 피드백 중에 약 10%에 불과하였다. 심지어 관찰 대상 학급의 약 25%는 교사가 학생들을 전혀 칭찬하지 않았다.
- 교사가 학생들을 비판하는 경우는 더욱 드물었다.(이 연구에서, '비판'은 교사가 학생의 행동이나 학생이 만든 작품이 틀렸다고 분명하게 말하는 것이다.) 관찰한 전체 학급의 약 67%는 학생에 대한 교사의 비판을 전혀 관찰할 수 없었다. 약 35개의 학급에서만 교사가 학생을 비판하였는데, 이러한 비판은 교사의 피드백 중에서 약 5%에 해당할 뿐이었다.
- 교사가 학생의 대답을 교정해주는 것은 꽤 흔하게 관찰할 수 있었다. 모든 학급에서 교사는 학생들의 대답을 교정하였고, 이는 교사 피드백 중에서 약 30%를 차지하였다.(교사의 '교정'이라 함은 학생들이 더욱 정확하거나 더 높은 수준의 대답을 하도록 교사가 학생들에게 제시하는 의견이나 발문을 의미한다.)
- 그러나 교사가 자주하는 피드백의 방식은 칭찬도, 비판도, 교정도 아니었다. 대부분의 경우 교사는 학생들의 대답을 그냥 **수용**하고 있었다. 수용(받아들이는 것)의 의미는 학생들의 대답에 대해 교사가 "그래"라고 답하거나 아무 말도 하지 않는 것을 의미한다. 교사의 수용은 모든 학급에서 발견되었으며, 이는 교사 피드백 중에서 약 50% 이상을 차지하였다. 칭찬, 교정, 비판을 합친 것보다도 수용이 더 많은 셈이다.[21]

■ 효과적이지 못한 피드백

어떤 교사는 학생들에게 계속해서 단순한 피드백을 한다. 물론 이때의 교사는 자신의 피드백이 단순하다고 생각하지 않는다. 경험이 풍부한 교사는 신규교사에게 이렇게 충고한다. "학생의 대답이 틀렸다고 말하거나 적절하지 않다고 말하는 것은 가급적 피하세요." 이는 학생의 자아를 다치게 하는 것에 대한 두려움에서 나오는 충고이다. "학생의 모든 대답에서 뭔가 좋은 점을 찾아보세요. 학생들이 수업에 계속해서 즐겁게 참여하도록 말이에요." 다음에 제시되는 실제 사례는 위와 같은 충고를 따랐을 때 어떤 종류의 문제가 뒤따르는지를 보여준다.

미국의 어느 도시에서 근무하는 한 교사가 학생들에게 다음과 같이 발문했다. 이 발문의 유형은 교실에서 흔히 사용되는 유형 중 하나에 속한다.

> "콜럼버스가 미 대륙에 처음 도착한 해는 언제죠?"
>
> "1942년이요." (제일 앞줄에 앉은 5학년 남학생이 재빨리 대답했다.)
>
> "거의 비슷해요." (교사가 대답했다.)
>
> ※ 참고로 정답은 1492년이다.

콜럼버스가 미 대륙에 처음 도착한 해는 1942년도 아니고 1942년과 비슷하지도 않지만, 교사는 거의 비슷하다고 학생에게 말했다. 교사가 생각하기에 학생의 대답이 정확하지는 않았지

4장

만, 정답의 연도에 해당하는 네 자리 숫자가 모두 포함되어 있었고 숫자의 순서만 틀렸기 때문이었다. 이 교사는 '학생의 자존심'에 상처를 입히는 대신에 학생의 대답에서 뭔가 정답과의 유사성을 찾아냈다. 많은 교사들은 학생들에게 틀렸다고 말하는 것을 기피하려고 한다. 또한, 학생들의 대답이 틀렸다고 말하는 것을 어려워한다. 앞의 예처럼 교사가 정확하지 않게 학생에게 피드백을 한 것 때문에 나머지 학생들이 더욱 혼란스럽게 느낄 수도 있다. 교사의 의도는 좋았을지 모르지만, 결과적으로 그러한 피드백을 통해 학생은 자신의 답변에서 무엇이 잘못되었는지를 전혀 파악할 수 없다. 안타깝게도 이러한 상황은 교실 상황에서 자주 발생한다. 대부분의 경우, 교사와 학생의 발문은 다음과 같은 식으로 진행된다.

- 교사가 학생에게 발문을 한다.
- 학생이 대답한다.
- 교사가 "그래요"라고 대답한다.

교사가 "그래요"라고 대답하는 교실은 아마 학생들이 학습하기에는 단조롭고 밋밋한 장소일 것이다. 학생의 학업 성취도를 향상시키는 관점에서 보면, 교사가 "그래요"라고 무조건 학생의 대답을 수용하는 것은 좋지 않을 수도 있다. 효과적인 수업에 대한 연구에 따르면, 학생들은 교사의 발문에 대해 어떻게 대답해야 하는지 알기 위해, 자신의 실수를 고치기 위해, 그리고 자신의 수행능력을 향상시키는데 도움을 얻기 위해서 교사의 구체적인 피드백을 필요로 한다. 학생이 대답하거나 질문을 했을 때, 교사가 "아~하!" 또는 "그래요"라고 반응했다면, 그 학생은 교사로부터 자신이 필요로 하는 구체적인 피드백을 얻지 못한 셈이 된다. 또한, 이처럼 교사가 밋밋하게 '수용하는' 방식으로 학생들의 의견에 피드백을 한다면, 학생의 사고능력이나 토론의 질은 더 이상 향상되지 못할 것이다.

■ 언어적 피드백과 비언어적 피드백

교사는 두 가지 방식으로 학생들에게 피드백을 한다. 하나는 언어적 방식이고, 또 하나는 비언어적 방식이다. 두 가지 방식 모두 효과적일 수 있지만, 때로는 말로 표현하지 않았을 때 더욱 강력해지는 메시지도 있다. 비언어적 피드백은 눈 마주침, 표정, 몸짓 등으로 전달되는 메시지를 의미한다. 만약에 학생들이 교사에게 의견을 제시했을 때, 교사는 미소를 짓는가? 아니면 찡그리는가? 혹시 무표정한 상태인가? 그것도 아니면 교사가 학생을 바라보고 있는가? 아니면 다른 곳을 보고 있는가? 이때 교사는 어디에 서 있는가? 교사는 편안해 보이는가? 아니면 긴장하는 것처럼 보이는가? 이러한 비언어적 메시지를 통해 학생들은 교사가 학생들의 대답에 지루해하는지, 관심 있어 하는지, 소극적으로 듣고 있는지, 기뻐하며 듣고 있는지, 아니면 불만스러워하는지를 파악하게 된다.

몇몇 연구에서 언어적 피드백과 비언어적 피드백이 학생들에게 미치는 효과를 비교 연구하였다. 한 연구에서 연구자는 학생들이 어떤 메시지를 더욱 강력하게 받아들이는지 판단하기 위하여 교사에게 상충하는 메시지를 보내도록 했다. 한 집단의 경우에는, 교사가 학생들에게 비언어적 메시지로는 긍정적인 반응을 보이고(미소 짓기, 눈을 계속 마주치기, 학생의 대답에 대해 표정이나 몸짓으로 긍정적인 반응을 보임), 말로는 부정적인 내용의 메시지를 보냈다. 두 번째 집단에서는 반대로 하였다. 즉, 비언어적 메시지로는 부정적인 반응을 보이고, 말로는 긍정적으로 칭찬하는 반응을 보였다(찡그리고, 눈을 마주치지 않는 비언어적 메시지와 "좋아요", "잘 했어요" 등의 언어적 메시지를 동시에 보냄).

교사가 다중 인격을 가졌다고 학생들이 인식했는지에 대한 증거가 수집된 것은 아니지만, 연구의 결과는 흥미로웠다. 두 집단의 경우 모두, 대다수의 학생은 비언어적 메시지가 더 강력하다고 인식하였다. 비언어적인 메시지가 긍정적인 경우와 부정적인 경우 모두, 대부분의 학생은 언어적 메시지보다는 비언어적 메시지에 반응하였다.

이 연구는 '침묵의 언어', '몸짓 언어'라는 개념이 가능하다는 것을 뒷받침한다. 그리고 이 연구는 교사가 수업에 좀 더 많은 학생의 참여를 유도하기 위해서는 교사의 언어적 피드백뿐만 아니라 비언어적 피드백도 주의를 기울여야 함을 보여준다.

4장

■ 다양한 피드백의 필요성

여러 해 동안 교육실천가들은 교사의 보상이 학생들의 학습을 촉진하는 데 도움이 된다고 생각하였다. 물론 이것은 대부분의 경우에는 맞는 말이다. 그러나 교사의 보상이 수업에서 항상 효과적인 기능을 하지는 못한다. 어떤 경우에는 보상이 교사가 원하는 결과를 이끌어내지 못하며, 또 어떤 경우에는 학생의 학습에 해로운 영향을 미치기도 한다.[22]

교사의 표정은 학생에게 다가가는 또 다른 언어이다. △

교사가 자신이 선호하는 한두 가지의 피드백 유형에만 의존하고 학생들에게 반복적으로 사용하면, 결국 그 교사의 피드백은 원래의 목적을 달성하지 못하게 된다. 예를 들어, 어떤 교사가 학생들이 대답할 때마다 "잘했어요"라고 말한다면, 교사는 더 이상 학생들에게 대답을 통해 강화를 하는 것이 아니라 보상으로써 아무런 힘이 없는 의견을 말로 표현하는 것에 불과한 것이다. 신규교사이건 경험이 풍부한 교사이건 학생들에게 피드백을 할 때, 한 단어나 어구를 지나치게 많이 쓰는 경우가 있다. "잘했어요"와 같은 특정 단어를 반복해서 사용하는 것은 교사의 불안을 없애주는 역할을 할 뿐이고, 교사가 수업을 진행하면서 다음에 할 이야기나 발문을 생각해 낼 시간을 벌게 해주는 수단에 불과할 뿐이다.

■ 학생들의 생각을 단절시키는 피드백

또 다른 경우에, 교사가 학생들에게 지나치게 피드백을 빨리하거나 너무 자주 하게 되면, 학생의 학습에 해로운 영향을 줄 수도 있다. 학생이 문제 해결 활동에 참여하고 있을 때, 교사가 계속해서 학생에게 피드백을 한다면 학생의 사고 과정에 방해될 수 있다. 심지어는 학생이 문제 해결 과정 자체를 포기해 버리는 결과를 초래할 수도 있다. 학생들의 대답에 일일이 반응하는 교사는 의사소통의 초점을 자신에게 옮겨옴으로써 학생들끼리 상호작용할 기회를 없앨 수 있다.

■ 학생 개개인을 고려한 피드백

마지막으로 지적하고 싶은 것은, 학생 개개인에 따라 교사가 보이는 피드백의 유형이 각각 달라야 한다는 점이다. 어떤 학생들은 교사가 눈을 마주쳐주는 것을 보상으로 여기고, 다른 학생들은 그것을 불편하게 여긴다. 또 어떤 학생들은 교사가 학생들의 이름을 불러주며 무엇을 잘했다고 얘기해주는 것을 좋아하는 반면에, 다른 학생들은 교사가 그렇게 할 경우 당황해 한다. 물론 교사가 학급에 있는 모든 학생이 원하는 보상의 종류를 전부 파악하는 것은 현실적으로 어려울지도 모른다. 그러나 교사가 여러 종류의 보상이 학생들에게 각각 어떤 영향을 미치는지를 알아내려고 노력하는 것은 가능하다. 교사의 피드백을 연구한 연구자들은 효과적인 피드백이 다음과 같은 특징을 가진다고 밝혀냈다.[23]

■ 효과적인 피드백의 특징

(1) 학생의 대답과 행동에 따라 달라지는 피드백이 효과적이다. 어떤 학생이 뭔가 옳은 행동을 하고 있으면, 바로 그 시점, 그 곳에서 그 행동을 칭찬하라. 또 어떤 학생이 실수하고 있다면, 가급적 빨리 그것을 교정해 주라. 학생이 수행한 것과 시·공간적으로 직접 관련이 있는 피드백을 해주는 편이, 때늦은 피드백이나 일반적인 피드백을 하는 것보다 훨씬 더 효과적이다.

(2) 효과적인 피드백은 구체적이다. 이러한 피드백은 무엇이 칭찬할 만한지(예를 들어, "연대순으로 작성해서 글이 참 명확하고 논리적으로 구성되었네요."), 어떤 점을 교정해야 하는지(예를 들어, "주석을 다는 규칙을 다시 살펴보세요. 구두점과 관련해서 몇 가지 실수를 하고 있어요.") 그 내용을 상세히 전달해 준다. 구체적인 피드백을 학생들에게 제시하면 학생들의 장점은 더욱 공고히 되고, 학생들은 교사로부터 자신의 실수를 수정할 수 있는 정확한 방향을 제공받는다.

(3) 솔직하고 진실한 피드백이 효과적이다. 학생들은 형식적으로 지나치게 감성적인 피드백을 하는 교사를 무시하곤 한다. 학생들이 교사에게 효과적인 질문을 던지거나 사려 깊은 대답을 했을 때 교사는 학생들에게 칭찬해야 한다.

■ 학생이 주도하는 질문 유도

■ 점점 줄어드는 학생들의 질문

2~3살쯤 된 아이들하고 나누었던 대화들을 떠올려 봐라. "그게 무엇이에요?", "어떻게 그렇게 되요?"라는 아이들의 질문이 끊임없이 이어질 때, 그 질문 폭풍의 중심에 있었던 느낌이 어땠는지 기억나는가? 여러분은 인내심을 발휘하여, 아이들의 모든 질문에 대답해 주었을 것이다. 그리고 그 대답에 대한 아이들의 반응은 아마도 "왜요?"였을 것이다. 아이들이 학교에 들어가기 전에는 "왜 하늘은 파래요?"에서 "아기는 어떻게 생기나요?" 등의 질문으로 가득 차 있다. 아이들이 어른과 나누는 대화에서 등장하는 질문의 절반 이상은 아이들이 하는 질문이다.[24] 아이들은 자신을 둘러싼 세계를 이해하기 위해 질문을 한다. 그리고 지식에 대한 그들의 탐구는 이들이 학교에 들어가기 전까지는 채워지지 않는 것 같다. 일단 아이들이 학교에 입학하고 나면, 질문을 통해서 배우는 경향은 불가사의하게도 사라져버린다. 등교 첫날에는 어른(교사)이 질문을 하는 사람이 되고 아이들(학생들)은 대답하는 사람이 된다. 이처럼 역할이 바뀌는 것을 잘 포착한 대화가 있다. 다음은 부모와 자녀 간의 대화 내용이다.

> 부모가 아들에게 첫 등교일의 느낌이 어땠는지 묻는다. 아이는 다음과 같이 말한다. "좋았어요! 계속 성가시게 방해하는 그 어른만 빼고요." (여기서 어른은 교사를 뜻한다.)

고학년으로 올라갈수록 학생들은 교실에서 질문하는 횟수가 줄어들게 된다.[25] 그나마 질문을 한다고 해도 질문의 내용은 수업 외적인 내용이 많다. 이를테면 "이 내용이 시험에 나오는 건가요?", "이번 주에 비가 내려도 소풍 가나요?" 혹은 자주 하는 질문으로는 "화장실 가도 되요?" 등이 있다. 학습에 대한 질문은 매우 드물다. 아이들이 교실 문턱을 넘으면서, 왜 질문이 극적으로 감소하는 현상이 생길까? 학교에서 과연 무슨 일이 일어나고 있는 것일까? 왜 학생들의 질문이 줄어들게 될까?

■ 학생들의 질문을 가로막는 장벽

여러분은 학교생활에서 교사가 느끼는 압박에 대해서 어떻게 생각하는가? 교사는 교과서의 진도를 나가야 하고 동시에 학생들의 시험점수를 올려야 하는 압박을 느낀다고 말한다. 학교 단위, 지역 단위, 심지어 국가 단위의 시험으로 인해, 학생들과 교사는 공공사회로부터 지대한 관심을 받게 된다. 일반적으로 학생들이 교사에게 하는 질문은 국가수준 학업 성취도 평가에 나올 가능성이 적을 것이다. 즉, 교사가 학생들에게 이러한 질문을 하도록 적극 권장하는 것은 학생들이 시험에서 높은 점수를 받게 하는 것과는 분명히 거리가 멀 것이다.

학교라는 기관은 은연중에 학생의 질문을 억제하고 있다. 교사의 책상과 칠판 배치, 그리고 학생들의 작은 책상들로 가득 찬 교실의 모습은 마치 이렇게 말하는 듯하다. "교사가 실세이고, 학생들은 추종자이다. 교사의 지시에 반드시 따르라." 그리고 부모가 자신의 아이에게 질문을 할 때에는 아이가 한 명인 것과는 달리, 학교에서는 20~30명의 학생이 교사의 관심을 끌기 위해 애를 쓴다. 이는 '통제'의 문제로 이어질 수 있다. 학생들의 목소리가 왁자지껄한 교실, 설사 이 목소리가 학생들이 수업 내용에 대해 교사에게 적극적으로 질문하는 목소리라고 하더라도 어떤 교사의 눈에는 이런 교실이 위태롭게 비춰진다. 즉, 교사가 학생들에 대한 통제력을 잃었다고 말이다.

■ 학생 질문의 모델링

학생들이 수업시간에 교사에게 질문을 하지 않는 것은 전적으로 학생들만의 잘못이 아니다. 교사에게도 상당 부분 그 책임이 있다. △

교사는 이러한 상황을 변화시킬 수 있다. 그리고 **직·간접적인** 기법으로 학생들의 질문을 고무시킬 수 있다.[26] 만약 여러분이 이 장에 나오는 기법(효과적인 발문자의 7가지 습관)을 사용하여 수업하고 있다면, 여러분은 이미 모델링이라고 부르는 간접적인 기법을 사용하고 있다고 할 수 있다. 가령, 숙고시간 및 숙려시간의 적절한 사용, 낮은 단계에서 높은 단계로의 발문 사용, 그리고 깊이 있고 폭넓은 발문과 같은 교사의 발문 기술은 학생들에게 질문 기술의 훌륭한 모델을 제공해 줄 것이다. 이러한 간접적인 기법을 사용하면 교실에서 학생들은 교사에게 좀 더 양질의 질문을 하게 되며, 마치 삼투현상처럼 점점 많은 학생에게 긍정적인 영향을 미치게 될 것이다.

물론 모델링과 같은 간접적인 기법도 유용하지만, 학생들의 질문 능력을 계발시켜주기 위해서는 여러분이 직접적으로 더욱 많은 노력을 기울일 필요가 있다.[27] 여러분에게 학생들의 질문을 장려하는 교실을 만들기 위한 몇 가지 제안을 하겠다.[28]

■ 학생들의 질문을 장려하는 교실 분위기

(1) 학생들의 질문을 장려하는 교실 분위기를 만들어라. 어느 교사는 학생들의 질문을 필요로 하는 게임이나 활동을 하면, 학생들이 질문을 장려하는 데에 매우 효과적이라는 것을 알게 되었다. 예를 들면, '스무 고개'와 같은 게임이 있다. 이 게임에서는 한 학생이 인물이나 장소 또는 사물을 고르고 비밀로 한다. 그리고 나머지 학생들은 그것이 무엇인지 추측한다. 학생들은 스무 개의 질문을 던질 수 있다. 단 이때의 질문은 답변자가 "예"나 "아니오"로만 답할 수 있어야 한다. 또 다른 예로는 교사가 학생들에게 현재 공부하는 있는 주제에 대한 답을 주고, 학생들이 답에 대한 적절한 질문을 만들도록 하는 활동이 있다. 많은 학생은 이처럼 역할이 바뀌는 것을 재미있어 한다. 이런 재미있는 게임이나 활동을 통해 학생들은 질문하는 법과 질문을 하기 위해 사용되는 근본적인 기능을 배울 수 있을 것이다.

(2) 학생들이 질문하는 것을 공개적으로 칭찬하라. 교사는 칭찬과 격려의 방법으로 학생들이 질문을 더 많이 하게끔 유도할 수 있다. "참 좋은 질문이네요. 그 질문에 대해 선생님이 잠시 생각할 시간을 주세요.", "질문이 점점 좋아지고 있는데요?" 학생들이 교사에게 질문하는 것은 어떻게 보면 학생에게는 위험을 감수하는 일과도 같다. 만약 학생이 교사로부터 자신이 질문한 것에 대한 보상을 받는다면, 학생이 감수한 위험은 그만큼 가치 있는 것이 된다.

(3) 질문한 학생들을 옹호하라. '명석한' 질문은 질문한 학생의 통찰력과 지적 능력을 드러내 주는 반면에, 단순한 질문은 그 학생의 무지를 옆에 있는 모든 친구에게 드러내게 된다. 단순한 질문을 하면 옆의 학생들이 "에게게"나 질문한 학생을 깔아뭉개는 다른 말을 할 수도 있다. 이때 교사는 질문한 학생을 옹호해야 한다. 그리고 학생들에게 단순한 질문도 학업 능력이 부족한 학생들을 이해시키기 위해서는 언제든지 할 수 있음을 인식시켜 준다. 만약 학생들이 단순한 질문을 하고 난 뒤, 다른 학생들의 반응에 두려움을 느끼게 된다면 다음에는 질문의 종류에 상관없이 질문을 하려고 하지 않을 것이다.

(4) 학생들이 질문하는 데 도움이 될 만한 안내지침을 만들어 제공하라. 질문에 대한 안내지침을 만들면 학생들이 질문을 하는데 도움이 되는 질문의 준거 틀을 만들 수 있다. 안내지침에는 다음과 같은 내용이 있다.

- 다른 이들과 함께 의견을 공유하라.
- 핵심에서 벗어나지 마라.
- 다른 학생을 존중하라.
- 모든 질문을 받아들이고 경청하라.
- 질문을 하기 전에 자신의 질문에 대해 생각하라.
- 공부한 주제별로 각자 적어도 한 개의 질문을 써라.

이 안내지침과 더불어 질문할 때 쓸 수 있는 핵심어 목록을 작성할 수도 있다. 이 핵심어 목록은 학생들이 Bloom의 교육목표분류체계상의 모든 단계의 질문을 만들 때 힌트와 같은 역할을 할 수 있다. 여러분은 학생들과 함께 이 목록에 다른 단어를 추가하거나 삭제할 수도 있다. 그리고 교실에서 잘 보이도록 전시하여 학생들이 공유할 수 있도록 할 수도 있다.

(5) 학생들이 질문할 수 있는 단서를 제시해 주어라. 교사는 학생들이 질문할 수 있는 단서를 제공함으로써 많은 학생이 질문을 할 수 있도록 유도할 수 있다. 다음은 교사가 질문과 관련해서 학생들에게 제시할 수 있는 단서이다.

이 책의 등장인물에게 하고 싶은 질문을 써 보세요.
내일 초청 강사에게 하고 싶은 질문을 써 보세요.
책에 제시된 질문에 답한 후에 자신만의 질문을 추가해 보세요.

(6) 학생들에게 공부 방법을 안내하고 시험 문제를 직접 만들게 하라. 학생들의 시험 공부를 돕기 위해, 교사는 학생들에게 자신만의 시험 문제를 작성하여 제출하도록 하는 경

4장

우가 있다. 시험 문제 자체가 질문의 연속이기 때문에 학생들은 스스로 질문을 작성해 볼 수 있게 된다. 또한, 학생들이 시험 문제를 작성하다가 궁금한 점을 교사에게 직접 질문할 수도 있다. 어떤 교사들은 더 나아가서 학생들에게 실제 시험에 쓰일 문제를 만들게 한다. (이 방법은 어떤 학생들에게는 매우 강한 동기부여를 제공할 수 있다.)

(7) 학생들이 서로에게 질문하도록 장려하라. 한 학생이 보고서에 대해 발표하거나 교사의 발문에 대답하고 나면, 다른 학생들이 그 학생에게 질문을 하도록 장려한다. 학생들은 서로에게 부담 없이 질문함으로써, 공부하는 내용에 대해 더욱 깊이 이해하게 되고, 자연스레 학생들끼리 열린 대화를 하게 된다.

(8) 학생들이 관심있어 하는 질문을 사용하라. 학생들의 관심과 호기심을 이끌어 낼 수 있는 질문을 사용하면, 학생들의 열정을 불러일으킬 뿐만 아니라 학생들에게 새로운 질문들도 이끌어낼 수도 있다. 교사는 학생들에게 주제와 관련되고 알고 싶은 질문들을 나열하도록 한다. 그리고 나서 교사와 함께 그 질문들에 대한 답을 찾는 활동을 한다.

(9) 직접적으로 질문하는 방법을 가르쳐라. 교사는 학생들이 질문을 잘하기 위한 요소들을 직접적으로 가르칠 수 있다. 예를 들어, 교사는 학생들에게 질문을 만드는 다양한 방법에 대해서 토론하고 실습하는 시간을 마련할 수 있다. 또한, 실제로 이 장에 나오는 '효과적인 발문자의 7가지 습관'을 학생들에게 가르칠 수도 있다.

목표 4에서 여러분이 명심해야 할 점은 수업을 하는 데 있어서 귀중한 파트너가 항상 있다는 점이다. 바로 여러분의 학생들이다. 이 책은 교사의 수업 능력을 개선하는 데에 초점을 두지만, 교실에는 교사만 있는 것이 아니다. 여러분이 효과적인 교사가 되기 위한 길목에서, 발문 기술을 향상시키려고 한다면 학생들이 주도하는 질문도 중요하다는 사실을 반드시 기억해야 한다.[29]

연습문제 9 학생의 수업 참여를 향상시킬 수 있는 발문 전략

이제 여러분은 수업에서 학생의 참여를 향상시킬 수 있는 발문 전략(숙고시간 및 숙려시간의 적절한 사용, 효과적인 피드백, 학생이 주도하는 질문 유도)을 다시 한번 정리해 볼 필요가 있다. 다음에 제시되는 1~5항목의 물음을 해결해 보는 것은 그런 의미에서 여러분에게 큰 도움이 될 것이다. 참고로 이 물음들은 Bloom의 교육목표분류체계상의 '분석' 단계의 물음에 해당한다. 교재의 내용을 토대로 다음 물음들에 대해 깊이 생각해 보고 답하시오.

1. 여러분이 읽은 내용 중에서, 교사가 숙고시간 및 숙려시간을 늘려야 하는 이유가 무엇인지 확인해 보시오.

2. 교사는 학생들에게 피드백을 할 때 교정보다 비판을 사용하는 것이 더 나은 이유가 무엇인지 한 가지 제시해 보시오.

3. 교사가 '수용'의 방식으로 학생들에게 피드백을 할 때, 이와 같은 피드백은 학생들에게 어떤 영향을 미친다고 결론 내릴 수 있는가?

4. 여러분은 왜 다중지능에 대한 교사의 이해가 학생이 주도하는 질문에 도움이 된다고 생각하는가?

5. 최근에 여러분이 관찰했던 숙고시간 혹은 숙려시간의 사용에 관한 사례를 적어도 한 가지 찾아서 간단하게 요약해 보시오. (반드시 교실 안에 국한될 필요는 없다.)

아래에 제시된 6~12항목의 각 발문이 Bloom의 교육목표분류체계상의 어느 단계에 해당하는지 항목 옆에 표시해 보시오. 가령 지식 단계는 '지식', 이해 단계는 '이해', 적용 단계는 '적용', 분석 단계는 '분석', 종합 단계는 '종합'이라고 써넣으면 된다. 발문에 대한 단계를 기록한 후에는 종합 단계에 해당하는 발문을 찾아, 그에 대한 답을 적어 보시오. (힌트: 종합 단계의 발문은 3개 있다.)

4장

________ 6. 1~4의 항목에서 여러분이 답한 내용을 동료와 공유하고, 답한 내용에 대해 서로 토론해 보며 개선된 답을 만들어 보시오.

________ 7. 발문과 관련하여 여러분이 배운 내용이 포함되는 짧은 시나 노래 가사를 만들어 보시오.

________ 8. 1~2항목의 연습문제에서 여러분이 정리해 본 내용은 무엇인가?

________ 9. 앞서 종합 단계 발문 내용의 핵심내용이 무엇인지 설명하시오.

________ 10. 1~5의 항목 중에서 여러분이 가장 어렵다고 생각한 물음은 몇 번인가?

________ 11. 6~12번의 발문을 읽고 Bloom의 교육목표분류체계상의 어느 단계에 속하는지 분류하는 것은 여러분에게 어떠한 이유에서 도움이 되는가?

________ 12. 이 장에 대해 궁금한 질문 목록을 적고 두세 명씩 집단을 만들어서, 이 질문 목록에 대한 답을 찾아보시오.

종합문제 4

목표 4: 학생의 수업 참여를 향상시키기 위한 발문 전략의 사례를 작성할 수 있다.

효과적인 발문을 포함하는 시나리오를 하나 만드시오. 이 장에서 소개된 사례를 참고하면 쉽게 만들 수 있을 것이다. 시나리오에는 다음의 내용이 포함되어야 한다. 교사와 학생의 대화 내용에서 아래의 다섯 가지 중 한 가지에 해당할 경우, 내용 바로 뒤에 (가-1), (가-2), (나), (다), (라)와 같이 표시하시오.

(가-1) WT 1(wait time 1) / 교사와 학생의 의사소통(상호작용)이 일어나는 동안의 숙고시간

(가-2) WT 2(wait time 2) / 교사와 학생의 의사소통(상호작용)이 일어나는 동안의 숙려시간

(나) SP(specific praise) / 정답에 대한 교사의 피드백(구체적인 칭찬)

(다) R(remediation) / 오답에 대한 교사의 피드백(교정)

(라) SIQ(student-initiated questioning) / 교사에 의해 유도되는 학생 주도적 질문

교사는 발문을 통해 교실을 역동적인 공간으로 만들 수 있다. 물론 그 반대가 될 수도 있다. ▷

관찰 기록지

숙고시간 및 숙려시간과 교사의 피드백

교사는 숙고시간 및 숙려시간을 어떻게 사용하느냐에 따라, 그리고 학생들에게 어떠한 피드백을 하느냐에 따라 전혀 다른 발문의 효과를 체험하게 될 것이다. 이번 관찰 기록지를 통해 여러분은 교사가 숙고시간 및 숙려시간을 어떻게 활용하고, 피드백을 어떻게 하고 있는지를 관찰하게 될 것이다.

주의할 내용: 이 기록지를 사용할 때 학교, 교사, 관리자, 학생의 실명을 사용하지 마시오.

관찰자 이름: ______________________________

날짜: ______________________________

학년: ______________________________

교과명: ______________________________

학생 수: ______________________________

배경정보: 학교의 사회적, 경제적, 다문화 구성원에 대해서 간단히 서술하시오.

____

____

숙고시간 및 숙려시간

기록할 내용: 교사의 숙고시간 및 숙려시간을 측정하려면 인내심이 요구된다. 또한, 초 단위를 잴 수 있는 시계가 필요하다. 여러분은 숙고시간 및 숙려시간이 교사가 발문을 더욱 쉽게 바꾸어 말하는 시간이 아니며 학생들에게 어떠한 언어적인 개입을 하지 않는 침묵의 시간임을 명심해야 한다. 교사가 발문을 할 때, 만약 학생에게 부여되는 숙고시간 및 숙려시간이 1초 혹은 그 이하일 경우에는 간단하게 '1'이라고 기록하면 된다. 만약 1초 보다 긴 시간이라면 대략적인 시간을 기록하면 된다.

4장

교사의 피드백

기록할 내용: 교사의 피드백은 네 가지 유형(칭찬, 수용, 교정, 비판)으로 나눌 수 있다. 교사가 각 학생들에게 반응하거나 언급하는 것과 같은 각각의 피드백을 기록하면 된다. 여러분은 교사의 피드백을 듣고 그것이 피드백의 네 가지 유형 중에서 어느 유형에 속하는지를 기록할 수도 있다. 만약 여러분이 교사의 피드백 유형을 바로 구분할 수 없다면, 교사의 피드백 내용을 그대로 기록해 두었다가 관찰이 끝난 후에 피드백 유형에 따라 분류할 수도 있다. 만약 교사가 학생들의 답변에 대해서 추가적인 발문을 한다면, 그것도 그대로 기록하기 바란다.

관찰 내용에 대한 숙고사항

1. 교사의 숙고시간 및 숙려시간은 평균적으로 얼마나 되는가?

____

____

2. 교사가 3초 이상 기다린 횟수는 얼마나 되는가?

____

____

3. 관찰한 교실에서 좀 더 많은 숙고시간 및 숙려시간이 필요하다고 생각하는가?

____

____

4. 교사가 사용하는 피드백은 4가지 유형별로 그 비율이 각각 어떻게 되는가?

____

____

5. 위의 비율을 살펴보고, 여러분이 내릴 수 있는 결론은 무엇인가?

____

____

6. 여러분이 관찰한 내용에 따르면, 교사는 학생들이 질문을 주도하도록 유도하고 있는가? 만약 그렇다면 어떻게 유도하고 있는가?

____

____

연습문제 해답

연습문제 1: 효과적인 발문의 특징

1. × (전형적인 교실에서 교사는 발문을 한 후에 1초의 숙고시간을 갖는 것도 어려워한다.)
2. ○
3. ○
4. ○
5. × (교사는 피드백을 할 경우, 학생의 대답을 임의대로 바꾸어 표현하거나 조작해서는 안 된다.)
6. (예시)
   - 숙고시간이란 학생들이 교사의 발문에 생각할 수 있는 여유의 시간을 의미하고, 숙려시간이란 학생이 교사의 발문에 대해 대답한 후에 교사가 기다려 주는 시간을 의미한다.

연습문제 2: 지식 단계의 발문

1. × (단순히 정보를 인식하고 기억해 내는 능력이 요구된다.)
2. ○
3. × (연구에 따르면 지식 단계의 발문을 효과적으로 사용하는 교사는 학업 능력이 낮은 학생들과 높은 학생들 모두에게 성공률이 높은 답변의 기회를 제공할 수 있다고 한다.)
4. ○
5. ○
6. 지식
7. ___ (분석 단계의 발문이다.)
8. 지식
9. ___ (이해 단계의 발문이다.)
10. 지식
11. ___ (종합 단계의 발문이다.)

연습문제 3: 이해 단계의 발문

1. × (이해 단계의 발문은 이전에 제공된 정보를 바탕으로 요구된다.)
2. ○
3. ○
4. × (이 설명은 지식 단계의 발문에 해당한다.)
5. 지식
6. 이해
7. 이해
8. 지식
9. 이해
10. 이해

연습문제 4: 적용 단계의 발문

1. 이해 (자신의 언어로 바꾸어 표현하기)
2. 적용 (학습자는 문제를 해결하기 위해 기능을 적용해야 한다.)
3. 지식 (이름 회상하기)
4. 적용 (도표를 회사의 이익 또는 손실에 적용하여 정보를 구성할 수 있다.)
5. 적용 (식물을 분류하기 위해서는 각 식물에 해당하는 분류 체계에 적용해야 한다.)
6. 이해 (비교하기)
7. 적용 (지역 갈등의 문제를 해결하기 위해서는 여러분이 열거한 절차를 적용해야 한다.)
8. 이해 (자신의 언어로 바꾸어 표현하기)
9. 지식 (이전 정보에 대한 회상)
10. 적용 (정답을 선택하기 위해서는 제시된 정의를 적용해야 한다.)

연습문제 5: 분석 단계의 발문

1. ○
2. ○ ('왜'라고 물어보는 발문의 경우, 대개 원인, 이유 혹은 동기를 결정짓는 자료를 분석해야 하는 경우가 많다.)
3. × (이 설명은 이해 단계의 발문에 해당한다.)

4. ○
5. (라) - 평가 단계의 발문이다.
6. 분석 (학습자는 햄릿의 행동을 분석함으로써 그러한 행동의 원인을 파악할 수 있다.)
7. 지식 (단순 정보의 상기)
8. 이해 (자신의 언어로 바꾸어 표현하기)
9. 분석 (학습자는 진술을 뒷받침하기 위한 근거를 분석해야 한다.)
10. 적용 (학습자는 답변을 하기 위해 도덕적 딜레마의 정의를 문제에 적용해 보아야 한다.)

연습문제 6: 종합 단계의 발문

1. 지식
2. 지식 (순수하게 서울을 답하는 발문인 경우) 또는 이해 (우리나라의 수도에 대한 자료를 사전에 확인하고 나서, 수도 서울을 자신만의 언어로 바꾸어 표현하는 경우, 가령, 우리나라 인구의 3분의 2가 살고 있는 서울이라고 답하는 경우) 또는 적용 (우리나라 수도를 지도에 손으로 가리키는 활동인 경우)
3. 적용
4. 종합 (정답이 정해져 있지 않은 문제를 해결하도록 유도하는 발문이다.)
5. 분석 (결정한 내용에 대한 근거 찾기)
6. 종합 (예측하기)
7. 종합 (독창적인 의사소통을 창조할 수 있는 발문이다.)
8. 지식 (교과서 내용의 기억)
9. 이해 (발문 내용과 관련해서 자신의 언어로 바꾸어 표현하는 것이 요구된다.)
10. 적용 (학습자는 답변을 하기 위해 수도를 정하는 새로운 기준을 문제에 적용해 보아야 한다.)
11. 3 - 지식 단계의 발문과 관련된다.
12. ○

연습문제 7: 평가 단계의 발문

1. 지식 (이름 회상하기)
2. 이해 (자신의 언어로 바꾸어 표현하기)
3. 종합 (독창적인 의사소통을 창조할 수 있는 발문이다.)
4. 평가 (판단)
5. 적용 (발문에 제시된 조건에 맞는 토산품을 찾아 적용해야 하는 발문이다.)
6. 분석 (일반화한 내용에 대한 근거 분석하기)
7. 평가 (판단)

연습문제 8: Bloom의 교육목표 분류 6단계와 관련된 발문 구성

1.
   - 이 글에서 등장하는 동물은 무엇인가?
   - 토끼와 거북이는 무엇을 하기로 했는가?

2.
   - 이 글에서 글쓴이가 말하고자 하는 요지는 무엇인가?
   - 토끼의 성격과 거북이의 성격은 어떻게 다른가?

3.
   - 배려의 정의에 따르면, 이 글에서 배려를 베푼 동물은 어느 동물인가?
   - 파충류의 정의에 준하여, 이 글에서 파충류에 해당하는 동물을 선택하시오.

4.
   - 토끼는 왜 나무 그늘에서 낮잠을 잤을까?
   - 토끼가 잠을 자고 있는 사이에 거북이 혼자 경기를 진행하지 않은 이유는 무엇인가?

5.
   - 만약 거북이가 토끼 곁에서 토끼가 잠에서 깨날 때까지 기다렸다면 이 글의 내용이 어떻게 달라졌을까요?
   - 토끼가 거북이 등에 업힌 채 잠에게 깨어났을 때, 그 표정을 상상하여 그려보시오.

6.

- 여러분은 토끼를 업고 간 거북이의 행동이 옳다고 생각하는가?
- 여러분은 토끼가 자는 사이에 경기를 진행하는 것이 비겁한 행동일 것이라는 거북이의 생각에 동의하는가?

연습문제 9: 학생의 수업 참여를 향상시킬 수 있는 발문 전략

1. 숙고시간 및 숙려시간을 늘리는 것의 이점

- 학생들이 좀 더 길게 답변한다.
- 학생들이 더욱 적절한 대답을 한다. 그리고 대답을 못하는 경우가 줄어든다.
- 학생들이 분석과 종합 단계에 해당하는 의견을 더 많이 제시한다. 그리고 근거에 바탕을 둔 추론의 과정을 거친 대답을 더 많이 하며, 심사숙고한 대답을 더 많이 한다.
- 학생들이 더 많은 질문을 한다.
- 학생들은 자신의 발언에 대해서 자신감을 표현한다. 상대적으로 느리다고 교사가 판단하는 학생들이 질문과 대답을 더 많이 한다.
- 학생들의 성취도가 더 높아진다.

2.

- 학생의 틀린 대답에 대해서 교사가 틀렸다고 비판하지 않고 교정을 할 경우(가령, 학생의 좀 더 정확한 대답을 요구하기 위해 틀린 대답이라도 정답에 근접하도록 교정해 주는 경우) 나머지 학생들은 정답에 대한 교사의 반응에 혼란스러워할 수 있다.
- 결과적으로 그러한 피드백은 학생이 자신의 틀린 답변에서 무엇이 잘못되었는지를 전혀 파악하지 못하게 된다.

3.

- 수용과 같은 방식의 교사 피드백은 학생들이 자신들의 답변에 대한 성취감을 맛보는데 전혀 도움이 되지 못한다. 왜냐하면 이러한 교사의 피드백은 매우 단순하기 때문에 교사의 피드백에 대해 학생들이 참고할 만한 내용이나 깊이 생각할 만한 내용이 전혀 담겨있지 않기 때문이다. 그렇다고 수용과 같은 방식의 교사 피드백을 전혀 사용하지 말자는 이야기는 아니다. 학생의 대화나 토론과정에서 이 피드백의 방법은 학생의 활동을 촉진하기 때문이다.

4.

- 학생들은 저마다 각기 다른 재능과 관심분야를 갖고 있다. 만약 교사가 다중지능에 대해서 충분히 이해하고 있다면 이를 바탕으로 학생들에게 다양한 영역의 발문을 할 수 있게 된다. 가령, 교사는 현재 언어적 지능과 논리·수학적 지능에 치우쳐져 있는 학교 분위기에서 탈피하여 학생들에게 신체-운동학적 지능, 음악적 지능, 그리고 대인 관계 지능 등 다양한 영역의 지능과 관련된 발문을 할 수 있다. 그리고 이러한 발문은 학생들이 자신들의 관심분야에 대해 더욱 많은 질문을 교사에게 할 수 있는 분위기를 형성시킨다.

5. (예시)

- (숙고시간의 사례) 김 교사는 수업이 끝나기 직전에 학생들에게 발문을 했다. “오늘 배운 내용 중에 궁금한 점이 있나요?” 그리고는 1초의 망설임도 없이 다음과 같이 말한다. “수업 끝! 반장 인사하세요.”
- (숙려시간의 사례) 박 교사는 학생들과 체험학습으로 바닷가에 갔다. 바닷가에서 박 교사는 학생들에게 발문을 한다. “바닷가를 보니까 어떤 음악이 떠오르나요?” 그리고 한 학생이 “조개껍질 묶어라는 노래가 떠오릅니다”라고 대답한다. 교사는 학생이 대답이 끝났지만, 계속해서 학생을 바라보며 기다려 주었다. 학생은 뭔가 새롭게 떠올랐다는 듯이 다음과 같이 말한다. “아! 맞아요. 여름 안에서라는 노래도 떠오릅니다.”

6. 종합 (여러분이 동료와 토론해 봄으로써 더 나은 답을 찾기를 기대한다.)
7. 종합 (효과적인 발문자의 7가지 습관의 내용을 노래로 만들어서 학생들에게 소개해 주는 것도 좋을 것이다.)
8. 지식 (교재 내용을 그대로 참고해서 답을 찾았을 경우) 혹은 이해 (교재 내용을 참고해서 자신만의 언어로 표현했을 경우)

9. 이해

10. 평가

11. 분석

12. 종합 (여러분은 물음에 제시된 내용을 실천해 봄으로써 내용을 좀 더 확실하게 이해할 수 있을 것이다.)

종합문제 해답

종합문제 1: 효과적인 교실 발문의 7가지 특징을 설명할 수 있다.

1. (예시)

- **다량의 발문보다는 양질의 발문**: 학생들에게 발문을 많이 하는 것이 좋은 수업을 운영하는 것은 아니다. 이 특징에 해당하는 교사는 학생들에게 많은 양의 발문을 남발하지 않고, 발문 하나를 하더라도 학생 개개인을 염두하여, 학생의 사고를 자극할 수 있는 발문을 한다.
- **개인의 차이성을 염두한 발문**: 학급 학생들은 같은 연령일지라도 학습 준비도, 학습 양식, 관심, 그리고 개인적인 배경이 각기 다르다. 이 특징에 해당하는 교사는 학생의 능력을 고려하여 발문의 난이도를 조절하고 발문의 내용을 학생의 관심사와 연관짓기 위해 노력한다.
- **깊이 있는 발문**: 깊이 있는 발문이란 학생들에게 단순 사실을 상기시키는 발문이 아니다. 학습 내용에 대한 학생의 깊이 있는 이해를 이끌어 내는 발문이라고 할 수 있다. 이 특징에 해당하는 교사는 학생이 처음 답변한 내용에 대한 배경에 초점을 두어 학생 스스로 자신의 생각에 대해 탐구하도록 발문을 제공한다.
- **폭 넓은 발문**: 폭 넓은 발문이란 어느 한 영역에 국한되지 않고 다양한 영역의 주제를 발문의 소재로 사용하는 것이다. 이 특징에 해당하는 교사는 Gardner가 제시한 지능 영역과 Gardner가 밝혀내지 못한 지능 영역을 발문과 연관시켜 새롭게 발문을 구성하고 학생들에게 적용시킨다.
- **숙고시간 및 숙려시간의 적절한 사용**: 전형적인 교실에서 교사는 단 1초 동안의 숙고시간(숙려시간)도 사용하고 있지 않다. 이 특징에 해당하는 교사는 학생들이 교사의 발문에 생각할 수 있는 여유의 시간을 충분히 준다. 또한, 학생들이 교사의 발문에 대답한 후에도 숙려시간을 충분히 가짐으로써 학생이 보충 설명을 하거나, 학생들이 자신의 생각을 확장시키는데 도움을 준다.
- **소수가 아닌 모든 학생을 위한 발문**: 발문은 극소수의 학생들과 교사와의 상호작용을 위한 도구가 아니다. 이 특징에 해당하는 교사는 만약 자신이 제일 먼저 손을 든 소수의 학생들만 지목한다면 상대적으로 다른 학생들은 수업에서 소외되고, 수업에 참여할 의욕과 기회를 잃는다는 사실을 알고 있다. 따라서 학생들은 수업에서 소수의 학생들만이 참여하도록 허용하지 않으며 모든 학생들이 적극적으로 학습할 수 있도록 노력한다.
- **유용한 피드백 제공**: 부정확한 교사의 피드백은 학생들이 자신의 답변에 대해서 점검하거나 수정하는 기회를 제공하지 않는다. 이 특징의 교사는 "좋아"와 "괜찮아"와 같은 저차원적인 피드백을 지양한다. 또한, 양질의 피드백을 제공하기 위해 학생들에게 저차원적인 발문보다는 고차원적인 발문을 한다. 뿐만 아니라 학생들에게 유용한 피드백을 제공하기 위해 짧은 숙려시간보다는 긴 숙려시간을 사용하여 학생이 답변한 내용에 대해 깊이 생각하여 학생들에게 피드백을 제공한다.

종합문제 2: 'Bloom의 교육목표 분류: 인지적 영역'에 따라 발문을 분류할 수 있다.

1. 이해 (비교)
2. 평가 (판단)
3. 지식 (내용의 상기)
4. 이해 (자신의 언어로 바꾸어 표현하기)
5. 종합 (예측하기)

6. 평가 (의견 제시하기)

7. 종합 (예측하기)

8. 분석 (내용에 대한 근거 분석)

9. 지식 (내용의 상기)

10. 평가 (판단)

11. 분석 (내용에 대한 근거 분석)

종합문제 3: 'Bloom의 교육목표 분류: 인지적 영역'에 따라 발문을 구성할 수 있다.

(1) 지식 단계 발문

- 지문에서 제시된 3×3×3의 첫 번째 과정은 무엇인가?
- 3×3×3에서 각각의 숫자가 의미하는 것은 무엇인가?

(2) 이해 단계 발문

- 지문에서 무엇에 관하여 설명하고 있는지 그 중심 내용을 설명해 보시오.
- 지문에서 3×3×3이 생각-짝-나누기를 단순화하고 융통성 있게 만든 버전이라는 내용은 어떤 의미인가?

(3) 적용 단계 발문

- 다음에 제시된 여러 가지 수업 상황 중에서 3×3×3의 방법을 사용하기에 적합한 상황은 어느 것인지 선택하시오.
- 3×3×3을 적용하기에 적합한 수업 상황은 어떤 경우인지 그 수업 상황의 예를 적어보시오.

(4) 분석 단계 발문

- 지문에서는 3×3×3이 생각-짝-나누기를 단순화하고 융통성 있게 만든 버전이라고 제시되어 있는데 그 이유는 무엇인가?
- 지문에서 교사가 3×3×3을 수업에 활용할 경우, 교사의 사전 계획이나 학생들에게 특별한 교육을 필요로 하지 않는다고 제시되어 있는데, 그 이유는 무엇인가?

(5) 종합 단계 발문

- 교사가 학생들에게 3×3×3을 활용하여 수업을 진행할 때, 예상되는 어려움은 어떤 것들이 있을까?
- 만약 '모둠별로 과제를 부여하기 단계'에서 교사가 학생들에게 3분의 활동 시간이 아닌 좀 더 많은 시간(가령, 10분)을 제공한다면 학생들의 학습에 어떤 영향을 미치겠는가?

(6) 평가 단계 발문

- 3×3×3의 방법에 대한 여러분의 의견은 무엇인가?
- 지문에 제시된 바와 같이 3×3×3이 수 백명의 청중이 있는 대학 강의에서도 성공적으로 사용될 수 있다고 생각하는가?

종합문제 4: 학생 수업 참여를 향상시키기 위한 발문을 작성할 수 있다.

1.

- 목표 4의 종합문제를 성공적으로 해결하기 위해서 여러분은 네 가지 효과적인 발문 전략(숙고시간의 적절한 사용, 숙려시간의 적절한 사용, 교사의 피드백, 학생의 주도적인 질문 유도)을 포함하는 시나리오를 설계해야 한다. 그리고 시나리오에 발문 전략을 올바르게 표시해야 한다.

모범 시나리오 (예시)

교사: 지난 시간에 배운 '계절의 변화' 단원을 다시 검토해 봅시다. 이 단원은 여러분이 어려워하기 때문에 다음 주에 예정된 중간고사에 대비하기 위해서라도 다시 살펴보도록 하겠습니다. 이 단원과 관련해서 여러분이 떠오르는 단어들을 간단하게 노트에 적어 보세요. 적어도 4가지 이상의 단어를 적어 보도록 합니다.

5분 정도의 시간이 지나고 나서…

교사: 혹시 6개 이상의 단어를 적은 학생이 있나요? 와~ 여러분 대부분이 6개 이상의 단어를 적었군요. 그럼 노트에 적은 단어를 조합해서 '계절의 변화'의 단원에서 우리가 배운 내용을 발표해 볼까요? 윤아가 발표해 볼까요?

4초의 시간이 흐르고…(가-1: WT 1)

윤아: 계절이 변화하는 원인은 지구가 태양 주위를 공전하고 있기 때문입니다.

4초의 시간이 흐르고…(가-2: WT 2)

교사: 그러면 지구의 자전축이 수직인 상태로 태양 주위를 공전해도 계절이 변화할까요?(다: R)

윤아: 아닙니다. 지구의 자전축이 기울어진 채 태양 주위를 공전해야 합니다.

교사: 정확하게 잘 말해 주었어요.(나: SP) 그러면, 지난 시간에 배운 내용을 떠올려 보며 다시 한번 여러분이 적은 단어들을 연결해서 문장으로 만들어 보세요. 문장을 만들면서 헷갈린 내용에 대해서는 잠시 후에 선생님께 질문하는 시간을 갖도록 하겠습니다.(라: SIQ)

후주

1. Charles DeGarmo, *Interest and Education* (New York: Macmillan, 1902), p. 179.
2. John Dewey, *How We Think*, rev. ed. (Boston: D.C. Heath, 1933), p. 266.
3. Joseph Green, "Editor's Note," *Clearing House* 40 (1966): 397.
4. Thomas Merton, *The Seven Storey Mountain* (Garden City, N.Y.: Doubleday, 1948), p. 139.
5. Romiett Stevens, "The Question as a Measure of Classroom Practice," *Teachers College Contributions to Education,* no. 48 (New York: Teachers College Press, 1912); Thomas Good and Jere Brophy, *Looking in Classrooms*, 10th ed. (Boston: Allyn & Bacon, 2007); Jackie Acree Walsh and Beth Dankert Sattes, *Quality Questioning* (Thousand Oaks, CA: Corwin Press, 2005); Jim Duffy, Kelly Warren, and Margaret Walsh, "Classroom interactions: Gender of teacher, gender of student, and classroom subject." *Sex Roles* 45, no. 9/10, (2001): 579–593; William S. Carlsen, "Questioning in Classrooms: A Sociolinguistic Perspective," *Review of Educational Research* 61 (1991): 157–178; Meredith D. Gall, "Synthesis of Research on Teacher's Questioning," *Educational Leadership* 42 (1984): 40–47.
6. Gregory P. Risner, Dorothy J. Skeel, and Janice I. Nicholson, "A Closer Look at Textbooks," *Science and Children* 30, no. 1 (1992): 42–45, 73; Kenneth Tobin, "Effects of Teacher Wait Time on Discourse Characteristics in Mathematics and Language Arts Classes," *American Educational Research Journal* 23 (1986): 191–200.
7. Thomas Good and Jere Brophy, *Looking in Classrooms,* 10th ed. (Boston: Allyn & Bacon, 2007); L. M. Barden, "Effective Questions and the Ever-Elusive Higher-Order Question," *American Biology Teacher* 57, no. 7 (1995): 423–426; Meredith D. Gall and T. Rhody, "Review of Research on Questioning Techniques," in *Questions, Questioning Techniques, and Effective Teaching,* ed. William W. Wilen (Washington, D.C.: National Education Association, 1987), pp. 23–48; William W. Wilen and Ambrose A. Clegg, "Effective Questions and Questioning: A Research Review," *Theory and Research in Social Education* 14 (1986): 153–161.
8. Mary Budd Rowe, "Science, Silence, and Sanctions," *Science and Children* 34 (September 1996): 35–37.
9. Thomas Good and Jere Brophy, *Looking in Classrooms*, 10th ed. (Boston: Allyn & Bacon, 2007); Jackie Acree Walsh and Beth Dankert Sattes, *Quality Questioning* (Thousand Oaks, CA: Corwin Press, 2005); Black, Susan, "Ask Me a Question" *American School Board Journal* 188 (5), May 2001; Angelo V. Ciardiello, "Training Students to Ask Reflective Questions," *The Clearing House* 66 (May/June 1993): 312–314; Robert J. Sternberg, "Answering Questions and Questioning Answers," *Phi Delta Kappan* 70, no. 2 (October 1994): 136–138.
10. Thomas Good and Jere Brophy, *Looking in Classrooms*, 10th ed. (Boston: Allyn & Bacon, 2007); Jackie Acree Walsh and Beth Dankert Sattes, *Quality Questioning* (Thousand Oaks, CA: Corwin Press, 2005); Black, Susan, "Ask Me a Question" *American School Board Journal* 188 (5), (May 2001); Duffy, Jim, Kelly Warren, & Margaret Walsh, "Classroom interactions: Gender of teacher, gender of student, and classroom subject." *Sex Roles* 45, no. 9/10, (2001): 579–593; Robert Marzano, Debra J. Pickering, and Jane E. Pollock, *Classroom Instruction That Works: Research-Based Strategies for Increasing Student Achievement* (Alexandria, Va.: Association for Supervision and Curriculum Development, 2001); A. C. Brualdi, *Classroom Questions. ERIC/AE Digest* (Washington, D.C.: ERIC Clearinghouse on Assessment and Evaluation, 1998), ED 422 407.
11. Stephen R. Covey, *The Seven Habits of Highly Effective People* (New York: Simon & Schuster, 1990).
12. Norah Morgan and Juliana Saxton, *Teaching, Questioning and Learning* (London and New York: Routledge, 1991), p. 76; Beverly A. Busching and Betty Ann Slexinger, "Authentic Questions: What Do

They Look Like? Where Do They Lead?" *Language Arts* 72 (September 1995): 341–351.

13. Carol Ann Tomlinson "Learning to Love Assessment," *Educational Leadership* 58, no. 4 (December 2007): 8–13; Carol Ann Tomlinson, "Reconcilable Differences? Standards-Based Teaching and Differentiation," *Educational Leadership* 58, no. 1 (September 2000): 6–11; Meredith D. Gall and Margaret T. Artero-Boname, "Questioning," *International Encyclopedia of Teaching and Teacher Education*, ed. L. W. Anderson (Tarrytown, N.Y.: Elsevier Science, 1995), pp. 242–248.
14. P. Smagoinsky, "The Social Construction of Data: Methodological Problems of Investigation Learning in the Zone of Proximal Development," *Review of Educational Research* 65, no. 3 (1995): 191–212.
15. J. V. Wertsch, *Vygotsky and the Social Formation of the Mind* (Cambridge, Mass.: Harvard University Press, 1985).
16. Seana Moran, Mindy Kornhaber, and Howard Gardner, "Orchestrating Multiple Intelligences," *Educational Leadership* 64, no. 1, (September 2006); Howard Gardner, "Probing More Deeply into the Theory of Multiple Intelligences," *The National Association of Secondary Principals Bulletin* 80, no. 583 (November 1996): 1–7; Howard Gardner, "Reflections on Multiple Intelligences: Myths and Messages," *Phi Delta Kappan* 77, no. 3 (November 1995): 200–209.
17. Benjamin Bloom, ed., *Taxonomy of Educational Objectives, Handbook I: Cognitive Domain* (New York: McKay, 1956).
18. Lorin W. Anderson and David Krathwohl (eds). *A Taxonomy for Learning, Teaching, and Assessing: A Revision of Bloom's Taxonomy of Educational Objectives*. New York: Longman, 2001.
19. Lynn Fox and Janet Soller, "Gender Equity for Gifted Students," in Klein, Susan S. (ed.) *Handbook for Achieving Gender Equity through Education, 2nd ed. (*New York: Lawrence Erlbaum Associates, Taylor & Francis Group, 2007), pp. 573–582; Marjorie Montague and Christine Rinaldi, "Classroom Dynamics and Children at Risk," *Learning Disability Quarterly* 24 (2001): 75–83; Jere Brophy and Carolyn Evertson, *Learning from Teaching: A Developmental Perspective* (Boston: Allyn and Bacon, 1976).
20. The findings in this section are based on the work of Mary Budd Rowe. See also Kenneth Tobin, "The Role of Wait Time in Higher Cognitive Level Learning," *Review of Educational Research* 57, no. 1 (1987): 69–95.
21. John Goodlad, *A Place Called School* (New York: McGraw-Hill, 1984/2004), p. 124.
22. Myra Sadker, Joyce Bauchner, David Sadker, and Leslie Hergert, *Promoting Effectiveness in Classroom Instruction: Final Report* (Contract No. 400-80-0033) (Washington, D.C.: U.S. Department of Education, 1984); Susanne M. Jones and Kathryn Dindia, "A Meta-Analytic Perspective on Sex Equity in the Classroom," *Review of Educational Research 74*(4), (Winter 2004): 443–471; Renee Spencer, Michelle Porche, & Deborah Tolman, "We've come a long way—maybe. New challenges for gender equity education." *Teachers College Record 105*(9), (2003): 1774–1807.
23. Jackie Acree Walsh and Beth Dankert Sattes, *Quality Questioning*, Thousand Oaks, CA: Corwin Press, 2005; *Kohn*, Alfie. "Five Reasons to Stop Saying 'Good Job'" *Young Children* (September 2001); Jere Brophy, "Teacher Praise: A Functional Analysis," (Occasional Paper No. 2) (East Lansing: Michigan State University, Institute for Research on Teaching, 1979).
24. *Ibid.*
25. A. E. Edwards and D. G. P. Westgate, *Investigating Classroom Talk,* Social Research and Educational Studies Series: 4 (London and Philadelphia: Falmer, 1987), p. 170.
26. Jackie Acree Walsh and Beth Dankert Sattes, *Quality Questioning*, Thousand Oaks, CA: Corwin Press, 2005; D. Bridges, "A Philosophical Analysis of Discussion," in *Questioning and Discussion: A Multidisciplinary Study,* ed. J. Dillon (Norwood, N.J.: Ablex, 1988), p. 26; see also J. N. Swift, C. T. Gooding, and P. R. Swift, "Using Research to Improve the Quality of Classroom Discussion," *Research Matters . . . to the Science Teacher* (Cincinnati: The National Association for Research in Science Teaching, 1992).
27. Morgan and Saxton, *op. cit.*, pp. 105–111; Thomas Good and Jere Brophy, *Looking in Classrooms*, 10th ed. (Boston: Allyn & Bacon, 2007); Jackie Acree Walsh and Beth Dankert Sattes, *Quality Questioning* (Thousand Oaks, CA: Corwin Press, 2005); G. W. Beamon, *Sparking the Thinking of Students, Ages 10–14: Strategies for Teachers* (Thousand Oaks, Calif.: Corwin Press, 1997).
28. Ciardiello, *op. cit.*; E. van Zee and J. Minstrell, "Using Questions to Guide Student Thinking," *Journal of the Learning Sciences* 6, no. 2 (1997): 227–269.
29. Morgan and Saxton, *op. cit.*, pp. 113–125.
30. See also Margaret A. Cintorino, "Discovering Their Voices, Valuing Their Words," *English Journal* 83, no. 6 (October 1994): 33–40; Ciardiello, *op. cit.*; Sternberg, *op. cit.*; Debby Deal and Donna Sterling, "Kids Ask the Best Questions," *Educational Leadership* 54, no. 6 (March 1997): 61–63; Christine Chinn and David E. Brown, "Student-generated Questions: A Meaningful Aspect of Learning Science," *International Journal of Science Education* 24, no. 5, (2002): 521–549.

31. Carlos E. Cortés, *The Children Are Watching: How the Media Teach About Diversity* (New York: Teachers College Press, 2000), pp. 149–150.

32. "Minority Kids Seen as Majority by 2023," *Arizona Daily Star*, March 5, 2009, p. A2; The Center for Public Education, *At a Glance: Changing Demographics* (Washington, D.C.: The Center for Public Education, December 2007); U.S. Department of Education, *The Condition of Education,* Indicator 7, 2008.

33. Tom Snyder, Sally Dillow, and Charlene Hoffman, *Digest of Education Statistics 2008* (NCES 2009-020). National Center for Education Statistics, Institute of Education Sciences, U.S. Department of Education (Washington, D.C., 2009).

34. Toni Weingarten, "When quiet kids get forgotten in class," *The Christian Science Monitor* (April 26, 2005). Available at http://www.csmonitor.com/2005/0426/p11s01-legn.html; J. C. McCroskey and V. P. Richmond, *Quiet Children and the Classroom Teacher,* 2nd ed. (Annandale, Va.: Speech Communication Association, 1991).

35. Tom Strikus and Manka Varghese, "Language Diversity and Schooling," in *Multicultural Education: Issues and Perspectives,* 6th ed., eds. James A. Banks and Cherry A. McGee Banks (Hoboken, NJ: Wiley, 2007), pp. 297–325; Ron Scollon and Suzanne B. K. Scollon, *Narrative, Literacy, and Face in Interethnic Communication: An Athabaskan Case,* Working Papers in Sociolinguistics, no. 59, 1995.

36. Lisa Delpit, *Other People's Children: Cultural Conflict in the Classroom* (New York: New Press, 2006).

37. *Ibid.*; Gary Howard, *We Can't Teach What We Don't Know: White Teachers, Multiracial Schools* (New York: Multicultural Education Series, 2006).

38. Delpit, *op cit.*; Jeanne Oakes, *Keeping Track: How Schools Structure Inequality* (New Haven, Conn.: Yale University Press, 1985/2005); Gloria Ladson Billings, "Culturally Responsive Teaching: Theory and Practice," in *Multicultural Education: Issues and Perspectives,* 6th ed., eds. James A. Banks and Cherry A. McGee Banks (Hoboken, NJ: Wiley, 2007), pp. 221–245; Jacqueline Jordan Irvine, *In Search of Wholeness: African American Teachers and Their Culturally Specific Classroom Practices* (New York: Palgrave/St. Martin's Press, 2002).

39. Jim Chesebro, Roy Berko, Carol Hopson, Pamela Cooper, and Helene Hodges, "Strategies for Increasing Achievement in Oral Communication," in Cole, *op. cit.*, p. 156.

40. Delpit, *op. cit.*

41. Chesebro et al., *op. cit.,* p. 152.

42. James A. Banks and Cherry A. McGee Banks, eds. *Multicultural Education: Issues and Perspectives*, 6th ed. (Hoboken, NJ: Wiley, 2007); Christine Bennett, *Comprehensive Multicultural Education: Theory and Practice*, 6th ed, (Upper Saddle River, NJ:Allyn & Bacon, 2006); Donna M. Gollnick and P. C. Chinn, *Multicultural Education in a Pluralistic Society*, 7th ed. (Upper Saddle River, NJ: Prentice Hall, 2005).

43. Robyn Beaman, Kevin Wheldall, and Coral Kemp, "Differential teacher attention to boys and girls in the *classroom.*" *Educational Review* 58, Issue 3 (2006), 339–366; Renee Spencer, Michelle Porche, and Deborah Tolman, "We've come a long way—maybe. New challenges for gender equity education," *Teachers College Record* 105 (9), (2003): 1774–1807; Jere Brophy and Thomas Good, *Teacher–Student Relationships: Causes and Consequences* (New York: Holt, Rinehart & Winston, 1974).

44. Robyn Beaman, Kevin Wheldall, and Coral Kemp, "Differential teacher attention to boys and girls in the *classroom,*" *Educational Review* 58, Issue 3 (2006): 339–366; Jackie Acree Walsh and Beth Dankert Sattes, *Quality Questioning* (Thousand Oaks, CA: Corwin Press, 2005); Renee Spencer, Michelle Porche, and Deborah Tolman, "We've come a long way—maybe. New challenges for gender equity education," *Teachers College Record*, 105 (9), (2003): 1774–1807; Sadker, Bauchner, Sadker, and Hergert, *op. cit.*

45. *Ibid.*

46. Delores Gore and Daniel Roumagoux, "Wait Time as a Variable in Sex Related Differences During Fourth-Grade Mathematics Instruction," *Journal of Educational Research in Education* 17 (1991): 269–334.

47. For a comprehensive review of the impact of gender in schools, see David Sadker and Myra Sadker and Karen R. Zittleman, *Still Failing at Fairness: How Gender Bias Cheats Girls and Boys in School and What We Can Do About It* (New York: Scribners, 2009); Myra Sadker, David Sadker, and Susan Klein, "The Issue of Gender in Elementary and Secondary Schools," *Review of Research in Education* 17 (1991): 269–334.

3부

수업전문성의 풍경

5장 아이들의 차이성을 반영한 수업
6장 교실 관리
7장 평가

어떤 옷이라도
아무리 좋은 원단을 쓰든,
최고의 디자이너가 만들었든 간에
내 몸에 딱 맞아야 제격이다.

수업도 마찬가지이다.
교사는 재단사이다.
학생에게 딱 맞는 수업,
그 수업을 통해 자신의 능력과 적성을 아낌없이
발현해 나아가는 개인이 될 수 있게 해야 한다.

3부

수업전문성의 풍경

5장 아이들의 차이성을 반영한 수업

- INTASC 제1원칙: 교사는 주요 개념, 조사 도구, 가르치는 교과의 구조를 이해한다. 그리고 학생들에게 교과의 측면에서 유의미한 학습 경험을 창안한다.
- INTASC 제2원칙: 교사는 아이들이 어떻게 학습하고 발달하는지를 이해한다. 그리고 그들의 지적, 사회적, 인성적 발달을 지원하는 학습 기회를 제공할 수 있다.
- INTASC 제3원칙: 교사는 학생들의 학습 방식이 어떻게 차이가 나는지 이해하고, 다양한 학습자를 아우르는 교육적 기회를 창안한다.
- INTASC 제4원칙: 교사는 학생의 비판적 사고, 문제해결력, 수행 기능의 발달을 장려하는 다양한 수업 전략을 이해하고 활용한다.
- INTASC 제5원칙: 교사는 개인이나 집단의 동기에 대한 이해와 긍정적인 사회적 상호작용, 적극적인 학습 참여, 자기 동기화를 장려하는 학습 환경을 조성한다.
- INTASC 제7원칙: 교사는 교과목, 학생, 지역 사회, 교육과정 목적에 대한 지식을 바탕으로 수업을 계획한다.
- INTASC 제8원칙: 교사는 학습자의 연속적인 인지적, 사회적, 신체적 발달을 보장하고, 평가할 수 있는 형식적이거나 비형식적인 평가 전략을 이해하고 활용한다.

이 장의 목표

1. 아이들의 차이성을 반영하는 수업(DI)의 정의를 토대로 자신만의 정의를 개발할 수 있다.
2. 아이들의 차이성을 반영하는 수업(DI)이 왜 필요한지에 대한 자신만의 확실한 논거를 구성할 수 있다.
3. 아이들의 차이성을 반영하는 수업(DI)에 반영된 학습자, 학습 환경, 교육과정을 서술할 수 있다.
4. 학생의 준비도, 흥미, 학습 프로파일에 대응하는 내용, 활동, 학습 결과물을 다양하게 하는 구체적인 방법을 수업에 적용할 수 있다.
5. 효과적인 DI의 일반적인 원리를 분석하고 이해할 수 있다.
6. 차이성에 민감하게 대응하는 교사가 되기 위해 내딛는 첫걸음을 제안할 수 있다.

목표 1: 아이들의 차이성을 반영하는 수업(DI)의 정의를 토대로 자신만의 정의를 개발할 수 있다.

■ '아이들의 차이성을 반영하는 수업'이란 무엇인가?

아이들의 차이성을 반영하는 수업(DI: Differentiated Instruction)은 비교적 새로운 개념이라 할 수 있다. 그렇지만 실제 교육 현장에서는 오래 전부터 이루어지고 있었다. 한 교실에 한 명 이상의 학생이 있는 한, 이 모두를 교사가 같은 방식으로 가르친다 하더라도 모든 학생이 똑같이 배울 수는 없다. 단 한 명의 학생을 대상으로 하더라도 그 학생은 다양한 영역(발달 단계, 교과목, 한 과목 내에서도 서로 다른 영역, 심지어 매 시간)에서 현저한 차이를 보일 것이다.

간단히 말해서, DI는 학생들의 다양성을 염두에 두는 수업이라고 말할 수 있다. 이는 동년배의 학생들이 본질적으로 같다는 가정 하에서 일률된 방식을 적용하는 것보다는 아이들의 현 모습에서부터 출발하라는 것을 의미한다. 그러므로 DI는 획일적으로 설계된 수업보다는 아이들의 차이를 적극적으로 반영하는 수업이라 할 수 있겠다.

결국, DI란 모든 학생들의 학습을 최대한 효과적으로 촉진시키기 위해, 교사가 사전에 수업 내용, 수업 방식, 평가 방법 등에 대한 다양한 접근을 계획하는 수업이다.

이 장의 뒷 부분에서는 차이의 함의, 차이의 중요한 요소, 차이를 성취하는 몇 가지 실제적인 방법 등을 탐구하게 될 것이다. 이 장에서 가장 중요한 목표는 전도유망한 교사들이 그동안의 수업 활동이 과연 학습자의 필요를 최우선으로 두었던 것인지를 다시 한 번 돌아보도록 하는데 있다. DI에 대한 몇 가지 정의를 소개하면 다음과 같다.

- 동년배의 학생들이 본질적으로 같다는 가정 하에 일률적인 수업 방식을 적용하는 것이 아니라 아이들의 현 모습에서부터 출발하는 수업
- 아이들의 차이성을 적극적으로 반영하는 수업
- 모든 학생들의 학습을 최대한 효과적으로 촉진시키기 위해, 교사가 사전에 수업 내용, 수업 방식, 평가 방법 등에 대한 다양한 접근을 계획하는 수업

INTASC 제2, 3, 7, 8원칙

몇 가지 다른 정의에서 보면 DI는 다음과 같이 정리할 수 있다.

- 학생들과 학습 자료 간에 긴밀한 연결[1]
- 교실 안의 모든 학생들을 가르치기 위한 도전[2]

- 학생들과 밀접하게 연결된 수업[3]
- 학습 요소, 교육 지원 체제 및 수업 전략을 고려한 처방적 교육과정으로 학생의 수준에 맞춤[4]
- 평가를 토대로 개별 학습자의 수용 능력을 극대화하기 위해 내용, 과정, 결과에 대한 다양한 접근법으로 전체, 개별, 모둠별 수업을 혼용하는 학습자 중심의 수업을 사전에 계획[5]

연습문제 1 **아이들의 차이성을 반영하는 수업에 대한 정의**

1. 학창시절에 교사가 학생들의 차이를 반영하지 않았던 경우를 떠올려 보시오. 그리고 그 상황에 대한 느낌을 글로 표현해 보시오.
2. 만약 교사가 학생들의 차이를 제대로 반영했다면 어떻게 했을지 자신의 생각을 써보시오.
3. 소개된 DI의 정의를 토대로 자신이 생각하는 DI를 정의해 보시오.
4. 3번에서 정의한 내용을 동료들과 논의해 보고, 새로 알게 된 관점을 반영하여 자신이 생각하는 DI의 정의를 보완하시오.

목표 2: 아이들의 차이성을 반영하는 수업(DI)이 왜 필요한지에 대한 자신만의 확실한 논거를 구성할 수 있다.

■ 왜 아이들의 차이성을 반영하는 수업을 해야 하는가?

DI는 교사의 전문적인 능력을 필요로 한다. 한 교실에 있는 학생들이 본질적으로 같다고 가정하고 수업을 하는 것은 매우 합리적일 수 있다. 학생들은 본질적으로 모두 다르다. DI를 하는 시간과 노력은 정말로 가치가 있는가?

실제로, DI를 하는 데에는 다 그만한 이유가 있다. 이에 대한 논거들은 교육학 이론이나 연구 결과 등에서 찾을 수 있다. 다음 사항을 확인해보자.

■ 교실의 다양성을 나타내는 사실

- 오늘날 학생들의 모습은 점점 다양해지고 있다. 대부분 많은 교실에서 학생들의 성별 차이는 물론 다문화 양상이 드러난다. 또한 학생들마다 각기 다른 경험적 배경을 가지고 있다. 이러한 학생들은 다양한 흥미를 가지고 있고, 서로 다른 읽기 수준을 가지고 학습하며, 각자 다른 방식으로 학습할 것이다.[6]

■ 개별 학생들에게 도전감을 심어주는 것

- 심리학자들은 학생들이 과업 수준이 너무 어렵지 않을 때에만 학습한다고 주장한다. 학생이 최소한의 노력을 가지고 독립적으로 수행해야 할 경우, 그 학생은 학습하고 있는 것이 아니며 오히려 알고 있는 것을 되풀이할 뿐이다. 학생들이 자신의 도달점을 초월하는 과제를 수행할 경우, 그 결과는 '학습'이 아닌 '좌절'이다. 과업이 학습자의 수준보다 약간 높을 때, 비로소 학습자는 해결해야 할 장애물을 건널 다리를 만들 수 있으며 이때 학습이 이루어진다.[7] 학습을 위한 어려움의 최적 수준은 학습자의 근접발달영역으로 나타난다. 오늘날 학생들의 다양성에 비추어 볼 때 교사가 모든 학생들의 학습 수준을 규격화하기는 어려울 것이다.
- 최근 뇌 연구 결과에 따르면 학생들에게 제시된 과제가 너무 어려울 경우, 뇌는 더 이상 생각하지 말라는 신호를 변연계로 보내며 학생의 뇌 활동성을 떨어뜨린다. 이는 위험으로부터 자신을 보호하도록 뇌가 설계되었기 때문이다. 그렇다고 과제가 쉬우면 학생들은 더 이상 심도 있는 뇌 활동을 하지 않게 되며 휴면 초기 상태와 비슷한 수준의 뇌파를 나타내게 된다. 과제가 자신에게 적절하고 도전적일 경우에만 뇌는 학습에 신속하게 대응하는 방식으로 기능을 한다.[8] 따라서 교사가 학생들의 준비도와 경험을 고려하여 학급 내 모든 학생들에게 지속적으로 도전감을 심어주는 과제를 찾는 것은 분명히 어려운 일이다.

■ 학습에서 성별의 차이를 나타내는 것

- 남성과 여성이 학습 양식과 학습에 대한 선호도가 차이가 있다는 점은 분명하다. 이들의 차이성은 생물학적·문화적·환경적 기원에서 출발할 것이다. 이처럼 학습에 있어서도 당연히 남성과 여성 모두에게 큰 차이가 있기 마련이다. 그렇기 때문에 남녀간의 성별 차이가 학습 내용을 결정짓는데 상관이 없다고 섣불리 가정하는 것은 오히려 역효과를 낼 수 있다.[9]

■ 문화적 이슈에 대해 고려

- 문화는 학생들의 학습 방법에 중요한 영향을 미친다. 한 문화권에서 익숙한 학습 환경과 절차들이 다른 문화권에서는 잘 통하지 않지만, 같은 문화권에 속해 있을지라도 학습하는 방식은 다양할 수 있다.[10] 교실 안에서 문화적 부적응을 보이는 학생들은 학습에서도 부진을 보이는데, 문화적 다양성을 띠는 교실 안에서 단일한 방식의 수업과 학습이 모든 학생들에게 통할 것이라는 기대는 버려야 한다. 사실 모든 학생들은 문화적 다양성을 가지고 있으며 문화적 동질성을 띠는 교실일수록 더욱 다양한 방식으로 접근해야 한다.

■ 학생의 흥미와 학습 양식의 활용

- 학생의 동기와 과제 집착력은 과제의 주제가 자신의 흥미와 연결될 때 증가한다. 학생의 흥미를 이용할 수 있도록 수업을 조정하는 것은 학습자에게 더 큰 몰입과 빠른 해결력, 자율성, 높은 성취, 자기 효능감의 향상을 도모한다.[11] 학생들이 해야 할 학습과 관심 분야를 연결하려는 노력은 교사의 중요한 임무이다.

- 효과적인 학습 방법은 실제로 학습을 효과적으로 만든다. 학생들이 선호하는 학습 방법 또는 사고 방식은 학업 성취도를 향상시킨다.[12]

■ 교실 사례

앞서 살펴본 여러 이론과 연구 결과뿐만 아니라 교실 속 경험과 관찰을 통해서도 DI가 주는 긍정적인 효과와 그렇지 않은 수업이 주는 부정적인 효과를 이해할 수 있다. 다음에 제시되는 두 가지 사례를 통해 얻게 될 학습 결과가 무엇일지 생각해보자.

A	B
상민이는 필요한 정보를 얻을 준비가 되어 있지 않으며 어디에서부터 시작해야 할 지 모른다.	안나는 교사의 안내에 따라 어디에 노력을 집중적으로 쏟아야 하는지 알 수 있다. 짝-낭독, 모둠별 토론을 통해 친구들과 함께 수업 내용을 이해한다.
준희는 또래보다 높은 수준의 읽기 능력을 가지고 있지만, 담임교사는 다른 학생들과 같은 수준의 자료와 과제를 준다.	성희네 반 담임교사는 개념을 소개할 때 여러 가지 방법을 사용한다. 또한 학생들이 이해한 내용을 다양한 방법으로 표현하도록 한다.
주희는 읽기와 쓰기에 학습 장애를 가지고 있다. 주어진 과제가 모두 논술형이고 엄격한 시간 제한을 두기에, 이해한 것을 표현하는데 어려움이 많다.	은영이네 반 담임교사는 논술형 과제 작성 시 은영이에게 더 많은 시간을 준다. 이러한 교사의 유연성은 은영이가 학습 장애를 극복하고 보다 안정적으로 활동할 수 있게 한다.

시나리오 A 상황에서는 모든 학생들이 어려움을 겪었을 것이고, 시나리오 B 상황에서는 학생들이 수업에 대한 태도와 참여가 더욱 좋았을 것이다. DI에 관한 이론과 연구 결과를 알고 있는 것도 중요하지만, 교사는 실제로 개인적 요구가 반영되는 교실에서 DI를 실천해 나가야 한다.

우리는 이미 DI의 중요성을 알고 있다. 또한 학생들의 다양성을 세심하게 반영하는 교실이 현실 세계에서는 거의 없다는 것도 잘 알고 있다. 학생들의 다양성을 세심하게 반영하는 교사는 학생들이 어떤 학습 장애를 가지고 있는지 그리고 점점 나아지고 있는지 또한 문화적 다양성을 나타내는 다문화 학습자인지 아닌지를 고려한다.[13]

5장

연습문제 2 DI의 필요성

1. 종이를 반으로 나누어 두 칸으로 만들어 보시오. 왼쪽 칸에는 여러분이 생각하기에 교사가 DI를 해야 하는 모든 이유를 나열해보시오. 오른쪽 칸에는 반대로 DI를 하면 안 되는 이유를 나열해보시오.
2. 1에서 기록한 내용을 동료들과 검토해 보시오. 그리고 서로 어떤 내용이 유사한지 확인해 보시오.
3. DI의 필요성에 대해 자신에게 직접 편지를 써보고 그 내용을 녹음해 보시오. 녹음을 할 때는 녹음한 내용을 적절한 시점(가령, 6개월 후나 1년 후)에 확인할 것을 염두해 두시오. 녹음한 내용을 확인하는 시점에서 여러분은 기록한 내용을 점점 보완하여 수정하는 자신의 모습을 발견할 수 있을 것이다.

목표 3: 아이들의 차이성을 반영하는 수업(DI)에 반영된 학습자, 학습 환경, 교육과정을 서술할 수 있다.

DI의 교실 속 원천

DI, 다른 말로 아이들의 차이성을 반영하는 수업에 대한 개념은 생소한 개념이 아니다. 하물며 시간이 남을 때 쓰이는 전략도 아니다. 차이성-극대화-시키기는 실제로 시간이 지남에 따라 교수-학습에 관하여 교사가 행하는 모든 것에 널리 퍼져있는 사고방식이다. 왜냐하면 차이성-극대화-시키기는 교실의 요소 중 핵심인 학생을 인지하고 확장하는 것으로부터 출발하기 때문이다. 그러한 인식은 곧 다른 교실 요소들과 이에 관한 교사의 결정에 영향을 주기 마련이다.

차이성-극대화-시키기의 원천과 그것의 영향을 이해하는 최선의 방법은 다음과 같은 네 가지 교실 요소에 관한 접근방식을 검토하는 것이다.

① 수업 대상
② 수업 현장
③ 수업 내용
④ 수업 방법

이러한 네 가지 요소들이 밀접하게 상호 의존하는 하나의 시스템으로 교실을 바라볼 때, 다음 사항을 좀 더 자세히 이해할 수 있다.

- 차이성-극대화-시키기란 무엇이며, 그 시작은 어디부터인가?
- 교사들이 이러한 방식으로 수업을 하려는 이유는 무엇인가?
- 차이성-극대화-시키기를 어떻게 바라보아야 하는가?

수업 대상

Howard Gardner는 교사가 수업을 하며 저지르는 가장 큰 실수 중 하나가 바로 모든 학생들이 모두 동질적이라고 가정하는 것이라 주장했다. 그의 주장에 따르면 대부분의 교사는 모든 유치원생들이 기본적으로 비슷하다고 생각하거나 4학년 학습자들이 모두 동질적인 집단이라고 가정한다. 이러한 잘못된 가정은 학습자에게 모두 같은 내용을 전달하고, 한 가지 방법만을 사용하며, 모두에게 동일한 학습 소요 시간을 주도록 유도한다.[14]

INTASC 제2, 3원칙

22명 규모의 학급을 운영하는 김 교사의 사례에 비추어 Gardner가 지적한 사항을 살펴보도록 하자. 김 교사는 작년과 마찬가지로 올해 자신이 맡은 학생들이 매우 전형적인 양상을 띤다고 생각한다.

■ 김 교사의 교실

- 몇몇 학생들이 어떤 영역에서는 그 학년 수준 정도의 성취를 보이며, 다른 영역에서는 학년 수준 이상 또는 이하의 성취를 보이기도 한다.
- 세 명의 학생은 학습 장애아로 판정을 받았다.
- 네 명의 학생은 영재아로 판정을 받았으며, 그들 중 한 명은 해당 학년 수준보다 최소 5학년 이상의 성취를 보인다.
- 세 명의 학생은 주의력 결핍 및 행동 장애(ADHD)를 이유로 약을 복용하고 있는 중이었다.
- 두 명의 학생은 정서 장애 판정을 받았다.
- 세 명의 학생은 언어치료 및 작업치료를 병행하고 있다.
- 교실에 있는 몇몇 학생들은 특수한 요구를 가진 학생들과 비슷한 문제와 요구를 드러내고 있다. 그러나 특별한 도움이 필요한 학생들이라고 간주되지는 않는다.

사실 이러한 학습 다양성을 구체적으로 목록화하는 작업을 거치더라도 중요한 정보는 누락될 수 있다. 학생들은 가정의 사회·경제적 지위, 경험 등에 따라 다양성을 띠는데, 이것이 학업 성취도, 문화, 성별, 재능과 흥미, 학습 선호도, 인성, 사회적 능력 등을 비롯한 여러 영역에 영향을 미친다.

김 교사는 매년 학년 초마다 자신의 학생들이 학업에서 다양성을 나타내리라 기대하고, 다른 중요한 신념들도 간직한 채 교실에 들어선다. 김 교사가 추구하는 것은 다음과 같다.

■ 김 교사의 신념

- 학생들은 모두 고유의 가치를 지닌 존재이다.
- 학생들은 모두 개별적인 존재이다. 즉, 다른 사람들과 같은 방식을 보이기도 하고 다른 방식을 보이기도 한다. 또한, 저마다의 장점과 단점을 가지고 있다.
- 교실에 있는 대부분 학생들의 잠재력은 숨겨져 있으며, 그들은 타인과의 관계를 확장하며 삶을 새롭게 설계하고 있다.

■ 특별함

- 학생 개개인은 문화, 인종, 성별, 경험이 복합되어 형성된 특별한 존재이다. 학생들이 어떤 배경을 가지고 있는지를 파악하고 학생들의 특정한 능력과 가능성을 확장하는 것은 교사의 책임이자 기회이다.
- 교사는 학생들의 개별성을 존중하여 학생들의 능력을 발달시키고 약점은 보완해야 한다. 그리고 학생들의 잠재력을 표출시키기 위해 학생들을 잘 파악하고 있어야 한다. 또한 모든 학생들을 완벽히 이해하지는 못할지라도, 학생들을 더 잘 이해하기 위해 노력하고 바람직한 인격체로서 성장, 발달해 나갈 수 있도록 해야 한다.

자신이 가르치는 학생들에 대한 김 교사의 신념은 학생들 간의 분명한 차이를 쉽게 경시할 수 없도록 만든다. 학생들의 공통점과 차이점 모두 교육적 사고와 계획의 중심이 될 수 있다. 수업에 대한 마음가짐은 분명 학생에 대한 신념에 의해 형성된 것이다.

수업 현장

INTASC 제5원칙

김 교사는 수업 대상에 대한 신념과 더불어 학습 환경이 학습에 미치는 영향에 대해 또 다른 몇 가지 핵심적인 신념을 발전 시켜왔다. 그것은 자신이 원하는 수업 현장과 학생들이 학습할 수 있는 최적의 학습 환경에 대한 신념이다.

■ 안전

- 교실은 반드시 학생들이 안전하다고 느낄 수 있는 장소이어야 한다. 학생들의 능력, 때로는 약점 역시 인정받을 수 있어야 한다. 또한 실수들이 중요하게 다루어지고 그 역시 학습 과정의 한 부분으로 허용되며 교사가 성공적으로 가르칠 수 있는 장소이어야 한다.

■ 인정

- 교실은 반드시 모든 학생들이 긍정적인 방식으로 인정받을 수 있는 곳이어야 한다. 이로써 학생들이 서로 연대와 지지를 느낄 수 있기 때문이다.

■ 기대

- 교실은 반드시 기본적으로 개별 학습자를 존중하는 곳이어야 한다. 매일 출석하고 한계에 부딪히면서 학습자로서의 성장을 보장받을 수 있어야 한다. 이를 통해 어려운 작업이

수반되는 학습에도 학생들은 헌신적으로 참여하며, 동료를 위해 자신이 소중한 벗이 될 수 있다는 것을 배우게 한다.

- 교실은 반드시 개별 학습자들의 문화·성별·경험·능력이 존중받을 뿐만 아니라 학습에 참여하는 그들의 헌신이 수업에 반영되고 평가받을 수 있는 곳이어야 한다.

INTASC 제2, 3원칙

- 교실은 반드시 어려운 것에 대하여 목표·유희·자신감을 가지고 나아갈 수 있는 긍정적인 사고관이 형성되는 곳이어야 한다. 개인적 성장에 대한 지속적인 지지가 이루어지고, 이러한 성장이 인정받고 격려받을 수 있어야 한다. 교실에서 교사의 계속적인 지지가 효과적으로 학생들의 성공에 대한 기대로 이어질 수 있어야 한다.

■ 어려운 작업에 대한 지원

- 개별 학습자·소집단과 함께하는 동시에 학생들의 독립성과 주인의식을 발전시키기 위해 교실은 반드시 교사와 학생이 공유할 수 있는 교수-학습을 지원해야만 한다. 교실은 타인에게 기여할 수 있는 학문적으로 중요한 것을 갖추고 있는 장소, 타인을 위해 자신이 어떤 것을 기여할 수 있는 장소, 교사가 학습자이면서 동시에 학습자가 교사가 될 수 있는 장소가 되어야 한다.

■ 교사가 학습자이며 동시에 학생이 교사

수업 내용

이 책의 또 다른 곳에서 저자는 교육과정의 핵심 요소에 대하여 기술하고 있다. 교사가 교육과정을 바라보는 방식은 크게 교사가 가르치는 대상과 교사가 가르치는 현장 모두에 큰 영향을 미친다. 자신이 가르치는 학문에 열정적이고, 학문의 힘을 통해 삶이 더 풍요롭게 될 것이라는 믿음을 가진 교사는 단순히 교육과정을 소화해내야 할 무언가로서 바라보는 교사와는 다르게 교육과정에 접근한다.

INTASC 제1원칙

김 교사는 또한 교육과정과 수업 내용에 대한 신념을 발전 시켜왔다. 이는 학생들 그리고 학생들과 공유하게 될 학습 환경에 대한 신념에서 출발하며, 역으로 신념을 형성하기도 한다.

■ 교육과정에 대한 신념

- 교육과정은 반드시 명료하고 분명해야 한다. 교사는 학생들이 알고, 이해하고, 할 수 있어야 하는 것들을 분명히 인지하고 학생들이 숙달할 수 있도록 도와야 한다.
- 교육과정은 학생들의 고등 지식, 사고, 기능에 주목해야 한다. 이러한 요소는 학문에 대한 학생들의 역량을 이끌어 내며, 학문의 의미를 구성해 나갈 수 있도록 돕는다.
- 교육과정은 반드시 흡입력이 있어야 한다. 학생 개개인에게 모두 중요하고 건설적이며 흥미를 유발할 수 있어야 한다. 그리고 그 목적이 분명하며 도전적이어야 한다.

INTASC 제4원칙

- 교육과정은 반드시 학습에 대한 학생들의 갈망을 키워야 한다. 학습자로서의 자기 인식을 확대하고, 이해와 기능을 추구하는 습관과 태도를 계발하는데 효과적인 촉매제가 되어야 한다.

수업 방법

INTASC 제2, 3, 4, 5, 7원칙

■ 성장과 성공을 위한 과제

DI는 수업 방법과 밀접한 관련이 있다. 그러나 수업 방법은 앞에서 다룬 세 가지 요소들과 분리된 것이 아니다. 오히려 다른 세 가지 요소에 대한 응답이 된다.

김 교사는 아이들의 차이성을 반영한 수업을 한다. 그리고 이보다 더 나은 방법은 없을 것이라 생각할 것이다. 모든 학생들이 알 만한 가치가 있다고 믿는 내용에 대해서는 더욱 책임감 있게 가르칠 것이다. 학생들이 내용에 대해 좀 더 깊이 알고 싶어 한다면 이를 위해 더욱 적합한 학습 환경을 만드는데 최선을 다할 것이다. 또한 학생들의 능력을 발전시키고 더 보람차고 생산적인 삶을 설계해 나갈 수 있도록 자신이 가진 지식의 힘을 활용할 것이다. 김 교사는 자신이 영향력이 있다고 믿는 교과에 학생들이 열정을 쏟을 수 있도록 도와야 한다고 생각한다. 이 점이 바로 김 교사의 수업 방식에 대해 알 수 있는 곳이다. 김 교사는 학습자들의 다양성과 차이성을 반영시키는 교실을 단기간 내에 발전시키지 못할 지도 모른다. 그렇지만 자신의 교직 생활을 DI를 완성하는데 보낼 것이다. 그 여정은 다음의 네 가지 요소 간의 상호관계에 대한 감각을 발달시키며 탄력을 받을 수 있을 것이다.

- 수업은 반드시 개별 학생이 지식의 정수를 습득하고 이해하며 기능을 성공적으로 습득할 수 있고 성장할 수 있는 기회를 극대화 하도록 설계해야 한다.
- 개인의 성장과 성공을 극대화하기 위하여 학생들의 흥미와 학습 방식에 적합한 수업을 해야 한다.
- 개인의 성장과 성공을 극대화하기 위하여 수업은 다양한 방식으로 제시되어야 하고, 학습을 다양한 방법으로 접근하며, 학습한 것을 표현하는 다양한 방법이 사용되어야 한다. 또한 교육과정 목표와 학습자의 요구가 반영되어야 한다.
- 개인의 성장과 성공을 극대화시키기 위하여 수업은 학생의 자리 배치를 고려해야 한다. 교사는 학생의 자리 배치를 고려함으로써 학생들과 학습 내용 간의 연결을 강화시켜야 하며, 학생들이 다양한 맥락에서 접근할 수 있도록 해야 한다. 또한 학생들에게 다양한 학습 상황을 제시해야 하며 학생 개개인은 물론 소규모 집단의 요구에도 부합할 수 있도록 해야 한다.
- 개인의 성장과 성공을 극대화하기 위하여 수업은 학생-교사 간의 동반자 관계를 구축해야 한다. 이는 최선의 방법을 모색하도록 하며, 목표 설정을 명확하게 한다. 또한 학생들의 성장을 면밀히 지켜볼 수 있으며, 성공을 위한 비계설정을 할 수 있도록 돕는다.

앞으로 여러분은 교사가 DI를 위해 사용할 수 있는 중요한 전략들을 확인할 수 있다. DI는 교수와 학습에 관한 교사의 신념이 뒷받침 될 때 가장 강력한 힘을 발휘한다. 이러한 전략은 분명 중요하지만, 교사가 학생들의 차이를 인정하지 않는 교실, 비인간적이고 강압적인 수업이 이루어지는 교실, 생기없는 딱딱한 교육과정이 운영되는 교실에서는 아무런 효과가 없다.

연습문제 3 개인의 차이성에 집중하는 교실과의 관계 검토

여러분이 가르치는 교실은 다양성을 띠게 될 것이다. 교직생활에서 여러분 모두 교실 속 다양성에서 자유로울 수 없을 것이다. 여러분이 조절할 수 있는 것은 아마도 그것에 어떻게 대응하느냐일 것이다. 아직 교직을 시작하지 않았더라도, 전문직으로서 자신의 일에 대한 신념은 그 일을 어떻게 실천해 나갈지를 형성해 나간다.

1. 김 교사의 사고와 실천에서 수업 대상, 수업 현장, 수업 내용, 수업 방법에 대한 상호 관계를 보여줄 수 있는 흐름도를 그리시오. 당신의 작업을 검토해 줄 수 있는 동료에게 도안을 좀 더 명확하게 전달할 수 있도록 주석을 다시오.
2. 일반적으로 정형화된 상황에서 교사의 사고와 실천을 반영하는 유사한 흐름도를 그리시오. 역시 이 도안에도 여러분의 생각을 담는 각주를 다시오. 도안 밑에는 두 개의 것을 비교 및 대조하는 진술을 남기시오.
3. 수업 대상, 수업 장소, 수업 내용, 수업 방법에 대하여 여러분이 지금 가지고 있는 셋 또는 네 개 정도의 가장 중요한 신념들의 목록을 작성하시오. 또한 신념이 여러분의 수업을 형성한다는 것에 대하여 어떻게 생각하는지도 쓰시오.

5장

목표 4: 학생의 준비도, 흥미, 학습 프로파일에 대응하는 내용, 활동, 학습 결과물을 다양하게 하는 구체적인 방법을 수업에 적용할 수 있다.

■ 아이들의 차이성을 반영하는 수업에 대한 몇 가지 접근

학생들의 다양성에 민감하게 반응하는데 정해진 공식은 없다. 여러 접근법 중 몇 가지 방법은 다소 어렵지만, 많은 장점을 가지고 있다. 교사들 역시 다양하기에 교사마다 학생들의 인성 계발, 교사로서의 전문성 신장 그리고 학습자의 요구 충족을 가능케하는 자신만의 방법을 가지고 있다.

DI는 교수와 학습에 관한 교사의 신념이 뒷받침 될 때 가장 강력한 힘을 발휘한다. △

그럼에도 불구하고, 교사들이 아이들의 다양성에 민감하게 반응하는 수업을 달성하기 위해 교육과정의 세 가지 요소인 내용·과정·산출에 대응하는 학생의 세 가지 특성인 준비성·흥미·학습 프로파일을 고려해보는 것은 효과적이다. 교사와 학생이라는 두 가지 교육적 역할에 대한 용어를 고려해보는 것도 좋다.

여기에서는 단지 몇 가지 예시들을 제시할 뿐이다. 그것들은 내용(학생이 반드시 알고 있어야 하는 것 또는 학생들이 정보와 아이디어에 접근할 수 있게 하는 방법), 과정 또는 활동(학생이 의미를 만드는 방식 그리고 자기 고유의 내용을 획득하는 방식), 산출(학생이 자신이 알고, 이해하고, 할 수 있게 된 것을 드러내는 방식)이다. 이들은 학생들의 준비성(학습 목표와의 인접성), 흥미(주제 또는 과제에 대한 정서), 학습 프로파일(선호하는 학습 방식)에 민감하게 대응된다. 수업의 초점은 제시자로서의 교사인지 수행자로서의 학생인지에 따라서 달라진다.[15]

학습자의 준비성에 부응하는 DI

INTASC 제2, 3원칙

준비성(readiness)은 특정한 학습 목표와 관련하여 학습자들의 현재 이해도 및 능력과 관계가 있다. 학습자의 준비성 수준에 맞추어 적절하게 제시된 과제는 학습자가 독립적으로 완성시키기에는 조금 어려운 수준이다. 과제에 대한 학습 목표는 학습자의 준비성에 부응하며 변하지 않는다. 그러나 학습자가 목표를 달성하도록 요구되는 곤란함의 정도 또는 복잡성의 정도는 학습자의 현재 준비도와 맞아야 한다. 과제가 학습자의 준비성 수준보다 너무 어렵거나, 또는 너무 쉬웠을 때는 학습자의 성취가 잘 이루어지지 않는다. 그러므로 준비성에 부응하는 DI의 목표는 다음의 네 가지를 달성하는 데 있다.

(1) 제시된 과제를 이해하기 위한 충분한 배경 지식
(2) 자신이 이미 알고 있는 것과 교재 또는 과제에 제시된 새로운 내용 간의 연관
(3) 이미 알고 있는 것과 새로운 내용 간의 연결에 도움을 주는 시스템
(4) 성공은 노력을 필요로 한다는 점을 발견

INTASC 제2, 3, 4, 5, 7, 8원칙

다음의 표는 교사가 교실을 학습자의 수준에 더욱 적합하게 꾸미는데 사용할 수 있는 전략이다. 이러한 전략이 결코 완벽한 것이라고 할 수는 없다. 그렇지만 교육적 숙고와 계획에서 중요한 부분을 차지하는 학습자들의 요구를 고려하며 중요한 내용들을 가르칠 수 있도록 하는 방식을 구체적으로 다루고 있다.

학생들의 준비성에 부응하는 DI 접근법	
수업 중 교사가 중심이 되는 상황	
전략	예
수업 계열을 충실히 따라올 수 있도록 안내하고 주제에 초점을 맞추게 선행조직자 제공	현 교사는 수업을 따라오는데 어려움을 겪는 학생을 지원하기 위하여 핵심 아이디어와 설명을 기록해야 할 빈 칸이 있는 도안을 나누어 주고 프로젝터에 이 도안을 띄우고 완성시키며 수업을 진행한다.
복잡하거나 추상적인 아이디어, 그리고 이미 학습했던 어려운 용어에 대하여 추가 설명	추상적 정보에 대해 어려움을 겪는 학습자를 지원하기 위하여 문 교사는 집에서 가지고 온 물건들을 이용하여 물리 법칙이 어떻게 적용되는지 보여준다.
정기적으로 모둠 단위 수업 시도	고 교사는 종종 자신의 몇몇 학생들이 어려움을 겪으리라 예상하는 능력 또는 아이디어에 대한 미니 워크샵을 연다. 그녀는 개인적으로 몇몇 학생들에게는 꼭 참석하라고 하며, 또한 이미 워크샵이 진행 중이라도 그 주제를 도울 수 있다면 누구라도 초대한다. 그녀는 또한 정기적으로 기본적인 아이디어와 능력에 어려움을 겪는 학생들을 위한 정기적인 보충수업 그리고 사고와 능력이 우수한 학생들의 사고를 확장시키기 위한 모둠 수업도 계획한다.
학생들이 다시 생각하고 질문할 수 있도록 종종 멈추기	곽 교사는 칠판 또는 오버헤드 프로젝트기로 무언가를 설명하거나 보여주고 있을 때 항상 7~10초 정도 멈춘다. 때때로 그는 학생들에게 요점을 요약해보거나 짝과 함께 기술을 적용해보라고 요구한다. 때때로 그는 학생들에게 개인적으로 자신들이 이해하고 있는 것에 대한 요약 또는 문제를 써보라고 요구한다. 그는 학생들의 생각을 듣거나 보기 위하여 교실을 순회한다. 그리고 나서 다음으로 넘어가기 전, 수업 시간을 통해 제기된 질문들의 결론을 짓는다. 또한, 수업 중 그가 들었던 것들을 이용하여 자신의 수업을 정교하게 만든다.
곤란도를 차츰 심화하기 위한 발문	교실 구성원 모두를 토론에 적극적으로 참여시키기 위하여, 장 교사는 발문의 계열을 잡는다. 처음에는 기본적인 정보와 개념들에 관한 것으로 시작하여 발문의 복잡도를 계속 증가시킨다. 이는 학급 구성원 모두가 그녀의 발문을 통해 이해 정도를 확인 받고, 이러한 과정은 이해 수준이 높아지고 조금 어렵게 느껴질 때까지 계속 이어진다.

수업 중 학생이 중심이 되는 상황

전략	예
다양한 읽기 능력 수준의 학습 자료 제공	이 교사는 같은 주제에 대하여 다양한 읽기 범주에서 원문, 보충 프린트 교재들, 인터넷 자료들을 이용한다. 이는 개별 학생들이 자신의 수준에 적절한 자료를 확보할 수 있게 하기 위함이다.
평가는 자주 실시하고 학생들로부터 관찰된 모든 사항을 수업 계획에 반영	서 교사는 자신의 학생들이 평가 도구로써 사용할 수 있는 모든 것을 고려한다. 그는 각 단원별로 들어가기 전, 사전 평가를 한다. 또한 학생의 수준을 좀 더 정확하게 파악하기 위해 토론 중, 숙제 검사 중, 개별 또는 모둠별로 앉아있을 때, 수행 평가 등 중요한 순간마다 그때 그때 메모를 남긴다. 그는 종종 학생들이 그 날의 수업에 대한 질문에 간략하게 응답하게 하는 '출구 카드'를 사용한다.
중요한 부분에 밑줄친 자료 제공	류 교사는 자신의 책상 뒤 선반 위에 몇 개의 글을 둔다. 그것들 각각에는 가장 필수적인 부분에 표시를 해 두었다. 읽기 장애가 있는 아동들은 이렇게 표시된 책에서 중요한 아이디어를 확인하며, 그 부분에 특히 더 집중할 수 있다. 읽기는 밑줄이 표시된 글을 보며 더욱 나아질 수 있다.
녹음 자료와 보충 교재 활용	명 교사는 대부분 교실에서 중요한 교재를 크게 읽어주는 듣기 스테이션을 한다. 그녀는 스스로 그 교재를 녹음한 것이나 종종 학생 또는 학부모 자원자들이 녹음한 것도 이용한다.
돌려읽기	서 교사는 몇 가지의 낭독 전략을 이용한다. 읽기 보조 투입, 유사한 수준의 독자끼리 짝 맺기, 흥미에 따른 읽기자료 선택, 짝 낭독 등이다. 짝 낭독은 읽기에 어려움을 겪는 독자를 지원할 수 있으며, 도움을 주는 최상위 수준의 독자들에게도 큰 도움을 줄 수 있다.
학생이 다양한 방법으로 학습한 것을 표현할 수 있도록 허용	김 교사는 학생들에게 탐구를 촉진하기 위하여 아이디어를 설명하게 하는 작문 과제를 내거나 아이디어를 도표나 그림 형태로 일반화하게 한다. 또한 어떤 주제에 대한 학습이 끝나면 시험과 동시에 학생 스스로 제작한 수행평가물을 제출하도록 한다. 심각한 읽기 장애 또는 언어 장애가 있는 학생들은 시험적 응답 또는 녹음 자료 제출을 허용하여 내용 이해 수준 진단에서 일어날 수 있는 오류를 줄인다.
다양한 난이도 또는 복잡도를 지닌 과제와 산출물 제공	안 교사는 정기적으로 단계별 과제와 산출물을 사용한다. 그녀는 모든 학생들마다 특별한 아이디어와 능력을 갖고 있다는 것을 알고 있기 때문이다. 이때, 그 수준은 개인에게 적절하게 도전적이다.
다양한 지적 수준에 따른 명확한 지침이 제시된 루브릭 활용	양 교사는 다양한 수준에서 능력과 이해, 학생 수행의 자세한 지침이 들어있는 루브릭을 이용한다. 그는 루브릭에서 학생들이 다음 단계로 성장할 수 있는 목표를 설정하도록 한다. 단, 주어진 시간에 모든 학생들이 루브릭처럼 모두 동일한 성취를 보인다고 가정하는 것은 아니다.

수업 중 학생이 중심이 되는 상황	
전략	**예**
수행 속도의 다양화	임 교사는 학생들이 과제를 해결하는데 시간이 다양하게 필요로 한다는 것을 안다. 몇몇 학생은 수행을 마치기 위한 추가시간을 다른 학생은 심화탐구를 위한 추가시간을 필요로 한다. 과제를 일찍 해결한 학생들에게는 다른 방향을 제시한다.
숙제 선택권의 제공	반 교사는 종종 학생들이 단원마다 자신의 강점과 약점을 진단하도록 한다. 그리고는 숙제 선택권을 제공하는데, 이는 학생들이 자신을 향상시키는 데 가장 도움을 줄 과제를 선택하도록 하기 위해서이다.
시험 문제의 다양화	시험문제들이 동일한 핵심 지식, 이해, 능력을 포함한다고 할지라도, 강 교사는 시험의 몇몇 문제들을 다양하게 제시한다. 최소한 몇 가지의 문제들은 학생의 현재의 이해 수준과 능력 수준에 부합하도록 한다.
성공할 수 있도록 수행안내	변 교사는 학생들이 과업 수행 중에 수시로 그들 주위를 순회한다. 그녀는 학생들의 진보 상태를 확인하고, 그들의 이해도를 평가하며, 성취를 위한 집단 목표와 개인 목표에 도달하고 발전할 수 있도록 개별적으로 지도한다. 이는 루브릭과 학생 표본 집단에 의해 안내된다. 루브릭과 표본 집단은 학습자들이 성공 척도를 판별할 수 있게 하며, 성공적인 수행을 이해하게 한다.
학생의 발달 수준에서 핵심 내용을 학생들이 수행할 수 있도록 학습 계약과 같은 수업 전략을 이용	나 교사는 정기적으로 학습 단원이 끝나갈 무렵에 학생들에게 학습 계약서를 나누어준다. 그는 모든 학생들이 단원의 핵심적인 아이디어 또는 원리를 이해할 수 있도록 계약서를 설계한다. 그 뿐만 아니라 특정 학생들의 계약서에 있는 능력들이 학생의 현재 요구에 부응하도록 한다. 그는 계속되는 평가 정보를 다양한 버전의 계약을 개발하는 지표로 사용한다.

INTASC 제2, 3, 4, 5, 7, 8원칙

교사들은 과업의 다양화, 학습 속도 조절, 학습지원시스템의 제공을 통해 모든 학생들이 개념을 이해하고 탐구능력을 신장하도록 할 것이다. 그러나 때론 학생들이 학습하고 있는 방식을 변화시키는 것도 필수적이다. 선형적 시퀀스에 따라 수행하고 있을 때에도 마찬가지이다. 현재 단계를 숙달하기 전까지는 새로운 단계로 나아가서는 안 된다. 그렇지만 어떤 단계에 숙달되고 난 이후에도 현재 자기 수준의 수행을 계속한다면 어떠한 성장도 없다. 그러한 상황에서 교사들은 모두를 하나의 수업, 목표에 끼워 맞추려 하기 보다는 학생 각자가 좀 더 진보할 수 있는 기회를 마련하는 수업을 고려해 보아야 할 것이다. 한 예로, 6학년 학생들은 모두 늘 같은 어휘 수준을 가

5장

지고 있지 않다. 몇몇 학생들은 1학년 수준의 어휘를, 몇몇은 대학생처럼 단어를 구사하기도 한다. 수적 감각이 떨어지는 학생은 덧셈과 곱셉에 어려움을 겪는다. 이미 덧셈과 곱셈을 할 수 있는 학생들은 숫자가 무엇이며 어떻게 표상하는가에 대한 학습을 지속하는 것에서 어떠한 것도 얻을 수 없다. 학생들의 다양한 준비도에 부응하는 수업은 교사가 다음과 같이 자문할 때 시작된다. '나의 수업 방법과 수업 내용이 학생들의 준비도보다 적당히 높아서 아이들을 긴장시키는가?' 이에 대한 답이 일부 학생들에게 '아니오'라는 반응을 보일 때, 교사는 다시 이렇게 자문한다. '학습자마다 열심히 수행하여 성공할 수 있는 기회를 보장하고 그 가능성을 증가시키며 계속 도전 의식을 심어줄 수 있게 하려면 어떻게 해야할까?'

흥미에 부응하는 DI

INTASC 제2, 3, 4, 5, 7원칙

흥미(interest)는 어떤 주제에 대한 학습자의 성향과 관계가 있다. 흥미는 다른 문화, 경험, 학습자의 특별한 능력에 의해 영향을 받을 수 있다. 학생이 주제에 대한 흥미를 발견하였을 때, 동기와 몰입은 증가하고, 성취는 자연스레 따라온다. 교사는 교육과정의 모든 측면에서 학생의 흥미에 부응하도록 노력한다. 또한 교사가 제공하는 학생과 연관된 역동적인 교육과정과 수업으로 학생들은 새로운 흥미를 발견할 수 있는 큰 기회를 갖는다. 학습자의 흥미에 기반한 DI의 목적은 학생들이 자신의 특정한 능력, 경험, 그리고 선호도를 내용과 연결시켜 내용 간의 상호 연관성을 찾는 것이다.

학생들의 준비성에 민감하게 부응하는 DI처럼, 학생들의 흥미에 접근하는 수업을 어떻게 구현해내야 하는지에 대한 공식은 없다. 다음의 표에서 학습자의 흥미에 부응하는 DI에 대한 몇 가지 접근법을 제안한다.

INTASC 제2, 3, 4, 5, 7, 8원칙

학습자의 흥미에 부응하는 DI를 하는 교사는 다음과 같이 자문한다. '어떻게 하면 내가 가르치는 내용이 개인의 특기와 흥미를 발견하는데 촉매가 될 수 있을까?' 그리고 '어떻게 하면 개인의 특기와 흥미가 내용에 대한 학생들의 열의를 키우는데 촉매가 될 수 있을까?' 이러한 교사들은 학습이 쌍방향으로 이루어지며, 학생들이 흥미를 느끼는 것 그리고 학습할 필요가 있다고 여겨지는 것이 더 나은 학습 성취로 가는 기초적인 통로를 제공한다고 생각한다.

학생 흥미에 맞춘 몇 가지 DI 접근법	
수업 중 교사가 중심이 되는 상황	
전략	예
필수적인 교과목과 학생들의 흥미 연결	박 교사는 종종 자신의 학생들이 흥미있는 음악, 스포츠, 문학, 최근의 사건, 다른 영역들로부터 실례를 든다. 이는 학생들이 개념과 기술을 그가 가르친 내용을 통해 설명하도록 하기 위해서이다.
학생들의 관심 영역에 대해 왜 그것에 끌리는지 설명하도록 유도	정 교사는 학생들이 좋아하는 것을 찾는데, 이는 왜 학생들이 그것을 좋아하는지 알고 싶기 때문이다. 그들은 유머, 행동, 반성, 인간적인 이야기들, 창조적인 것에 끌린다. 그녀는 그러한 요소들을 자신의 수업 장면에 가지고 오는 방식으로 수업을 한다. 학생들이 왜 그것들을 좋아하는지 이해하도록 도우며, 그러한 것들이 자신이 가르치는 내용의 일부가 되도록 한다.
가르치는 것과 더 나아가 교사 자신의 흥미 간의 연관	양 교사는 종종 그녀의 흥밋거리 중 하나를 은유로 사용하여 수업에서 가르친다. 한 예로, 그녀는 최근에 역사 속 주제가 어떻게 음악 속 주제와 비슷한지에 대하여 이야기 하였다. 그녀는 학생들에게 자신이 좋아하는 어떤 것과 관련이 있는 내용들에 대한 생각이 흥미로웠다고 말했다. 그리고 학생들이 수업 내용을 자신들의 흥미와 연관할 수 있도록 안내하였다.
학생들에게 가르치는 내용을 사람들의 삶의 모습으로 형성	문 교사는 자신이 가르치는 교과의 학문적 기초를 형성한 사람들 그리고 한 가지 혹은 다른 방식으로 그 학문에 중심이었던 사람들에 대한 이야기를 공유하는 것을 수업의 초점으로 잡았다. 그녀는 교과목을 삶에 적용하여 소개할 때, 많은 학생들이 새로운 흥미를 발견한다는 것을 안다.
학생들의 흥미 조사를 이용하고 학부모에게 홍보	학기 초에 신 교사는 그녀의 학생들에게 직접 개발한 흥미 조사지를 주었다. 해가 바뀌면서, 그녀는 학생들의 흥미를 이끌어낼 다양한 방법을 찾는다. 흥미로운 주제에 대한 토론, 학생들이 흥미로운 질문을 달아놓는 게시판, 흥미에 대한 글을 쓰는 것 등이 있다. 그녀는 또한 학생들에게 흥미를 어떻게 이끌어내는지에 대한 그녀의 생각을 자주 전달한다.
흥미 센터 및 흥미 그룹 활용	이 교사는 교실에 일정 공간을 마련하여, 그곳에서 자신과 학생들이 공부하는 주제와 관련된 자료를 구할 수 있도록 한다. 그는 학생들에게 그 장소에서 특별한 흥미가 있는 아이디어나 사람에 대하여 좀 더 공부하라고 안내한다. 시간에 따라 인터넷 기반 토론 모둠을 조직하는데, 학생들은 같은 흥미를 공유하는 동료들과 함께 그 내용에 대해 흥미로운 주제로 논의할 수 있다. 또한 '집단탐구'전략을 통해, 학습자들이 직접 탐구주제를 선정하고 조사 및 발표능력을 향상시킨다.
학생들이 더 큰 주제에서 하위주제들을 세분화시킬 수 있도록 허용	손 교사는 종종 학생들에게 그 단원의 한 부분을 고르라고 하는데, 그들이 특별히 전문적으로 알고 싶은 부분에 대해서 탐구할 수 있도록 시간과 내용을 제공한다. 이러한 선호 영역이 그에 관한 지식을 확장시키고, 그 과목에 대한 선호를 더 견고하게 한다.

수업 중 학생이 중심이 되는 상황	
전략	**예**
학생들이 자신들의 흥미 영역과 교사가 제시하는 내용에 있는 개념이나 기능을 연결시키도록 과업과 산출물 설계	국 교사는 주기적으로 학생들에게 어떻게 핵심 개념과 기능을 보여주면 좋을지 묻는다. 한 예로, 학생들은 소설, 음악, 과학 등에서 쓰기 규칙의 다양한 적용을 확인한다. 또한 체육, 예술, 과학, 가정학, 정치, 문학 등 고유의 내용 영역에서 상호의존 개념을 검토하게 한다.
웹퀘스트*를 활용 *웹퀘스트: 인터넷에 있는 자원을 통해서 얻은 정보를 기반으로 한 연구 활동	한 교사는 종종 학습 단원을 소개하는 방법으로써 웹퀘스트를 이용한다. 그녀는 학생들이 곧 배우게 될 것에 관한 5~6개의 개방형 질문의 문제를 만든다. 그 질문은 학생들의 호기심을 유발하도록 고안되었고, 학생들의 흥미와 학습 사이의 연결을 견고하게 하도록 돕는다. 학생들은 개인 또는 짝과 함께 웹퀘스트를 완성하길 원하는 문제를 선택하고, 한 교사는 웹사이트를 즐겨찾기 해둔다. 다양한 읽기 수준에서 모든 학생들이 자신들에게 유용한 자원을 찾을 수 있도록 하기 위해, 학생들이 학습 단원의 핵심 질문에 대하여 학습한 것을 공유할 수 있는 기회를 준다.
선택권 제공	양 교사는 학생들에게 수행의 선택권을 제공할 때마다 언제나 흥미가 향상된다는 것을 안다. 어디에 앉을지, 누구와 함께할 지, 사용할 자료, 과업을 완성하기 위한 시간표, 성공을 위한 기준, 조사를 위한 주제, 기타 등에 대한 선택권을 제공할 수 있다.
학생들이 학습을 표현해낼 수 있는 방법을 선택할 수 있도록 격려	오 교사는 신중하게 학생들에게 반드시 증명해야 할 기본적인 정보, 아이디어, 기능이 어떤 것인지 윤곽을 잡아준다. 그러나 그녀는 학생들이 어떻게 작업할 지에 대해서 선택권을 제공한다. 독백, 비디오 클립, 박물관 견학, 에세이, 패널 토론 등의 선택권이 있다.
흥미 영역의 독자적 탐구기회 안내	왕 교사는 1인 1탐구를 매년 교육과정의 한 부분으로써 포함한다. 탐구의 방식은 학생들의 준비성과 흥미의 폭에 따라 다양하다. 그녀는 효과적 자료 활용, 자료 분석, 결론 도출, 목표 설정, 시간 소비 등을 안내하며 1인 1탐구를 지원한다. 그녀의 목표는 학생들이 독립적으로 학습할 수 있는 능력을 키우는 것이다. 주제의 선택은 학생의 흥미에 따라 다양하게 설명된다.
학생들이 깊이 있게 흥미 영역을 탐구할 수 있도록 전문가 집단 활용	현 교사는 종종 학생들이 '전문가 집단'에 직접 가입하도록 하며, 단원을 시작한다. 전문가 집단에 있는 학생들은 특정한 주제에 대하여 주제에 대한 이해를 심화시킬 수 있다. 전문가 집단은 자신들의 주제가 단원에 등장할 때, 교사가 정보를 제시하고 학생들이 수행하도록 설계하는 것을 돕는다.
학생들의 흥미 영역에서 멘토링 활용	장 교사는 학생들의 흥미 계발과 발전을 위해 멘토쉽을 이용한다. 멘토들은 장 교사의 학생들과 공유된 흥미를 가졌지만, 세련되게 다듬어진 흥미를 가진 전문가 또는 나이가 더 많은 학생들이다. 그녀는 멘토들이 부분적으로 도움이 된다는 것을 안다. 즉, 멘토들은 생각과 기능을 어떻게 적용해야 하는지 의미있게 보여주고, 학생들이 수행의 질을 향상하도록 도울 수 있다.

학습자 프로파일에 부응하는 DI

학습자의 프로파일(learning profile)은 학생들이 선호하는 학습 방법과 관련이 있다. 학습자 프로파일에 부응하는 DI의 목표는 학습자가 가장 최고의 학습 방법에 접근하는 것이다. 그와 동시에 학습자가 학습 방법의 가지 수를 늘리도록 돕는 것이다. 학습 프로파일은 최소한 네 가지 요소에 의해 영향을 받는다.

INTASC 제2, 3, 4, 5, 7원칙

1. 학습 양식
2. 지적 선호도
3. 성별
4. 문화

학습 양식(learning style)은 환경적 요인으로 사람이 가장 집중하고 내면화하여 보유하는 정보와 능력, 환경, 신체적 욕구, 타인과의 상호작용과 관련이 있다.[16] 이것에는 소음의 정도, 움직임의 수준, 좌석 배치의 종류, 제시 방법과 같은 요소들도 포함된다.

INTASC 제2, 3, 4, 5, 7원칙

■ Sternberg의 지적 선호도

지적 선호도(intelligence preference)는 사고 방식이다. Sternberg는 개인들이 다음과 같이 학습에 대한 선호를 가지고 있다고 주장한다.[17]

- 분석적: 전형적인 모범생 스타일 / 사고의 논리적 정련과 정보의 요약과 재생 / 강의식 수업과 확인식 평가 선호
- 실천적: 아이디어와 능력을 현실에 적용 / 아이디어와 능력을 현실 세계의 맥락에서 학습하는 것을 선호
- 창의적: 문제 해결법과 상상력을 통한 창조 선호

■ Gardner의 다중지능

Gardner는 개인이 여덟 개의 지능 중 하나에 대한 강점을 가지고 있다고 주장했다. 그는 지능을 언어, 수학-논리적, 신체-운동, 음악, 공간, 자기이해, 대인관계, 자연 탐구 지능으로 분류했다.[18]

Gardner와 Sternberg는 유전과 환경 모두 지적 선호도에 영향을 끼치며, 개인의 지적 선호도에 대한 정확한 인식은 학습에 큰 도움을 준다고 말했다. 아이디어와 정보를 다양한 분야에서 제시하고, 학생들이 다양한 방식으로 학습하고 탐구하며 표현하도록 하여 학생의 지적 선호도를 알아볼 수 있다. 교실에서 폭 넓은 지적 선호도를 다루기 위해서 교사는 자신의 교수-학습 레퍼토리를 더욱 확장시켜야 한다.

■ 문화와 성별의 영향

문화와 **성별**은 학습 양식, 지적 선호도와 관련이 있으며, 또한 타인과의 관계 형성, 정보처리 방식, 세계관 결정에 큰 영향을 준다. 같은 성 또는 문화권내의 구성원이 동질성을 갖는다고 가정하는 것은 잘못된 것이지만, 같은 문화와 성을 가진 구성원은 특히 선호하는 학습 양식이 있을 수 있다. 일반적으로 학교는 지배적인 문화를 가장 최고의 문화라고 취급하지만, 그러한 경향에도 역시 예외가 있을 수 있다.

■ 학습자를 규정하지 말 것

학생들의 학습 선호도에 부응하는 DI를 하는 교사는 학생들을 성별, 문화, 지적 선호도로 분류해서는 안 되며, 그 분류에 기초하여 학생들을 판단해서도 안 된다. 교사는 학생이 어떻게 학습할 지 또는 학습이 어떻게 제한받는지에 대해서도 미리 규정해서는 안 된다. 교사의 목표는 충분하게 유연성—충분한 선택권을 제공하는—있는 교실을 창조하는 것이어야 한다. 학생들을 위해 어떻게 하면 가장 잘 학습할 수 있는지 조사하고, 학습 선택권을 제공하며 가장 잘 통하는 접근법이 무엇인지에 대하여 교사는 고민해야 한다.

우리는 학습 프로파일에 대해 잘 알고 있다. 가능한 모든 학습 프로파일 요소들과 학습 선택권에 접근하기는 어렵기 때문에 이는 교사에게 부담이 될 수도 있다. 많은 실제적인 목표들은 몇 가지의 학습 프로파일 요소를 고려하는 것으로부터 출발한다. 이는 매우 중요하지만 비교적 쉽게 실천할 수 있는 것으로 학습에 대한 충분한 선택권을 가지도록 교실을 설계할 수 있다.

■ 미리 가정하지 말 것

다양한 학습 프로파일 요소를 이해하기 위해서는 많은 노력과 시간이 필요하다. 오늘날 문화적으로 다양한 교실에서 교사들이 전통, 가치, 학생들의 사고 방식에 대한 이해에 시간을 투자하는 것은 중요하다. 그러나 교사의 미숙하고 부정확한 추정은 오히려 많은 학생들에게 많은 불편과 박탈감, 낙담, 낮은 성취를 초래할 수도 있다.

■ 학생에 대한 정보를 수업에 반영

모든 학생들을 완벽하게 파악하는 교사는 없다. 학년 초, 학생들에게 학습 프로파일 선택권을 주고, 학습 프로파일 정보를 공유하는 것은 권고할 만 하다. 이는 모두에게 더욱 적합한 수업을 만들기 위해 학생들의 아이디어를 공유하고 수업에 반영하는 좋은 방법이 될 수 있다.

■ 학부모와의 가교 놓기

INTASC 제2, 3, 4, 5, 7원칙

학생에 대하여 더 많이 알기 위해서 학부모와 가교를 놓는 것 또한 중요하다. 시간이 지나면서 교사들은 특정한 또래 집단에 대해 큰 노력 없이도 많은 정보를 읽어낸다. 그렇지만 자녀와 항상 가까이 있는 학부모들이 교사가 할 수 있는 것보다 더 깊이 그들에 대해 알 수 있기도 하다. 학부모가 학생의 흥미, 학습 방법, 과거에 학생들이 격려 받고 낙담한 것이 무엇인지에 대한 잘못된 정보를 제공할 수도 있지만, 학부모와 대화할 수 있는 기회를 마련하고, 그들의 의견을 경청하는 것은 매우 중요하다.

학습자 프로파일에 따른 DI를 위한 몇 가지 접근법	
수업 중 교사가 중심이 되는 상황	
전략	예
다양한 문화와 성별을 불문하고 어떠한 사람들이 학문의 발전에 기여했는지 초점	문 교사는 자신이 가르치는 단원에서 주기적으로 어떤 영역에 기여한 사람들에 대하여 이야기를 한다. 그녀는 많은 문화, 그리고 남녀를 불문하여 학문 발전에 기여한 사람의 예를 든다.
주제와 이슈들에 대한 다양한 관점 제시	이 교사는 학생들이 자신의 지식을 이용하도록 하고, 더 깊이 사고하는데 도움이 되는 복잡한 이슈들과 다방면의 문제들을 부각시킨다. 그녀는 학생들이 그 이슈들에 대한 다양한 관점을 발견하라고 격려한다. 또한 그들이 그렇게 하고 있을 때 효과적으로 생각하고 있는 것을 알도록 한다.
말로, 시각적으로, 촉각적인 방법으로 제시	박 교사는 학급에서 수업을 할 때 늘 프로젝터를 이용한다. 그는 일관되게 그림을 사용한다. 그리고 종종 모델을 제시한다. 때로는 학생들에게 그와 함께 작업할 수 있는 조작물을 제공한다. 그는 많은 웹사이트가 비디오 클립, 오디오, 애니메이션을 제공하고, 이것들은 학생들의 사고를 좀 더 명확하게 한다는 점을 알고 있다.
학습 선호도 고려	황 교사는 종종 분석적, 실천적, 창의적 설명과 문제들을 수업에 투입한다. 이러한 접근법은 학생들이 최소한 수업의 한 가지 요소만큼은 명확히 하게 하며, 학생들의 학습 선택권을 확장시키도록 돕는다.
숙고시간과 반성하기 위한 다른 접근법 그리고 학생 참여 활용	안 교사는 정기적으로 생각-짝-나누기와 같은 전략을 사용하는데, 이는 학생들의 참여를 확실히 할 수 있다. 수업 전, 발표 전에 자신감이 없는 학생들, 발표하기 전에 반성하고 싶은 학생들, 더 자주 발표하길 원하는 학생들, 과묵한 학생들을 포함할 수 있다. 또한 그녀는 학생들에게 한 주가 시작한다는 것을 알려주거나 추후에 주어질 과제들에 대한 제출시한을 사전에 공지함으로써 학생들이 스스로 준비할 수 있게 한다.
전체에서 부분 그리고 부분에서 전체로의 접근 이용	현 교사는 늘 그 수업의 목적을 설명한다. 이는 수업의 세부사항들 뿐만 아니라 학생들이 '학습한' 것과 '이유' 모두를 명확하게 하기 위함이다. 또한 정기적으로 단원 그리고 한 학기용 개념 지도들을 사용하는데, 교육과정의 부분들이 어떻게 연결되는지 보여줄 수 있다.
추상적인 아이디어의 구체적 사례 활용	정 교사는 삶, 직업, 그리고 취미들을 이용하여 그가 가르치는 아이디어를 학생들에게 소개한다. 그는 또한 친숙한 것을 이용하는데, 이것은 친숙하지 못한 학습 내용의 은유로 활용될 수 있다.
학습 선택권을 확대하기 위한 새로운 공학 활용	홍 교사는 탐구와 내용의 표현에 대한 선택권 중 하나로 학생들이 읽고 학습하는 것에 대한 아이디어를 공유하기 위해 블로그를 활용한다. 그녀는 많은 다른 학생들이 이러한 형식의 전환과 표현을 자연스럽게 느낀다는 것을 안다. 또한 그것들이 학생들의 이해를 돕는다는 것을 안다.

수업 중 학생이 중심이 되는 상황	
전략	예
서로의 다양한 입장을 공감하며 학생들의 다양한 견해를 검토할 수 있도록 요구하는 과업과 평가 개발	박 교사는 수업 시간에 '생각 창고'를 이용한다. 모둠 구성원들은 함께 어떠한 주제 또는 단원에 대한 몇몇 가능한 입장 중 하나를 발전시키며 작업한다. 단원이 끝나면, 생각 창고 모둠은 여러 입장들을 제시하고 반문한다. 그들은 또한 모든 생각 창고의 효과성을 평가한다. 학생과 교사에 의해 구성된 루브릭은 자신들의 입장과 다른 사람의 입장을 이해하도록 돕는다.
학생들에게 다양한 유형의 탐구 기회 제공	이 교사는 학습자의 새로운 이해와 능력을 발달시키는 작업을 하고자 할 때 학생들에게 실천적, 분석적, 창의적 과제의 학습 선택권을 제공한다.
다양한 형식의 학습 표현 기회 제공	가능한 경우 장 교사는 학생 이해를 나타내는 여러 가지 방식을 허용하며 학습자들의 산출물을 발전시킨다. 주어진 단원에서, 학생들은 결합시키는 법에 대하여 쓸 수 있고, 프레젠테이션을 발전시키거나 비디오 제시 또는 실제 묘사를 할 수 있다. 각각의 상황에서 동일한 필수 지식, 이해, 그리고 능력들은 학생들이 선택한 방식이 무엇이든지 요구되는 것들이다.
경쟁 또는 협력을 위한 선택권 제공	명 교사는 때로 경쟁을 이용하는데 이는 시험의 복습 차원이기도 하다. 때로 집단 협력 공부를 이용하기도 한다. 그리고 학생들에게 시험을 준비하는 방법에 대한 선택권을 제공하기도 한다.
소리와 시각적 자극의 다양한 요구들을 수용하는 교실 조성	고 교사는 주변환경 때문에 주의가 산만해지는 학생들을 막기 위하여 벽이나 게시판에 아무것도 붙이지 않는다. 그는 또한 침묵의 공간, 헤드셋, 이어폰을 사용하여 소음을 차단할 필요가 있는 학생들을 돕는다. 이는 시각·청각적으로 달리해 줄 필요가 있기 때문이다.
구조성과 개방성 간의 균형	강교사는 학생의 특성에 맞게 구조적 또는 개방적 과제를 제시하는 것이 좋다고 배웠다. 하지만 그녀는 분석적 학습자에게는 개방적 과제를, 창의적 학생들에게는 구조적 과제를 시도하도록 한다.
학생들이 자신의 학습 선호도를 인지할 수 있도록 조력	권 교사는 학생들에게 다양한 학습차원에서 그들의 경험을 기록해 오라고 요청하였다. 그녀는 그들이 그들 자신에 대하여 학습하는 것을 분석하도록 지도한다. 그리고 그들에게 원하는 학습 방법에 대한 선택을 하도록 지도한다.
좋은 내용이 탑재된 웹사이트 활용	양 교사는 웹사이트를 즐겨찾기 한다. 이는 학생들을 위해 다양한 난이도에 따라 중요한 아이디어의 설명을 제공해주며, 수행 과정에서 시각적 해석을 제공해준다. 그녀는 또한 학생들에게 핵심 아이디어의 분석적·실천적·창의적 적용을 제공하는 웹사이트를 추천한다.

연습문제 4 학습자의 요구에 부응하는 DI

다양한 수업을 학생들의 준비성, 흥미, 학습 프로파일에 대한 DI의 렌즈를 통해 관찰하는 것은 좋은 시도이다. 여러분이 교실을 많은 학습자들에게 적합하게 꾸미는데 가능한 선택권에 대하여 생각한다면, 그러한 시도는 더욱 발전할 것이다.

1. 가르치는 학년의 학생들이 배우는 교과서 또는 예전에 배운 대학 교재를 펼쳐보시오. 여러분이 생각하기에 학생의 준비성을 결정하는 데 적합할 것이라고 생각되는 사전 평가를 창안하시오. 사전 평가에 대해 동료에게 다시 살펴보라고 하시오.
2. 여러분이 최근에 가르쳤거나 관찰했던 한 수업을 선택하시오. 그 수업을 위한 학습 목표에 대해 생각하는 것을 기록하시오. 그리고 그 학습 목표를 다루리라 생각하는 수업에 대해 그에 대한 활동을 창안하시오. 다음 사항에 대한 최소한 두 가지 활동을 기록하시오. (다음 사항을 고려하시오. 첫째, 학습 목표를 변형하지 않는다. 둘째, 활동이 서로 다를 필요는 없다.)
    - 우수한 학습자에게 도전적인 활동
    - 어려움을 겪는 학생에게 도전적인 활동
3. 여러분이 만났던 교사에 대하여 생각해보시오. 특히 여러분이 이미 가지고 있었던 흥미를 확장시키거나 새로운 흥미를 계발하는데 성공적이었던 교사를 떠올려보시오. 그 교사가 여러분을 흥미있게 했던 점 그리고 시간이 지나면서 자신에게 다가온 의미를 가지고 편지를 써보시오.
4. 성별, 문화, 경제적 지위, 특정한 삶의 경험에 기초한 학교에 대하여 다른 관점을 가지고 있는 누군가를 인터뷰하시오. 자신과는 다르게 학교를 경험했던 사람을 찾아보시오. 그 대화가 교사로서 여러분에게 주는 통찰을 기록하시오. 가능하다면, 여러분이 찾은 것과 같은 과제를 완성한 다른 몇몇의 동료와 함께 공유해 보시오.

목표 5: 효과적인 DI의 일반적인 원리를 분석하고 이해할 수 있다.

DI의 주요 원리

학생들의 다양성을 반영하는 교실을 만들기 위한 공식은 없다. 교사가 다양한 학습자들의 요구에 주의를 기울이는 과정과 절차는 매우 다양하다. 이는 교사의 성향, 학생의 나이, 교사의 전문성 수준, 가르치는 과목 등에 의해 다양해질 수 있다.

하지만 효과적으로 학생들의 차이성을 극대화시킬 수 있는 일반적인 원리는 있다. 이러한 원리들은 교사의 신념, 학습자와 학습에 대한 교사의 지식, 교직 경험에 기인한다. 다음은 효과적인 DI에 대한 열 가지 핵심 원리이다. 이것이 비록 완벽한 것은 아니지만, 가장 효과적인 DI 교실의 중요한 이정표를 보여준다.

■ 미리 예상

INTASC 제7원칙

1. 차이성-극대화-시키기의 핵심은 반응하기보다는 미리 예상하는 것이다. 교사는 이미 계획한 학습에 대한 몇 가지 방안을 준비하고 수업에 임한다. 즉각적인 조정은 어느 교실에서나 매우 중요하다. 그러나 수업 계획에 대한 즉각적인 조정은 지속적으로 학습에 어려움을 겪는 학생들의 요구를 반영하기가 어렵다.

■ 내용에 대하여 명확하게 알고 있는 것

INTASC 제1원칙

2. 교사는 교육과정의 어떤 부분에 대해서라도 핵심적인 지식, 이해, 그리고 기능을 명확하게 알고 있어야 한다. 이것은 어떤 교실에서라도 좋은 학습을 이루어 내는데 필요할 뿐만 아니라 DI 교실에서도 중요하다. 가장 핵심적인 내용들은 학습 장애를 가진 학생들에게 수업의 초점으로써 작용할 수 있다. 또한 일반적으로 우수한 학습자들에게 추가적인 도전을 위한 초점으로 작용할 수도 있다.

■ 흡입력 있는 과제

INTASC 제5원칙

3. 교사는 '흡입력 있는 과제[19]'를 모든 학습자들에게 제공한다. 학생들의 과업이 다양할 때, 교사는 모든 과업이 흥미롭고, 매력적이고, 강력하게 보이도록 해야 한다. 이 원리는 자신의 수행을 다른 학생의 것처럼 매력적이게 한다.

■ 연속적 평가

INTASC 제8원칙

4. 교사는 연속적으로 학생들의 이해를 평가하고 평가가 드러내야 할 것에 기초하여 수업 계획을 조정해야 한다. 효과적인 DI를 하는 교사는 다른 대부분의 교사들보다 더 많은 시험이나 과제를 부과하지 않는다. 시험이나 과제 대신에 학습이 제대로 진행되는지에 관한 정보의 원천으로써 학생들이 행하는 모든 것을 관찰한다. 토론, 숙제, 학생 활동, 모둠 활동,

학생들의 수행 결과 등 모든 것은 학생 성장의 지표가 된다. 교사는 이러한 지표에서 단서를 찾고, 자신이 본 것을 반성하고, 그러한 반성에 기초하여 수업 계획을 수정해야 한다.

5. 교사는 학생들이 공동체 정신을 기를 수 있도록 최선을 다해야 한다. 이러한 교실에서, 학생들은 공동체 구성원으로서 기여하고, 그것에 가치를 두게 된다. 학생들은 공동체 안에서 안전함과 소속감을 느낀다. 그와 동시에 저항감을 느끼기도 하며, 그것을 표출할 통로를 찾는다.

■ 공동체

INTASC 제5원칙

6. 유연성은 하나의 이정표이다. 교사는 다음과 같이 자문한다.

■ 적절성과 유연성

INTASC 제2, 3, 4, 5원칙

'이것을 할 수 있는 다른 방법은 무엇인가?'

'학생들이 효과적으로 그리고 유능하게 학습하도록 도우려면 어떻게 해야 하는가?'

교사는 유연하게 시간과 자료, 공간을 활용한다. 유연한 모둠 편성 또한 효과적인 DI에 중심 목표를 둔다. 교사는 개인, 전체, 모둠 모두 각자의 학습 사이클을 수행하도록 계획한다. 게다가, 교사는 모든 학생들이 규칙적으로 다양한 수준의 집단에서 수행하도록 한다. 이는 다양한 준비도, 흥미, 학습 프로파일 수준에 부응하며 진행된다. 때로 집단 구성은 학생들이 유사한 준비도 또는 유사한 흥미를 가지고 있을 때 본질적으로 동질적이다. 때로는 준비도가 서로 다르거나 다양한 학생들이 하나의 목표를 성취하도록 하는 집단일 경우 이질적이기도 하다. 교사는 학생들의 집단을 직접 정해줄 수도 있으며, 반대로 학생들이 스스로 집단을 정하기도 한다. 아니면 무작위로 결정되기도 한다. 유연한 집단 편성의 목표는 다양한 맥락에서 수행할 수 있는 기회를 얻음과 동시에 학생들의 특정한 요구가 반영된 수행을 경험할 수 있는 기회 간의 균형을 맞추는 것이다.

7. 명확한 학급 규칙이 있다. 학생들은 교실에서 조용하게 이동할 수 있는 방법을 안다. 그들은 어떻게 자료를 받고 제출할 수 있는지 안다. 그들은 교사가 바쁠 때 자신이 어떻게 도와주어야 할 지 안다. 교사가 학생들에게 학급 규칙을 가르쳤을 때, 그 교실은 다양한 과업이 동시적으로 발생하는 곳이라고 말할 수 있다.

■ 학급 규칙

8. 교사와 학생은 교실, 수업, 학습에 대한 책임을 공유한다. 학생 역시 교사가 될 수 있으며 교사 역시 학생이 될 수 있음을 인식해야 한다. 학습자 중심 교실의 교사들은 자문한다.

■ 책무성

INTASC 제2, 5, 7원칙

'학생들이 수업 시간 내에 해결할 수 있는 과업인가?'

교사는 학생들을 그러한 역할에서 도와야하며, 어떻게 하면 실제적으로 수업의 모든 측면

이 효과적일 수 있는지에 대한 조언을 학생에게 구해야 한다. 더 나아가, 효과적으로 DI를 실천하는 교사는 학생들과 함께 수업을 계획하며 개인차가 존중받을 수 있는 교실이 되도록 노력한다. 또한 교육 철학과 실천 모두 교실의 모든 구성원들과 함께 공유한다.

■ 학생들을 촉진

INTASC 제1, 4원칙

9. 교사는 '가르친다.' 우리는 학생들의 가능성을 과소평가하기 쉽다. DI 교실의 목적이 개별 학습자들의 능력을 극대화시키는 것이라면, 교사는 반드시 모든 학생들의 능력이 나름대로 다양하게 뻗어나갈 수 있도록 계속 촉진하여야 할 것이다. 일반적인 DI 교실의 상황에서, 교사들은 개별 학생들에게 그들이 수월하다고 느끼는 수준보다 더 높은 수준의 과업을 제공하고, 학생들이 너무 쉽게 성공하는 기회를 갖지 않도록 하는 방법을 찾아야 할 것이다. 이는 기존의 우수한 학습자들에게 새로운 도전이 될 수 있다. 왜냐하면 학교는 대개 학생들이 기본 수준에 도달하면 성공했다고 가정하기 때문이다. 자신의 능력이 학교에서 더 발전될 수 있다는 점을 발견하지 못한다면, 학교를 통해 더 나아지기를 기대하기는 어렵다.

■ 학생의 성장에 초점

10. 학생들의 성장에 초점을 둔다. 이는 최소한 두 가지 사항을 의미한다. 첫째, 교사들은 학생들이 중요한 지식, 이해, 기능을 습득하도록 그들의 성장을 지도하고 지원해야 한다. 둘째, 학생의 학습 준비도를 성장의 한 부분으로 인정해야 한다.

연습문제 5 효과적인 DI 원리의 검토

1. 종이를 두 개의 칸으로 나누시오. 왼쪽은 "수업 전 차이성에 대한 사전 고려"로, 오른쪽은 "수업 중 차이성에 대해 즉시 대응"으로 이름을 붙이시오. 그 다음 목표 4에 나온 세 개의 표를 검토하시오. 표에 나온 모든 전략을 '차이성을 미리 고려하는 것'과 '즉시 대응하는 것'으로 나누어 보시오. 마지막으로, 아이들의 다양성이 존재하는 교실에서 단순히 반응하는 DI보다는 여러분이 사전에 미리 준비하는 DI가 좀 더 효과적일 수 있는 이유를 써 보시오.
2. 이 장의 처음에, 효과적인 DI는 우리가 수업하는 대상, 장소, 내용, 방법에 대한 교사의 철학으로부터 나온다고 밝혔다. 196~198쪽에 제시된 DI의 주요 원리에 대해 수업 대상, 장소, 내용, 방법 측면으로 나누어 부연 진술을 해보시오.

목표 6: 차이성에 민감하게 대응하는 교사가 되기 위해 내딛는 첫걸음을 제안할 수 있다.

효과적으로 DI를 실천하는 교사는 학생들과 함께 수업을 계획하며 개인차가 존중받을 수 있는 교실이 되도록 노력한다. 또한 교육철학과 실천 모두 교실의 모든 구성원들과 함께 공유한다. △

■ 차이성에 민감하게 대응하는 수업에 대한 첫걸음

교직은 그들이 가르친 학생들에 따라 여러 방식으로 다양하게 시작된다. 몇몇은 매우 빨리, 몇몇은 매우 늦게 교직을 시작한다. 몇몇은 여러 사람들로 구성된 집단을 이끌었던 풍부한 경험을 가지고 있고, 몇몇은 그런 경험이 전무하다. 다양한 이유들로 신규교사의 전문성 발달은 한 가지 길을 따라가진 않는다.

일반적으로 신규교사들은 수업의 '대근육 운동 기능'을 발달시키고 있는 중이다. 차이성-극대화-시키기는 수업에 있어서 '미세 근육 운동 기능'이다.[20] 교실을 다양한 학습자의 요구를 반영하도록 창조하는 것은 교직을 시작하는 순간에는 결코 도달할 수 없는 것처럼 보일 것이다. 그렇지만 수업의 세부적인 기능들은 시간이 지나며 점점 나아진다. DI는 1~2년만에 완전히 이룰 수 있는 것은 아니다. 그렇지만 학습자의 차이성에 민감하게 대응하는 교사가 되기 위한 과정의 단계를 차근차근 밟아 나갈 수는 있다. 이는 전문직으로서의 교직 입문과도 관련이 있다. 수업의 완성도는 해가 바뀔수록 진보하며, 이는 우리가 교사로서 학생들에게 요구하는 연속적인 성장에 대한 자신만의 통찰을 완성할 때 가능하다.

■ 실천 가능한 첫 단계

학습자의 차이성에 민감하게 대응하는 교실을 만들기 위해 실천 가능한 몇 가지 단계를 아래에 소개한다. 이것들은 교사로서 성공적인 한 해를 보낼 수 있도록 하며, 초보교사에서 전문적인 지식, 이해, 기능을 갖춘 교육실천가로 변모할 수 있게 할 것이다.

■ 학생에 대한 숙고

INTASC 제2, 3, 8원칙

- 학생들에 대하여 숙고하자. 학생의 학생이 되어보자. 학생들에 대해 알기 위해 노력하고, 가능한 어느 때라도 자신이 관찰한 것을 기록하자. 학생들의 태도, 행동, 그리고 성취가 교실의 변화되는 상황 때문에 어떻게 바뀔지 이해하려고 노력하자. 특히 교실의 구조, 교실 행동, 교실 성공에 대한 연결을 이해하려고 노력하자. 학생들의 다양한 문화적 힘과 흥미를 교실에서 펼칠 수 있도록 학생 집단 문화를 이해하자. 가능한 학급에 대한 여러분의 생각을 학생들과 공유하고 지금보다 더 나아질 수 있도록 학생들에게 도움을 요청한다. 이것은 DI의 기초적인 시스템을 마련하는 데 도움을 준다.

■ 명확한 교육과정

INTASC 제1원칙

- 교육과정에 대한 명확도를 높이자. 자신에게 자문하라. '정말로 이 수업 또는 단원에서 중요한 것은 무엇인가?', '나는 이것이 무엇을 의미하며 얼마나 중요한 지 학생들이 이해

5장

할 수 있도록 제시할 수 있을까?', '어떻게 하면 중요한 지식과 이해, 기술을 학습자들과 공유할 수 있을까?' 교육과정의 정수, 의미, 그리고 위력에 대한 명확도는 최종적으로 여러분이 교육과정에 초점을 맞추고 유연하게 대처할 수 있게 할 것이며 학생들을 학습으로 유도할 수 있는 통로를 제공할 것이다.

■ 교실 규칙의 개발과 실천

INTASC 제2, 5원칙

- 교실 규칙을 개발하고 실천하라. 교실 규칙은 시간을 절약하는데 주의를 기울이거나 학생들의 주의가 산만하지 않도록 학습지를 나누어 주는 것처럼 단순한 것이다. 여러분이 원하는 절차 그리고 단계별로 그 방법이 잘 운영되기 위하여 어떻게 계획해야 할지에 대해 구상하는 데 시간을 쏟아라. 이러한 계획들을 실천한 후에는, 실천된 사항에 대해 반성할 시간을 가져라. 그리고 여러분이 다음에는 더 잘 할 수 있는 것에 대해 생각하라. 그러한 성공은 좀 더 복잡한 교실 절차들을 다루는데 있어 수용 능력을 향상시킬 뿐만 아니라 지도자로서 여러분의 역할을 명확하게 해 줄 것이다.

■ 성적을 넘어서는 사고

- 단순한 점수 매기기를 넘어선 평가를 구상하라. 수행 결과물을 검사하거나 피드백을 주는 것 또는 수업 전 계획했던 것처럼 학습자들이 수행하는 지의 여부를 확인하는 과정을 떠올려보자. 그 때 학습자의 이해 수준에 대하여 알 수 있는 것보다 성적 기록부에 기록된 사항에 대하여 여러분과 학생들이 그동안 간과하고 있지는 않았는지 돌이켜 보자. 교사는 가능한 다양한 방법을 통해 학생에 대한 정보와 단서를 수집해야 한다. 평가는 교사에게 좋은 정보와 단서를 제공해 줄 수 있다. 간단한 평가를 실시해 보자. 새로운 단원을 시작하거나 모둠 토의, 학습자 수행 관찰 전에 실시하는 간단한 평가들은 학습자의 요구에 부응하는 수업을 하는데 큰 도움을 줄 수 있다.

■ 수업의 초점을 학생으로

INTASC 제2, 3, 4원칙

- 학생 중심의 수업 목표를 지향하라. 학습에 대한 최선의 이해는 학생 안에서 일어나야 한다.[21] 학생들에게 초점을 맞추고 있는가를 계속 자문하라. 여러분은 수업에서 잠깐의 시간을 내어 학생들이 짝과 함께 핵심 질문에 대답할 수 있도록 할 수 있을 것이다. 또는 학생들이 교과목에 대한 이해를 반영하게 하고, 공부하고 있는 것에 대한 질문을 올릴 수 있는 학습 일지를 이용할 수도 있을 것이다. 수업의 중심에 활동적인 학습자로서 학생을 두게 하려는 노력은 DI로 향하는 지름길이다.

■ 수업 방법의 다양화

INTASC 제2, 3, 5원칙

- 유연하게 하라. 여러분은 학생들에게 어떻게 과업을 수행할지에 대한 두 가지 선택권을 줄 수 있을 것이다. 그리고 학생들에게 이번 주에 세분화한 프로젝트를 위한 가장 최선의 날짜를 제안하여 제출하라고 요구할 수도 있다. 또한 개별 학생들이 몇 가지 교실 잡무에 대한 책임을 맡도록 할 수도 있다. 학생들이 부과된 과제를 미처 끝내지 못했을 경우, 어떻게 해야 하는지에 대한 두 가지 선택권을 제공할 수도 있다. 아니면 내일 수업에 교사가 제시하고자 하는 두 가지 방법을 검토하게 할 수도 있다. 교사가 유연성을 추구하는 것은 한 가지 방식으로만 수업하는 대신에 여러 가지 다양한 방법을 시도하게 할 것이다.

- 교실에서 교육전문가와 협력하라. 영재 교육 또는 특수 교육에 종사하는 전문가, 읽기 전문가, 심리학자, 상담가, 미디어 전문가를 비롯한 기타 여러 분야의 전문가들이 있다. 이러한 전문가는 교실의 특정한 상황을 어떻게 다루는지에 대해 알려줄 것이다. 전문가들에게 교실로 방문해 달라고 하고, 여러분을 관찰하거나 지도해주라고 요청하라. 전문가와 교사가 팀을 이루어 협력하게 된다면 수업은 더욱 강력해질 것이다.

■ 전문가와 협력

INTASC 제4원칙

- 같은 생각의 동료를 찾고 함께 일하라. 많은 교사들은 DI를 정교화하기 위해 노력한다. 모두가 그런 것은 아니다. 학생들의 성장을 위해 기꺼이 정신적이고 육체적인 노력을 쏟는 교사를 찾아라. 이들과 좋은 관계를 맺고, 성공과 실패의 경험을 공유하라.

- 누가, 어디에서, 무엇을, 어떻게 수업할 지에 대한 신념을 가지고 실천하라. 신념을 가지고 실천하는 습관을 기른다면, 교사의 마음 속에 존재하는 교실을 계속 꾸려나갈 수 있을 것이다.

■ 신념을 가지고 실천

훌륭한 선수들은 자신의 움직임을 머리 속에서 그려보는 훈련을 한다. 이러한 종류의 정신적 리허설은 성공을 위한 훈련의 한 부분이다. 수업에서 이와 유사한 실천은 같은 방식으로 도움을 줄 것이다. 시험지를 나누어줄 때나 학생들에게 모둠 편성을 지시할 때, 그리고 수업을 끝낼 때 매일 꾸준히 하는 계획이 어떻게 적용될 지 상상하는 것은 매우 유용할 것이다. 이러한 종류의 반성은 의사 결정에 대한 내적 지표의 역할을 하게 될 것이다. 교사로서 성장해 나가는 이 시점에서 교실에서 어떻게 하고 싶은지 충분히 숙고할 수 있을 것이다. 심지어 지금 이 순간에도 여러분은 이미 정신적 리허설을 할 수 있는 많은 경험과 가치, 그리고 지식을 갖고 있다.

5장

연습문제 6 아이들의 다양성에 대한 자신의 대응에 대하여 숙고

1. 183쪽의 <연습문제 3>에서 수업 대상·장소·내용·방법에 관한 핵심 신념들을 목록화했던 것으로 돌아가보시오. 각각에 몇 가지 구체적인 행동이나 단계들을 적어보시오. 이는 여러분이 교실을 관리하고 수업을 시작하게 될 때 일어날 것이라 예상되고, 여러분의 실천과 신념이 맞아 떨어지는 교실을 위한 첫 단계를 위한 것이다.
2. 아래에 제시된 시나리오는 세 명의 학생들의 학교 경험에 대한 정보를 제공한다. 이 시나리오를 읽고 거기에서 여러분이 읽은 것과 추론할 수 있는 것에 기초하여 교사로서 각각의 학생들에게 할 조언을 떠올려보시오. 그 조언을 목록, 편지, 대화 등으로 표현해 보시오.
   - 저는 혜지입니다. 수업은 끔찍하게 지루해요. 저는 늘 활동이나 학습지를 빠르게 끝내요. 왜냐하면 수업이 시작하기 전에 그 답에 대해 이미 어느 정도 알고 있기 때문

이에요. 과제를 빨리 해결할 때, 남는 시간동안 하고 싶은 다른 것들이 있어요. 그렇지만 선생님을 화나게 할 것 같아서 언제나 기다려요. 저는 많은 질문이 있어요. 그러나 친구들과 이야기를 나눌 수 없는 수업 중에 그렇게 많이 이야기 하고 싶지는 않아요. 게다가 질문을 할 때, 종종 아이들이 눈을 흘기고 있다는 느낌을 받아요. 전 그게 제 질문이 이상해서 그런 건지, 아니면 아이들이 그것을 이해하지 못해서 그런지는 잘 모르겠어요. 저는 선생님께서 수업 중에 나와 함께 이야기 할 수 있는 시간이 자주 있었으면 좋겠어요. 그러나 선생님께서는 공부에 어려움을 겪는 아이들과 함께해요. 전 반에서 항상 1등을 해요. 이것에 만족해야 한다고 생각하지만, 그걸로 충분하지는 않아요.

- 저는 현호입니다. 저는 선생님이 우리에게 하도록 하는 것이 무엇인지 이해할 수 있었으면 좋겠어요. 저는 항상 노력해요. 그러다가 때로는 싫증을 내거나 몇 분 동안 멍해지기도 해요. 가끔은 선생님이 말씀하시는 것을 받아 적고 이해하는게 어려워요. 우리 선생님께서는 수업을 빠르게 진행하시는 편인데, 매일 수업이 어렵고 헷갈려요. 때로 우리반을 위해 재밌는 이야기를 해주시는데, 그것이 왜 웃긴지 이해할 수가 없어요. 시험 공부를 할 때, 제 머리는 정말 빠르게 가득 차 버리는 것 같아요. 그리고 계속 알고 기억하려고 할 때, 모든 것이 한꺼번에 뒤죽박죽 되어버려요. 다른 애들은 선생님의 지시를 잘 따르는데, 전 그러지 못해요. 전 아마 학교에서 쭉 잘 할 수 없을거 같아요.
- 저는 성준입니다. 만약 제가 일 분 넘게 자리에 가만히 앉아 있어야 한다면, 곧 폭발할지도 몰라요. 선생님께서는 늘 제가 돌아다니거나 책상을 칠 때 정말로 소란스럽다고 화를 내지만, 저는 최선을 다하는 거에요. 계속 가만히 있는건 정말 힘들어요. 그래서 저는 선생님이 하시는 말씀을 가끔 놓쳐요. 그렇다 보니 뒤쳐지게 되고 기분이 좋지 않아요. 그러면 움직이고 싶어요. 선생님께서는 제가 돌아다니면 화를 내요. 항상 저에게 가만히 있으라고 말씀하세요. 그러면 더 움직이고 싶어져요. 저는 무언가를 할 수 있고, 사람들과 이야기 할 수 있는 체육 시간이 좋아요. 체육을 매일 두 번 했으면 좋겠어요. 학교에서 왜 이 많은 것을 배워야만 하는지 그 이유를 잘 모르겠어요. 체육을 제외한 과목들은 모두 가만히 앉아서 배워야만 하는 것으로 보여요. 아마도 제가 학교에서 잘 하지 못하는 이유는 제가 가만히 앉아있지 못하기 때문일 거에요.

3. 2번에 나와 있는 위의 학생들에게 도움을 줄 수 있도록 민감하게 대응하는 수업을 향한 여러분의 첫 번째 단계를 어떤 식으로 생각하는가? 혹시 그들에게 가르치기를 원하는 다른 효과적인 것들이 있는가?

종합문제 1

이번 활동에서 여러분의 수행을 위한 기초로써, 201~202쪽 <연습문제 6>에 나온 혜지, 현호, 성준의 1인칭 진술을 이용하시오.

첫째, 이 세 개의 시나리오에 나온 세 명의 학생들의 학습 요구를 정리하고 그에 따른 교사의 대응 전략을 마련하시오.

둘째, 전형적인 학생들을 위한 수업을 개발하시오. 여러분이 이미 했던 것 중 하나를 이용해도 좋다. 그 다음 수업 목표를 명확하게 진술하고, 세 명의 학생 각자에게 적절한 수업 전략을 선정하시오. 다시 말해, 학생들의 준비된 요구에 기초한 것이어야 한다. 또한 각각에게 적합하게 적용될 방향을 제시할 뿐만 아니라 수업을 흥미롭게 하기 위해 할 수 있는 것을 기록하시오. 이는 학생들의 흥미와 학습 프로파일에 기초하는 DI에 대한 제안을 만드는 것이다. 수업에서 교사가 제시하는 방법, 보기, 정보가 차지하는 부분과 학생들이 수행하는 부분을 명확하게 다루시오. 이러한 변형에 대하여, 자신이 준비도·흥미·학습 프로파일을 고려하고 있는지 설명해 보시오. 또한 이러한 적용이 학생들에게 도움을 줄 것이라 확신하는 이유도 이야기 해 보시오.

셋째, 여러분의 DI를 위한 계획에 반영된 학생의 본성·학습 환경·교육과정·수업에 대한 자신만의 신념에 대해 간략하게 진술해 보시오.

관찰 기록지

차이성에-부응하는-수업에 대한 숙고

이 관찰지의 목적은 여러분이 숙고하도록 돕는 것이다. 숙고할 사항은 다음과 같다.

- 특정한 학습자들에게 교실이 적합하였는가?
- 교사가 좀 더 많은 학생에게 적합하도록 하기 위하여 DI를 할 수 있는 방법을 검토하였는가?
- 여러분이 관찰을 시작하기 전에, 교사의 수업 내용에 어려움을 겪는 학생이 있었는가?
- 행동 장애가 있거나 특별히 우수한 학생이 있는가?

수업이 시작할 때 이 학생들이 어디에 위치하는지, 그리고 그들을 간략하게 관찰할 몇 분의 시간을 가지시오. 그들 중 여러분이 유심히 관찰해야 할 인물로 누구를 선택할지 세 명을 고르시오.

주의할 내용: 이 기록지를 사용할 때 학교, 교사, 관리자, 학생의 실명을 사용하지 마시오.

관찰자 이름: ____________________

날짜: ____________________

학년: ____________________

교과명: ____________________

학생 수: ____________________

배경정보: 학교의 사회적, 경제적, 다문화 구성원에 대해서 간단히 서술하시오.

____

____

기록할 사항: 첫째, 학습자로서의 각각의 학생에 대해 간략하게 서술하시오. 그리고 다음 빈칸에는 수업이 진행될 때에 세 명의 학생들에 대하여 서술하시오. 여러분은 그들이 수업에 활발하게 참여했다는 것에 대한 어떠한 증거를 가지고 있는가? 어떠한 행동이 관찰되었는가? 왜 여러분은 그들이 그렇게 행동한다고 생각하는가? 그들에게 어떤 것은 좋게, 어떤 것은 나쁘게 작용하는가? 그 교실은 그들에게 흥미로운가? 바로 다음에 제시된 표의 교사란에 그 교실을 세 명의 학생들을 위해 성공적으로 만든 교사의 노력을 기록하시오. 자료 또는 활동들이 부분적으로 학습자들에게 적합하였는가? 학습자들에게 학습 선택권이 부여되었는가? 특정한 학습자의 요구를 다루기 위해 질문을 했는가? 교사가 학습을 명료하게 하거나 확장시키기 위한 기회가 마련되었는가? 세 명의 관찰 학생들의 학습에 영향을 준 점과 교사가 다양한 학습자들의 요구를 적극적으로 다루기 위해 시도했다고 보이는 모든 것을 기록하시오.

학생 1 이름: ____________________ 내용: ____________________

____

학생 2 이름: ____________________ 내용: ____________________

____

학생 3 이름: ____________________ 내용: ____________________

____

5장

학생 1	학생 2

학생 3	교사

관찰 내용에 대한 숙고사항

1. 수업 내용 및 활동이 학생 들의 준비도에 잘 대응하였는가? 그 이유는 무엇인가?

2. 학생들의 준비도에 따른 요구를 어떻게 교사가 효과적으로 다룰 수 있는지에 대한 아이디어를 가지고 있는가?

3. 내용과 활동을 학생 흥미와 연결시키기 위해 교사가 시도한 방법은 무엇인가?

4. 교사의 시도 외에 학생들의 흥미에 부응하는 다른 방법들은 무엇인가?

5. 학습 방법에 대한 다양한 학생의 선호도를 반영시키기 위해 교사가 시도한 방법은 무엇인가?

6. 학습을 촉진하고 지원할 수 있도록 교실의 학습 환경이 어떻게 조성되었는가?

7. 여러분이 관찰한 학생들의 학습 성공을 위한 학습 환경을 조성할 수 있는 다른 방법들은 무엇인가?

연습문제 해답

연습문제 1: 차이성-극대화-시키기에 대한 정의의 정교화

1. (생략)

2. (예시)

- 학생들에게 충분한 질문 기회 제공
- 불분명한 영역을 명확하게 하고 사고를 명료화할 수 있는 짝 활동
- 추상적인 개념을 구체적으로 표현할 수 있는 모형 제작
- 학교에서 배우는 개념과 기능이 어떻게 실생활에서 활용되는지 조사하는 과제 제시
- 이미 기본 수준 과제 해결이 가능한 학생에게는 대안 과제 제공
- 학급 내 구성원 간 좋은 관계 형성 촉진
- 자신의 또 다른 강점을 발견할 수 있도록 도움

3. (예시)

* 다음을 가정하여 자신만의 정의를 발전시켜야 한다.

- 교사가 사전에 수업을 계획
- 학생들의 학습 요구가 반영된 평가
- 교실의 모든 아동들의 학습이 확실히 이루어짐
- 시간, 재료, 인적 자원, 공간의 유연한 활용
- 다양한 학습 요구를 충족하는 활동, 학습 방법, 학습 지원 시스템 제공
- 학습자 중심 수업
- 다양한 수업 및 학습 방법 허용

4. (생략)

연습문제 2: 차이성-극대화-시키기에 대한 논거의 정교화

1. (예시)

해야하는 이유

- 학습자들이 더 많이 배울 수 있음
- 학습 행동 및 태도의 개선
- 학교에 대한 애착
- 자신의 강점 계발
- 좌절감을 느끼는 학생 감소
- 지루함을 느끼는 학생 감소
- 학습 내용을 좀 더 잘 이해하고 기억함
- 생기 넘치는 교실
- 창조적인 교실
- 다문화가 공존하는 교실

해서는 안되는 이유

- 수업 계획에 너무 많은 시간이 소요됨
- 학부모들이 이해하지 못할 수 있음
- DI를 하기에 충분한 교재가 마련되지 않음
- 업무 과다로 교사마다 수업 계획을 할 충분한 시간적 여유가 없음
- 다양한 활동이 이루어지기에 협소한 교실
- 역차별 가능성 배제하기 어려움
- 교사의 역량 부족
- 주변 동료 교사들로부터 거부당함
- 학습자들이 학습을 독립적으로 수행하기 어려움

2. (예시)

- 차이성에 집중하는 수업을 해야 한다고 주장하는 이유에는 학생들의 요구를 충족하고 혜택을 줄 수 있어야 한다는 공통점을 발견할 수 있다.
- 차이성에 집중하는 수업을 해서는 안 된다고 주장하는 이유에는 수업을 진행하게 됨으로써 어려움을 겪는 교사들의 상황과 요구를 고려해야 한다는 공통점을 발견할 수 있다.

3. (생략)

연습문제 3: 개인의 차이성에 집중하는 교실과의 관계

1. 도안을 그릴 때는 다음 두 가지 사항을 고려해야 한다.
   - 첫째, 학생에 대한 김 교사의 생각은 그녀가 생각하는 다른 모든 것들을 형성한다.
   - 둘째, 네 가지 요소(수업 대상, 현장, 내용, 방법)들은 서로 '피드백 고리'로 연결된다.
   - 한 예로, 모든 학생들이 도전과 성공기회를 찾을 수 있는 수업 현장에 대한 김 교사의 생각은 수업 중 중요한 순간마다 수업 방법을 형성하는데 영향을 준다. 또한 모든 학생들이 배울 필요가 있다고 생각하는 개념과 기능에 대한 김 교사의 생각은 수업 내용 중 가장 필수적이고 주목할 만한 것을 선택하는 데 반영된다.

2. 이 도안에서 여러분은 네 가지 요소가 서로 제대로 연결되지 않고 분리되어 있다는 느낌을 받을 것이다. 아마도 수업 내용이 도안의 가장 중요한 정점에 놓여있을 것이다. 이는 모든 학생을 같은 자료와 같은 방법으로 다룰 수 있다는 점을 암시한다. 또한 그러한 수업을 위해 엄격하게 통제되는 수업 환경이 마련될 것이라 짐작할 수 있다.

3. (예시)
   - 나의 신념: 특정 나이 또는 학년의 학생들은 반드시 동일한 기간 동안 같은 내용, 같은 방식으로 학습해야만 한다.
   - 나의 신념이 수업에 미치는 영향
     - 수업 대상: 학습자들의 특별한 차이성을 고려할 필요를 느끼지 못함
     - 수업 현장: 교사-중심 수업이 이루어지는 교실 선호
     - 수업 내용: 다양성을 배제하고 모두가 동일한 자료와 목표를 사용
     - 수업 방법: 매 순간 모든 학습자들에게 동일한 접근법으로 수업 운영

연습문제 4: 학습자의 요구에 부응하는 DI

1. (생략)

2.
   - 우수한 학습자에게 도전적인 활동은 첫째, 수업을 통해 학습이 이루어지고 성공적으로 완료하는데 필요한 지원, 둘째, 학습자에게 적절한 수준의 복잡도를 지닌 과업, 셋째, 필수 학습 목표를 고려한다.
   - 어려움을 겪는 학습자에게 도전적인 활동은 첫째, 과제 해결에 꼭 필요한 중요 개념에 대한 사고를 확장시키기 위한 촉매 그리고/또는 과제 해결을 통한 기능의 적용, 둘째, 필수 학습 목표를 고려한다.

3. (생략)

4. (생략)

연습문제 5: 효과적인 DI 검토

1.

수업 전 차이성에 대해 사전 고려

- 수업 계열을 충실히 따라오고 주제에 초점을 맞출 수 있게 하는 선행조직자 제공
- 복잡하거나 추상적인 아이디어, 그리고 이미 지도한 용어에 대한 구체적인 설명을 시도
- 수업의 정규적 수단으로써 모둠 단위 수업 시도
- 다양한 읽기 능력 수준의 교재들을 제공
- 평가는 자주 실시
- 자신이 발견한 모든 사항을 수업 계획에 반영
- 중요 내용에 밑줄친 글을 제공
- 다양한 난이도, 복잡도를 지닌 과제와 산출물 제공
- 다양한 지적 수준에 따른 명확한 지침이 제시된 루브릭 활용
- 시험 문제의 다양화
- 학생들의 흥미 조사를 이용하고 학부모에게 홍보
- 흥미 센터와 흥미 집단을 활용
- 아동들이 자신들의 흥미 영역과 교사가 제시하는 내용에 있는 개념과 능력을 연결시키도록 이끌 수 있게 과업과 산출물 설계
- 흥미 영역의 독자적 탐구 기회 안내
- 웹퀘스트 활용
- 멘토링 활용
- 다양한 문화와 성별을 불문하고 어떠한 사람들이 학문의 발전에 기여했는지 초점
- 학생들의 탐구와 내용의 표현에 대한 선택권을 확장하기 위한 새로운 공학 활용
- 다양한 강점의 공감과 함께 학생들이 다양한 견지를 검토할 수 있도록 요구하는 과업과 평가를 개발
- 교실이 소리와 시각적 자극의 다양한 요구들을 수용할 수 있도록 발전
- 학생들이 그들 자신의 지적선호도를 인식할 수 있도록 조력

수업 중 차이성에 대한 즉시 대응

- 학생들이 다시 생각하고 질문하도록 종종 멈추기
- 곤란도를 차츰 확대하기 위한 발문
- 돌려 읽기
- 학생이 다양한 방법으로 학습한 것을 표현하도록 허용
- 수행 속도의 다양화
- 숙제 선택권의 제공
- 성공할 수 있도록 수행 안내
- 필수적인 교과목과 학생들의 흥미를 연결
- 학생들의 관심 영역에 대해 왜 그것이 끌리는지 설명하도록 유도
- 학생들에게 가르치는 내용을 사람들의 삶의 모습으로 형성
- 학생들이 더 큰 주제에서 하위 주제들을 세분화 시킬 수 있도록 허용
- 선택권의 제공
- 학생들이 학습을 표현해낼 수 있는 방법을 선택할 수 있도록 격려
- 전문가 집단 활용
- 주제와 이슈들에 대한 다양한 관점 제시
- 말로, 시각적으로, 촉각적인 방법으로 제시
- 지능 사이클 또는 지적 선호도 고려
- 숙고 시간 및 학생 참여
- 전체에서 부분, 부분에서 전체로의 접근법
- 추상적인 아이디어의 구체적 사례 활용
- 학생들에게 다양한 유형의 탐구 기회 제공
- 다양한 형식의 학습 표현 기회 제공
- 경쟁 또는 협력을 위한 선택권 제공
- 구조성과 개방성 간의 균형

- 이유: 즉석에서의 변경이 지속적으로 학습에 어려움을 겪는 학생들의 요구에 충분히 부응하기 힘들고, 순간적인 조정 중 핵심적인 학습 내용의 초점이 흐려질 수 있는 위험이 있다.

2. (예시)

10번 - 성장에 초점을 둔다.

- 수업 대상: 학습자들은 일반적으로 자신의 준비성 수준과 배경 지식 및 경험을 조절할 수 없다. 교사는 이러한 이유에서 학습자의 성장을 기대하고 지원해야 하며 학습자에게 성장을 인식시키고 최종적으로는 학습자의 잠재력을 극대화시켜야 한다.
- 수업 내용: 교사가 자신이 가르친 내용을 이해하게 될 때, 학생의 성장을 평가하고 지원하기 위한 교사의 생각과 기술이 계열을 이루게 된다.
- 수업 현장: 아동이 실수를 했거나 일정한 수준에 도달하지 못했을 때 처벌을 받는다면 그 교실은 결코 학습자들이 안전함을 느끼지 못할 것이다. 교실은 학습자들이 완벽함을 보상받는 도전적인 장소가 되어서는 안 된다.
- 수업 방법: 교사는 다양한 방법으로 수업하고 개인의 성장을 극대화 할 수 있는 다양한 방법으로 학습을 지원해야 한다.

연습문제 6: 아이들의 다양성에 대한 자신의 대응에 대하여 숙고

1. (예시)
   - 신념: 실수는 학습의 과정 중의 한 부분이며, 학생들은 학습할 때 편안하다고 느껴야 한다.
   - 신념에 따른 실천: 매우 중요한 과제의 경우, 과제물을 제출하기 전에 다시 한 번 검토하고 더 나은 결과물을 제출할 수 있도록 피드백을 줄 것이다.

2. (예시)

혜지

- 다른 아동들과 동일한 학습 목표를 달성하되, 좀 더 심화된 사고와 이해 능력을 요구하는 교재와 활동을 제공하라.
- 학습 단원에 대한 핵심 정보와 기능을 익혔다면, 그것을 활용할 수 있는 대안 과제를 제공하라.
- 우수한 학습자가 포함되도록 모둠을 조직하고, 모둠 활동을 통해 모둠 내 모든 학생이 참여하도록 하고 자신의 현재 수준보다 더 나아가도록 자극하라.
- 우수한 동료 학습자 친구를 사귀도록 하여, 서로의 사고가 확장되도록 하라.

현호

- 학습 단원이 시작될 때, 학습자의 지식과 기능을 미리 평가하라.
- 필기를 해야만 할 상황에서는 핵심 개념이 포함된 도안을 함께 제공하라.
- 수업의 핵심 내용이 무엇인지, 어떤 것이 덜 중요한지를 판단할 수 있도록 조력하라.
- 수업 내용을 요약한 것을 친구들과 비교할 수 있게 하고 서로 질문하라.
- 수업에서 배운 지식과 기능을 활용할 수 있는 기회를 제공하라.

성준

- 수업 시간이라 하더라도 다른 사람을 방해하지 않는 선에서 교실을 자유롭게 돌아다닐 수 있도록 허용하라.
- 독서와 같이 집중을 할 필요가 있는 순간에도 성준이가 움직일 수 있다는 점을 교사가 이해하고 움직이고 있더라도 학습이 계속 진행될 수 있도록 돕는다.
- 수업 중 활동의 형태를 전환하거나 활동 내용을 변경한다.
- 학습자의 학습 몰입 수준을 점검하고, 학습자 모두가 수업에 참여할 수 있도록 모둠 토론 활동을 한다.
- 직접 실천하고 적용할 수 있는 기회가 포함된 활동적인 과제를 제공하라.

3. (생략)

종합문제 해답

종합문제 1

1. (예시)

혜지

학습 요구

- 빠른 학습 속도
- 더 높은 도전 수준 원함
- 과업 완료 시 다른 유의미한 과제 요구
- 교사와의 단독적인 시간 요구
- 노력과 성장의 중요성 인식 필요
- 자기 효능감이 떨어짐

교사의 대응 전략

- 주제에 대한 상급 교재 제공
- 복잡한 방법, 단계, 고려 사항이 포함된 상급 과제 개발
- 혜지의 질문과 흥미가 충족될 수 있도록 하는 1인 1탐구 허용
- 혜지와 유사한 준비도 수준을 지닌 아동을 포함하는 유연한 집단 편성
- 영재 아동을 위한 특수 교육 센터에 도움 요청

현호

학습 요구

- 수업 중 필기를 포함하는 단순쓰기 능력 부진으로 인해 교사의 지시에 잘 따르지 못하고 이해 능력도 현저히 떨어짐
- 특정 주제 또는 학습 단원에 대한 전체적인 조감 능력 부족
- 격려와 지속적인 피드백 필요
- 교사의 수업 외 추가 지도 필요
- 노력과 성장의 중요성 인식 필요
- 자기 효능감이 떨어짐

교사의 대응 전략

- 수업 중 수시로 간단한 쓰기를 통해 이해 수준 점검
- 모범 필기 모델 및 전략 제공
- 수업에 나온 개념에 대하여 모둠별 논의를 통해 정리
- 개념 간 연결을 보여주는 개념 지도 또는 유사한 선행조직자 활용
- 모든 학생들이 기여를 할 수 있도록 다양한 준비도 수준을 지닌 학생들이 포함되는 유연한 집단 편성
- 유의미한 방법으로 학습 가능한 높은 흥미의 과제 제공
- 명료한 안내 사항이 들어있는 루브릭 제공
- 학습 도우미로서 학급 동료 활용
- 교사의 지속적인 관심과 격려

성준

학습 요구

- 활동적인 학습자
- 직접적인 체험 학습
- 학습 중 휴식
- 특정 지식과 교사가 요구하는 활동 간의 연관성 이해
- 실용적인 과제
- 자신만의 학습 방식에 대한 교사의 이해
- 자기 효능감이 떨어짐

교사의 대응 전략

- 많은 학습 성공 기회 제공
- 다양한 자료와 유연한 모둠 편성
- 학교에서 배우는 것이 우리의 삶과 연관이 있음을 보여 줌
- 문제 중심 학습법 적용
- 학습 결과를 표현할 수 있는 다양한 방식 허용
- 개념 지도 및 선행조직자 제공
- 더 나은 학습 접근법에 대하여 교사와의 지속적인 상담

2. (생략)

3. (생략)

후주

1. Tim O'Brien and Dennis Guiney, *Differentiation in Teaching and Learning: Principles and Practice* (London: Continuum, 2001).
2. Ochan Kusuma-Powell and William Powell, eds. *Count Me In!* (Washington, D.C.: Overseas School Advisory Council, 2000).
3. O'Brien and Guiney, *op. cit.*
4. Kusuma-Powell and Powell, *op. cit.*
5. Carol Ann Tomlinson, *How to Differentiate Instruction in Mixed Ability Classrooms*, 2nd ed. (Alexandria, Va.: Association for Supervision and Curriculum Development, 2001).
6. Y. Lou, P. Abrami, J. Spence, C. Poulsen, B. Chambers, and S. d'Apollonia, "Within-Class Grouping: A Meta-Analysis." *Review of Educational Research* 66 (1996): 423–458.
7. Lev Vygotsky, *Mind in Society* (Cambridge, Mass.: Harvard University Press, 1978).
8. Pierce Howard, *An Owner's Manual for the Brain* (Austin, Tex.: Leornian Press, 1994); Eric Jensen, *Teaching with the Brain in Mind* (Alexandria, Va: Association for Supervision and Curriculum Development, 1998).
9. Michael Gurian, *Boys and Girls Learn Differently: A Guide for Teachers and Parents* (San Francisco: Jossey-Bass, 2001).
10. Lisa Delpit, *Other People's Children: Cultural Conflict in the Classroom* (New York: The New Press, 1995); Shirley Brice Heath, *Ways with Words: Language, Life and Work in Communities and Classrooms* (Cambridge, England: Cambridge University Press, 1983); Thomas Lasley and Thomas Matczynski, *Strategies for Teaching in a Diverse Society: Instructional Models* (Belmont, Calif.: Wadsworth, 1997).
11. Teresa Amabile, *The Social Psychology of Creativity* (New York: Springer-Verlag, 1983); Teresa Amabile, *Creativity in Context* (Boulder, Colo.: Westview, 1996); Mihaly Csikszentmihalyi, Kevin Rathunde, and Samuel Whalen, *Talented Teenagers: The Roots of Success and Failure* (New York: Cambridge University Press, 1993); Paul Torrance, "Insights About Creativity: Questioned, Rejected, Ridiculed, Ignored," *Educational Psychology Review* 7 (1995): 313–322.
12. Robert Sternberg, "What Does It Mean to Be Smart?" *Educational Leadership* 55 (1997): 20–24; M. Sullivan, "A Meta-Analysis of Experimental Research Studies Based on the Dunn and Dunn Learning Styles Model and Its Relationship to Academic Achievement and Performance." (Unpublished doctoral dissertation, St. John's University, Jamaica, N.Y., 1993).
13. F. Archambault, K. Westberg, S. Brown, B. Hallmark, C. Emmons, and W. Zhang, *Regular Classroom Practices with Gifted Students: Results of a National Survey of Classroom Teachers* (Research Monograph 93102) (Storrs: University of Connecticut, National Research Center on the Gifted and Talented, 1993); T. Fletcher, C. Bos, and L. Johnson, "Accommodating English Language Learners with Language and Learning Disabilities in Bilingual Education Classrooms," *Learning Disabilities Research & Practice* 14 (1999): 80–91; L. Fuchs and D. Fuchs, "General Educators' Instructional Adaptation for Students with Learning Disabilities," *Learning Disability Quarterly* 21 (1998): 23–33.
14. L. J. Kiernan, *A Visit to a Differentiated Classroom* (Alexandria, Va.: Association for Supervision and Curriculum Development, 2001), videocassette.
15. *Ibid.*; Carol Ann Tomlinson, *The Differentiated Classroom: Responding to the Needs of All Learners* (Alexandria, Va.: Association for Supervision and Curriculum Development, 1999).
16. Rita Dunn, *How to Implement and Supervise a Learning Styles Program* (Alexandria, Va.: Association for Supervision and Curriculum Development, 1996).
17. Robert Sternberg, *The Triarchic Mind: A New Theory of Intelligence* (New York: Viking, 1988); Robert Sternberg, "What Does It Mean to Be Smart?" *Educational Leadership* 54, no. 6 (1997): 20–24.
18. Howard Gardner, *Multiple Intelligences: The Theory in Practice* (New York: Basic Books, 1993); Howard Gardner, "Reflections on Multiple Intelligence: Myths and Messages," *Phi Delta Kappan* 78, no.5(1997):200-207
19. Tomlinson, *op. cit., The Differentiated Classroom.*
20. C. Tomlinson, C. Callahan, E. Tomchin, N. Eiss, M. Imbeau, and M. Landrum, "Becoming Architects of Communities of Learning: Addressing Academic Diversity in Contemporary Classrooms," *Exceptional Children* 63 (1997): 269–282.
21. National Research Council, *How People Learn: Brain, Mind, Experience, and School* (Washington, D.C.: National Academy Press, 1999).

3부

수업전문성의 풍경

5장 아이들의 차이성을 반영한 수업

6장 교실 관리

7장 평가

꿀벌은 침을 일단 사용하면 자기 생명을 잃는다.
시니스트cynist는 침을 사용하면
자기의 생명이 연장된다.
이들은 이처럼 다르다.*

교사도 마찬가지다.
교사의 신념, 가치관에 따라
자신 그리고 학생들의 존재론적 생명을 잃을 수도,
아니면 연장될 수도 있다.
교사도 이처럼 다르다.

* 루쉰 지음 / 이욱연 편역, 『희망은 길이다』, 서울: 예문, 2003, 64쪽.

3부

수업전문성의 풍경

6장 교실 관리

- INTASC 제3원칙: 교사는 학생들의 학습 방식이 어떻게 차이가 나는지 이해하고, 다양한 학습자를 아우르는 교육적 기회를 창안한다.
- INTASC 제5원칙: 교사는 개인 및 집단의 동기에 대한 이해와, 긍정적인 사회적 상호작용, 적극적인 학습 참여, 자기 동기화를 장려하는 학습 환경을 조성한다.
- INTASC 제6원칙: 교사는 적극적 탐구, 협력, 교실 상호작용을 지지하는 분위기 조성을 위해 효과적인 언어적·비언어적 지식과 미디어 의사소통 공학에 대한 지식을 활용한다.
- INTASC 제9원칙: 교사는 다른 이들(학생, 학부모, 학습 공동체)에 대한 자신의 선택과 행동의 효과를 지속적으로 평가하고, 전문적으로 성장하기 위한 기회를 능동적으로 탐색하는 반성적 실천가이다.
- INTASC 제10원칙: 동료교사, 학부모, 지역단체와의 바람직한 관계를 조성한다.

이 장의 목표

1. 교실 관리에 대해 정의하고, 교실 관리와 훈육 사이의 관계에 대해 설명하며 '문화적으로 민감한 교실 관리'의 개념에 대해 기술할 수 있다.
2. 전문성을 갖춘 교사, 권위주의적 교사, 허용적 교사의 특성을 구분할 수 있다.
3. 교실 관리에 관하여 어떤 과업들을 수행해야 하는지 확인하고, 이러한 과업들이 잘 이루어지는 학습 환경을 조성하는데 어떻게 이바지해야 하는지 설명할 수 있다.

6장

교사에게 교실 관리는 가장 어려운 것 중 하나이지만, 대부분 교사는 적절한 교실 관리 전략에 대해 숙지하지 못하고 있는 것이 현실이다.

■ 논거

신규교사는 대부분 가장 하기 어려운 것으로 교실 관리를 꼽는다. 계속해서 교실 뒤에서 말을 하거나 문자를 보내는 학생, 반복해서 교실에 늦게 들어오는 학생, 동료를 괴롭히는 학생, 공부하기 싫어하는 학생, 다른 학생들을 방해하는 학생, 혹은 대놓고 교사에게 반항하는 학생들 때문에 신규교사들은 절망에 빠진다. 이런 교실 관리의 문제는 적어도 교사의 스트레스 또는 수업시간의 손실이라는 결과를 낳는다. 교실 관리의 문제들은 교사의 힘을 빠지게 하고, 극단적으로는 교직을 떠나게 하는 결과를 낳을 수도 있다.

신규교사들은 교사 양성 과정에서 교실 관리의 어려움에 대처하는 방법을 제대로 배우지 못했다고 주장한다. 신규교사들은 학부모와의 의사소통과 부적절한 행동에 대응하는 방법 등에서 더 많은 준비가 필요하다고 생각한다. 이들은 '교실 관리 문제를 어떻게 해결하는지에 대한 학교 현장의 이야기'[1]를 원한다. 그러면서 교사 양성 과정이 지나치게 이론적이라고 비판한다. 한 신규교사는 다음과 같이 말했다.

> 나는 당황했고, 좀 더 심하게 말하면 교사 교육 프로그램에 배신을 당했다고 느꼈습니다. 실제 3학년을 맡아서 학생들의 제각기 다른 필요와 요구, 성격을 다룰 때, 내가 공부한 학습 이론이나 발달단계에 대한 지식은 거의 도움이 되지 않았습니다. 교실 관리에 관한 내용을 다루었던 강좌도 있기는 했지만, 실제 교실 상황과는 너무나 동떨어져 있어서 결국 그 강좌는 유용하지 않았습니다.[2]

신규교사들의 이러한 불만에는 근거가 있다. 많은 연구에 따르면 교실 관리에 대한 연구는 교사 양성 프로그램에서 도외시되고 있다.[3] 예를 들어, 뉴욕에서 실시한 26개 교사 양성 프로그램에 대한 최근 연구에 따르면, 단지 11개의 프로그램(42%)만이 교실 관리에 대한 과목을 이수하도록 요구하였다. 다른 연구에서는 이 비율이 더 낮다.[4] 게다가 몇몇 프로그램에서는 별도의 독립과목으로 교실 관리를 다루지만, 많은 경우 교실 관리를 선택 과목으로 하거나 다른 과목들(교육 심리학이나 아동 발달 과목, 또는 교육 실습생의 수업 협의)의 일부로 다루고 있었다. 설사 교실 관리라는 주제를 다룬다고 하더라도 학교 현장의 교실 관리를 제대로 반영하지 못했다.

이 장에서는 **교실 관리**(classroom management)가 무엇인지에 대해 정의하고 교실 관리를 **훈육**과 구분한다. 그 후에는 효과적인 육아에 관한 문헌에서 제시하는 3가지 유형을 사용하여 교실 관리의 3가지 유형에 대해서 논의한다. 그리고 나서 이 장은 교사들이 교실 관리와 관련하여 수행해야 하는 6가지 과제를 살핀다. 또한, 이 책을 읽는 교사들이 학습을 위해 학생들을 존중하는 환경, 질서 있는 환경을 만드는 데 도움이 되는 제안들을 제시한다. 이 장에서 우리는 무질서라는 문제 대부분을 피할 수 있거나 최소화할 수 있는 것으로 확신한다. 또한, 교사가 미리 좋은 교실 관리 전략을 사용한다면, 무질서라는 문제 대부분을 없애거나 최소화하는 것이 가능하다고 본다.

교실 관리에 대한 적절한 전략을 숙지하고, 사용한다면
교실 관리의 어려움을 최소화할 수 있을 것이다.

목표 1: 교실 관리에 대해 정의하고, 교실 관리와 훈육 사이의 관계에 대해 설명하며 '문화적으로 민감한 교실 관리'의 개념에 대해 기술할 수 있다.

교사에게 훈육은 학생들의 잘못된 행동에 대한 교육적 처방이다. 교사는 교실 관리를 위해 훈육을 적절히 활용할 수 있어야 한다. △

■ 교실 관리란 무엇인가? 그리고 그것이 왜 골칫거리인가?

현재의 교실 상황은 과거보다 더욱 혼란스러운 공간으로 변하고 있고, 학생들은 더는 교사에게 순종하려 하지 않는다. 최근의 경향은 나쁜 행동이 발생한 후에 개별적으로 대응하는 훈육에 초점을 맞추는 대신에, 애초에 나쁜 행동을 예방하는 방법에 초점을 맞춘다. 때로는 예방이 실패할 수도 있기 때문에 훈육이 여전히 중요하다. 그러나 이제 교육실천가들은 훈육보다 더욱 폭넓은 개념인 교실 관리에 대해 이야기하고 있다. 훈육은 교실 관리의 일부분이다. 학생을 존중하고 배려하는 환경, 질서 있고 생산적인 환경을 조성하기 위해 교사가 취하는 모든 행위를 가리켜 **교실 관리**라고 한다. 교실 관리는 학업 및 사회·정서적인 면에서 학생들이 배울 수 있도록 돕는다. 즉, 교실 관리를 효과적으로 하는 교사는 학업 성취를 촉진하는 환경을 조성할 뿐만 아니라 이런 교사들은 학생의 사회성 발달(공감, 의사소통 능력, 분노조절, 갈등해소 능력)과 자기조절 능력 발달을 돕기 위해 노력한다. 효과적인 교실 관리의 필요성을 음미해보기 위해, 다음에 나오는 교실 장면을 고려해 보자.

> 비교적 좁은 공간에 30여 명의 학생들이 빼곡히 차 있다. 학생들의 사회·경제적 배경은 다양하고, 학업 성취 수준 또한 다양하다. 3명은 학습에 장애가 있다고 진단을 받았다. 그리고 한 명은 다운증후군이고 특수 보조교사의 도움을 받고 있다. 또 한 학생은 부모가 직장에서 해고되어 집을 압류당해 노숙자가 되었다. 또한, 학교에서는 시험을 대비한 공부가 주를 이룬다. 그래서 학생들의 삶과 연관된 수업을 하기가 힘들고, 학생들을 적극적으로 수업에 참여시키기 위한 노력 역시 부족하다. 사실 학급 내 많은 학생은 배우는 교과목에 전혀 관심이 없고, 과제로부터 마음이 멀어져 있다.

위와 같은 교실 현장의 한 장면은 교실 관리와 관련하여 오늘날의 교사들이 당면한 도전 과제들을 보여주고, 신규교사나 심지어 경력이 있는 교사도 갖게 되는 어려움을 잘 보여준다. 이러한 어려움은 다음과 같이 몇 가지 이유로 정리할 수 있다. 첫째, 교실은 학생들로 꽉 차 있고, 복잡하다. 감옥을 제외하고 교실처럼 많은 사람이 오랫동안 한 장소에 빼곡하게 모여 있는 환경은 별로 없다. 이런 환경 안에서 교사들은 다양한 성취 수준, 관심사, 교과 내용에 대한 다양한 태도를 갖춘 개개인의 요구를 돌보아야 한다. 동시에 많은 경우 교사들은 이미 학생들의 삶이나 관심사와 관련되어 있기보다는 표준화 시험(standardized tests)에 대비하도록 고안된 교육과정에 따라서 수업을 진행해야 한다.

2010년 기준 학급당 학생 수는 평균 27명이다. 신규교사는 다양한 배경의 학생들을 다루는데 어려움을 겪는다. △

둘째, 교실은 다양한 사회·경제적 배경을 가진 학생들로 더욱 더 다양해지고 있다. 비록 교사들은 차별하지 않으려고 노력하지만, 학생의 배경을 무시하는 것은 학생의 정체성에 대한 중요한 부분을 무시하는 것이다. 더욱이 어떤 행동이 적절한지 판단하고, 어떤 행동을 해야 한다고 기대하는 것은 문화적으로 영향을 받는 부분이다. 또한, 기본가정, 가치, 의사소통 양식에서 차이가 나는 것은 당연한데 이러한 차이를 감지하지 못한다면 필연적으로 교사와 학생 간에 갈등이 일어난다.

따라서 이런 갈등을 피하려면 교사는 **문화적으로 민감**해야 한다.[5] 즉, 교사는 다양한 배경을 가지고 있는 학생들을 다룰 수 있도록 지식과 기능, 성향을 계발해야 한다. 문화적으로 민감한 교사는, "우리는 모두 문화적인 존재이며 인간 행동에 관한 제 각각의 신념과 가치를 가지고 있다"라고 인식한다. 집단을 중요하게 생각하는 문화에서는 개인의 공적을 보이는 것을 꺼리며, 대신에 협동과 조화, 집단의 공공이익을 강조한다. 어떤 세계관이 다른 세계관보다 더 낫다고 할 수는 없다. 이들은 분명히 서로 다를 뿐이다. 서로의 차이를 인식하지 못하고, 있는 그대로 존중하지 못한다면 서로에 대해 오해할 수도 있고, 서로에게 의사를 잘못 전달하는 결과로 이어진다.

셋째, 많은 학교에서 장애를 가진 학생들이 장애가 없는 학생들과 일반 교실에서 함께 교육을 받고 있다.[6] 성공적으로 통합 교육을 하려면 장애를 가진 학생과 장애가 없는 학생들을 단순히 같은 교실에 집어넣는 것만으로는 부족하다. 학생들을 받아주는 분위기, 상호작용과 협력을 촉진하는 분위기를 교사는 조성해주어야 한다. 그리고 필요한 경우 학생 행동에 대한 지시사항과 규범을 수정해야 한다. 장애아동과 비장애아동을 한 교실에 통합하기 위해 교사는 교실에서 장애아동을 돕는 특수교사나 전문보조교사와 협력할 수 있어야 한다. 그러나 이러한 추가적인 책임에 일반교사들은 부담을 가질지도 모른다. 그리고 일반교사들은 특별한 도움이 필요한 아이들을 돕는데 요구되는 전문적인 준비가 안 되었다고 느낄 수도 있을 것이다.

넷째, 많은 학생이 신체, 정서, 심리적 문제들을 불러일으키는 상황에서 자라고 있다. 이혼이나 불안정한 가정, 약물남용, 폭력, 방치 등의 가족과 사회와 관련된 요인은 학생의 학업성취나 행동에 부정적인 영향을 끼칠 수 있다. 이러한 문제를 가진 아이들이 학교에 올 때에는 그들의 문제도 같이 학교로 온다. 그 어느 때보다 교사들은 스트레스를 받고 불안정하게 살아가는 학생들을 지지해주는 따뜻한 환경을 조성할 수 있어야 한다.

마지막으로, 앞서 언급하였듯이 신규교사들은 교사 양성 프로그램을 통해서 교실에서 당면하는 도전과제에 대처할 수 있는 준비를 하지 못했다고 말하고 있다. 교사 양성 과정에서 준비를 못

6장

했기 때문에 많은 교사는 교내외 연수에 의존할 수밖에 없다. 교내·외 연수에서는 교실에 바로 적용할 수 있는 방법을 제안하는데, 이러한 방법은 교사가 해야 하는 것과 하지 말아야 하는 것의 목록으로 되어 있다. 예를 들어, '학생을 꾸짖을 때에는 개별적으로 할 것', '학생을 꾸짖을 때에는 목소리 톤을 높이지 말 것', '공정할 것', '편애하지 말 것' 등이다.

비록 이러한 제안은 합리적인 것처럼 보이지만, 복잡한 문제를 다루는 데에는 지나치게 단순해서 도움이 되지 않는다. 이런 것들은 '요리법'처럼 교사의 사고와 행동을 안내해줄 수 있는 잘 개념화된 일련의 원리로부터 파생되지 않는다. 이처럼 만약 특별한 요리법이 목표를 성취하는 데에 실패하거나 혹은 특별한 상황 안에서 실행하는 것이 불가능하다면, 그 교사는 대안을 만들어낼 수 없다. 게다가 요리책 방식의 접근은 절대적인 것들을 다룰 수 있도록 만들어져 있는데, 학급 내에서 일어나는 일이란 보통 명확하게 규명하기 어려운 것들이 많다. 학생을 공정하게 대해야 하는 것이 중요하지 않다고 주장하기는 어렵다. 그러나 복잡한 교실에서 이런 의미가 무엇인지 정확하게 생각해내기가 항상 쉽지만은 않다. 한편으로 공정하게 대한다는 것은 모든 학생에게 예외 없이 똑같은 규칙을 적용한다는 것을 의미한다. 다른 한편 공정하게 대한다는 것은 학생이 필요로 하는 것은 제각각 다르며, 서로 다른 방식으로 대해야 한다는 것을 의미하기도 한다. 이 관점에서 보면, 모두를 똑같이 대하는 것은 공정하지 않다. 그럼 교사는 어떻게 해야 하는가?

INTASC 제5원칙

다행히도 오늘날의 교사들은 요리책과 같은 접근에 의지할 필요가 없다. 과거의 연구들은 효과적인 교실 관리에 대한 좋은 정보를 우리에게 제공한다. 이러한 원리들을 알고 있으면 교사는 교실 내의 복잡한 일들을 찬찬히 이해하며 생각할 수 있고, 이에 따른 행동을 취할 수 있다. 이 장에서는 이러한 것들에 대한 기본적 지식을 다룬다. 그리고 학생을 돌보고 도와주며, 질서 있는 학급 환경을 조성하는 방법들을 연구조사에 기반을 두어 제안한다.

종합문제 1

목표 1: 교실 관리에 대해 정의하고, 교실 관리와 훈육 사이의 관계에 대해 설명하며 '문화적으로 민감한 교실 관리'의 개념에 대해 기술할 수 있다.

다음 질문에 대답하시오. 여러분의 대답을 이 장의 뒤에 있는 해답과 비교해 보시오.

1. 교실 관리란 무엇인가?
2. 교실 관리와 훈육 사이의 다른 점은 무엇인가? 어떤 것이 더 큰 개념인가?
3. 문화적으로 민감한 교실 관리의 의미는 무엇인가?

목표 2: 전문성을 갖춘 교사, 권위주의적 교사, 허용적 교사의 특성을 구분할 수 있다.

■ 교실 관리의 3가지 양식

#1 _ 권위주의적 교사의 실례

박 교사는 학생들을 바짝 다잡으며 능숙하게 운영해 나간다. 그는 높은 기대를 강조하고, 쓸데없는 것을 하지 않는 교사이다. 그는 학생들이 실내에서 걸을 때 어떻게 해야 하는지 정확하게 알 필요가 있다고 생각한다. 그리고 그는 학생들이 물건을 어지럽힐 때마다 처벌을 쉽게 사용한다. 학생들은 처벌을 자주하는 박 교사에게 불만을 품는다. 그러나 그는 학생들을 엄격하게 대하는 것에 대한 그의 명성이 통제를 유지하는 것에 도움이 된다고 생각한다. 그는 "나는 학생들이 나를 존경하고 내 규칙에 따르기를 원합니다. 그래야 우리는 잘 돌아가는 교실을 만들 수 있습니다. 나는 여기서 학생들의 친구가 되기 위해 있는 것이 아닙니다. 나는 가르치기 위해 여기 있습니다"라고 말한다. 박 교사는 학생에 대한 호의가 거의 없다. 박 교사는 다른 학생들 앞에서 학생들을 꾸짖기도 하며 자주 학생들을 방과 후에 남도록 한다. 또한, 학생들이 잘 협조해주지 않는다고 짜증을 낸다.

#2 _ 허용적 교사의 실례

이와는 대조적으로 김 교사는 학생들이 학교 생활을 즐기기 원한다. 김 교사는 학생들에게 자율성을 주는 것이 중요하다고 생각하기 때문에 학생들에게 공부나 행동에 관해서 큰 요구를 하지 않는다. 김 교사는 학생들과의 상호작용에서 경청하려고 노력하고, 공감하려고 노력하며, 따뜻함과 애정을 보이려고 노력한다. 김 교사는 학생들이 때로는 교사를 이용한다는 것도 알지만, 학생들이 스스로 행동과 학습에 관한 책임감을 기를 수 있게 될 것이라고 생각한다. 김 교사는 이렇게 말한다. "저는 학생들이 벌을 안 받으려고 규칙에 따르는 것을 원하지 않아요. 또한, 제가 원하는 것을 하게 하려고, 다과회를 열고 칭찬 스티커를 주는 것을 싫어합니다. 대신에 학생들이 자기조절능력과 책임감을 계발했으면 합니다." 김 교사는 편안한 분위기를 조성하고 싶어 한다. 왜냐하면 그런 분위기 안에서 학생들은 궁금한 것이 있을 때 편하게 도움을 청할 수 있기 때문이다.

#3 _ 전문성을 갖춘 교사의 실례

한편 양 교사의 교실 관리 양식은 또 다르다. 박 교사처럼 양 교사는 학습과 행동 두 가지 모두에 대해서 학생들에게 높은 기대치를 갖는 것이 중요하다고 생각한다. 양 교사는 학생들의 필요에 따라 학생들을 지지하고 따뜻한 교실 환경을 조성하는 것이 중요하다고 생각한다. 그녀는 매사에 빈틈이 없다. 그러나 다양한 교실 규칙의 근거를 제공하기 위해 시간을 보낸다. 그녀는 학생들이 규칙을 어겼을 때는 어떤 결과가 있어야만 한다고 생각한다. 그렇지만 그녀는 학생들에게 불이익을 줄 때 공평하고, 해당 학생이 굴욕적이지 않게 하려고 노력한다. 그녀는 이렇게 말했다. "학생들은 자신의 행동에 대해 책임을 져야한다고 생각해요. 그러나 그들의 체면을 세우는 것도 중요합니다."

양육방식에 대한 문헌의 용어를 빌려오자면[7] 박 교사는 권위주의적 교사, 김 교사는 허용적 교사, 양 교사는 전문성을 갖춘 교사라고 할 수 있다.[8] 권위주의적 교사의 양식은 통제전략의 사용을 통해 명령을 만들고 유지한다. 이런 교사는 학생의 행동에 대한 통제를 벌을 통해 해결한다. 이런 교사는 높은 요구를 한다. 그러나 학생의 욕구나 욕망에 대한 반응은 낮다. 이런 교사는 학생의 자율성에 대한 촉진에 노력을 기울이지 않는다.

허용적 교사는 학생의 자유를 보장하고, 가능한 최소한으로 간섭한다. 이런 교사는 많은 애정과 온정을 준다. 그러나 리더십이 거의 없고 학생들에게 거의 요구하지 않는다. 다른 말로 이런 교사는 요구는 낮고, 반응은 높다.

전문성을 갖춘 교사는 높은 반응과 더불어 높은 요구도 한다. 이런 교사는 학생들에게 점진적으로 요구한다. 또한, 학생의 요구나 흥미에 대해서도 반응을 한다. 이런 교사는 학생들과 책임을 공유하고, 그들에게 민감하게 반응하며, 개별적인 의사 결정 요구를 수용하는데 가치를 둔다. 이런 교사는 리더십을 보여주지만, 학생의 자율성도 고취한다. 전문성을 갖춘 교사는 학생들이 열심히 공부할 수 있도록 배려하되 그들로부터 존경심을 잃지 않는다. 이것이 바로 '온정적인 요구자'[9]의 특징이라 할 수 있다. 이 장은 교실 관리에 대한 전문성을 갖춘 교사의 모습을 지지한다.

Theo Wubbels와 그의 동료들은 연구를 통해 고등학교의 학생은 강한 권위적 특징의 교사를 선호하지만, 관심과 존중 역시 선호한다는 것을 밝혔다.[10] 학생들은 '학생들에게 뛰어다니라고 시키는' 교사를 좋아하지 않는다. 동시에 학생들은 긍정적인 교사-학생의 관계를 촉진하기 위해 노력하는 교사를 좋아한다. 즉, 이 연구는 학생들의 요구와 반응을 모두 잘 반영하는 교사에게 학생들이 반응을 잘한다는 사실을 보여준다.

종합문제 2

목표 2: 전문성을 갖춘 교사, 권위주의적 교사, 허용적 교사의 특성을 구분할 수 있다.

다음의 각 문장은 교실 관리의 전문성을 갖춘 교사, 권위주의적 교사, 허용적 교사의 모습을 나타낸다. 대표적인 교사의 모습을 각 문항 앞의 빈칸에 숫자로 써 보시오.

1 — 전문성을 갖춘 교사

2 — 권위주의적 교사

3 — 허용적 교사

자신의 답과 이 장의 뒤에 있는 해답을 비교해 보시오.

________ 1. 교사는 교실 안의 질서 유지를 위해 단호한 처벌을 사용해야 한다고 생각한다.

________ 2. 학생들은 자기 훈련을 통해 자신을 조절할 수 있는 능력이 있다고 생각한다. 그래서 교사는 학생들의 행동을 지나치게 제한하지 말아야 한다고 생각한다.

________ 3. 교사는 학생들에게 불이익을 부여할 때 공평하고, 해당 학생이 굴욕적이지 않게 하려고 노력한다.

________ 4. 교사는 학생의 행동과 성취에 높은 기대를 갖고, 동시에 그들에게 온화해야 한다고 생각한다.

________ 5. 교사는 학생의 문제 행동을 다룰 때 일관성이 있어야 한다고 생각한다.

________ 6. 교사는 교실을 쉽게 관리하기 위해 엄격하고 인색해야 한다고 생각한다.

________ 7. 교사는 학생을 이해하고, 수용해야 한다고 생각한다. 그리고 학생들은 정해진 규칙을 따라야 한다고 생각한다.

________ 8. 교사는 학생들의 모든 행동에 대해 관대해야 한다고 생각한다.

________ 9. 교사는 교사의 중요한 역할이 긍정적인 교사-학생 관계의 조성과 유지라고 생각한다.

________ 10. 교사는 학생들을 존중해야 한다고 생각한다. 그리고 교사는 학생들의 자기 책무성, 자아 존중감 계발을 도와야 한다고 생각한다.

6장

목표 3: 교실 관리에 관하여 어떤 과업들을 수행해야 하는지 확인하고, 이러한 과업들이 잘 이루어지는 학습 환경을 조성하는데 어떻게 이바지해야 하는지 설명할 수 있다.

■ 교실 관리에서 교사가 해야 하는 일

교실 관리란 서로 구분되는 일련의 과업을 아우르는 다면적인 개념이다. 이러한 일련의 과업에는 적절한 물리적 환경을 만들고, 학생을 보살펴주고 존중해주는 환경을 조성하는 것에서부터, 학생들에게 행동에 대한 기준을 가르치는 것과 학생이 학급 규범을 어겼을 때 대응하는 것까지도 포함한다.

물리적인 환경의 디자인

INTASC 제6원칙

교실의 물리적인 환경은 교사와 학생이 느끼고 생각하며 행동하는 것에 영향을 미친다. 이러한 영향은 **직접적**일 수도 있고 **간접적**일 수도 있다.[11] 예를 들어, 한 초등학교 교사가 현미경과 같은 과학 실험도구를 높은 책장 위에 두었다고 하자. 책장이 높아서 학생들은 현미경을 꺼낼 수 없다. 이것은 직접적인 영향이라고 할 수 있다. 또한, 책장이 높다는 것은 학생들이 과학 실험도구를 사용해서는 안 된다는 의미이기도 하다. 이것은 간접적인 영향 또는 상징적인 효과라고 할 수 있다. 메시지는 정확하다. 학생들이 허락을 받지 않고 이용할 가능성을 최소한으로 줄이기 위해 교사는 일부러 과학 실험도구를 높은 곳에 두었을 것이다. 반면 다음의 경우와 같이 메시지가 정확하지 않을 수도 있다. 즉, 교사는 학생들이 과학 실험도구 이용을 바라기는 하지만, 도구를 둔 곳이 너무 높아서 학생들이 손이 닿지 않는다는 것에 대해서 미처 생각하지 못한 것일 수도 있다. 교실환경을 꾸밀 때에는 이와 같은 직접적인 효과와 간접적인 혹은 상징적인 효과에 대해 모두 고려해야 한다.

교실 내에서 '고정된 것들'은 교사가 변경할 수 없다. 이를테면 전기콘센트의 위치나 칠판, 문의 위치는 변경할 수 없다. 그러나 책상과 의자, 탁자를 어떻게 배열할 것인지, 컴퓨터나 프린터, 수업 관련 자료와 장비를 어디에 둘 것인지는 보통 교사가 정할 수 있다. 물리적인 교실 환경을 디자인하는 것은 학기 초에 이루어져야 하며, 여러분이 하고자 하는 수업의 형태에 적합해야 한다. 예를 들어, 여러분이 모둠활동이나 협동학습을 강조할 계획이라면 학생들이 모둠별로 앉도록 해야 한다. 반면에 교사가 학급 전체 학생을 대상으로 지도하는 방식의 수업을 할 계획이라면, 학생들의 책상은 칠판을 향하여 일렬로 정렬하는 것이 더욱 적절하다. 또 다른 방법은 말굽 편자 모양으로 배열하는 것이다. 즉, 말굽의 중간에 공간을 한 줄로 두는 것이다. 전체 학급 토론이 진행될 때에도 학생들은 마주 보고 앉은 학생과 손쉽게 일대일로 상호작용할 수 있다. 이런 배열은 교사가 프레젠테이션을 하거나 전체를 대상으로 하는 수업을 진행할 때에도 좋다.

교실의 물리적인 디자인은 학급의 분위기에도 영향을 준다는 사실을 기억하라. 교실을 밝고, 쾌적한 공간으로 만들면 교실이 좀 더 훈훈해지고 심미적으로 나아질 수 있다. 교실 공간을 디자인하는 것에 관한 몇 가지 구체적인 방법들이 여기 있다.

- 자주 사용하는 교실의 물품은 학생들이 손쉽게 찾을 수 있게 배치하라.
- 어디에 자료나 도구가 있는지 명확히 알 수 있도록 책꽂이나 수납공간을 정리하라. 라벨을 사용하면, 학생들이 특정 자료가 필요할 때, 그리고 다 사용한 후에 다시 보관하려고 할 때 도움이 된다.
- 혼잡하지 않도록 교실 내의 동선을 계획하라.
- 학생들이 모든 자리에서 교사의 수업을 잘 볼 수 있도록 자리배열을 계획하라. 학생들이 칠판을 볼 때 의자를 돌려 앉도록 해서는 안 된다.
- 학생들 간에 얼마나 많은 상호작용이 일어났으면 하는지를 생각해보라. 그리고 그에 적절하게 자리를 배치하라. 예를 들어, 학생들이 협동학습에 참여하는 수업이 아니라면, 학생들을 4명씩 조를 지어 앉게 하지 마라. 만약 여러분이 협력이나 협동을 장려한다면, 학생들의 책상을 한 줄로 배치하지 마라.
- 수업도구나 물품을 어디에 보관할지 결정하라.
- 교실 공간을 학생들 각각의 것으로 하는 방법을 생각하라. (예를 들어, 학생들의 문화적 배경을 나타내주는 물품을 전시하는 것) 교실은 교사의 흥미, 목표, 가치만큼 학생의 흥미, 활동, 배경, 성취도 반영해야 한다.
- 특별한 도움이 필요한 학생들을 위해 교실환경을 바꿀 필요가 있는지 고려하라. 예를 들어, 만약 여러분의 반 학생 중 휠체어를 탄 학생이 있다면 학생의 이동에 불편함이 없는지 살피는 것이다.
- 만약 여러분이 보조교사와 함께 하거나 혹은 공동수업(co-teaching)을 하게 된다면 학급의 다른 교사의 공간적 욕구에 대해서도 생각하라. 예를 들어, 그들은 책상이 필요한가? 앉을 장소가 있는가? 자료를 보관할 곳이 있는가에 대해 고려하라.

연습문제 1

1. 여러분이 가르치려고 계획한 학년 혹은 교과에 대해서 생각해 보시오. 교실을 매력적인 공간으로 만들기 위해 여러분이 반영하기 원하는 것은 무엇인가? (식물, 동물, 가구 등)
2. 여러분의 문화적 배경, 흥미, 가치를 반영하시오. 이런 것들을 반영하기 위하여 여러분은 어떤 종류의 물건을 가져올 수 있는가? (물론, 깨지기 쉽거나 값비싼 물건을 가져오는 것은 좋은 생각이 아니다.)
3. 교실에 진열된 교실 가구들의 배치를 여러분의 머릿속에 그려보고, 간략하게 요약해 보시오.

긍정적인 학생-교사 관계의 형성

INTASC 제3원칙

많은 연구를 검토해보면 학생은 교사가 그들에게 관심을 두고 존중을 해준다고 생각할 때 협력을 더욱 잘하는 경향이 있다는 것을 알 수 있다.[12] 그리고 이런 연구들은 긍정적인 교사-학생의 관계가 효과적인 교실 관리의 비결이고, 그런 관계는 학생들의 문제 행동을 감소시킬 수 있다는 것을 보여준다. 학생들이 지지와 관심을 느낄 때 그들은 흔쾌히 다른 사람의 권위를 수용하고, 교실 규범과 그들 자신의 행동이 일치하도록 조절할 것이다. 한 연구에서 어떤 교사는 "만약 여러분이 자신의 학생들과 바람직한 관계를 맺는다면, 그들은 여러분을 더 신뢰하고, 여러분을 더 존경하며, 그 후 그들은 더 좋아질 것이다"라고 말한다.[13]

학생들에 대한 관심과 존중은 어렵지 않은 일일 수도 있다. 그러나 실제 여러분이 학생과 긍정적인 교사-학생 관계를 맺기 원한다는 것을 학생들에게 어떻게 보여줄 것인가? 다음의 제안들은 앞의 물음에 대한 하나의 해결책을 보여준다.

■ 학생들을 환영하라.

교실로 들어오는 학생들에게 미소 짓는 것은 여러분이 학생들을 반갑게 맞이한다는 것을 보여주는 쉬운 방법이다. 이것을 구체적으로 말하자면 다음과 같다. 여러분은 아침에 교실로 들어오는 학생들에게 환하게 인사한다. 그리고 혹시 특별한 문제가 있지 않은지 묻는다. 자연스럽게 옷차림이나 헤어스타일에 대해 얘기할 수도 있다. 이를 통해 여러분은 단 몇 분 안에 학생들에게 접근하고 바람직한 관계를 형성할 수 있다. 만약 누군가가 평소와 달리 침울하거나 화가 나 있다면 이 시간을 통해 여러분은 그에 대해 인지할 수 있을 것이다.

또한, 수업을 시작하기 전에 "괜찮니? 좀 지쳐 보이는구나?"와 같이 교사가 건네는 따뜻한 말 한마디는 학생들의 문제를 사전에 예방할 수 있다. 그리고 교사가 학생의 상태나 감정에 대해서 관심이 있다는 것을 보여줄 수 있다. 좀 더 깊은 대화가 필요하다면 서로가 편한 시간을 정해서 개인적으로 더 많은 대화를 나눌 수도 있다.

■ 학생들 개인의 삶에 대해 알아보라.

학생들에게 관심을 두고 존중한다는 것을 보여주는 또 다른 방법은 학생들의 삶에 대해 관심을 갖는 것이다. 아마도 여러분은 학기 초 학생들에게 가장 좋아하는 과목은 무엇인지, 취미는 무엇인지, 애완동물을 기르는지, 선생님께서 알아주었으면 하는 것은 무엇인지 등에 대한 설문지를 작성하려 했을 것이다. 학생의 연주회나 청소년 단체활동, 운동경기에 참석하면 교사는 학생을 새로운 관점에서 볼 수 있다. 그리고 자신에 대해 교사가 관심이 있다는 것을 학생에게 전달할 수 있다. 수업 전후를 이용하여 가볍게 대화를 나누면 학교 밖에서 학생들의 삶에 어떤 일이 일어나고 있는지에 대한 중요한 정보를 얻을 수 있다. 다음에 나오는 짤막한 글[14]은 초등학교와 중학교 교사가 학생들의 삶에 대해 알아가는 방법을 보여준다.

> "네가 뭔가를 끼적일 때는, 그것이 호랑이와 관련이 있다는 것을 알고 있단다. 나도 어렸을 때는 호랑이를 좋아했단다. 선생님도 보고 싶어서 그러는데, 호랑이 사진을 가져오렴. 네가 작문을 위한 소재를 고를 때에도 도움이 될지도 몰라." 수민이는 자기가 호랑이를 얼마나 좋아하는지를 선생님이 알았다는 사실에 대해 기쁘고 놀라서 얼굴이 빨개졌습니다. 수민이는 곧 호랑이 사진을 선생님께 가져왔습니다. 선생님은 호랑이를 주제로 한 작문 숙제에 대해서 수민이가 매우 신이 나 있다는 것도 알아차렸습니다.
>
> 학교에서 신문을 발행하면, 김 교사는 모든 기사를 꼼꼼히 읽습니다. 이 방법은 김 교사가 학생들의 관심사에 대해서 알아낼 때 사용하는 많은 방법 중 하나입니다. 특히 조용해서 눈에 잘 띄지 않는 학생들의 관심사를 알아내는 데에 이 방법을 사용합니다. 교사는 학생들에게 육상경기대회에 참여한 경험, 토론에 참여했던 경험, 동물병원에서 자원봉사활동을 했던 경험을 물어, 학생들을 몇 번씩이나 감동하게 했습니다.

강 교사는 또 다른 방법을 사용한다.[15] 강 교사는 교사 스터디 모임에 참여했다. 그 모임에서는 학생의 가족에 대해서 알기 위해 사진을 사용하였다. 스터디에 참여하는 교사들은 보조금을 사용하여 학급별로 세 대의 카메라를 샀다. 그리고 학생들에게는 집이나 이웃에서 중요하다고 여겨지는 것을 사진으로 찍어오라고 했다. 학생들은 돌아가면서 카메라를 빌려 갔다. 그리고 학생들과 그들의 가족들은 사진에 대한 개인적인 이야기와 추억에 대해 시와 편지를 썼다.

■ 문화적인 소양을 쌓아라.

INTASC 제6원칙

이 장에서 지식 기능과 성향을 계발하는 것이 중요하다고 이미 언급하였다. 이러한 것들은 다양한 문화적 배경을 가진 학생들과 효과적으로 지내기 위하여 중요하다. 특히 문화적인 내용에 대해서 지식을 습득하는 것, 문화적인 소양을 쌓는 것은 교사-학생 간의 긍정적인 관계를 쌓는 데 필수적이다. 앞에서 언급했듯이 다양한 문화에는 서로 다른 가치와 신념이 있다. 문화가 서로 다르면 의사소통하는 방식도 다르고, 예의범절의 규칙도 다르며, 사회적으로 금기시되는 것 또한 다르다. 물론 이러한 문화적인 특징들이 그 문화의 구성원에게 똑같이 나타나는 것은 아니다. 나타나는 방식도 다르고 정도도 다르다. 그럼에도 문화적인 특징의 주요한 부분을 교사가 알고 있으면, 가치 있는 정보를 얻을 수 있다. 다음과 같은 질문을 던짐으로써 교사는 문화적인 소양을 쌓을 수 있다.[16]

- **가정 배경과 구조:** 가정에서의 권위의 위계는 어떻게 되는가? 학생들은 집에서 어떤 책임을 지는가?
- **교육:** 학생들은 이전에 얼마 동안 학교에 다녔는가? 어떤 종류의 수업 전략에 익숙한가? 예전에 다녔던 학교에서는 전체 집단 수업을 강조했는가? 또는 암기하는 것이나 외워서 말하는 것을 강조했는가? 어떤 행동이 적절한 행동이었는가? 학생들은 적극적으로 참여해야 했는가? 아니면 수동적으로 따라야 했는가? 독립적이어야 했는가? 의존적이어야 했는가? 동료-중심이어야 했는가? 교사-중심이어야 했는가? 협동해야 했는가? 경쟁해야 했는가?
- **개인 간 관계 양식:** 문화적으로 개인의 성취를 위해 일하는 것이 중요한가? 아니면 집단의 이익이 중요한가? 남녀 간의 상호작용에 관해서 어떤 것이 일반적인가? 권위를 갖는 인물에게 학생들은 복종하는가? 아니면 질문을 던지는가? 개인의 감정을 표현하는 것을 강조하는가? 아니면 숨기는가?
- **훈육:** 어른들은 허용하는 방식으로 행동하는가? 권위적인 방식으로 행동하는가? 권위주의적인 방식으로 행동하는가? 보통 어떤 종류의 칭찬이나 보상, 비판이나 벌을 사용하는가? 칭찬이나 벌을 공개적으로 하는가? 아니면 드러내지 않고 하는가? 집단적으로 하는가? 개인적으로 하는가?
- **시간과 공간:** 학생들은 시간에 대해서 어떻게 생각하는가? 시간을 잘 지키는 것이 중요한가? 아니면 시간에 대해서 유연하게 생각하는가? 어떤 과제를 완료할 때 속도는 얼마나 중요한가?
- **종교:** 학교에서 논의해서는 안 되는 주제와 관련하여 어떤 제약사항들이 있는가?
- **음식:** 무엇을 먹는가? 무엇을 먹지 않는가?
- **건강과 위생:** 병은 누가 어떻게 치료하는가? 병의 원인이 무엇이라고 여기는가? 심리적인

문제, 감정적인 문제와 관련하여 어떤 식으로 도움을 표현하는가?

- **역사, 전통, 명절:** 집단이 자긍심을 느끼는 원천이 되는 역사적인 사건은 무엇인가? 어떤 공휴일이나 축제, 명절을 학교에서 지키는 것이 적절하다고 여기는가?

■ 높은 기대를 하고 있다는 것을 전달하라.

여러분이 학생들에게 관심이 있다는 것을 보이려면, 학생들에게 온 힘을 다하여 학업에 임하도록 하고, 적절하게 행동하도록 하는 것이 중요하다. 이는 '좋은' 교사에 대하여 어느 중학교 학생들과 진행한 인터뷰에 잘 나타나 있다.[17] 학생들은 반복해서 '엄격한' 선생님의 중요성에 대해서 얘기하였다. 엄격한 선생님은 학생들이 학교 과제를 철저히 하도록 시키고, 학생들이 실패하는 것을 용납하지 않는다. 한 학생은 다음과 같이 말했다.

> 저는 변명을 허용하지 않는 선생님이 좋아요. 이제는 제대로 공부하고 싶어요. 그래서 내가 피곤하고, 공부하고 싶지 않을 때에도 공부해야 한다고 말해줄 사람이 필요해요.

이들의 말에 의하면, 좋은 교사는 그들에게 숙제하라고 강한 압력을 행사한다. 그리고 과제를 부여하고, 보상을 주며, 학부모와 자주 소통을 한다. 이런 교사는 학생들이 온 힘을 다하도록 압력을 넣는다. 동시에 학생들에게 필요한 도움을 제공한다. 그리고 모든 학생이 이해할 때까지 반복해서 여러 번 설명한다. 이들은 학급 활동을 다양하게 바꾸고, 어려움을 겪는 학생들을 기꺼이 도와준다.

■ 좋은 의사소통 능력을 계발하라.

INTASC 제6원칙

긍정적인 교사-학생 관계의 진전을 위해, 교사는 좋은 청취자이어야 한다. 어느 고등학교의 화학 교사는 다음과 같이 말한다.

> 아이들이 문제가 있을 때 찾아가 고민을 털어놓을 수 있는 교사들이 학교에 많이 있지 않습니다. 이것은 모두 듣는 것에 관한 것입니다. 여러분이 고등학교 교사이고 학생이 문제라고 느끼고 얘기한다면, 여러분에게는 문제처럼 보이지 않더라도 그 문제에 대해서 진지하게 들어주어야 합니다. 이것이 바로 학생들의 신뢰를 얻는 방법입니다. 만약 3주 전에 여러분이 어떤 학생에게 "철 좀 들어, 그래야만 그 문제를 극복할 수 있을 거야"라고 말했다면, 그 학생은 심각한 고민을 이야기하기 위해 여러분을 더 이상 찾아오지 않을 것입니다.[18]

좋은 듣기는 학생의 느낌을 경청하고 수용하는 것부터 시작한다. 이는 여러분의 몸이 학생 쪽을 향하고, 앞으로 기울여져 있고, 눈을 맞추고, 학생의 말에 끄덕인다는 것을 의미한다. 여러분은 학생이 말하는 것에 대해 세심한 주의를 기울이며 무언의 의사소통을 해야 한다. "알겠어" 등의 추임새를 사용할 수도 있다. 그리고 "응, 그래서?", "그 부분에 대해서 좀 더 말해줄래?" 등이라고 하면서 학생들이 좀 더 얘기하도록 유도할 수도 있다.[19]

주의 깊게 듣는 것을 넘어서서 조금 더 **적극적인 경청**을 할 수도 있다. 이것은 학생의 말을 주의 깊게 듣는 것이고, 그 후 상기하거나 여러분의 언어로 '피드백'하는 과정이다. 이렇게 하면 학생은 교사가 자신의 말을 정확하게 이해했는지 확인할 수 있다. 적극적인 경청을 통해 교사는 학생의 기분을 확인하고, 학생은 자신이 이해받고 가치 있다는 느낌을 받을 수 있을 것이다. 다음의 예화를 고려해보자.

<예화 1>

학생: 나는 이런 말도 안 되는 과제가 싫어요.

교사: 너는 이 일이 전혀 가치가 없다고 생각하는구나.

학생: 그 과제는 전혀 할 가치가 없어요. 단지 매우 지루할 뿐이에요.

교사: 그렇구나. 이 과제는 너에게 흥미를 불러일으키지 못하는구나.

학생: 그리고 우리가 뭘 해야 하는 건지 정말 모르겠어요.

교사: 이 과제는 지루하고, 게다가 혼란스럽다는 거구나.

학생: 저도 그렇게 생각해요.

교사: 서로 점심시간이 같으니 함께 생각해 보자. 나는 네가 이 과제를 이해하도록 돕고 싶어. 그리고 이 과제가 지루하지 않았으면 좋겠어.

<예화 2>

학생: 우리 아버지가 이번에 본 내 시험 점수를 볼 때까지 말하지 않고 기다려 주세요. 아버지가 알게 되면 크게 혼날 거예요.

교사: 아버지가 시험 성적을 보시면 화가 많이 나겠구나.

학생: 네. 만약 시험 점수가 평균 90점 이하로 나온다면, 아버지는 저에게 크게 화를 낼 거예요.

교사: 너는 모든 과목에서 90점 이상을 받아야 하는 압력을 받는 것 같구나.

학생: 맞아요. 우리 아버지는 90점 이하의 점수는 실패한 것으로 여길 거예요. 이것이 나를 정말 힘들게 해요.

교사: 이처럼 힘든 과목에서 80점은 괜찮은 점수야. 단지 네 아버지는 네가 더 잘할 수 있다고 믿는 것 뿐이야.

연습문제 2

1. 학기 초에 여러분은 학생들에 대해 자세히 알기 원한다. 새 학기가 시작될 때 질문지에 포함되어야 할 5가지 질문들을 생각해 보시오.
2. 아래의 대화에서 학생들은 그들이 경험하고 있는 문제들에 대해 교사에게 털어놓았다.

그리고 교사들은 공감하거나 관심을 주지 않는 방식으로 대응했다. 각각의 경우에 대해서 신규교사는 적극적으로 경청하도록 하시오.

<대화 1>

학생: 민국이는 나에 대한 뜬소문을 퍼트리고 있어요. 그 아이가 모든 사람에게 내가 수진이와 사귄다고 말을 하고 있어요.

교사: 그래? 그냥 무시해.

<대화 2>

학생: 나는 수학 시간이 싫어요. 시시해요.

교사: 수학은 시시하지 않아. 만약 네가 원하는 대학에 가고 싶다면 수학을 잘해둘 필요가 있어.

학급 분위기 조성

INTASC 제5원칙

교사는 긍정적인 교사-학생 관계의 형성뿐만 아니라 서로 도와주고, 지지하는 학생-학생의 관계와 공동체 분위기를 조성하는 방법에 대해서도 생각할 필요가 있다. 공동체 형성은 특히 중·고등학교에서 시간과 노력이 더 많이 든다. 중학교와 고등학교에서 수업 시간은 45~50분 밖에 안 된다. Mara Sapon-Shevin은 공동체는 그냥 생겨나지 않는다고 말한다.[20]

> 아무리 경험이 많고 좋은 의도를 가진 교사라 하더라도 새로운 학급에 들어와서 "우리는 공동체입니다"라고 선언할 수는 없다. 공동체가 생기는 데는 시간이 걸리며 공동체가 생기려면 공유하는 경험이 필요하다. 학생들은 서로 알아가고, 서로 긍정적이고, 서로 돕는 방식의 상호작용을 통해 공동체는 생겨난다.

■ 학생들이 서로에 대해서 알 수 있도록 기회를 제공하라.

다음 제안들은 공동체의 형성을 위해 도움을 줄 방법들이다. 학생들이 이미 다른 학생을 알고 있고 더 배울 것이 없다고 가정하지 마라. 예를 들어, 학년 초에 학생들이 서로 알아가는 활동을 할 수 있다. 이런 활동의 예로 '이 사람을 찾아라'가 있다. 예를 들면, 다음과 같이 짧게 묘사하는 설명을 보고 학생들은 반에서 각 설명에 맞는 사람이 누구인지 찾아야 한다. '방과 후에 부모님의 일을 도와주는 사람', '바이올린을 연주하는 사람', '가장 좋아하는 색깔이 노란색인 사람' 등이 누구인지 알아내었을 때, 알아낸 사람은 적절한 설명 문구 옆에 그 학생의 이름을 쓴다. 그러나 한 학생이 여러 가지 설명에 들어맞는다고 해도 한 가지 설명에는 한 사람의 이름만을 표기할 수 있다.

시간이 가더라도 학생들이 서로 편하게 느끼고 편하게 상호작용하기 원한다면 이러한 활동을 계속할 필요가 있다. 학생들이 서로 알아갈 수 있는 활동에 대한 몇 가지 예가 더 있다.

- **누구일까요?** 학생들은 자신에 대하여 짤막한 진술을 쓴다. (가정 배경, 취미, 과외 활동 등). 그러나 이것을 보여주지는 않는다. 쓴 것을 모으고, 각 설명을 서로에게 읽어주고, 누가 썼다고 생각하는지, 그 이름을 쓰게 한다. (교사가 함께 참여해도 좋다.) 모든 설명을 다 읽은 후에 다시 읽게 하고, 설명을 쓴 사람이 자기임을 밝히도록 한다. 학생들에게 몇 명이나 맞추었는지 물어보라.[21]
- **진실 두 개와 거짓 한 개(혹은 진실 두 개와 허구 한 개).** 학생들은 세 개의 진술을 작성하고 공유한다. 세 가지 진술 중 두 개는 진실이고 한 개는 거짓이다. 이 활동은 학급 전체가 함께할 수도 있고, 모둠으로 할 수도 있다. 학급 전체가 함께하든 모둠으로 하든, 이 활동에서는 학생들이 자신에 대해서 알릴 것을 스스로 선택하기 때문에 학생들이 당황하게 되는 경우는 거의 없다. 이 활동을 통해 학생들은 공통의 관심사나 경험에 대해서도 알 수 있다. 그리고 자신이 가졌던 편견이나 가정이 맞았는지도 확인할 수 있다.[22]
- **나에 대해서 거의 알려지지 않은 사실들.** 위의 활동을 변형한 활동이 있다. 학생들은 다른 학생들이 자신에 대해서 모를 것으로 생각한 바를 쓴다. 쓴 종이를 접고 모은 후 상자에 넣고 흔들어서 섞는다. 학생들은 차례대로 종이를 하나 뽑아서 진술을 크게 읽는다. 모든 학생은 누가 그 진술을 썼는지 알아낸다.[23]
- **생명줄.** 각 학생은 한 장의 종이에다 선을 그리고, 6개의 점을 표시한다. 6개의 점은 자신의 인생에서 일어났던 중요한 사건들, 다른 학생들과 공유하고 싶은 사건들이 일어난 시점을 나타낸다. (예를 들면, 형제자매가 태어났을 때, 가까운 가족 구성원이 죽었을 때, 학교 연극에서 주인공을 맡았을 때, 전학 왔을 때 등) 학생들은 둘이서 짝을 짓고 자신의 삶에서 일어난 일들을 공유한다. 각 학생은 이 선에 표시된 점들을 가리키면서 학급의 다른 학생들에게 자신의 짝을 소개해 줄 수도 있다.[24]
- **여러분의 영감.** 학생들은 자신에게 영감을 불러일으키는 사람이나 사물에 대한 사진에 문구를 적어서 가져온다. 이 사진들을 게시판에 붙인다.[25]
- **여러분에게 가장 자랑스러운 부분은 어디인가요?** 학생들은 이 질문에 대해서 개인적으로 답변을 발자국 모양의 종이에 쓴다. 이 발자국 모양의 종이가 '성공'이라는 이름의 길을 만들도록 게시판에 붙인다.[26]

■ 모둠활동이나 협동학습 방식을 사용하라.

짝이나 모둠에서 활동하는 기회를 학생들에게 주면 학생들은 자신이 서로에게 어떤 역할을 한다는 느낌을 받는다. 즉, 공동체에 대한 느낌이 들 수 있다. 연구에 따르면 협동학습은 성취도, 성별, 문화적, 언어적 배경 등이 다양한 학생들 간의 상호작용과 우정을 촉진한다. 또한, 협동학습을 하면 학생들은 장애아동을 더욱 잘 받아들이고, 학급에 대해 긍정적인 태도를 보이게 되며, 공감능력이 더욱 발달한다.[27]

단순하게 학생들을 집단에 포함하고 그들에게 함께 학습하라고 말하는 것은 긍정적인 결과를 산출하지 않을 수도 있다. 협동학습에 관한 전문가인 David와 Roger Johnson은[28] 교사들에게 학생들이 효과적인 상호작용 방법을 알고 있다고 가정하는 것에 대해 경고한다. 오히려 학생들은 듣기, 설명하기, 격려하기, 공유하기와 같은 사회적 기술들을 배워야 한다. 이러한 훈련이 없다면 학생들은 서로 격려하기보다는 서로 깎아내릴지도 모른다. 그리고 모두가 참여할 수 있다고 확신하기보다는 대화를 독점할지도 모른다. 또한, 생산적인 기여보다는 가만히 있거나 혹은 친구들과 놀지도 모른다.

■ 집단의 문제 해결과 열려 있는 의사소통을 장려하기 위한 미팅 개최

미팅 형식은 다양한 종류가 있다. 그러나 그 모두는 학생들 간의 의사소통을 장려하고, 공동체 의식을 증대시키기 위해 고안되었다. 예를 들어, 초등학교의 아침 미팅은 4개의 순차적 구성요소로 이루어져 있다.[29]

(1) **인사:** 학생들은 이름을 부르며 서로 인사한다.

(2) **공유:** 몇몇 학생들이 관심 있는 어떤 뉴스에 대해 공유하고, 다른 학생들이 그것에 관해 질문하고 그 질문에 대해 긍정적인 태도로 답한다.

(3) **활동:** 반 전체의 응집력을 형성하기 위한 짧은 활동을 한다.

(4) **뉴스와 공지사항:** 학생들은 오늘의 각종 이슈에 대해 배우고, 각각의 이슈가 전해주는 메시지에 대해 토론한다.

Nelsen, Lott, Glenn은[30] 학생들의 사회적 기술(듣기, 번갈아 하기, 다른 관점에서 올바르게 알기)을 강화시키고 학급의 문제를 해결하는 또 다른 유형의 학급 미팅을 권고한다. 충분히 논의되어 미리 정해진 협의사항은 학생들의 칭찬과 감사를 표현하는 것으로부터 시작한다. 그 다음 학급은 후속조치로 문제에 이전의 해결책을 적용하고, 새로운 문제를 해결할 방안에 대해 논의한다. 마지막으로 학생들은 앞으로의 학급 활동을 위한 계획을 세운다.

여전히 미팅의 또 다른 유형은 Tomas Gordon의 '무패 방법', 즉 갈등을 해결하는 문제 해결 방법이 있다.[31] 이것은 6단계로 되어 있다.

(1) 문제에 대한 정의

(2) 가능한 해결책에 대한 브레인스토밍

(3) 대안적 해결책에 대한 평가

(4) 해결책 선택

(5) 해결책 실행 방법 결정 (예를 들어, 누가 언제 무엇을 해야 하는가?)

(6) 피드백을 얻고 해결책 평가

INTASC 제3원칙

■ 폭력과 동료의 괴롭힘에 대한 주의

이 전략의 바탕에 깔린 기본적 전제는 학생들이 학급의 어떤 일에 대해 책임 있는 결정을 할 수 있다는 것이다.

종종 학생들은 그들의 동료로부터 괴롭힘을 당하고, 따돌려지며, 심지어 신체적 폭력을 당하는 경험을 한다. 폭력과 동료의 괴롭힘을 막기 위해 여러분은 체격, 장애, 성적 기호, 유행에 뒤처진 옷, 사회·경제적 지위에 대한 불쾌한 발언에 대해 주의를 시킬 필요가 있다. 여러분은 또한 무례한 발언이 절대 받아들여지지 않는다는 것을 분명히 해야 할 필요가 있다. 이 말은 학생이 마음에 상처를 입히는 말을 들었을 때 여러분이 중재해야 한다는 것을 의미한다. (예를 들어, "그런 말은 이 교실에서 절대 용납할 수 없어!"). 너무나 자주 교사들은 그들이 들은 무례한 발언을 그냥 넘긴다. 만약 여러분이 가만히 있다면, 학생들은 여러분이 그들에 대해 신경을 쓰고 있지 않다고 느끼거나 굴욕적인 언어를 허용하는 것으로 생각할 수 있다. 게다가 폭력을 목격했을 때 말할 수 있는 용기가 필요한 학생들에게 좋지 않은 모델이 될 수도 있다.

이메일, 휴대용 문자 메시지, 인스턴트메신저, 블로그, 페이스북과 같은 SNS(social networking sites)의 출현과 함께 사이버 폭력은 팽창하고, 심지어 피해자는 집에 숨을 수도 없다. 사이버 폭력은 오프라인에서 일어나는 폭력보다 더 큰 상처를 줄 수 있다. 뜬소문, 해로운 말, 난처한 사진은 순식간에 엄청난 사람들에게 퍼질 수 있다. 더군다나 청소년들은 인터넷의 익명성을 악용해서 사람들 사이에 말할 수 없는 것들을 온라인에서 쉽게 한다. 이에 대해 사이버 폭력을 당했던 한 학생은 다음과 같이 말했다. "인터넷상에서 여러분은 상대방의 실제 얼굴을 보지 못합니다. 그리고 상대방도 여러분을 보지 못합니다. 이제 여러분은 상대방의 눈과 상처를 똑바로 바라보아야 합니다."[32]

학교는 이러한 새로운 골칫거리를 다루기 위한 분명한 방침을 마련해야 한다. 그리고 교사들은 사이버 폭력이 심각한 결과를 가져올 수 있다는 것을 학생들에게 확실히 이해시킬 필요가 있다. 더군다나 학생들은 사이버 폭력에 반대하는 뜻을 공개적으로 말하는 것을 배워야 할 뿐만 아니라 만약 그들이 피해자가 된다면 무엇을 해야 하는지도 배워야 한다. (예를 들어, 메시지를 일단 삭제하지 않는 것, 믿을만한 어른에게 그것들을 보여주는 것, 결코 답 메시지를 보내지 않는 것, 만약 메시지 안에 신체적 위협이 담겨 있다면 경찰에게 보여주는 것)

연습문제 3

1. 초등학교 혹은 고등학교 시절에 대해서 생각해 보시오. 긍정적인 학생-학생의 관계와 바람직한 공동체를 조성하기 위해 교사들이 사용했던 방법은 무엇인가?
2. 초등학교 혹은 고등학교의 학생이었던 당시 여러분은 사이버 폭력의 목격자인가 혹은 당사자인가? 괴롭히는 장면을 목격하거나, 혹은 괴롭힘을 당한 적이 있는가? 교사들은 개입하였는가? 그리고 만약 그렇다면 그들의 개입은 효과적이었는가? 왜 효과적인가? 혹은 왜 효과적이지 않은가?

행동규범의 제정 및 준수

INTASC 제5원칙

새 학기의 효과적인 교실 관리에 대한 연구는 **행동규범**의 제정과 준수의 중요성에 대해 보여준다.[33] 규범은 구성원들이 어떻게 예의 바르게 행동하는지에 대한 기대를 공유한다. 규범은 그들이 기대하는 것이 무엇이고, 그들이 다른 사람들로부터 기대해야만 하는 것이 무엇인지에 대해 학생들이 이해하도록 돕는다.

교실이 원활하게 기능하기 위해서는 두 가지 다른 규범을 가져야만 한다. 첫째, 일반적인 행동에 대한 규범들(종종 규칙이라고 불리는)은 예의 바른 학생의 행동에 대한 기준을 기술한다. 공동의 규칙에 대한 일부 예들은 다음과 같다. "공경하라", "예습해 오라", "다른 사람이 말할 때 잘 들어라" 그리고 (초등학교에서) "손과 발을 가만히 두어라" 이와같은 규칙은 현실적이어야 하고 합리적이어야 한다. 그리고 규칙은 정의가 잘 되어 있어야 하며, 그 수가 제한되어야 하고 명확하게 이해할 수 있어야 한다. 어떠한 집단도 행동의 기준을 정하지 않고는 모두 성공을 거둘 수 없다.

일부 교사들은 학생들이 규칙을 만드는 데 중요한 역할을 해야 한다고 생각한다. 왜냐하면 학생들은 스스로 정한 규칙에 따르는 것을 더 좋아하기 때문이다. 반면 다른 교사들은 교사가 규칙을 직접 정해야 한다고 생각한다. 그 이유는 교사만이 학생들의 행동이 좋고 나쁜지를 명확히 이해할 수 있기 때문이다. 신규교사로서 여러분은 여러분이 스스로 개발한 현재 규칙이 더 편안하다고 느낄 것이다. 혹은 여러분은 제한된 수의 규칙을 지정하여 결정하고, 그 후 학생들과 함께 필요한 것들을 더 만들 수 있다. 아무튼, 교사는 제정한 규칙에 대해 설명해주고, 학생들이 그것을 수용할 수 있도록 하는 것이 중요하다. 예를 들어, 어느 4학년 교사의 경우 타협할 수 없는 기본적인 하나의 규칙만 있다. "예의 바르게 행동해라"라는 규칙이다.

6장

그러나 그 교사는 학생들에게 그것이 실제로 의미하는 것이 무엇인지를 나타내는 예를 알려주려고 하는 데에 상당한 시간을 보낸다. (예를 들어, 다른 학생이 말을 할 때 잘 듣는 것, 쓰레기를 치우는 것, 사람들에게 "바보"라고 부르지 않는 것, 활동할 때 작은 목소리를 낼 것) 그 교사는 또한 규칙은 자신에게도 적용되고, 예의 바르게 행동하는 것은 교실을 좋은 장소로 만드는 데 도움이 된다고 설명한다.

원래의 교실 규칙은 유지되고 있었거나 혹은 학생들과 개발한다. 일부 교사들은 규칙을 게시판에 부착하거나 학생들에게 나눠준다. 혹은 복사해서 학부모에게 보낸다. (아마 동의한 후에 되가져오라고 할 것이다.) 여러분이 한 결정이 무엇이든 간에 많은 시간을 들여서라도 교실에서 기대하는 행동이 무엇인지 학생들이 정확하게 이해하게 하는 것이 중요하다. 몇몇 연구자들의 연구에 따르면, 교실을 효과적으로 관리하는 교사는 학생들에게 어떤 행동을 해야 하는지를 가르치는 데에 일과 중의 많은 시간을 사용한다는 것을 발견했다.[34] 그들은 그 후 3주 동안 때때로 규칙을 조정하고 보강하였다. 중등 수준에서 이런 과정은 아마 줄어들 수 있다. 그렇지만 학생들에게 여러분이 그들에게 기대하는 행동을 잘 인식하도록 확실히 하는 것은 매우 중요하다.

일반적인 규범뿐만 아니라 교사는 **특정한 상황별 규범**을 정할 필요가 있다. 이러한 것들은 종종 통상적 방법 혹은 절차라고 부른다. 통상적 방법 혹은 절차를 통해 학생들은 통상적으로 하는 활동에 관해서 무엇을 해야 하는지를 이해한다. 예를 들어, 학생들이 교실에 들어가거나 나갈 때 기대되는 예의 바른 행동은 어떤 것인가? 그들은 숙제를 어떻게 제출할 것인가? 만약 그들이 화장실을 사용해야 한다면 어떻게 해야 하는가? 통상적 방법이 명확하게 정해져 있으면, 혼란이나 방해로 인한 귀중한 수업 시간의 낭비를 막을 수 있다. 통상적 방법이 있어야 하는 교실 상황에는 다음과 같은 것들이 있다.

- 행정 업무
  - 출석 확인
  - 학교 가정통신문 배포
- 학생 활동
  - 교실 출입
  - 화장실 사용
  - 보건실 사용
  - 연필을 깎는 것
- 교실 청소
  - 칠판 정리

- 식물 관리
- 사물함 관리

● 수업 활동과 관련된 일
- 숙제 검사
- 결석한 학생의 숙제에 대한 지속적 파악
- 학급 과제 수집
- 학습 자료의 수집과 분배
- 과제와 관련한 보고서 작성 (예를 들면, 제목을 붙이기, 여백을 정하기, 볼펜이나 연필을 준비하기)
- 과제를 끝마쳤을 때 무엇을 해야 하는지에 대한 것

● 상호작용 (언제 어떻게 이야기하는 것을 허용하는지에 대한 것)
- 모든 수업 시간 동안 교사와 학생 사이의 대화 (예를 들어, 학생들은 말하고 싶을 때 손을 들어야만 하는가?)
- 혼자 과제를 하고 있을 때 학생들 사이의 대화
- 협동학습을 하고 있을 때 학생들 사이의 대화
- 다른 활동으로 전환할 때 학생들 사이의 대화

만약 교실이 평온하거나 효율적인 기능을 하게 하려면 교사는 학생들에게 위의 목록처럼 모범적인 일상적 활동들의 절차를 어떻게 수행해야 하는지 명백히 가르쳐야만 한다. 효과적인 교실 관리자는 절차를 설명하고 증명한다. 그리고 학생들이 그것들을 실천하도록 하고 그들의 수행에 대한 피드백을 제공한다. 그 후 필요하다면 그 절차를 다시 가르친다. 이런 철저한 절차는 학교 규칙을 거의 경험하지 못한 저학년의 아이들에게 특히 중요하다. 심지어 중·고등학교에서도 여러분만의 통상적 방법을 만들고 학생들이 그것들을 명확하게 알게 하는 것이 중요하다. 왜냐하면 매시간 교사가 바뀌기 때문이다. 그리고 통상적 방법도 당연히 바뀔 것이기 때문이다. 예를 들어, 김 교사는 책상 위의 상자 안에 그들의 숙제를 넣도록 지도할 수 있다. 반면 박 교사는 학생 책상의 오른쪽 부분에 숙제를 놓기를 원할 수 있다. 학생들에게 이러한 것들을 명확하게 해 주면 불필요한 교실 내의 혼란을 막을 수 있다.

연습문제 4

1. 학급에서 실시 가능한 규칙을 개발하시오. (3~5가지 정도) 여러분 혼자 규칙을 만들고 학생들에게 적용할 것인가? 혹은 함께 규칙을 개발할 것인가? 왜 그렇게 생각하는가?

2. 여러분의 초등학교 혹은 고등학교 선생님의 숙제 수집 방법과 다른 방법에 대해서 생각하시오. 더 효과적인 것은 어떤 것이라 여겨지는가? 여러분은 어떤 방법으로 숙제를 수집하겠는가?

가정과의 협력

INTASC 제10원칙

학생들의 가정과 좋은 관계를 확립하는 것은 수많은 장점이 있다. 첫째, 학교 밖에서의 학생들의 삶에 대해서 알게 되면 학생들의 학교 내에서의 행동에 대한 통찰력이 생긴다. 이러한 통찰력은 여러분이 학생들을 민감하고 효과적으로 다루는 데에 도움을 준다. 둘째, 여러분이 무엇을 달성하려고 하는지 학생이 교실에서 어떻게 행동하기를 기대하는지를 가정에서 이해한다면, 가족들은 여러분을 지지해주고 여러분에게 가치 있는 도움을 줄 수 있다. 셋째, 가정은 학생의 행동을 관리하는 방법들을 개발하고 실행하는 과정에 도움을 줄 수 있다. 다음의 일화는 한 초등학교 교사와 중학교 교사가 학생의 행동 문제를 변화시키기 위해 각자 어떻게 가정의 도움을 활용하였는지에 대한 이야기이다.

> 연수는 수업에 매우 지장을 주는 학생이었어요. 연수는 수업에 제대로 참여하려고 하지 않았고요, 계속 숙제를 잊었고요, 다른 학생들의 주의를 산만하게 했고요, 교실 안을 돌아다녔어요. 연수의 어머니와 연수, 그리고 저는 우리가 어떻게 하면 좋을지 얘기했어요. 그리고 가정에서 사용하는 보상체계를 사용하기로 했어요. 우리 셋은 매일 제가 연수의 행동에 대해 기록한 노트를 집으로 보내는 것에 동의했어요. 노트에 잘했다는 표시를 세 개 이상 받으면 어머니는 연수에게 밖에서 축구를 해도 좋다고 허락했어요. 이렇게 해서 연수의 행동은 축구를 하는 것에 직접적으로 영향을 끼치게 되었어요. 이렇게 했더니 연수는 정말 달라졌어요.[35]

> 민지는 수업에서 해야 하는 것들을 전혀 하지 않았어요. 민지는 졸업반이었는데요, 제 생각에는, 민지가 더는 아무것도 하지 않아도 된다고 생각하는 것 같았습니다. 학부모님도 무엇을 어떻게 해야 할지 모르셨어요. 우리는 모두 앞으로 어떻게 할지에 대한 계획을 세웠습니다. 학부모님은 매주 금요일 아침 10시 30분에 제게 전화하기로 했어요. 민지가 계획대로 잘 하고 있으면 친구하고 놀러 나갈 수 있었어요. 그렇지 않으면, 즐거운 주말이란 없는 거죠. 학부모님과 저는 민지에게 말했습니다. "우리는 진정 너를 걱정한단다. 만약 네가 마지막 학년을 잘 보내게 하는 데에 이것이 필요하다면 할 것이야." 민지는 그 계획이 정말 실천 가능한지 시험했나 봐요. 그리고 민지는 주말에 놀 수 없었죠. 그 후 민지는 정말 공부를 하기 시작했고, 결국 학년을 마칠 때에는 80점을 받았어요. 게다가 민지에게는 추가적인 보상도 있었어요. 민지의 부모님은 그 아이를 다독여줄 수 있었어요. 왜냐하면 민지가 책임감을 느끼고 약속을 지키기 시작했기 때문이죠.[36]

한국사회에서 일어난 변화 때문에 가족 간의 의사소통과 협력은 그 어느 때보다 더욱 어려워졌다. 전업주부인 어머니는 예전보다 줄었다. 많은 부부가 이혼하고,[37] 오늘날 아이들의 상당수가 유년기의 일부분을 편부모와 보내고 있다.[38] 이들은 부모가 둘 다 있는 경우와는 달리, 인간적인 관심, 경제적인 지원을 받지 못한다. 어떤 경우에 아이들의 삶에서 부모가 아닌, 조부모, 이모나 고모, 삼촌, 형제자매, 이웃들은 중요한 인물이다.

이러한 어려움이 있지만, 학부모가 학생의 교육에 알차게 참여하는지에 대한 책임은 교사의 자세와 실천에 있지 학부모의 교육수준이나, 결혼상태, 직업이 무엇인지에 있지 않다.[39] 즉, 학부모가 적극적으로 개입하기를 원한다면, 교사들은 먼저 손을 뻗어서 아이들의 발전에 대해서, 학교의 프로그램에 대해서 얘기하고, 능동적으로 참여할 수 있도록 독려해야 한다. 다음은 학부모와의 의사소통을 확장하는 것과 관련된 제안들을 제시한다. 단, 이 장에서 '학부모'라 함은 실제로 학생들의 삶에서 학생들을 보살펴주는 모든 종류의 사람들을 가리킨다는 것을 주의해야 한다.

■ 의사소통의 목적 결정

학부모와의 의사소통 과정에서 첫째로 해야 하는 것은 의사소통의 목적을 정하는 것이다. 이러한 목적에는 교사에 대한 소개, 긍정적인 관계 형성, 교사에게 연락할 수 있는 가장 좋은 방법 안내, 학급의 규범에 대한 정보 제공, 학생의 행동 관련 문제에 대한 안내, 이런 행동을 다루는 것과 관련한 도움 요청, 긍정적인 변화나 부정적인 변화에 대한 안내, 행동관련 문제에 대해 관리자가 개입해야 할 시기에 대한 설명 등이 있다. 문제가 생기기 전에 학부모와 미리 의사소통을 해두는 것이 중요하다는 점을 꼭 기억해야 한다.

■ 대화할 시간과 수단 결정

대화하려는 목적을 정했다면, 그 다음에 할 일은 시간과 수단을 선택하는 것이다. 교사가 선택할 수 있는 것에는 여러 가지가 있다. 선택할 수 있는 것에는 전화통화, 학부모-교사 간담회, 가정 방문, 개별적인 편지나 메모, 공지문, 학급 뉴스레터, 학급 홈페이지, 개별적인 이메일, 단체 메일 등이 있다. 만약 대화의 목적이 여러분을 학부모에게 소개하고 긍정적인 관계를 맺는 것이라면, 학년 초에 여러분을 소개하는 편지를 쓰거나, 전화해서 소개하는 것이 좋은 방법이 될 수 있다. 만약 학급 내의 규칙에 대한 정보를 제공하는 것이 목적이라면, 학기 초에 학급 뉴스레터를 학생 편에 들려 보내거나 학급 홈페이지에 게시하는 방법도 좋다. 만약 학생의 잘못된 행동에 대해 학부모가 알도록 하고 그들의 도움을 요청하는 것이 목적이라면, 학부모와의 간담회를 하는 것이 효과적인 방법이다. 대화의 수단을 선택할 때에 가장 주요하게 고려해야 하는 것은 걸리는 시간이다. 30명의 학생을 맡은 중학교 교사가 일주일에 몇 분씩만 각 학생의 학부모와 대화를 나눈다고 해도 꽤 많은 시간이 소요될 것이다. 따라서 대화의 수단을 선택하는 것은 효과적일 뿐만 아니라 시간을 현명하게 쓰는 방법임이 분명하다.

■ 학부모와의 간담회 준비

학부모와 학생, 교사 모두가 참석할 수 있다면 간담회는 성공적이 될 가능성이 훨씬 더 크다.[40]

학부모와 학생들은 간담회의 목적과 의제에 대해서 미리 알고 있어야 한다. 학생에게 자신과 학급에 대해서 자기평가카드를 쓰도록 하는 것은 매우 도움이 된다. 이 자기평가카드를 간담회에서 학부모와 공유한다. 자기평가카드의 형식은 간단하게 만들면 된다. 학생들에게 학급에 대한 자신의 태도에 대해 점수를 매기게 하고, 자신의 학업이나 행동에 대해서 스스로 평가하게 한다. 이때 좀 더 향상이 필요한 부분뿐만 아니라 잘한 부분에 대해서도 주목하게 한다. 자기평가에는 다음 학년에 대한 학업 및 행동과 관련한 목표가 들어갈 수도 있다.

학부모와의 간담회를 준비할 때에는 학부모에게 말해두고 싶은 점과 질문하고 싶은 점을 꼭 적어두라. 학부모가 어떤 질문을 할지를 미리 예상하고, 어떻게 하면 이런 질문에 가장 잘 대답할 수 있을지 고민하라. 간담회에서 학생의 문제가 되는 행동이나 학업관련 문제를 다룰 때에는 자료를 잘 정리해 두는 것이 특히 중요하다.[41] 모두가 편안하게 느낄 수 있도록 깔끔하고 편안한 환경을 준비해두는 것도 좋다. (만약 1학년을 맡았다면, 성인용 의자를 몇 개 준비해두라.)

■ 학부모와의 간담회 진행

10~15분 정도로는 간담회에서 중요한 얘기를 충분히 나누기 어려울 수도 있다. 이 시간은 여러분이 학생의 가족 구성원과 직접 얼굴을 보고 대화할 수 있는 유일한 기회일지도 모른다. 그래서 여러분은 이 주어진 시간을 잘 활용해야 한다. 간담회는 다음과 같은 순서로 진행되어야 한다. 우선은 래포를 형성한 후, 학생에 대한 정보를 학부모에게 제공하거나 학부모로부터 얻고, 마지막으로 나누었던 얘기를 요약한다. 간담회를 진행하는 방식으로 다음과 같은 내용을 제안한다.

- 여러분을 친근하게 소개하고, 해당 학생 행동의 긍정적인 부분을 언급하며 간담회를 시작하라.
- 개선해야 하는 학생의 행동이 무엇인지 말하기 전에 학생의 적절한 행동에 초점을 맞춰라.
- 문제들을 문서로 만들기 위한 데이터를 반드시 제공하라.
- 학생의 성격이나 인성에 초점을 맞추지 말고, 학생의 행동에 초점을 맞춰라. 예를 들어, "동철이는 숙제하는 것에 게으르다"보다는 "동철이는 지난 5일 중에 숙제를 3번 하지 않았다"가 바람직하다.
- 학부모와 동반관계를 쌓는 것을 시도하라. 학부모를 초대해서 문제가 되는 학생 행동의 원인이 무엇인지 이해하는 것을 도와주도록 요청하면서 학부모와 동반관계를 쌓도록 하라. 그리고 학부모와 협력하여 학생의 행동에 어떻게 대응할지 계획하라.
- 학부모가 중요하다는 것을 인식시키면서 가정에서 부모의 도움과 지지를 구하고 독려하라.
- 후속 조치 활동들의 목록을 만들어라.
- 긍정적인 말과 함께 간담회를 마쳐라.

- 간담회를 하는 동안 효과적인 의사소통 기능들(적극적인 경청, 부연설명, 감정이입, 수용)을 사용하라.
- 간담회에서 제안된 것의 후속 조치를 해라.
- 학부모와 교사가 공동의 목적을 공유한다는 점을 강조하라. 공동의 목적이란 그 학생이 가능한 한 성공적인 학생이 되도록 돕는 것이다.

연습문제 5

1. 개학 전에 여러분은 모든 학생의 가정에 통신문을 보내길 원한다. 이 통신문의 목적은 자신을 소개하는 것, 학생들이 공부해야 할 것에 대해 설명하는 것, 모두가 좋은 한 해를 보낼 수 있을 것이라고 안심시키는 것이다. 학년 혹은 교과를 선정하고 그런 통신문을 써 보시오.
2. 다음 시나리오를 살펴보자. 영준이는 종종 숙제를 잊는다. 그는 시험점수가 매우 낮고, 과제를 완료하기 위해 자주 남는다. 여러분은 그 아이의 행동에 대해 말하기 위해 집에 전화하고 도움을 요청한다. 그러나 영준이의 어머니는 도움 요청을 거절한다. 영준이의 어머니는 일이 바빠 여유가 없다고 말한다. 영준이의 어머니는 "이것은 학교의 문제다. 교사가 그것을 다뤄야 한다!"라고 말한다. 만약 가능하다면 이와 같은 사례에 처해 본 경험이 있는 두 명의 교사와 인터뷰를 해 보시오. 그 후 여러분의 방침을 정하시오.

부적절한 행동에 대한 대처

교사의 부적절한 행동을 예방하기 위한 온갖 노력에도 일부 문제들은 있기 마련이다. 그래서 긍정적인 교사-학생관계를 유지하는 방식으로 대응하는 것이 중요하다. 그리고 최소한의 혼란으로 학생을 지도하는 프로그램을 진행하는 것이 중요하다. 행동이 심각한 정도와 훈육의 엄격함 정도가 연결되도록 해야 한다는 것도 또한 중요하다. 다음의 논의는 사소한 문제 행동, 좀 더 심각한 문제 행동, 학급에서의 행동규범에 따르지 않는 만성적인 문제 행동에 효과적으로 대응하기 위한 제안들에 관한 것이다.

■ 사소하게 부적절한 행동에 대처

문제가 사소할 때에는 지나치게 야단스럽지 않은 전략의 사용이 가장 좋다. 이 방법은 부적절한 행동 그 자체보다 더 큰 혼란을 일으키지 않을 것이다. 용납하지 않는 교사의 표정처럼 비언어적 전략들, 눈 맞추기, 손 신호의 사용은 매우 효과적일 수 있다. 교사는 이것을 부적절한 행동 혹은 당장이라도 부적절한 행동을 할 것처럼 보이는 학생에 가깝게 이동하면서 사용할 수 있다.

교사가 가까이 가면, 학생들은 교사가 자신의 행동에 대해서 알고 있다는 것을 알게 된다.

무언의 전략이 효과가 없다면, 적절한 행동을 하게 하도록 말하는 전략을 사용할 수 있다. 때때로 단지 학생의 이름을 불러주는 것만으로도 충분하다. 여러분은 또한 수업을 진행하는 동안 혹은 한편으로 학생의 참여를 요청할 때에도 학생의 이름을 활용할 수 있다.

I-메시지는 적절한 행동을 촉진할 수 있는 매우 유용한 또 하나의 비지시적 언어 전략이다.[42] 이때 교사는 (1) 학생의 행동 (개인적 판단을 피하는 용어), (2) 행동의 효과, (3) 교사가 효과에 대해 어떻게 느끼는가를 기술한다. 예를 들어, "만약 네가 지시하는 동안 말을 한다면, 너는 무엇을 할 것인지 알지 못할 것이야. 그리고 다른 사람들은 주의가 흐트러져 있을 것이야. 그 후 나는 모든 것을 다시 해야만 해. 그리고 나는 수업의 흐름이 끊겼다는 것을 발견할 거야" 등으로 말할 수 있다. 여기 I-메시지의 다른 예들이 있다.

"네가 통로 중간에 책가방을 두었을 때, 사람들이 그것에 걸릴 수 있어. 나는 누군가가 다칠까 두렵다."

"너는 그 활동 후에 교실을 정리하지 않고 떠났어. 그래서 내가 그것을 정리해야만 했어. 난 정말 불쾌했어."

또한 I-메시지는 과정상의 일부분이 빠진다고 하더라도 여전히 효과적일 수 있다. 예를 들어, "너희가 손을 드는 대신에 소리를 외치는 것은 나를 괴롭게 만들어"라는 것이 있다. 결국, 때로는 교사가 학생들에게 어떻게 행동해야 하는지를 직접적으로 말해주는 것이 필요하다.

■ 더욱 심각하게 부적절한 행동에 대처

때때로 비언어적 신호 혹은 언어적 전략(비지시적, 지시적)은 적절한 행동을 하도록 하는 데 비효과적이다. 때로 학생의 행동이 너무나 심각할 정도로 부적절한 경우에는 위와 같은 방식으로 대응하지 말아야 한다. 학생의 행동이 지나치게 심각한 경우에는 벌을 주거나 다른 방식의 대응을 해야 한다. 다음과 같은 벌을 줄 수 있다.

- 해당 학생과 교사 둘이서 의논하여, 학생의 행동에 대해서 얘기하고, 무엇을 할지 결정
- 페널티 부여 (예를 들어, 자신의 자리 선택권, 자유 시간 향유권)
- 다른 학생들로부터의 격리 (교실로부터 떨어진 영역, 혹은 고립된 곳)
- 학부모에게 연락
- 방과 후 잔류

가능하다면 독단적이거나 포괄적인 처벌보다는 **부적절한 행동**과 **논리적으로 연관된 귀결**의 사용이 차라리 낫다. 예를 들어, 다음의 상황을 살펴보라.

- 한 학생이 부주의로 시험관을 깨트렸다. 이성적으로 대응한다면, 학생이 깨진 시험관을 보

상하도록 비용을 지급하게 해야할 것이다. 만약 처벌한다면 학생에게 "다음부터는 더욱 조심하겠습니다"라고 백 번 쓰게 할 것이다.

- 한 학생이 연필 깎기를 더럽게 만들었다. 이성적으로 대응한다면, 그것을 깨끗이 닦게 할 것이다. 처벌한다면 방과 후에 남도록 할 것이다.
- 한 학생이 주위 친구에게 끊임없이 속삭인다. 이성적인 대응은 그 학생을 격리시키는 것이다. 처벌한다면 그 학생이 추가적인 과제를 하도록 하는 것이다.

이성적 대응이 효과적이기 위해서 학생은 부적절한 행동과 논리적인 귀결 사이의 관계를 알아야 한다. 여러분은 학생의 행동에 실망했을 때 고함과 소리를 치고 싶어도 후속 조치는 침착하고, 조용하게 하는 것이 가장 좋다. 학생들이 폭력적 싸움을 피하고 그들의 동료 앞에서 체면을 세우도록 돕는 것도 중요하다. 또한, 그 상황에 대한 말이 비판적이어야 하지 학생의 성격이나 특성을 비난하는 것이 아니어야 한다.[43] 즉, 교사는 학생의 행동을 받아들이지 않는 것이지 학생을 받아들이지 않는 것은 아니라는 것을 명심해야 한다. 비꼬면서 말하지 말고, 간결하게 말해야 하며, 설교조의 말이나 잔소리를 피해야 한다. 더불어 여러분이 하는 말이나 행동이 학생에게 어떤 영향을 주는지 계속 점검해야 한다.

■ 만성적으로 부적절한 행동에 대처

현실 요법의 사용. 끊임없이 문제 행동을 하는 일부 학생들은 지금까지 기술한 통상적 전략을 실패하게 한다. 이런 상황에서는 더 넓은 조정의 기획이 필요하다. 하나의 가능한 접근을 William Glasser가 제안했다. 그는 학생들의 문제가 되는 행동을 바꾸기 위해 도움을 주는 8단계, 1대 1 상담 과정을 제안한다.[44] 8단계를 간략히 기술하면 다음과 같다.

1. 학생과 개개인으로서 관계를 맺으라. 학생의 부적절한 행동은 수용하지 않지만, 그 학생은 수용하라. 기꺼이 문제 행동의 해결을 위해 돕는다는 것을 보여줘라.
2. 학생의 현재 행동을 기술하도록 해당 학생에게 요청하라.
3. 문제 행동에 대해서 해당 학생이 가치 있는 판단을 하도록 도와라. "도움이 되고 있니?"라고 물어라. 해당 학생이 무엇 때문에 그 문제가 생기는지에 초점을 맞춰라.
4. 해당 학생이 더 나은 행동방침을 계획하도록 도와라. 만약 필요하다면 대안을 제시하라. 해당 학생이 스스로 결정을 하도록 도우라. 그에 대해 자기-책무성을 조장하라.
5. 학생이 선택한 행동방침에 대해 약속을 받아라.
6. 해당 학생이 계획을 따르고, 약속을 지키도록 강화하라. 학생이 나아지고 있음을 여러분이 인식하고 있다는 것을 학생이 알도록 하라.

7. 만약 해당 학생이 약속을 따르지 않는다면 적당히 핑계를 대지 않게 하라. 변명을 받아준다는 것은 관심이 부족하다고 알리는 것과 같다. 해당 학생에게 더 나은 계획이 필요하다고 알려라.

8. 해당 학생이 부적절한 행동에 대한 후속 조치를 견디도록 하라. 그러나 해당 학생에게 벌을 주지 마라. 학생이 더 나은 계획을 세우도록 도와주어라.

Glasser는 부적절한 행동을 하는 학생이 더 바람직한 행동을 하도록 돕기 위해 '현실 요법'을 제시했다. 게다가 Glasser는 학급 전체가 집단 행동문제를 다루는 것에 도움이 되는 '사회적인 문제를 해결하는 학급회의'를 제시한다.

■ 만성적으로 품행이 나쁜 학생에 대한 대처: 행동주의 학습 원리를 토대로 한 전략 사용

행동을 변화시키는 것(또는 응용 행동 분석)은 행동의 변화는 생각이나 지식보다는 외부 사태의 결과로써 일어난다는 원리에 기초한다. 학생이 어떤 행동을 하면, 긍정적이거나 부정적인 결과로 이어진다. 행동주의자는 특정 행동이 나타나는 빈도가 그 행동의 뒤에 오는 결과의 성질에 따라 달라진다고 가정한다.

행동의 뒤에는 두 가지 결과, 즉 보상(긍정적인 강화)이나 강압적이고 안 좋은 결과(벌)가 따를 수 있다. 긍정적인 강화가 일어나면 그 행동은 발생 빈도가 높아진다. 따라서 보상을 받은 행동은 강력해지며, 나중에 다시 반복된다. 다음의 시나리오를 살펴보자.

> 인성이는 깔끔하게 보고서를 작성한 후 교사에게 제출합니다. (학생 행동) 교사는 인성이의 보고서를 칭찬하면서 깔끔하게 작성한 보고서는 대충 작성한 보고서보다 더욱 수월하게 읽힌다고 덧붙입니다. (긍정적인 강화) 다음 보고서를 작성할 때, 인성이는 깔끔하게 보고서를 작성하려고 배우 신경 씁니다. (강화된 행동의 빈도수 증가)

반대로 벌을 주면 그 행동은 빈도수가 줄어든다. 벌을 받은 행동은 중단되는 경향이 있다.

> 하늘이는 보고서를 대충 작성해서 교사에게 제출합니다.(학생 행동) 교사는 하늘이에게 깔끔하게 보고서를 작성하지 못했다고 꾸짖습니다. 그리고 대충 작성한 보고서는 읽기 어렵다고 말하면서 다시 작성해서 제출하라고 합니다. (벌) 다음에 하늘이는 좀 더 깔끔하게 보고서를 작성합니다. (벌을 받은 행동의 빈도수 감소)

교사는 학생이 적절하게 행동을 했을 때 긍정적인 강화를 해줌으로써 그 행동을 계속하도록 독려할 수 있다. (보상하기) 교사는 학생이 부적절한 행동을 했을 때 벌을 사용함으로써 그 행동을 하지 않게 할 수 있다. (달갑지 않은 자극) 이러한 결과는 행동에 관한 원리에 따라서 학생의 행동에 영향을 미친다. 교사가 잘못한 행동을 보상하면, 학생은 그 행동을 계속할 것이다. 그리고 교사가 적절한 행동에 벌을 주면, 학생은 그 행동을 중단할 것이다. 긍정적인 강화를 해야겠

다고 생각할 때에는 몇 가지 중요한 사항들을 기억하라.

첫째, 보상은 보상받는 행동의 빈도수를 증가시키는 능력으로 정의된다. 그래서 보상과 벌은 학생에 따라서 다르게 이해해야 한다. 교사는 보상을 의도했지만, 그것이 학생에게는 벌을 주는 것이 될 수도 있다. 예를 들어, 개인의 성취보다는 집단의 이익을 강조하는 문화권의 아이에게 다른 학생들 앞에서 칭찬을 해주면, 그 아이는 당황할 수도 있다.[45] 이와 비슷하게 벌을 주려는 반응이 실제로는 보상을 하는 결과가 될 수도 있다. 이에 대한 흔한 예가 바로 학생이 교사의 주의를 끌려고 안 좋은 행동을 하는 경우이다. 이에 교사가 아이를 꾸짖으면, 관심을 받고 싶어 하는 아이에게 이것은 벌이 아니라 보상이 된다. 그 결과 그 학생은 관심을 받기 위해서 안 좋은 행동을 계속하게 된다.

둘째, 보상은 세 가지 범주로 나눌 수 있다.

(1) 사회적인 보상: 등을 가볍게 토닥이기, 엄지손가락을 치켜올리기, 말로 칭찬하기

(2) 활동에 관한 보상: 줄의 처음에 서도록 해주거나 수업이 끝나기 전에 추가로 5분의 휴식 시간을 주기

(3) 물질적인 보상: 사탕이나 상장 등. 특정 학생에게 적합한 보상과 벌이 무엇인지 선정할 때에는 신중해야 하지만, 고르는 과정이 어려울 필요는 없다.

올바른 방법은 학생들에게 그들이 하고 싶어 하는 것이 무엇인지 간단히 묻는 것이다. 여러분은 또한 학생들이 자유 시간 동안 무엇을 하는지 관찰할 수 있다. 그들은 컴퓨터를 사용하는가? 잡지를 읽는가? 친구와 잡담을 하는가? 만약 그렇다면, 그 후 이런 활동들은 적절한 행동에 대한 보상으로 사용될 수 있다.

셋째, 일부 교육실천가들은 긍정적인 강화의 사용은 역효과가 있다고 주장한다. 왜냐하면 긍정적인 강화는 자기 훈련보다는 순순히 따르는 학생을 만들기 때문이다. 『보상으로 벌을 받다: 별표의 문제점, 성과보수부여 계획, A를 주는 것, 칭찬, 그리고 다른 뇌물』이라는 책에서,[46] Alfie Kohn은 보상은 "그들이 유혹에 의해 통제될지라도, 결국은 벌과 다를 바가 없다"라고 주장한다. 외적 통제의 광범위한 사용은 학생의 자율성, 책무성, 자기조절의 계발을 훼손할 수 있다. 교사는 학생의 마음을 끄는 수업 방법을 검토하기보다는, 비교육적이기는 하지만, 귀찮은 나머지 학생을 다루기 위해 정적 강화를 사용할 것이다.

벌의 사용은 자체적인 억제를 가진다. 벌의 현명한 사용은 학생의 행동에 즉시 효과가 있어 바람직할 수 있다. 그러나 벌은 또한 부정적 측면의 위험도 수반한다. 그래서 벌을 사용하는 것에 대한 장점과 단점을 인식하는 것은 중요하다.[47]

① 긍정적인 측면

- 벌은 즉시 학생의 행동을 벌하여 멈추게 한다. 그리고 벌은 상당한 기간 동안 행동의 발생을 감소시킬 수 있다.
- 벌은 허용적인 것과 비허용적인 것을 빨리 구별해낼 수 있도록 돕기 때문에 학생들에게 정보를 제공한다.
- 벌은 다른 학급의 학생들이 벌 받을 행동을 따라 할 가능성을 감소시킬 수 있기 때문에 다른 학생들에게 교훈적이다.

② 부정적인 측면

- 벌은 잘못 이해될 수 있다. (때때로 특수하게 벌 받을 행동은 다른 행동을 일반화한다. 예를 들어, 잡담해서 벌을 받는 학생은 심지어 적절하다 해도 대답을 하지 않을 수 있다.)
- 벌은 학생을 매우 움츠리게 하는 원인이 될 것이다.
- 벌은 벌 받는 학생이 공격적이 되도록 하는 원인이 될 것이다.
- 벌은 부정적인 동료 반응을 일으키게 될 것이다. 예를 들어, 학생들은 벌 받는 학생에게 탐탁지 않은 행동(비웃음, 동정)을 나타낼 수 있다.
- 벌은 그들 자신 혹은 그 상황에 대해서 부정적인 태도를 보이게 하는 원인이 될 것이다. 예를 들어, 벌은 자아 존중감을 감소시키거나 혹은 학교에 대해 부정적인 태도를 일으킬 수 있다.

벌 사용의 단점 때문에 교사는 문제 행동을 감소시키기 위한 대안적 절차를 항상 고려해야 한다. 더군다나 일단 벌을 사용했을 때에는 최대한 신중하고 그 효과를 주의 깊게 살펴보아야 한다. 교사는 학생이 부정적인 행동에 대해 벌을 받고 있는 동안에도 강화를 통해 바람직한 행동을 모색해야 한다. 행동주의 학습의 원리는 약간의 구체적인 관리 전략들을 말한다.

- **단서**(Cue)란 언어적, 즉각적인 비언어적인 것 혹은 학생이 어떤 방법으로 행동에 대해 상기시킬 필요가 있을 때 주는 교사의 신호, 혹은 특정한 방법으로 행동을 멈추게 하는 것이다. 이처럼 단서는 행동을 고무하거나 억제하는 쪽으로 사용될 수 있다. 강화와는 다르게 단서는 반응에 앞선다.
- **행동조성**(Shaping)은 바라는 목적으로 강화를 진행하며 새로운 행동의 계발을 장려하기 위해 사용하는 전략이다. 각각의 시간에 학생은 바라는 행동에 한 단계 가까운(성공에

근접한) 행동을 한다. 교사는 그 학생에게 강화한다. 결국, 그 학생은 바라는 행동을 착실하게 수행할 수 있다.

- **토큰강화기법**(Token economy system)은 일반적으로 학생들의 행동을 의도한 대로 변화시키기 위해 세 가지 요소로 구성된다. (1) 교사가 강화할 학생들의 행동을 신중하게 기술한 모음, (2) 적합한 행동을 구체화하여 보여준 학생들에게 토큰을 주는 잘 개발된 시스템, (3) 학생이 특별한 활동에 참여함으로써 얻는 기회들이나 상으로 받은 토큰을 교환할 수 있게 하는 절차들의 모음. 토큰강화기법은 교사에게 많은 시간과 에너지를 요구한다. 결과적으로 전형적이며 효과적인 토큰강화기법의 사용은 많은 수의 학생들이 잘못 행동하고, 교사들이 그러한 학생들의 행동 변화를 빠르게 찾아내는 상황에서 일어난다.

- **수반성 계약**(Contingency contract)은 교사와 잘못된 행동을 한 학생 간의 타협이 이뤄진 협정이다. 그것은 학생들이 수행하여 나타내기로 동의한 행동들을 구체화한다. 그리고 그 결과는 학생이 그러한 행동을 하고 있는지 아닌지에 대한 내용이다. 모든 계약처럼 그들 모두가 의무를 가진다. 학생은 적절하다고 여겨지는 특정한 방식으로 행동하며 교사는 그렇게 한 행동에 대해서 보상한다. 계약은 다소 시간이 많이 소모되는 경향이 있다. 그러므로 대개 일상적인 경우보다는 학생이 심각한 잘못을 했을 때 사용된다.

- **자기점검**(Self-monitoring)은 학생들의 행동을 수정하기 위해서 그들 행동의 어떤 양상을 기록하는 전략이다. 자기점검은 자기 스스로의 관찰을 통해 체계적으로 자신에 대한 인식을 증진시킨다. 예를 들어, 학생들은 토론하는 동안 얼마나 많이 소리를 지르는지, 한 시간의 수업 시간 동안에 그들이 얼마나 많이 자리에서 벗어났는지를 기록할 수 있다.

■ 일화 기록의 보존

문제 행동에 대한 의견을 일화 기록으로 보존하는 것은 매우 유용하다. 이러한 자료들은 많은 목적을 제공한다. (1) 그것은 학생들의 행동 패턴에 관한 더 나은 통찰력을 얻을 수 있도록 하는 정보를 준다. (2) 그것은 학생의 잘못된 행동의 범위와 본질을 학생, 상담자, 관리자, 또는 학부모와 같은 다른 이들과 공유할 수 있는 정보를 제공한다. (3) 그것은 학생의 잘못된 행동과 관련되거나 혹은 잘못된 행동을 다루는 데에 필요한 정보를 제공하기 위해 참고할 수 있는 자료를 제공한다.

일화 기록의 보존은 복잡하고 형식적이기보다는 단순하고 비형식적이다. 그것은 색인 카드에 메모해 둔 노트부터 신중하게 구성한 양식까지 있을 수 있는데, 이 양식은 교사가 직접 작성하며 특정한 학생에 관한 파일을 포함하기도 한다. 아무튼, 기록은 (1) 학생의 이름, (2) 일어나기 쉬운 날짜와 시간, (3) 일어나기 쉬운 장소, (4) 사건에 포함되거나 목격한 것으로 생각하는 다른 학생들의 이름, (5) 학생의 부적절한 행동에 대한 철저하고 정확한 기술, (6) 교사의 행동에 대한 철저하고 정확한 기술, (7) 교사의 서명, (8) 날짜가 포함되어 있어야 한다. 만약 여러분이 썼던 것을 학생에게 읽을 기회를 준다면, 학생의 서명을 위한 공간을 마련하라. 여러분은 학생이 여러분이 쓴 것에 대하여 대답을 쓰게 시킬 수도 있다. 마지막으로 기록은 후속 조치 활동, 학생 행동의 개선, 비슷한 부적절한 행동의 추가적인 발생의 기술을 포함할 수 있다.

일화 기록에 관하여 두 가지 추가적인 권고사항은 다음과 같다. 첫째, 판단하거나 추측하지 않고 행동을 그대로 기술하는 것은 매우 중요하다. 둘째, 일어나기 쉬운 사건 직후, 일어난 것에 대한 기억이 가장 생생할 때에 가능한 한 빨리 일화 기록을 해야 한다. 학생의 부적절한 행동이 진술서를 쓸 정도로 심각한지에 대한 의문이 있을 때에는 문서로 만드는 것이 신중한 방법이다.

연습문제 6

1. 각각의 문제가 되는 행동의 실례를 다루는 두 가지 전략을 제시하시오.

   (1) 여러분은 3학년 학급의 국어 숙제를 검토하고 있다. 여러분은 수업에 집중하지 못하고, 장난감 자동차를 가지고 노는 한 아이를 발견한다.

   (2) 여러분은 수학 시간에 저학년 학생들에게 방금 시험지를 나누어 주었다. 이때 수정이가 시험지를 구기고 바닥에 던진다.

   (3) 5학년 학생들이 모둠 활동을 하고 있다. 이때 반 학생인 한종이가 경환이에게 "바보야!"라고 외친다.

   (4) 민정이는 학급토의를 하는 동안 계속 소리친다. 여러분은 그 학생이 말을 하고 싶다면 손을 들고 하라고 반복하여 상기시킨다. 그리고 그 학생은 약 5분 동안은 그렇게 한다. 잠시 후 그 학생은 또 소리치기 시작한다.

   (5) 고등학교 2학년 국사 수업에서 삼국유사에 대해 토론하고 있다. 영희는 의자에 구부정하게 앉고 게으름을 피운다.

2. 다음의 두 가지 일화 기록을 살펴보시오. 두 가지 중 어떤 것이 더 나은 일화 기록인가? 왜 그런가?

   (1) 반 학생들과 급식실로 걸어가고 있는 동안 나는 재현이가 철민이를 예고 없이 뒤로 밀치는 것을 보았다. 철민이는 바닥에 밀쳐져 넘어졌다. 이때 재현이는 철민이에게

화가 나서 그랬다고 주장했다. 철민이는 괜찮다고 하였다. 철민이는 자기가 먼저 한 것은 아니라고 주장했다. 나는 철민이가 어떠한 행동도 하지 않은 것을 보았다. 나는 재현이의 행동이 괘씸하다고 생각했다.

(2) 재현이는 철민이를 좋아하지 않기 때문에 바닥으로 밀쳤다. 왜냐하면 남자아이들 사이의 고질적 문제이기 때문이다. 철민이가 재현이를 도발했을 가능성이 있다.

종합문제 3

목표 3: 교실 관리에 관하여 어떤 과업들을 수행해야 하는지 확인하고, 이러한 과업들이 잘 이루어지는 학습 환경을 조성하는데 어떻게 이바지해야 하는지 설명할 수 있다.

이 장에서 논의한 교실 관리의 6가지 중요한 과업을 열거하시오.

1. 각각의 과업이 효과적인 교실 관리에 어떻게 이바지하는지 설명하시오. 예를 들어, '긍정적인 학생-교사 관계의 형성'이라는 과업을 고려하시오. 그 다음 이것이 질서있고 존중받는 환경에 어떻게 이바지하는지에 대한 예를 생각하시오. 여러분은 "학생들은 배려와 존중을 하는 허용적인 교사와 더 협력할 것이다"라고 말할 것이다. 혹은 "만약 교사들이 적극적인 경청과 같은 좋은 의사소통 기능들을 사용한다면, 학생들은 더 이해받고 스스로 가치 있다고 느낄 것이다"라고 말할 것이다.
2. 앞의 여섯 가지 과업에 대해 상기하면서, 각각의 과업마다 중요하다고 생각하는 실천 전략을 두 가지 이상 만들어 보시오. 이 실천 전략은 교실 관리의 안내지침이 될 수 있을 것이다. 예를 들어, 만약 여러분이 유치원 교사라면 '물리적 환경의 고려'라는 과업의 실천 전략으로 선반위에 그림 라벨을 붙여 아이들이 기억하기 쉽도록 할 것이다.

* 위의 1~2번에 대한 답은 매우 주관적이기 때문에 해답은 따로 제시하지 않았다.

■ 결론

유망한 교사들은 자신이 얼마나 아이들을 사랑하는지에 대해 자주 이야기한다. 그들은 좋은 선생님은 학생을 존중하고 배려하는 교사라고 생각한다. 그들은 질서있고, 생산적이며, 온화한 교실에서 지적으로 호기심 있고 학문적으로 열정이 있는 학생과 함께 공부하는 것을 상상한다.

불행하게도 이러한 유망한 교사들은 종종 이와 같은 교실의 모습을 어떻게 성취할까라는 막연한 생각을 하고 있다. 게다가 교사가 학생들을 존중한다는 것을 보이기 위해 행동에 대한 규범 제정을 꺼릴 수도 있다. 또한, 이런 것들을 기대한다고 얘기하며 학생들에게 무언가를 시키는 것을 꺼릴 수도 있다. 아이러니하게도 이렇게 하면 학급환경은 부적절한 행동과 무질서로 채워지게 되고, 이러한 환경에서는 서로 아껴주고 돌봐주는 관계가 조성되기 어렵다. 그래서 교사는 독단적으로 학생들을 다루고, 학생이 부적절한 행동을 했을 때 매우 심하고 사나운 벌을 주는 등 다른 극단을 향해 치달을 수도 있다. “나는 좋은 교사가 되고 싶다. 그러나 나는 매몰차야만 한다.” 신규교사들은 흔히 이렇게 한탄하곤 한다. 사실상 몇몇 신규교사들은 학생을 배려하고, 통제를 유지하는 것은 상호 간에 배타적이라고 생각한다.[48]

바라건대, 이 장에서 제시하는 개념과 제안은 이런 시나리오를 막는 것을 도울 것이다. 전문성을 갖춘 교사, 권위주의적 교사, 허용적 교사의 차이를 이해하는 교사들은 리더십과 온화함 둘 다의 필요를 인정할 수 있다. 전문성을 갖춘 교사는 학생들을 존중하고 지지하면서도 학생들에게 요구하는 방법을 알고 있다. 그들은 학생에 대한 높은 기대감이 관심을 보여주는 하나의 방법이라 생각한다. 그들은 ‘무정하다는 것’과 ‘확고하고 확신에 차 있다는 것’의 차이점을 이해하고 있다.

INTASC 제9원칙

여러분이 교실 관리의 목적과 도전에 대해 생각할 때 교실 관리와 훈육 간의 구분 또한 잊지 말아야 한다. 교실 관리는 학생의 바르지 않은 행동에 반응하는 것보다는 더 큰 범주이다. 교실 관리는 과업들의 폭넓은 범위를 포함하고, 그 중의 일부는 여기에 기술되어 있다. (적절한 물리적 환경 조성, 교사-학생, 학생-학생 간의 긍정적 관계를 구축하는 방법 계획, 행동 규범의 확립, 이러한 규범의 실시, 학부모와 연락, 이러한 것들을 설계하는 것) 분명히 효과적인 교실 관리자가 되는 것은 힘든 일이다. 교실 관리는 지식, 반성, 노력과 시간이 필요하다. 그리고 마치 스키를 타거나 수영을 하는 것처럼 현장에서 배워야 한다.

종합문제 4

다음 문제를 풀었을 때 여러분의 답을 이 장의 마지막에 있는 해답과 비교하시오.

1. 다음의 계획된 결정들 각각에 대해 간접적이거나 상징적인 효과뿐만 아니라 직접적인 효과에 대해서도 생각해 보시오. 다시 말해 학생들의 행동에 영향을 주기 위해 물리적 설계를 어떻게 할 것인가? 그리고 학생들과 의사소통하기 위해 설계한 메시지는 무엇인가?

   (1) 책상을 열에 맞추어 배치

   (2) 네 사람을 한 모둠으로 책상 배치

   (3) 교실 주변에 몇 개의 쓰레기통 배치

   (4) 교사 책상 뒤에 연필깎이 배치

2. 여러분은 이전에 결코 접해보지 못했던 다양한 배경을 가진 많은 학생을 학교에서 가르치고 있다. 그래서 여러분은 문화적 내용 지식의 습득이 필요하다. 그들에 대한 다양한 규범과 가치, 그리고 경험에 대한 지식을 파악하는데 도움이 될 수 있는 네 가지 질문은 무엇인가?

3. 여러분은 학급에서 일부의 학생들이 힘이 약한 학생을 대상으로 욕설하고 괴롭히고 있다는 것을 알게 되었다. 여러분이 이런 골칫거리의 학생들과 대면할 때 그 학생들은 이렇게 말한다. "우리는 단지 그냥 괴롭히는 거예요." 여러분은 학생들에게 뭐라고 말하겠는가?

4. 규칙과 절차 간에는 어떤 차이가 있는가?

5. 학부모와 교사의 간담회를 성공적으로 치르기 위한 다섯 가지 제안은 무엇인가?

6. 여러분이 학생들의 무례한 행동을 다루기 위해 사용할 수 있는 전략은 무엇인가?

7. 여러분의 소극적인 전략에 반응하지 않는 보다 심각하거나 무례한 행동에 사용할 수 있는 벌이나 귀결은 무엇인가?

8. 전통적인 벌과 논리적인 귀결 간에는 어떤 차이가 있는가? 여러분의 교실에 한 학생이 책상 위에 자신의 이름을 쓴다. 이 일에 대한 전통적인 벌은 무엇인가? 논리적 귀결은 무엇인가?

9. 일화 기록을 하는 것이 왜 유용한가? 여러분이 일화 기록에 포함해야 하는 항목에는 무엇이 있는가?

10. 5가지 문제 상황이 다음의 예에 제시되어 있다. 여러분의 과업은 각각의 경우에 어떻게 대처할지를 기술하고, 여러분이 선택한 행동을 정당화하는 것이다. 여러분이 정당화한 내용은 그 근거를 기술해야 한다. 여러분은 또한 그 문제의 본질에 대해 여러분이 가정한 것, 여러분이 생각하는 다른 대안, 여러분이 만들고자 하는 환경에 대한 기술을 해야 할 것이다.

여기에 어떠한 옳고 그른 대답은 없다. 이러한 이유 때문에 어떤 대답의 열쇠도 이번 종합문제에는 제시되지 않을 것이다. 만약 가능하다면 동료와 함께 여러분의 의견을 공유하시오.

(1) 은주의 어머니가 은주를 여러분의 유치원 교실에 데리고 왔을 때 그녀는 여러분에게 은주는 매우 예민한 아이라며 조심하라고 했다. 학교에서 2주 정도의 시간이 지나고 여러분은 그 아이를 왜 조심하라고 했는지에 대한 이유를 알게 되었다. 예를 들어, 은주가 첫 번째로 줄을 설 수 없다고 성질을 부린다거나 자신이 원하는 것을 하지 못할 때 화를 내는 것이 바로 그것이다. 그리고 은주의 울화와 같은 성질은 물건을 차고, 울고, 소리를 지르고, 바닥을 구르는 행동들로 계속 이어진다. 여러분은 은주의 격한 행동을 무시하려 했지만, 이제 여러분은 다른 학생들이 은주를 웃음거리로 만든다는 것을 발견했다. 다른 학생들의 전형적인 말들은 이렇다. “저기 은주가 또 그런다.”, “은주는 완전 애야.”, “엄마 젖 더 먹고 와라. 울보야!” 당신은 이런 상황에서 어떻게 하겠는가?

(2) 영수는 3학년 교실에서 가장 총명한 학생 중 한 명이다. 그는 지속적으로 잘못된 행동들을 하고 있다. 그 학생은 전혀 진지한 구석이 없고, 수다를 떨고, 지나치게 크게 웃고, 컴퓨터를 세게 치고, 종이 뭉치를 던지고, 동료 학생들을 짓궂게 놀리는 등의 사소한 장난을 계속해서 한다. 비록 이러한 행동들이 아주 크게 잘못되었다는 것은 아니지만, 그러한 행동들은 다른 사람들을 화나고 짜증나게 한다. 게다가 다른 학생들은 이러한 것들을 우습게 생각한다. 그들은 영수의 행동을 농담으로 받아들이고 웃어넘긴다. 이런 상황에서 여러분은 어떻게 대처하겠는가?

(3) 중학교 수학반은 제대로 운영되지 못하고 있다. 과제들은 일반적으로 늦게 제출되고, 학생들은 지속적으로 여러분의 과제와 시험의 공평성, 그 외 일반적인 모든 것들에 대해 불평한다. 학급 토론 시간 동안에는 아무도 참여하는 학생이 없다. 여러분이 생각하기에 많은 학생이 답할 수 있을 것이라 믿었던 발문에 대답하는 아이들이 아무도 없다. 연필을 꺾고, 바닥에 책을 떨어뜨리고, 쓰레기통을 엎지르는 등의 사소한 사건들이 빈번하게 생기고 있다. 이런 상황에서 여러분은 어떻게 대처할 것인가?

(4) 지환이는 전학을 와서 3주 전부터 맡게 된 중국어 반의 학생이다. 지환이는 괜찮은 학생인 것처럼 보였지만, 그의 친구들은 지환이를 받아들이지 않는다. 지환이가 속한 프로젝트팀에서도 지환이를 도와주지 않는다. 지환이는 다른 활동에서도 소외된다. 다른 학생들은 지환이를 무시하고, 그 역시 그들을 무시하는 것처럼 보인다. 이런 상황에서 여러분은 어떻게 대처하겠는가?

(5) 학급 학생들은 규칙을 잘 지키지 않는다. 그들에게 점심을 먹으러 가는 중의 규칙에 대해서 이야기해주었지만, 그들은 변함없이 자신의 자리를 밖으로 빼놓고, 문쪽으로 달려나가고, 복도로 밀쳐내는 행동을 한다. 오늘 교장 선생님은 반 학생 무리에 의해 거의 떠밀려 넘어질 뻔했다. 이런 상황에서 여러분은 어떻게 대처하겠는가?

관찰 기록지

교실 관리: 목적과 전략

이 관찰은 교사가 학생들의 문제 행동에 효과적으로 대처하고 예방하기 위해 교실에서 사용하는 관리적 전략에 초점을 맞춘다.

주의할 내용: 이 기록지를 사용할 때 학교, 교사, 관리자, 학생의 실명을 사용하지 마시오.

관찰자 이름: ______________________________

날짜: ______________________________

학년: ______________________________

교과명: ______________________________

학생 수: ______________________________

배경정보: 학교의 사회적, 경제적, 다문화 구성원에 대해서 간단히 서술하시오.

____

____

관찰

1. 교실을 그려보고 물리적 배치를 검토하시오. 다음 질문을 살펴보시오.
   (1) 교실이 안전하고 안락한 장소라고 느끼는가?
   (2) 책상 배치는 교사의 수업 목표와 연관되는 것처럼 보이는가?
   (3) 교실 주위에 학생들의 작품이 전시되었는가?
   (4) 학생들은 빈번히 교실에 있는 자료들을 사용했는가?

2. 교사는 긍정적인 교사-학생 관계를 촉진하는 것처럼 보이는가? 예가 있다면 무엇인가?
   (1) 학생들이 교실에 들어올 때 학생들에게 인사하는가?
   (2) 학생들의 학교 밖 생활에 대해서 관심을 보이는가?
   (3) 온화함과 배려 없이 높은 기대를 전하는가?

3. 교사는 긍정적인 학생-학생 관계의 조장을 위해 노력하는가? 예가 있다면 무엇인가?

(1) 협동적인 학습 활동들을 사용하는가?

(2) 다른 사람들을 존중하는 것을 학생들에게 고무시키는가?

(3) 괴롭히고 있거나 욕하는 사건에 개입하는가?

4. 교사가 학생에게 기대하는 행동이 분명한가? 예가 있다면 무엇인가?

(1) 교실 규칙들이 교실에 게시되어 있는가?

(2) 학생들이 화장실에 가는 것, 연필을 깎는 것 등의 규칙을 아는 것처럼 보이는가?

5. 교사는 문제 행동들을 어떻게 다루는가? 예가 있다면 무엇인가?

(1) 수시로 눈에 띄지 않는 비언어적 전략들을 사용하는가?

(2) 수시로 비지시적인 언어적 전략들(학생의 이름을 부르거나 I-메시지를 사용하는 것 등)을 사용하는가?

(3) 조용하고, 온화하고, 비공식적으로 벌칙을 부여하는가?

교사 인터뷰

교실 관리에 대해서 교사와 이야기한 것을 정리하시오. 다음과 같은 질문들을 하시오.

1. 일반적으로 교실 관리에 대해 어떻게 생각하나요?

____

____

2. 교실 관리를 하는 이유는 무엇인가요?

____

____

3. 교실에 공동체 의식과 배려가 형성되기 위한 실천 전략은 무엇인가요?

____

____

6장

4. 교실 규칙을 어떻게 정하나요? 규칙에 대한 안내 유인물을 학생들에게 나눠주나요? 아니면 교사가 그것들을 교실 안에 게시하나요? 규칙에 대해서 이야기하고 가르치는 데 시간을 얼마나 쓰나요? 학생들과 함께 규칙을 만드나요?

____

____

5. 가장 효과적인 훈육 상의 중재 방식은 무엇이라고 생각하나요?

____

____

관찰 내용과 인터뷰에 대한 숙고사항

1. 교실의 분위기는 어떠한가? 학생들과 교사는 긍정적이고 온화한 관계처럼 보이는가? 학생들은 서로 존중하고 지원하는 방법으로 상호작용하는가?

____

____

2. 관찰한 내용 중 문제 행동을 예방하기 위한 관리 전략은 무엇인가? 이러한 전략의 사용은 문제 행동을 예방하는 데 효과적인가?

____

____

3. 관찰한 내용 중 문제 행동에 대처하기 위한 관리 전략은 무엇인가? 이러한 전략의 사용은 효과적인가?

____

____

4. 전문성을 갖춘 교사, 권위주의적 교사, 허용적 교사의 모습을 기술하시오.

____

____

연습문제 해답

연습문제: 1~5

- (생략)

연습문제 6

1. (생략)
2. (1)이 더 나은 일화 기록이다. 왜냐하면 (1)이 더 객관적이고, 구체적이며, 이해하기 쉽기 때문이다.

종합문제 해답

종합문제 1

1. 교실 관리란 학생을 존중하고 배려하는 환경, 질서 있고 생산적인 환경을 조성하기 위하여 교사가 취하는 모든 행위를 말한다.
2. 훈육은 학생의 부적절한 행동에 반응하는 교사의 행동이라고 할 수 있다. (예를 들어, 구두 명령, 특권 박탈과 같은 처벌의 사용) 훈육은 교실 관리의 일부분에 불과하고, 문제 행동을 예방하고, 문제 행동에 반응하는 것들을 아우르는 더 큰 개념이 교실 관리이다.
3. 문화적으로 민감한 교실 관리는 다양한 배경을 가지고 있는 학생들을 다룰 수 있는 지식, 기능, 성향과 관련이 있다. 문화적으로 민감한 교사는, 우리는 모두 문화적인 존재이며 인간 행동에 관한 제 각각의 신념과 가치를 가지고 있다는 것을 인식한다. 따라서 우리는 문화적 편견에 대한 의식 수준을 높이고, 학생들과의 상호작용에 대한 방법을 이해하며, 다양한 문화의 규칙과 가치에 대한 이해를 수용하는 자세를 갖춰야 한다.

종합문제 2

1. 2
2. 3
3. 1
4. 1
5. 1, 2
6. 2
7. 1
8. 3
9. 1, 3
10. 1, 3

종합문제 3

1. (생략)
2. (생략)

종합문제 4

1.

	직접적 효과	간접적(상징적) 효과
(1)	학생들은 전체 학급 토론시간 동안 서로 마주 볼 수 없다. 뒤쪽에 앉은 학생들은 앞의 학생의 말을 듣기가 어렵다.	교사는 전체 학급 토론을 원하지 않는다. 교사는 전체 학급 토론에 가치를 두지 않는다.
(2)	학생들은 상호작용할 것이다. 학생들은 서로 어울리며 다른 학생의 과제 수행을 도울 것이다.	교사는 학생들의 상호작용과 과제 수행에서 서로 협력하길 원한다.
(3)	학생들은 더 쉽게 쓰레기를 쓰레기통에 버릴 수 있고, 책상이나 교실 바닥에 쓰레기가 거의 없을 것이다.	교사는 깔끔한 것을 좋아한다. 교사는 학생들이 교실을 깨끗이 사용하기를 원한다.

	직접적 효과	간접적(상징적) 효과
(4)	학생들이 연필을 깎기가 어렵다.	교사는 학생들이 연필을 깎는 것을 원하지 않는다. 연필 깎기는 교사만 사용해야 한다고 생각한다.

2. 학생들과 학부모에게 할 수 있는 네 가지 질문은 이 장의 231쪽 '문화적인 소양을 쌓아라' 부분을 참조하라.

3. "이것은 장난으로 괴롭히는 것보다 심각한 것이야.", "모욕을 주고, 욕을 하는 것은 상처를 줄 수 있는 일이야.", "이런 행동은 교실에서 허용할 수 없어.", "우리의 교실은 안전하고, 존중받을 수 있을 수 있는 공간이고, 다른 사람의 기분을 상하지 않게 하는 곳이 되길 원해."

4. 규칙은 일반적인 행동에 대한 규범이다. 절차 혹은 통상적 절차는 연필을 깎는 것 혹은 줄을 서는 것과 같이 특정한 상황에 대한 규범이다.

5. 이 장의 243~244쪽 '학부모와의 간담회 준비', '학부모와의 간담회 진행' 부분을 참조하라.

6. 사소하게 부적절한 행동의 경우, 교사는 눈 맞추기, 몸짓, 학생에 가깝게 이동하기와 같은 비언어적 전략을 사용할 수 있다. 부드럽고, 비지시적인 언어 전략으로는 학생의 이름 부르기, 수업에 학생의 이름 활용, I-메시지의 사용이 있다. 직접적인 전략으로는 명령이 있다.

7. 심각하게 부적절한 행동의 경우, 교사는 상담, 특권 면제, 다른 학생들로부터 격리, 학부모와의 연락과 같은 벌칙이나 귀결을 사용할 수 있다. 만약 필요하다면, 교사는 학생을 교실로 들어오지 못하게 하거나 교무실로 부를 수 있다.

8. 전통적인 벌은 잘못된 행동과 관련이 없는 것처럼 보인다. 논리적인 귀결은 부적절한 행동과 관련이 있다. 만약 학생이 자신의 이름을 책상에 쓴다면 전통적인 벌은 교실 뒤에 가서 서게 하거나 방과 후에 남게 하는 것이다. 반면 논리적인 귀결은 그 학생에게 책상을 깨끗이 닦도록 하는 것이다.

9. 일화 기록은 유용하다. 왜냐하면 첫째, 일화 기록은 학생들의 행동 패턴에 관한 더 나은 통찰력을 얻을 수 있도록 하는 정보를 준다. 둘째, 일화 기록은 다른 이들과 공유할 수 있는 기록을 제공한다. 셋째, 일화 기록은 학생의 잘못된 행동과 관련되거나 혹은 잘못된 행동을 다루는 데에 필요한 정보를 제공하기 위해 참고할 수 있는 기록을 제공한다. 일화 기록은 학생의 이름, 일어나기 쉬운 날짜와 시간, 일어나기 쉬운 장소, 사건에 포함되거나 목격한 것으로 생각하는 다른 학생들의 이름, 학생의 부적절한 행동에 대한 철저하고 정확한 기술, 교사의 행동에 대한 철저하고 정확한 기술, 교사의 서명, 기록한 날짜 등이 포함되어야 한다.

10. (생략)

후주

1. V. Jones, "How Do Teachers Learn to Be Effective Classroom Managers?" in *Handbook of Classroom Management: Research, Practice, and Contemporary Issues*, ed. C. M. Evertson and C. S. Weinstein (Mahwah, NJ: Lawrence Erlbaum Associates, 2006), 889.
2. M. Pilarski, "Student teachers: Underprepared for classroom management?" *Teaching Education* 6 (1994): 78–79.
3. L. Stough, "The Place of Classroom Management and Standards in Teacher Education" in *Handbook of Classroom Management: Research, Practice, and Contemporary Issues*, ed. C. M. Evertson and C. S. Weinstein (Mahwah, NJ: Lawrence Erlbaum Associates, 2006).
4. K. Hammerness, "Classroom Management in New York City," *Teaching Education* (in press).
5. C. S. Weinstein, M. Curran, and S. Tomlinson-Clarke, "Culturally Responsive Classroom Management: Awareness into Action," *Theory Into Practice* 42, no. 4 (2003): 269–276; C. S. Weinstein, S. Tomlinson-Clarke, and M. Curran, "Toward a Conception of Culturally Responsive Classroom Management," *Journal of Teacher Education* 55, no. 1 (2004): 25–38.
6. L. C. Soodak and M. R. McCarthy, "Classroom Management in Inclusive Settings" in *Handbook of Classroom Management: Research, Practice, and Contemporary Issues*, ed. C. M. Evertson and C. S. Weinstein (Mahwah, NJ: Lawrence Erlbaum Associates, 2006).
7. D. Baumrind, "Parental Disciplinary Patterns and Social Competence in Children," *Youth and Society* 9 (1978): 239–276.
8. J. M. T. Walker, "Looking at Teacher Practices Through the Lens of Parenting Style," *The Journal of Experimental Education* 76, no. 2 (2008): 218–240; J. M. T. Walker, "Authoritative Classroom Management: How Control and Nurturance Work Together," *Theory Into Practice* 48, no. 2 (2009): 122–129.
9. E. Bondy, E. and D. Ross, "The Teacher as a Warm Demander," *Educational Leadership* 66, no. 1 (2008): 54–58; J. J. Irvine, "'Warm Demanders,'" *Education Week* 17, no. 35 (May 13, 1998): 56; J. Kleinfeld, "Effective Teachers of Eskimo and Indian Students," *The School Review*, 83 (1975): 301–344.
10. T. Wubbels, M. Brekelmans, P. den Brok, and J. van Artwijk, "An Interpersonal Perspective on Classroom Management in Secondary Classrooms in the Netherlands" in *Handbook of Classroom Management: Research, Practice, and Contemporary Issues*, ed. C. M. Evertson and C. S. Weinstein (Mahwah, NJ: Lawrence Erlbaum Associates, 2006).
11. E. Proshansky and M. Wolfe, "The Physical Setting and Open Education," *School Review* 82 (1974): 557–574.
12. K. F. Osterman, "Students' need for belonging in the school community," *Review of Educational Research* 70 (2000): 323–367; A. Woolfolk Hoy and C. S. Weinstein, "Student and Teacher Perspectives on Classroom Management" in *Handbook of Classroom Management: Research, Practice, and Contemporary Issues*, ed. C. M. Evertson and C. S. Weinstein (Mahwah, NJ: Lawrence Erlbaum Associates, 2006).
13. D. J. Cothran, P. H. Kulinna, and D. A. Garahy, "'This is kind of giving a secret away . . .': Students' perspectives on effective class management," *Teaching and Teacher Education*, 19 (2003): 439.
14. R. J. Marzano, with J. S. Marzano and D. J. Pickering, *Classroom Management that Works: Research-Based Strategies for Every Teacher* (Alexandria, VA: Association for Supervision and Curriculum Development, 2003).
15. J. Allen, "Family Partnerships that Count," *Educational Leadership* 66, no. 1 (2008): 22–27.
16. Weinstein, Tomlinson-Clarke, and Curran, *op cit.*
17. D. Corbett and B. Wilson, "What Urban Students Say About Good Teaching," *Educational Leadership* 60, no. 1 (2002): 19.
18. C. S. Weinstein, *Middle and Secondary Classroom Management: Lessons from Research and Practice*, 3rd ed. (Boston: McGraw-Hill, 2003), 73.
19. T. Gordon with N. Burch, *Teacher Effectiveness Training* (New York: Three Rivers Press, 2003).
20. M. Sapon-Shevin, "Building a safe community for learning," in *To Become a Teacher: Making a Difference in Children's Lives*, ed. W. Ayers (New York: Teachers College Press, 1995), 111.
21. V. Jones and L. Jones, *Comprehensive Classroom Management: Creating Communities of Support and Solving Problems*, 8th ed. (Boston: Pearson/Allyn & Bacon, 2007).
22. M. Sapon-Shevin, *Because We Can Change the World: Practical Guide to Building Cooperative, Inclusive Classroom Communities.* (Boston: Allyn & Bacon, 1999).
23. *Ibid.*
24. *Ibid.*

25. C. S. Schmollinger, K. A. Opaleski, M. L. Chapman, R. Jocius, and S. Bell, "How Do You Make Your Classroom an Inviting Place for Students to Come Back to Each Year?" *English Journal* 91, no. 6 (2002): 20–22.

26. *Ibid.*

27. N. A. Madden and R. E. Slavin, "Cooperative learning and social acceptance of mainstreamed academically handicapped students." *Journal of Special Education* 17 (1983): 171–182; R. E. Slavin, *Student Team Learning: A Practical Guide to Cooperative Learning,* 3rd ed. (Washington DC: National Education Association, 1991).

28. D. W. Johnson and R. T. Johnson, "Social Skills for Successful Groupwork," *Educational Leadership* 47, no. 4 (1989/90): 29–33.

29. R. Kriete, *The Morning Meeting Book*, 2nd ed. (Greenfield, MA: Northeast Foundation for Children, 2002).

30. J. L. Nelsen, L. Lott, and H. S. Glenn, *Positive Discipline in the Classroom*, 3rd ed. (Roseville, CA: Prima, 2000).

31. Gordon with Burch, *op cit.*

32. J. Leishman, "Cyberbullying: The Internet Is the Latest Weapon in a Bully's Arsenal," (2002). http://cbc/ca/news/national/news/cyberbullying/index.html.

33. E. T. Emmer, C. M. Evertson, and L. M. Anderson, "Effective Classroom Management at the Beginning of the School Year," *The Elementary School Journal* 80, no. 5 (1980): 219–231; C. M. Evertson and E. T. Emmer, "Effective Management at the Beginning of the School Year in Junior High Classes," *Journal of Educational Psychology* 74, no. 4 (1982): 485–498.

34. *Ibid.*

35. C. S. Weinstein and A. J. Mignano, *Elementary Classroom Management: Lessons from Research and Practice,* 4th ed. (Boston: McGraw-Hill, 2003), 127.

36. C. S. Weinstein, *Middle and Secondary Classroom Management: Lessons from Research and Practice*, 3rd ed. (Boston: McGraw-Hill, 2003): 120.

37. P. Heuveline, "Estimating the proportion of marriages that end in divorce," research brief prepared for the Council on Contemporary Families (2005). http://www.contemporaryfamilies.org.

38. E. Heilman, "Hegemonies and 'Transgressions' of Family: Tales of Pride and Prejudice," in *Other Kinds of Families: Embracing Diversity in Schools*, ed. T. Turner-Vorbeck and M. Miller Marsh (New York: Teachers College Press, 2008).

39. J. Epstein, *School, family, and community partnerships: Preparing educators and improving schools* (Boulder, CO: Westview Press, 2001); J. Griffith, "The relation of school structure and social environment to parent involvement in elementary schools." *The Elementary School Journal* 99, no. 1 (1998): 53–80.

40. Jones and Jones, *op cit.*

41. *Ibid.*

42. Gordon with Burch, *op cit.*

43. H. G. Ginott, *Between Parent and Child* (New York: Macmillan, 1965); Haim G. Ginott, *Between Parent and Teenager* (New York: Macmillan, 1969); Haim G. Ginott, *Teacher and Child* (New York: Macmillan, 1972).

44. W. Glasser, *Schools Without Failure* (New York: Harper & Row, 1969).

45. E. Trumbull, C. Rothstein-Fisch, P. M. Greenfield, and B. Quiroz, *Bridging Cultures Between Home and School: A Guide for Teachers* (Mahwah, NJ: Lawrence Erlbaum Associates, 2001).

46. A. Kohn, *Punished by Rewards: The Trouble with Gold Stars, Incentive Plans, A's, Praise, and Other Bribes* (Boston: Houghton Mifflin Company, 1993): 51.

47. B. Sulzer and G. R. Mayer, *Behavior Modification Procedures for School Personnel* (Hinsdale, IL: Dryden, 1972).

48. C. S. Weinstein, "'I Want To Be Nice, But I Have To Be Mean': Exploring prospective teachers' conceptions of caring and order," *Teaching and Teacher Education* 14, no. 2 (1998): 153–163.

3부

수업전문성의 풍경

5장 아이들의 차이성을 반영한 수업
6장 교실 관리
7장 평가

수업은

어떠해야 하는가를 추구해서는 안 된다.

교사가 어떻게 수업해야 하는가가 아니라

특정한 행위양식으로서의 수업이

어떻게 인식될 수 있는가 하는 것이다.*

* W. Sünkel, *Phanomenologie des Unterrichts*, Weinhiem und Munchen: Juventa Verlag GmbH, 1996. / 권민철 역, 『수업현상학』, 서울: 학지사, 2005, 7쪽.

3부

수업전문성의 풍경

7장 평가

- INTASC 제8원칙: 형식적이거나 비형식적인 평가 전략을 이해하고 활용한다.
- INTASC 제9원칙: 수업에 대해 반성한다.
- INTASC 제10원칙: 교사는 학생의 학습과 양질의 삶을 지원하기 위해 동료교사, 학부모, 지역단체와의 바람직한 관계를 조성한다.

이 장의 목표

1. 평가가 무엇인지 정의하고 평가 과정의 네 가지 단계를 각각 기술할 수 있다.
2. 학급 평가를 하려고 할 때, 정보를 수집하기 위한 적절한 전략을 선택할 수 있다.
3. 학업 성취도를 평가하기 위한 효과적인 시험 문제를 작성할 수 있다.
4. 학생의 학습 결과물과 수행을 평가하기 위한 루브릭(체크리스트와 평정척도 포함)을 개발할 수 있다.
5. 현재 진행 중인 수행이나 향상의 정도를 평가하기 위해 포트폴리오를 사용할 수 있다.
6. 평가하기 위해 정보를 사용하는 방법을 기술할 수 있다. (평가한다는 것은 점수를 매기고, 학생의 향상 정도와 학생의 태도에서 나타나는 변화를 판단하는 것이다.)
7. 학생들이 좀 더 효과적으로 배울 수 있는 평가 결과 사용 방법을 기술할 수 있다.
8. 표준화 도구를 선택하고 사용할 수 있다.
9. 학급 평가에서 공학의 역할을 기술할 수 있다.

평가는 교사가 학생들을 더 잘 가르치고,
학생들이 더 잘 배울 수 있도록 돕는다.

교육평가는 교육실천가가 학생들을 교육적으로 판단하거나 결정을 내리는 데 도움이 될 때에만 유용하다. 이 장에서 여러분은 학급에서 쓰이는 평가의 기본 원칙 중 일부를 배울 것이다. 그리고 여러분에게 이 장에서 다루는 개론 수준의 이해를 넘어서라고 권고하고 싶다. 학급 평가 기법에 관한 기본서를 한 권 구입하라. 틈날 때마다 시험 문제를 작성하는 능력을 향상시켜라. 학생들을 평가하면서 하게 되는 여러 가지 실수로부터 많은 것을 배우라. 평가라는 교사의 중요한 도구의 사용 방법을 배우라. 학생들을 더욱 잘 가르치는데 그리고 학생들이 더 잘 배울 수 있도록 평가를 활용하라.

목표 1: 평가가 무엇인지 정의하고 평가 과정의 네 가지 단계를 각각 기술할 수 있다.

■ 과거의 평가(Evaluation) 또는 새로운 평가(Assessment)?

INTASC 제8원칙

평가한다는 것은 판단을 내리는 일이다. 최근 몇 년 동안 교육실천가들은 **과거의 평가**(evaluation)라는 용어 대신에 **새로운 평가**(assessment)라는 용어를 쓰기 시작했다. 이 둘의 기본적인 얼개는 같다. 그러나 평가의 역할에 대한 우리의 사고를 확장하기 위한 목적으로 새로운 평가라는 용어가 쓰이고 있다. 새로운 평가 전략은 과거의 측정과 평가에 관한 전통적이고, 형식적인 면을 넘어 훨씬 더 많은 것들을 포함한다. 결국, 새로운 평가 전략은 수업의 전체 과정에 대한 일부로 인식되고 있다. 일반적으로 진정한(authentic) 평가 기법은 학생들의 행동이나 기능, 생각, 태도 등에 관한 정보를 우리에게 제공해 준다. 진정한 평가로 우리가 측정하려는 것은 일상생활에서 유용한 기능과 정보이다. 그리고 학생들이 해당 교과목에서 한 단계 발전하도록 돕는 데에 있어 중요한 기능과 정보이다. 나아가 진정한 평가 도구는 실제의 상황과 최대한 비슷한 조건에서 평가하려는 정보나 기능에 대한 정보의 획득을 추구한다. 가장 진정한 평가 정보를 제공해줄 가능성이 큰 평가 도구로 루브릭, 체크리스트, 평정척도, 포트폴리오이다. 이 장에서 우리는 시험 및 검사(tests)나 설문지(questionnaires)와 같은 형식적인 평가 도구뿐만 아니라 진정한 평가 도구에 대해서도 논의할 것이다. 그럼에도 불구하고 이러한 모든 평가 절차는 과거의 평가를 근본으로 한다.

간단하게 말하면 평가한다는 것은 판단을 내리는 것에 가치를 부여하는 것이다. 판단을 내리는 것은 별개의 행위가 아니다. 판단하기 위해서는 우선 정보가 있어야 한다. 따라서 판단을 하려면 그 전제조건으로 우선 정보를 획득해야 한다. 그리고 그 다음 단계인 의사 결정을 하려면, 그 전제조건으로써 판단을 내려야 한다. 그러므로 판단을 형성하는 과정인 평가를 수행하려면 우선 정보를 수집해야 하며 이러한 평가를 토대로 의사 결정을 내리게 된다. 다음의 그림으로 이해해 보자.

■ 평가하는 것은 판단하는 것이다.

교사는 과거의 형식적 평가를 넘어서고 진정한 평가가 무엇인지 확실히 인지하고 측정해야 한다.

정보 수집	→	판단 형성	→	의사 결정

혹은 이런 방법으로 이해를 해보자.

> 평가는 정보를 수집하고, 그 정보를 이용하여 판단을 형성하며,
> 그 판단을 이용하여 의사 결정을 하는 일련의 과정이다.

위의 정의는 평가 절차의 여러 단계가 서로 관련되어 있다는 것을 분명하게 보여준다. 한편, 이 정의는 판단 형성이 이러한 평가 절차의 중심이라는 것을 분명하게 보여주고 있다. 판단을 형성하지 않았다면 평가를 했다고 할 수 없다.

■ 평가 과정

전체의 평가 과정을 이해하는 것은 중요하다. 이 정의를 확장해보자. 지금까지의 내용을 살펴보면, 평가라는 과정에 세 가지 단계(정보 수집, 판단 형성, 의사 결정)가 있다는 것은 분명하다. 여기에 준비 단계를 추가하고 마지막 단계를 확장하여 다음과 같은 네 가지 단계로 정리해볼 수 있다.

평가 과정

1단계: 평가 준비
2단계: 필요한 정보 수집
3단계: 판단 형성
4단계: 의사 결정에 판단 사용 그리고 보고서 준비

INTASC 제9원칙

흔하게 볼 수 있는 교수-학습 상황을 살펴보자. 한 교사가 효과적인 수업을 하기 위해 위의 네 가지 단계를 어떻게 거치는지 살펴보자.

1단계: 평가 준비

정 교사는 3학년 담임교사이다. 정 교사는 경훈이를 걱정하게 되었다. 경훈이는 읽기에서 진도를 따라가는 것에 어려움을 겪는 듯했다. 정 교사는 경훈이가 현재의 학년에 잘 적응할 수 있을지 의문이었다. 정 교사는 읽기 능력에서 경훈이의 수준을 정확하게 판단하기 전에 더 많은 정보가 필요하다고 생각했다. 정 교사는 필요한 정보가 무엇인지를 정한 후에(이를테면, 소리 내어 읽을 때

하는 실수가 어떤 것인지, 다양한 단어를 경훈이가 어떻게 사용하는지, 경훈이의 관심사가 무엇인지에 대한 정보), 정보를 언제 어떻게 획득할지 정한다.

2단계: 필요한 정보 수집

며칠 동안에 걸쳐 정 교사는 경훈이에 대한 많은 정보를 수집한다. 정 교사는 경훈이에게 읽기 표준화 검사(standardized reading test)를 한다. 그리고 경훈이가 어떻게 소리 내어 읽는지 들으면서, 어떤 실수를 하는지 세심하게 기록한다. 그리고 하루 동안 경훈이를 관찰하면서 여러 과목에서 경훈이의 특별한 행동 유형이 나타나는지 관찰한다.

3단계: 판단 형성

정 교사는 수집한 정보를 모두 분석한 후에, 다음과 같은 결론에 이른다.

- 경훈이는 3학년 수준의 읽기 자료를 이해할 수 없다.
- 경훈이는 2학년이나 그 아래의 학년 수준으로 쓰인 자료만 편하게 읽는다.
- 경훈이의 주요 취약점은 단어 사용 능력이다.
- 경훈이는 다른 사람이 자기에게 읽어준 것은 이해한다.
- 경훈이는 같은 학급의 친구들을 좋아한다.
- 경훈이는 3학년 수준의 읽기 자료에 나와 있는 이야기를 좋아한다.

평가를 하기 전에 평가 과정에 대한 철저한 숙지가 필요하다.
그리고 그 과정에 따라 평가가 이루어져야 한다.

4단계: 의사 결정에 판단 사용 그리고 보고서 준비

정 교사는 자신이 판단한 것을 토대로 하여 의사 결정을 하고, 보고서를 작성할 때에 판단을 사용한다. 이에 따라 정 교사는 경훈이에게 특별한 도움을 주기로 생각한다. 그리고 정 교사는 다음의 조치를 결정한다.

- 단어 구사력을 향상시키기 위한 체크리스트를 만든다.
- 경훈이에게 체계적으로 이 기능들을 가르친다.
- 경훈이의 이해 능력이 다른 학생들에 비해 떨어지지 않도록 경훈이에게 이야기를 읽어주는 것을 계속한다.
- 경훈이가 특정 단어를 사용할 수 있을 때 체크리스트에 표시하도록 한다.

이러한 결정을 내린 후 정 교사는 자신이 취하려는 조치에 유의하면서 자신이 내린 판단에 대한 요약문을 간략하게 작성한다. 정 교사는 추후에 참고할 수 있도록 이 요약문을 자신의 파일에 보관해 둔다. 또한, 정 교사는 경훈이의 부모에게 전화해서 자신이 발견한 것을 공유한다. 정 교사는 경훈이의 부모에게 협조를 구한다. 만약 경훈이가 위에서 정 교사가 발견한 자신의 부족한 부분을 극복하려고 노력할 때 부모가 경훈이를 격려해주고 칭찬해주며 도와주길 요청한다. 다음 각 단계의 특징을 주의 깊게 살펴보자.

1단계: 준비. 어떤 종류의 정보가 필요한지 정하고 언제 어떻게 그 정보를 구할지 정하라.

2단계: 정보 수집. 최대한 정밀하게 다양한 정보를 수집하라.

3단계: 판단 형성. 수집한 정보를 다른 조건들과 비교하여 판단을 내려라.

4단계: 의사 결정 및 보고. 발견한 것 중 중요한 것을 기록하고 적절한 조치사항을 정하라.

종합문제 1

목표 1: 학급 평가가 무엇인지 정의하고 평가 과정의 네 가지 단계를 각각 기술할 수 있다.

1. 과거의 평가(evaluation)를 간략하게 정의하시오.
2. 새로운 평가 과정(assessment process)의 네 가지 단계를 쓰시오. 각각의 단계가 어떻게 진행되는지 간략하게 기술하시오. 기술한 것을 명확히 보여주기 위하여 실제 교실에서의 예를 사용하시오.

목표 2: 학급 평가를 하려고 할 때 정보를 수집하기 위한 적절한 전략을 선택할 수 있다.

■ 전략 선택

INTASC 제8, 9원칙

평가를 준비하는 단계에서 해야 하는 것은 무엇을 평가할지 정하는 것과 평가하는데 어떤 종류의 정보가 필요한지를 정하는 것이다.[1] 일단 이 두 가지가 정해지면 그 정보를 수집하기 위한 전략을 선택할 준비가 되었다고 할 수 있다. 이 과정은 두 가지 단계로 이루어져 있다.

(1) 사용하려는 정보를 어떤 기법으로 수집할지 결정한다.

(2) 어떤 유형의 도구를 사용할지 선택한다.

1단계: 적절한 정보 수집 기법의 선택

■ 정보 수집 기법

학생들에 대한 정보를 획득할 때 교사가 사용하는 네 가지의 기법(조사, 관찰, 분석, 검사 및 시험)이 있다. 첫째 기법은 **조사**하는 것이다. 누군가의 의견이나 느낌, 관심사, 선호도 등을 알고 싶을 때에는 그 사람에게 직접 물어보라. 효과적인 교사는 지금 일어나는 것들에 대해서 학생들이 어떻게 생각하는지 자주 묻는다. 또한, 그들은 조사를 통해서 얻은 정보가 얼마나 가치 있는 것인지 알고 있다. **관찰**이란 교사가 교실에서 어떤 일이 일어나는지 알아내기 위하여 보거나 듣거나 느끼거나 또는 다른 감각을 사용하는 방법이다. 학생의 수행, 습관 유형, 다른 사람과의 상호작용 등에 대한 관찰들은 모두 교사에게 도움이 되는 정보를 제공해준다. **분석**이란 어떠한 것을 구성하는 각각의 요소로 쪼개는 과정이다. 예를 들어, 수학 교사는 학생들이 어떤 종류의 실수를 범하고 있는지 알아내기 위하여 수학 과제를 분석해 볼 수 있다. 또한, 직업교육 교사는 탁자의 디자인, 전반적인 구성, 마감의 측면에서 프로젝트를 평가하기 위하여 목세공 일을 배우는 학생이 만든 커피 탁자를 분석해볼 수도 있다. **검사 및 시험**은 시험 문제와 같이 공통적인 지시사항에 대한 학생의 대답을 요할 때 규칙에 따라 답을 점수로 매기고자 할 때 학생의 수행을 점수로 나타내고자 할 때 사용된다.

다음에 나오는 표는 위에서 언급한 네 가지 기법을 비교하고 있다. 표를 자세히 살펴보고 뒤에 나오는 관찰 기록지를 작성하라.

4가지 정보 수집 기법의 주요 특징[2]				
	조사	**관찰**	**분석**	**검사 및 시험**
수집한 정보의 종류	· 의견 · 자기-인식 · 주관적 판단 · 정서(특히 태도) · 사회적 인식	· 어떤 일의 수행 및 최종 산출물 · 정서(특히 정서적 반응) · 사회적 상호작용 · 심동적 능력 · 전형적인 행동	· 학습 과정 동안의 학습 결과(중간 목적) · 인지적·심동적 능력 · 일부 정의적 산출물	· 태도와 학업 성취 · 최종 목적 · 인지적 산출물 · 최대한의 수행
객관성	· 가장 적은 객관성 · 선입견과 오류를 범하기 쉬움	· 주관적이지만, 구조화하고 도구를 사용한다면 객관적일 수 있음	· 객관적이지만 적당한 시간은 아님	· 가장 객관적이고 신뢰로우나 질문에 따라 주관적일 수 있음
비용 및 시간	· 비용이 적게 들지만 시간 낭비 가능	· 비용이 적게 들지만 시간 낭비 가능	· 비용이 적게 듦 · 준비시간이 다소 길지만 중요함	· 비용이 많이 들지만 단위 시간당 정보를 가장 많이 얻을 수 있음

학생에 대한 교사의 평가는 교사의 전문성을 그대로 드러낸다.

관찰 기록지

평가 활동

무엇을 언제 어떻게 가르칠 것인지에 대해 교사와 구체적으로 이야기하시오. 교사가 여러분에게 설명한 평가 과정의 다양한 단계를 확인하시오. 교사가 한 평가 활동을 이 장의 전문용어로 어떻게 표현할 것인가?

주의할 내용: 이 기록지를 사용할 때 학교, 교사, 관리자, 학생의 실명을 사용하지 마시오.

관찰자 이름: ____________________

날짜: ____________________

학년: ____________________

교과명: ____________________

학생 수: ____________________

배경정보: 학교의 사회적, 경제적, 다문화 구성원에 대해서 간단히 서술하시오.

____

____

기록할 내용: 수업하고 있는 교사를 관찰하고, 수업 후에 면담해보시오. 가르치는 데 평가라는 부분이 어떤 식으로 녹아들었는지에 주목하시오. 다음의 양식을 활용하여 교사가 정보를 어떻게 획득하고 있는지, 어떤 평가 기법을 사용하여 정보를 수집하고 있는지, 그리고 어떤 판단을 내리고 있는지 기록하시오.

7장

시간	수집한 정보	평가 및 기법	판단
9: 15 ~ 9: 45	읽기 수업 중에 학생들이 단어를 발음하는 능력 관찰	대부분은 잘했다.	은수와 홍찬이는 몇몇 단어를 발음하는데 어려움을 겪었다.

관찰 내용에 대한 숙고사항

1. 교사는 얼마나 다양한 평가 기법을 사용하였는가?

___

___

2. 교사는 평가 결과를 어떻게 활용하였는가? 교사는 이 평가 결과에 따라서 수업이나 학습 활동을 조정하였는가?

___

___

3. 만약 조정했다면 어떻게 했는가?

___

___

4. 평가와 관련하여 해당 교사에게 묻고 싶은 것이 있다면 무엇인가?

___

___

2단계: 필요한 정보를 얻기 위한 최상의 도구 선택

적합한 정보 수집 기법을 선택했다면, 어떤 유형의 정보 수집 도구를 사용할 것인지 결정해야 한다. 정보 수집 기법이란 정보를 수집하는 절차를 의미한다. 정보 수집 도구란 정보를 수집하기 위해 도움이 되는 도구를 말한다. 여기에서는 정보 수집 도구의 기본 유형 세 가지에 대해서 간략하게 다루어보겠다.

■ 검사 및 시험은 적성이나 학업 성취도를 측정한다.

검사 및 시험이란 학생들이 공통으로 대답해야 하는 상황, 모두에게 적용되는 지시사항의 모음, 학생의 답을 평가하는데 사용되는 공통규칙을 제시하는 도구이다. 검사 및 시험은 일반적으로 학생들의 적성이나 학업 성취도를 평가할 때 사용된다. 학생들이 얼마나 많이 아는지, 특정 기능을 얼마나 잘 활용하는지를 알아야 할 때는 검사 및 시험이 적절한 도구이다. 학급에서 시행되는 일반적인 검사 및 시험은 교사가 작성하는데, 이것을 교사가 제작한 검사 및 시험(teacher-made tests)이라고 부른다. 이는 표준화 검사 및 시험(standardized tests)과 구분하기 위함이다. 정규시험에 나오는 지시사항은 표준화되어 있어서 검사 및 시험을 모두가 같은 조건에서 치르며, 검사 및 시험을 치르는 학생들도 표준화된다. 일반적으로 학교에서 치르는 표준화 검사 및 시험은 국가나 지역 교육청 수준에서 제작한다. 혹은 출판사에서 제작하여 판매하기도 한다. 검사 및 시험의 제작자들은 표준화 검사 및 시험을 신중하게 제작하고, 테스트하고, 검토하고, 표준화하고, 신뢰도와 타당도에 대해 평가한다.

루브릭이란 학생이 만들어낸 결과물이나 수행에 점수를 매기는 데 사용하는 규칙의 모음이다. 루브릭의 형태는 보통 체크리스트나 평정척도이지만, 다른 형태를 띨 수도 있다. 루브릭은 수행과 가까운 학습 결과물이나 학습 과정을 평가하려고 할 때 특히 유용하다. 이러한 평가는 진정한 평가라고 부르기도 한다. 예를 들어, 어느 학생의 정치적 입장에 대한 보고서를 평가해보면, 그 학생이 어떤 정치적 입장에 대하여 설득력 있고 논리적인 주장을 할 수 있는지를 직접 평가할 수 있다. 이보다 덜 직접적인 방법으로는 여러 개의 진술 중에 특정한 정치적 입장을 지지하는 진술을 하나 고르도록 하는 방법이 있다.

■ 체크리스트는 있고 없음을 나타낸다.

기본적으로 **체크리스트**란 수행이나 결과물을 평가할 때 살펴보아야 하는 것들, 즉 규준을 나열한 것이다. 예를 들면, 체크리스트를 다음과 같이 활용할 수도 있다. 어떤 프로그램에서 학생들이 통상적 방법을 모두 거쳤는지 확인하기 위하여 사용하는 것이다. 또는, 효과적인 연설에 대한 규준을 목록으로 만들고, 정보를 알리는 연설을 하는 동안에 학생이 무엇을 제대로 했는지 알기 위하여 체크리스트에 표시할 수 있다. 수행이나 최종 결과물에서 중요한 특징이 나타나는지에 대한 여부를 알기 위해서는 체크리스트가 적절한 도구이다.

■ 평정척도는 질을 나타낸다.

수행이나 최종결과물의 질(quality)에 등급을 매겨야 할 때에는 **평정척도**를 사용하면 된다. 예를 들어, 연설에 대해서 평가할 때 몸짓을 사용했는지에 따라서 평가할 수 있다. 몸짓의 질에 대해서 평가하려면, 즉 몸짓이 좋았는지, 적절했는지, 부적절했는지 등을 평가하려면 평정척도를 사용해야 한다. 평정척도에는 평가 대상이 되는 사람이나 결과물을 기술하는 값 또는 등급이 나와 있다.

■ 설문지는 의견을 수집한다.

설문지는 의견이나 감정, 관심사에 대한 정보를 수집하기 위한 도구이다. 설문지는 교사가 얻게 되는 답의 유형을 가늠하기 어려울 때 사용한다.

아래의 표에는 위에서 언급한 도구의 장점과 단점이 나와 있다. 다음의 표를 주의 깊게 읽은 후 적절한 정보 수집 도구 선택에 관한 연습문제를 풀어보자.

정보 수집 도구의 유형에 따른 장점과 단점

도구의 유형	장점	단점
표준화 검사: 정확한 정보가 필요할 때 사용	보통 잘 개발되고 신뢰가 있음 학급 혹은 개인의 수행을 비교하는 기준을 포함함	종종 가르친 것을 정확하게 측정하지 못함 비용이 많이 듦 측정에 한계가 있음
교사가 제작한 검사 및 시험: 학업 성취도의 정보를 얻으려는 방법으로써 일상적으로 사용	보통 가르친 것을 정확하게 측정함 비용이 저렴함 필요에 따라 구성할 수 있음	다른 학급에 적용하기 힘듦 종종 신뢰할 수 없음 제작하는데 다소 많은 시간이 소요됨
루브릭: 학생 수행에 대한 질을 평가하기 위해 사용	**가장 수준 높은 수행 및 성과물에 대한 평가와 보통 수준의 수행 및 결과물에 대한 질을 평가할 때 유용**	구성하기 쉽지 않고, 때로 관찰자의 선입견에 영향을 받음
체크리스트: 학생들의 특정 수행에 대한 유·무를 확인하기 위해 사용	중요한 점이나 비판적 행동에 초점을 두어 관찰하는 데 도움	오직 특정 수행의 유·무만을 측정
평정척도: 수행의 질적 판단을 위해 사용	관찰된 자료는 양적인 판단뿐만 아니라 질적으로 만들어 사용할 수 있음	구성 시 시간과 노력이 많이 듦 만약 너무 복잡하다면 사용하기에 껄끄러울 수 있음

도구의 유형	장점	단점
설문지: 느낌, 의견, 흥미에 대한 정보를 얻기 위해 사용	질문에 초점을 맞추고, 각각의 학생들로부터 같은 정보를 얻을 수 있도록 도와줌	구성 시 시간과 노력이 많이 듦 점수화가 어려움 정답과 오답이 없음 자료를 요약하기 어려움

연습문제 1 정보 수집 도구의 선택

다음 각각의 교실 상황을 읽어보시오. 우선 어떤 기법(조사, 관찰, 분석, 검사 및 시험)이 요구되는지 결정하시오. 그리고 그 다음 여러분이 사용하고자 하는 도구를 써보고, 왜 그런지 기술하시오.

1. 고등학교 사회 교사는 학생들이 최근 선거의 결과에 대해서 어떻게 느끼는지 알고 싶어 한다.
2. 4학년 교사는 기초 성취(읽기, 쓰기, 수학)가 같은 학년의 다른 학급과 자신의 학급이 어떻게 다른지 비교하고 싶어한다.
3. 어느 수학 교사는 정육면체의 부피를 가르쳤고, 학생들이 이를 잘 배웠는지 알고 싶어한다.
4. 어느 음악 교사는 리코더를 연주하는 학생의 순위를 매기고 싶어한다.

종합문제 2

목표 2: 학급 평가를 하려고 할 때 정보를 수집하기 위한 적절한 전략을 선택할 수 있다.

각각의 상황이 다음의 질문에서 기술되었다. 사용된 최선의 기법 혹은 도구를 결정하시오.

1. 5학년 교사는 학생들이 각 교과에 대해서 어떻게 느끼는지 알고 싶어한다.
   (1) 시험 — 학급 시험
   (2) 관찰 — 설문지
   (3) 관찰 — 평정척도
   (4) 조사 — 설문지

7장

2. 5학년 교사는 쉬는 시간에 학생들이 다른 학교에서 전학 온 여학생과 같이 게임을 했는지 알고 싶어한다.
   (1) 관찰
   (2) 조사
   (3) 검사 및 시험
   (4) 분석

3. 교장은 각 학급의 학업 성취도를 알고 싶어한다.
   (1) 체크리스트
   (2) 학급 시험
   (3) 표준화 시험
   (4) 평정척도

4. 어느 국어 교사는 학생들의 발표 능력이 향상되었는지 알고 싶어한다.
   (1) 분석
   (2) 관찰
   (3) 검사 및 시험
   (4) 조사

5. 어느 영어 교사는 각 학생의 작문을 주의 깊게 검토한 후 그들의 작문 실력에 대한 강점과 약점을 알고 싶어한다.
   (1) 분석 — 체크리스트
   (2) 분석 — 시험
   (3) 조사 — 체크리스트
   (4) 조사 — 시험

6. 특별한 프로그램에 배치하기 위해 학생들의 적성을 알아보려면 다음 중에서 무엇을 사용해야 하는가?
   (1) 평정척도
   (2) 체크리스트
   (3) 학급 시험
   (4) 표준화 검사

목표 3: 학업 성취도를 평가하기 위한 효과적인 시험 유형을 작성할 수 있다.

시험을 제작하기 위한 첫 단계는 여러분이 무엇을 검사하고, 시험에 가장 적합한 유형이 무엇인지를 정하는 것이다. 대부분의 학급 시험은 학습 결과를 측정하기 위해 사용된다. 학생들의 학습 결과와 수업 목표는 일치해야 한다. 2장을 다시 상기해 본다면, 수업 목표는 분명하고 관찰 가능해야 하며, 학생에 대한 성취가 포함되어야 한다. 수업 목표에서 동사의 중요성은 이미 강조하였다. 동사는 학생에게 특정한 교과에서 교사가 기대하는 반응의 종류가 엄밀하게 기술되어야 한다. 만약 동사가 수업 목표 안에서 사용되었다면, 시험 유형을 정하는 것은 비교적 간단한 문제이다. 예를 들어, 학생들이 다음의 목표를 완전히 익혔다면 여러분이 평가하고자 하는 시험의 유형을 추측해보라.

- 한국의 초대부터 5대 대통령까지의 이름 열거
- 퇴계와 율곡의 주요한 공헌 기술
- 정권이 바뀌었을 때 발생하는 변화 설명

첫 번째 목표는 학생들이 대통령의 이름을 열거하라는 질문이며, 단답형의 대답이 요구된다. 다른 두 개의 목표들은 논술형이 가장 좋은 시험 유형이 될 것이다. 어떤 종류의 학습 산출물이 객관적 시험 유형(진위형, 연결형, 선다형)로 가장 잘 측정될 수 있는가? 이러한 도구의 유형은 학생이 여러 개 중에서 하나를 택해야만 할 때의 학습 결과를 측정하기에 가장 적합하다. 다음의 예를 살펴보자.

- 저자의 느낌을 가장 잘 표현한 낱말 선택
- 민주주의를 가장 잘 설명한 문장 선택
- 한 단락에서 정서적인 언어 확인
- 여러 실험 중에서 특정 연구에 필요한 정보를 가장 잘 나타내는 것이 무엇인지 결정

이러한 목표들은 일반적으로 객관적 시험으로 측정한다. 그러나 다른 유형의 도구로도 측정할 수 있다. 예를 들어, 위의 목록에서 세 번째 목표(한 단락에서 정서적 언어 확인)는 다양한 시험 유형으로 측정될 수 있다.

1. 진위형: 위의 단락에서 강조하는 문장은 정서적 언어를 사용한다. (참, 거짓)
2. 선다형: 다음 문장 중에서 정서적 언어를 대표하는 것은?

   (1) 문장 2

7장

(2) 문장 3

(3) 문장 6

(4) 문장 9

3. 단답형: 위의 단락에서 3가지 정서적 문장을 찾아 답안지에 쓰시오.

■ 목표의 검토

여러분이 사용하기 위한 시험의 유형은 수업 목표를 검토하면 쉽게 알 수 있다. 물론 다른 시험 유형을 선택할 수도 있다. 일부 목표들은 두 가지 이상의 시험 유형으로 측정될 수 있다. 따라서 결과적으로 다른 시험 유형들도 고려해야만 한다.

다양한 시험 유형의 장·단점		
유형	장점	단점
단답형	짧은 시간 안에 다양한 사실을 테스트할 수 있음 수학 교과에 매우 적합	복합적인 학습을 측정하기 어려움 종종 애매함
논술형	복합적인 학습을 측정할 수 있음 과정과 독창적인 사고를 평가할 수 있음	객관적으로 점수화하기 어려움 시험 시간이 많이 듦 주관적임
진위형	짧은 시간 안에 가장 많은 사실을 테스트할 수 있음 점수화하기 쉬움 인지적 사실을 테스트할 수 있음 객관적임	복합적인 학습을 측정하기 어려움 평가에 대한 신뢰도가 매우 떨어짐 추측하기 쉬움
연결형	사실의 인지와 결합을 테스트하기 좋음 간결하지만, 복합적인 학습을 테스트할 수 있음(특히 개념) 객관적임	효과적인 항목을 작성하는 것이 어려움 추측에 영향을 받음
선다형	복합적인 모든 단계의 학습을 평가할 수 있음 대단히 신뢰할 수 있음 객관적임 짧은 시간 안에 방대한 지식을 공평히 테스트할 수 있음 점수화하기 쉬움	문항 제작이 어려움 다소 추측에 영향을 받음

연습문제 2 시험 유형의 선택

다음에 제시된 학습 결과를 측정하기 위해 여러분이 사용하고자 하는 시험 유형을 결정하고, 그 이유를 간략하게 설명하시오.

1. 다음의 글에서 서술어에 대한 사용 가치를 타당하게 설명할 수 있다.
2. 영화를 제작하기 위해 거치는 단계를 열거할 수 있다.
3. 새로운 주제를 소개하기 위한 최고의 방법을 선택할 수 있다.
4. 새로운 세계 질서가 암시하는 것에 대해 논의할 수 있다.
5. 조선 시대의 왕을 5명 이상 열거할 수 있다.
6. 엔진 불량의 원인 중 가장 적합한 것을 선택할 수 있다.

■ 평가 유형에 따른 문제 작성 방법

효과적으로 문제를 작성하는 방법은 가능한 분명하고 간결하게 하는 것이다. 학생들에게 함정을 파지 마라. 가능한 솔직한 방법으로 학습 결과(수업 목표)를 테스트하라. 시험 문제를 읽을 때 학생은 요구하는 것을 정확하게 이해해야 한다. 만약 학생들이 평가의 유형을 제대로 안다면, 질문에 정확하게 대답할 수 있을 것이다.

논술형 문제 작성 방법

논술형 문제로 학생들의 등급을 매길 때에는 객관성을 담보하기 어렵다. 여러분은 아래의 간단한 안내지침을 참고하여, 좋은 논술형 문제를 만들 수 있어야 한다.

논술형 문제를 작성하기 위한 안내지침

1. 문제가 진정 중요한 학습 결과를 테스트하고 있는지 확인한다.
2. 논술형 문제는 다음을 포함한다.
   (1) 문제의 분명한 진술

7장

(2) 답에 대한 제한 조건

3. 각각의 문제에 대한 모범 답안을 구성한다. (여기에 포함되어야 할 것은 다음과 같다.)
   (1) 이상적인 답에 대한 내용
   (2) 이상적인 답에서 기대하는 어떤 구조적 특징

일단 논술형이 여러분이 사용하길 원하는 평가의 유형이라고 확신한다면, 여러분은 문제를 명확하게 할 필요가 있다. 그래야만 문제를 읽는 모든 학생이 기대하는 대답이 무엇인지에 대해 같은 이해를 할 것이다. 모든 학생이 문제에 정확하게 답할 수는 없을 것이다. 그래서 각 학생은 질문이 묻고 있는 것이 무엇인지는 알아야 한다. 다음에 나오는 두 가지를 따른다면 좋은 논술형 문제의 요건을 충족시킬 수 있을 것이다.

■ 분명하고 간결함

1. 문제를 분명하고 간결하게 써라.
2. 대답에 대한 제한 조건을 분명하게 제시하라.

다음에 제시된 문제들을 검토해 보자. 이해하기 쉬운 질문들은 짧고, 단순한 표현을 사용하며, 간단한 문장 구조를 사용한다. 그리고 불필요하게 장황한 표현을 사용하지 않는다.

A형

분명함: 전자석을 설명하고 그 쓰임새를 3~4개 나열하시오.
분명하지 않음: 전자석이 무엇인지 설명하고, 몇 가지 예를 들어서 전자석의 기능을 설명하시오.
혼란스러움: 전자석과 전자석의 기능적인 유용성에 대하여 기술하는 문단을 작성하시오.

B형

분명함: 어떤 화학물질들은 혼합할 때 특정한 순서를 따라야 한다. 그 이유를 설명하시오.
모호함: 폭발성이 있는 화학물질은 위험할 수 있다. 이런 일이 일어나면 안 될 것이다. 어떻게 하면 이런 일을 피할 수 있을까요?
이해 불가능: 어떤 화학물질은 혼합하는 적절한 순서를 지키지 않으면, 잠재적으로 변동성이 큰 화학반응이 생겨날 수 있다. 이것에 대해서 설명할 수 있는가?

분명하고 간결한 표현을 사용하는 것만으로는 충분하지 않다. 효과적인 논술형 문제를 낼 때에는 교사가 답이 어느 정도 구체적이어야 하는지를 알려주어야 한다. 문제를 보면 학생들이 의견을 제시해야 하는지, 주장을 입증해야 하는지, 주장을 입증해야 한다면 참고자료가 필요한지를 알 수 있어야 한다. 또한, 논술형 문제를 풀 때 어느 정도의 자유가 허용되는지를 알 수 있어야 한다. 다음의 논술형 문제를 예로 들어 보자.

물의 다양한 속성에 대하여 논하시오.

이 문제는 분명하고 간결하다. 이 문제의 답안은 어떤 것이어야 하는가? 물은 맛이 좋으며, 물에 빠지면 사람은 젖는다. 이것이 옳은 답이 될 수 있는가? 그럴 수도 있다. 이 문제를 낸 출제자만이 알 것이다. 이 문제를 다른 방식으로 나타내는 방법을 아래에서 살펴보자. 아래 문제를 살펴보면, 각 문제는 학생의 답안에 어떤 제한사항을 두고 있다. 이런 제한사항 때문에 아래의 문제들은 앞의 문제보다 더욱 좋은 문제라고 할 수 있다.

- 물을 극히 높은 온도로 가열하면 어떻게 되는지 기술하라.
- 물의 화학적 특징을 나열하라.
- 마시는 물의 영양관련 특징을 나열하라.
- 지역에 따라서 물의 맛은 왜 크게 다른가?
- 생명을 지속시키는데 물이 어떤 도움을 주는지 나열하고 간단하게 설명하라.

위에 제시된 문제들은 각각 다른 답을 요구하고 있다. 학생의 답안을 제한하는 방식도 다양하다. 다음 연습문제에서 논술형 문제를 직접 작성해 보라.

■ 학생의 답안 제한

연습문제 3 논술형

두 개의 논술형 질문을 써 보시오. 하나는 제한 조건을 두지 않는 질문이어야 한다. 다른 하나는 학생에게 요청되는 대답에 대한 제한 조건이 있어야 한다.

1. 제한 조건을 두지 않고, 개방형 질문을 써 보시오.
2. 아래의 방법 중 한 가지 이상 활용하여 학생의 답을 다소 제한할 수 있는 논술형 질문을 써 보시오.
   (1) 답을 하는 시간이나 답을 할 때 사용할 수 있는 단어들의 수를 한정하시오.
   (2) 확실하고 구체적인 하위주제로 한정하시오.
   (3) 학생에게 주제의 한 면에 초점을 맞추라고 요구하시오.
   (4) 오직 하나의 관점으로 답을 제한하시오.

좋은 논술형 문제는 학생들이 더 쉽게 답하고, 교사가 더 쉽게 등급을 매기는 데 도움이 될 것이다. 그러나 사실 논술형 시험이 가지는 가장 큰 문제는 교사가 그 시험에 대해 등급을 매기는데 객관적으로 어렵다는 것이다. 이런 문제는 모범답안이 개발되고 사용된다면 크게 줄일 수 있다. 모범답안을 작성할 때에는 두 개의 주요 고려사항이 있다.

1. 모든 중요한 내용은 모범답안에 포함되어야 한다.
2. 포괄적인 답변 안에 예상되는 어떤 중요한 조직적 특징이 구체적이어야 한다.

연습문제 4 모범답안의 구성

자유롭게 2~3개의 논술형 질문들을 만들어보시오. 그 다음 각 질문에 대한 모범답안을 작성하시오.

우선 모범답안은 여러분이 학생들의 답안에서 발견하길 바라는 어떤 내용을 포함해야 한다. 학생들의 대답을 모범답안과 비교할 때 여러분은 모범답안에서 학생의 답안이 모범답안에 목록화된 항목을 포함하는지 아닌지를 답을 통해 확인해야 한다. 사실, 개념, 원리, 그리고 정답으로 받아들여질 수 있는 문제 해결법 등은 모범답안에 목록화가 되어 있어야 한다. 두 개의 모범답안의 예가 아래에 있다. 첫째는 주로 사실에 바탕을 둔 논술형 질문에 대한 것이다. 둘째는 학생들에게 비교적 자유를 허용하는 유형의 대답이다.

사실적 논술형 질문에 대한 모범답안의 예

질문: 흑백사진의 현상 단계를 기술하시오.

모범답안: 학생들의 답은 다음의 정보를 포함해야 한다.

단계 1: 암실에서(오직 빨간 불빛) 현상하는 릴에 필름을 놓고, 필름 표면이 서로 접촉하지 않도록 보는 것을 확인한다.

단계 2: 필름을 통 안에 집어넣고, 얇고 단단한 뚜껑으로 덮는다.

단계 3: 필름을 약품에 적신다.

내용을 비교적 자유롭게 쓸 수 있는 논술형 질문을 위한 모범답안의 예

질문: 다음의 진술을 지지하거나 반박하시오. 군사정권이 우리나라의 성장에 필요했다. 자신의 논거를 들어 설명하시오. 그리고 자신의 주장을 입증하기 위한 역사적인 실례를 들어 보시오.

모범답안: 모든 답변은 (1) 사태에 대한 명확한 진술, (2) 최소 다섯 가지의 논리적 근거, (3) 주장을 입증할 수 있는 최소 네 가지의 역사적 실례를 포함해야 한다.

■ 모범답안의 구성

두 번째 예는 학생들이 논의에 대한 많은 자유를 가졌지만, 답안에 담겨야 할 정보 대신에 제한들이 들어 있음을 주의하라. 몇 가지 논술형 질문들에서는 주제가 답안에 포함해야 할 순서가 매우 중요하다. 모범답안은 논술형 질문에서 학습 결과를 측정하기 위해 반영해야 하는 가장 중요한 부분이라는 사실을 기억하라.

선다형 질문 작성

선다형 질문은 학교 현장에서 가장 많이 사용되는 평가 유형이다. 다음의 예시를 보자.

문제 ⟶ 다음 중 철자가 틀린 것은 어느 것인가?

(a) Geography

정답 ⟶ * (b) Filosophy

(c) History

(d) Filament

오답 (a), (c), (d)

선다형은 모든 평가 유형 중에서 가장 다양하게 쓰일 수 있다. 여러분은 높은 신뢰도를 가지고 거의 모든 이해 수준의 질문을 할 수 있다. 하지만, 선다형 문제가 학생들의 학습 결과물을 신뢰롭고 타당하게 측정하기 위해서는 다음의 기준을 충족시켜야 한다.

1. 간결한 문제로 제시해야 함
2. 몇몇 대안 중에 가장 옳은 답을 고르도록 하여 학습 결과를 측정
3. 문제에서 나타나는 정보의 대부분은 간결한 대안을 포함
4. 단어나 필기 방식, 길이 등에서 유사한 대안을 포함

5. 문제는 논리적으로나 문법적으로 적합한 대안을 포함

6. 그럴듯 하지만, 정확하지 않은 오답을 포함

위와 같은 기준을 만족했는지 보기 위해서 몇 개의 선다형 질문들을 확인해보자. 그리고 나서 선다형 문제를 검토해 보고, 직접 선다형 문제를 작성해 보자.

선다형의 예

잘못된 예 **선택지 문장의 길이가 일정하지 않고, 문제가 분명하지 않다.**

1. 냉동 음식이란?
   (1) 0℃에서 저장된다.
   (2) 어떤 종류의 가공식품보다 더 맛있다.
   (3) 얼리기 전에 항상 씻거나 데쳐야 한다.
   (4) 완전히 포장되거나 봉해졌다면, 28℃ 이하에서 저장할 수 있다.

수정된 예 **문제가 분명하고, 선택지들이 짧다.**

1. 냉동 음식을 보다 길게 보관할 때 가장 중요한 것은 무엇인가?
   (1) 냉동 온도
   (2) 진공 상태
   (3) 사전 보관 방법
   (4) 음식의 종류

잘못된 예 **문제가 모호하고, 복수와 단수의 혼합으로 선택지가 작성되었다.**

1. 식물이 자라는 데 가장 중요한 것은?
   (1) 산소와 질소
   (2) 일산화탄소
   (3) 질소와 요오드
   (4) 물

수정된 예 1 **문제가 분명하고, 모든 선택지가 복수이다.**

1. 식물이 광합성 작용을 하는 데 반드시 필요한 성분은?
   (1) 탄소와 질소
   (2) 이산화탄소와 요오드
   (3) 수소와 질소
   (4) 이산화탄소와 물

수정된 예 2 **문제가 분명하고, 모든 선택지가 단수이다.**

1. 식물이 광합성 작용을 하는 데 반드시 필요한 성분은?
   (1) 이산화탄소
   (2) 폴리에틸렌
   (3) 수소
   (4) 요오드

연습문제 5 선다형 질문의 평가와 작성

익숙한 주제를 선택하고, 5지 선다형 질문을 만드시오. 적어도 그 가운데 두 개는 사실을 기억하는 수준보다는 높은 학습 수준이어야 한다.

진위형의 작성

진위형은 종종 학생이 쉽게 답을 예측할 수 있다는 단점이 있다. 그러나 한편으로 잘 작성된 진위형이 자연스러운 때도 있다. 만약 그 방식이 가능한 신뢰할 수 있게 만들어졌다면, 시험에 약간의 진위형이 포함되어도 좋을 것이다.

■ 분명한 참과 거짓

참/거짓 판별문제를 만들 때 기억해야 하는 가장 중요한 규칙은 각 문제의 답이 분명하게 참이나 거짓이어야 한다는 것이다. 다음의 예를 살펴보자.

1. 직사각형에는 세 개의 변이 있고 두 개의 직각이 있다.
2. 액체는 항상 중력이 잡아당기는 방향으로 흐른다.
3. 완전한 문장은 주어와 서술어를 둘 다 포함한다.
4. 도시는 주요한 도로 위에 생겨난다.
5. 달은 태양의 빛을 반사한다.
6. 외향적인 사람은 항상 사교적이고 인기가 좋다.

위 문제를 살펴보면 3번과 5번 문제만 분명하게 참이고, 1번 문제만 분명하게 거짓이다. 2번 문제는 기본적으로는 참이지만 '항상'이라는 말은 지극히 극단적인 표현이다. 예외가 있을 수도 있지 않은가? 4번 문제는 어떠한가? 틀림없이 타당한 일반화이기는 하지만, 모든 경우에 참이라고 할 수는 없다. 6번 문제는 부분적으로만 참이다. 외향적이라는 부분은 참이지만, 항상 인기가 있다는 부분은 아니다. 문제 일부분이 틀렸기 때문에 전체 진술이 거짓이 되는가? 6번에서 문제가 되었던 부분은 다음에 나오는 두 번째 규칙을 기억하면 극복할 수 있다. 참/거짓 판별문제는 각각 단 한 가지 사실만을 나타내어야 한다. 예를 들어, 1번 문제는 2개의 문제로 나누면 더 좋은 문제가 된다.

1. 직사각형은 총 세 개의 변을 가지고 있다.
2. 직사각형은 두 개의 직각만을 가진다.

참/거짓 판별 문제를 낼 때 기억해야 하는 규칙은 학생들을 혼란스럽게 하지 말아야 한다는 것이다. 예를 들면, 다음과 같이 진술을 틀리게 하는 부정어(~하지 않다) 등의 표현을 집어넣지 마라.

- 좋은 문제: 적도 근처에서 태양은 지구에 더 가깝다.
- 좋은 문제: 적도 근처에서 태양은 지구로부터 더 멀다.
- 나쁜 문제: 적도 근처에서 태양은 지구로부터 더 가깝지 않다.

어떤 맥락 안에 있는 진술을 추출하여 문제로 내지 마라.

- 안 좋은 문제: 명사는 명사를 수식하기도 한다.
- 좀 더 나은 문제: 보통 명사는 명사를 수식하지 않지만 어떤 상황에서는 명사가 명사를 수식하기도 한다. 예를 들면, '야구 방망이'에서는 명사가 명사를 수식하고 있다.

이외에도 학생들에게 혼란스럽게 문제를 내는 방법이 많이 있다. 문제를 혼란스럽게 낼 때 여러분이 스스로 혼란스럽게 만들고 있다고 인식할 것이다. 그 유혹을 물리치라. 항상 자신에게 물어보라. "단도직입적으로 학습 결과를 측정하는데 적절한 문제를 내고 있는가?"

연결형의 작성

연결형 문제를 낼 때에는 두 개의 목록을 작성한다. 학생이 해야 하는 것은 한 목록과 다른 목록을 연결하는 것이다. 잘 만든 것은 두 목록에 들어 있는 항목 간의 특정한 관계를 알 수 있다. 연결형 문제 중에는 용어와 용어의 정의를 연결하는 문제가 흔하다. 연결형 문제 유형의 다른 예로는 다음과 같은 것들이 있다.

1. 역사적인 사건과 연도 연결
2. 소설작품과 작가 연결
3. 도구와 도구의 쓰임새 연결
4. 문제와 해결책
5. 요소와 상징
6. 원인과 효과
7. 그림과 해석

이러한 관계는 상대적으로 연결형 문제에서 평가하기 쉽다. 간단하게 두 개의 목록을 만들고,

평가하고자 하는 관계의 종류(이유, 근거 등)를 나타내는 지시문을 작성하라. 연결형 문제를 작성할 때 다음의 것들을 생각하라.

연결형 문제 작성 시 숙고사항

1. 두 개의 목록 사이에는 분명하고 자연스러운 관계가 존재해야 한다.
2. 연결형의 근거는 학생들에게 분명해야 한다.
3. 하나의 목록은 다른 것보다 약 50% 정도는 길어야 한다. (제거하는 과정에서 정확한 연결을 하는 것을 어렵게 만들어 준다.)
4. 문제의 항목이 7~8 이상이 되어서는 안 된다.

여러분은 다양한 평가 유형을 검토하는 것이 도움이 된다는 것을 알게 되었을 것이다. 그리고 표준화 시험과 교사가 제작한 시험을 검토하기 위해 전문가의 도움을 받는 것도 좋다. 각각의 방식에서 무엇이 효과적이고, 효과적이지 않은지 물어보라. "이 문제의 제작자는 진정 무엇을 측정하고자 하는가?"라고 물어보라. 이 활동은 교사 개인이나 동료들과도 함께 할 수 있다.

종합문제 3

목표 3: 학업 성취도를 평가하기 위한 효과적인 시험 유형을 작성할 수 있다.

가르칠 단원의 목표를 적어 보시오. (사전에 학년과 학습 주제를 선정하시오.) 그 다음 학생들이 목표에 달성한 것이 무엇인지를 확인하기 위해 고안된 시험을 개발하시오.

목표 4: 학생의 학습 결과물과 수행을 평가하기 위한 루브릭(체크리스트와 평정척도 포함)을 개발할 수 있다.

시험은 필요로 하는 정보를 모두 주지 않을 때가 많다. 여러분은 학생들의 음악적 수행을 평가하고, 말하기 대회에서 학생들을 심사하거나, 미술 작품에 점수를 매길 수 있다. 이것들과 유사한 상황은 체크리스트 혹은 평정척도를 통해 가장 잘 해결할 수 있다.

INTASC 제8원칙

■ 루브릭 개발

루브릭은 수행평가(혹은 수행 결과물)의 기록이나 점수 체계를 제공한다. 그리고 일반적으로 체크리스트나 평정척도의 형식으로 제공된다. 지금부터 루브릭과 루브릭의 유형에 대해서 간단하게 논의할 것이다. 루브릭은 학생들의 과제에 대한 여러분의 점수를 양화하여 나타내는 점수 체계뿐만 아니라 학생들 과제의 중요한 요소들에 초점을 맞출 수 있도록 도와준다. 후광효과나 편견에 의한 오류도 줄여줄 수 있다.

체크리스트

체크리스트는 중요한 특징이 누군가의 수행(또는 누군가 수행해 놓은 결과물)에서 드러나는지 아닌지를 확인할 수 있는 체계적인 방법이다. 중요한 특징이 특정 수행(결과물)에서 드러나는지 아닌지를 아는 것은 중요한가? 이 질문에 대한 답이 '예'라면, 체크리스트는 바로 여러분이 찾는 것이다. 다음의 수행과 결과물의 종류들은 체크리스트를 통해서 평가될 것이다.

수행		결과물
악기 연주	가창	소묘와 채색화
말하기	토론 참여	조각 작품
토론 주도	실험	지도
수학 문제 풀기	조각	목제품
도서관에서 조사		수공예품
유화 그리기		밑그림

수행의 정도를 평가하기 위해 체크리스트를 개발할 때 여러분의 초점은 행동에 맞춰져야 할 것이다. 결과물을 평가할 때는 학생이 얼마나 발전했는지에 초점을 맞추어야 한다. 다음의 두 체크리스트가 어떻게 다른지 비교하라. 첫 번째 수행과 관련된 체크리스트는 학생들이 유화를 그리는 동안 평가하는 것이다. 두 번째 결과물과 관련된 체크리스트는 교사가 완성된 유화 작품을 평가하는 것이다.

체크리스트를 개발하는 과정은 상대적으로 간단하다. 첫째, 중요한 행동이나 특징을 목록에 적는다. 둘째, 어떤 오류라도 목록에 담는다. 마지막으로 목록을 정리하여 사용하기 쉽게 만든다.

수행의 중요한 행동을 목록화하는 것은 쉽지 않다. 이를테면, 우리는 우리가 하는 모든 행위

예: 학생의 유화 그리기 평가	
수행	결과물
_____ 전체적인 레이아웃을 스케치했는가?	_____ 색칠이 선명하게 되었는가?
_____ 전체적인 레이아웃에 만족하는가?	_____ 너무 과하지 않게 세세한 부분이 나타났는가?
_____ 전체적인 배경을 색칠하였는가?	_____ 이상적인 질감을 표현한 붓이나 페인팅 나이프가 신중하게 선택됐는가?
_____ 색이 선명하고 깨끗한가?	
_____ 캔버스 위에 색이 섞여 있는가?	
_____ 주제에 맞게 구성되었는가?	

를 말로써 묘사하기는 어려운데 운동 기능 수행자가 말로 그들의 행동을 묘사하기 어려운 것도 같은 이치이다. 자전거를 앞으로 나가게 하기는 쉽지만, 그 방법을 말로 표현하는 것은 매우 까다롭다. 이런 문제를 해결하는 한 가지 방법은 그런 것을 잘 수행하는 사람을 관찰하고 그 사람이 하는 모든 행동을 적어서 목록화하는 것이다. 그리고나서 모든 것이 끝난 후에 기록한 것 중에서 중요한 관찰 행동만 뽑아서 마지막으로 체크리스트에 담아내면 완성이 된다.

체크리스트 목록을 작성할 때 발생하는 가장 흔한 오류는 여러분이 초보자의 수행 행동을 보거나 초보자의 초기 생산 결과를 갖고 너무 쉽게 목록화하는 데에 있다. 체크리스트는 일반적인 실수들을 포함한 진단 도구로써 특히 유용하다는 점을 기억하라. 만일 여러분이 체크리스트를 오직 마지막 수행 결과를 검사하고 예상하기 위해서 사용한다면, 그 체크리스트에 굳이 오류 사항을 적어 낼 필요는 없다. 잘 고안된 체크리스트는 다음과 같은 기준을 만족하게 한다.

1. 목록들은 상대적으로 짧아야 한다.
2. 각각의 목록들은 분명해야 한다.
3. 각각의 목록들은 관찰 가능한 특징이나 행동에 초점이 맞춰져야 한다.
4. 중요한 특징이나 행동들이 담겨야 한다.
5. 각 항목은 사용하기 편하도록 전체 목록에 잘 배열되어야 한다.

평정척도

체크리스트는 우리의 행동 또는 특징들이 목록에 존재할지 부재할지 결정하는데 도움을 준다. 반면 평정척도는 우리에게 양질의 행동이나 특징을 결정하게 도와준다. 평정척도는 수행의 질을 평가하는데 사용된다. 이것은 다음과 같은 질문에 답하는 것을 도와준다. "저 발표자의 몸짓은 얼마나 잘 구성되었는가?"

■ 평정척도는 질을 판단한다.

그래서 평정척도는 행동이나 특징들의 목록(몇몇은 체크리스트를 사용할 수도 있는), 그리고 각각의 행동이나 특징을 평가하기 위한 질적인 척도를 고안하기 위해서 개발되었다.

이런 평정척도들은 관찰자들이 각각의 행동에 대해 특별하고 관찰 가능한 것에 초점을 맞출 수 있도록 도와준다. 매번 같은 척도를 사용하는 것은 수행을 평가하는데 신뢰성을 주고 관찰자의 편견에 따른 오류를 줄여준다.

평정척도를 개발하는 것은 체크리스트를 개발하는 것과 같은 단계를 거친다. 다만, 관찰 가능한 각각의 특징들에 대해 척도를 정의하는 단계가 추가될 뿐이다. 이 단계를 추가하는 것은 때로는 어렵지만, 여러분이 처음에 맨 끝 단계의 척도를 고안한 후에 중간 부분을 생각해 보면 쉽다. 만약 여러분이 실제 생활에서의 예를 생각한다면, 맨 끝 단계의 척도를 정의하기는 쉽다. 예를 들어, 만일 여러분이 3학년 학생의 사회적 발달을 평가하기 위한 평정척도를 고안해야 한다고 가정해보자. 3학년 학생의 사회적 특성들 가운데에서 여러분이 가장 중요하다고 생각한 점은 친구와 어떤 것을 공유할 수 있느냐는 것이다. 가장 끝의 척도를 정하기 위해서는 여러분이 아는 학생 중에서 누가 이 특징에 가장 전형적인 예가 될 수 있을지 생각해 보아야 한다. 이 학생은 언제나 모든 것을 친구들과 공유할 준비가 되어 있어 이기적이지 않은 성향을 보인다. 이런 학생이 다른 이들과 공유하는 것을 상상해보라.

그 학생이 무엇을 하는지 관찰하고 기록해보라. 그 학생이 공유하고 있는 것을 기술해보라. 이 기술은 척도에서 가장 긍정적인 방향의 척도로 정의될 것이다. 만일 가장 부정적으로 낮은 방향의 척도를 정의해야 한다면, 자기 것을 잘 공유하지 못하는 아이를 생각해보고, 그 아이가 어떤 행동을 할 것인지 기술해보면 된다. 이제 여러분은 척도에서 가장 끝 단계를 기술하기 위한 기본을 알았다. 이 두 가지 양 끝의 척도를 완성하면 매우 쉽게 가운데에 해당하는 학생들이 어떤 일을 할지 상상할 수 있을 것이고, 중간 부분 척도를 쉽게 정의할 수 있을 것이다. 공유라는 특성에 대한 척도 완성이 끝났다면 아마 이렇게 완성이 됐을 것이다.

이러한 관점에서 우리는 척도에 점수가 없다는 것을 알 수 있다. 점수를 매기는 것이 목적이라면, 척도를 길게 해서 점수를 매기는 것이 한 가지 방법일 것이다. 낮은 점수는 1로 할당하고 높

친구들과 공유 활동

다른 사람이 자신의 소유물을 가져가지 못하게 한다.	때로 친구들과 공유하지만, 가끔 자신의 소유물에 집착한다.	다른 친구들에게 나의 소유물에 대한 공유를 장려한다.

은 점수는 5로 말이다. 점수가 없는 척도는 **기술(記述)적**이다. 점수를 갖고 있는 척도는 **기술-수량 평정척**이다. 기술을 제거하고 단순히 점수를 사용하는 것은 **수량척도**이다. 수량척도는 일반적으로 특징이 쉽게 구분되지 않으면 도움이 되지 않는다. (예를 들면, 하루에 아이들이 장난감을 공유한 시간의 순서: 0시간, 1~2시간, 2~3시간, 3~4시간, 5시간 이상) 다음의 제안을 따르는 것은 합리적이고 효과적인 평정척도를 만들어내는 데에 도움을 준다.

교사가 자주하는 평정척도에 대한 질문

질문: 평정척도를 사용하면 어떤 장점이 있는가? 효과적인 체크리스트를 만드는 것이 더 쉽지 않은가?

대답: 간단하게 한 가지 특징의 유무를 알고 싶을 때면 체크리스트가 더 유용한 도구이다. 그러나 체크리스트는 양적인 정보만을 기록해서 수행이나 작품의 질을 평가하는 데에는 도움이 되지 않는다.

질문: 수행평가를 할 때 나에게 평정척도가 있다면 꼭 사용해야 하는가? 내 머릿속에 있는 정보로 저장할 수는 없는가?

대답: 만약 여러분이 특정한 평정척도를 자주 사용한다면, 척도를 갖지 않고도 효과적으로 평가할 수 있을지도 모른다. 그러나 그러한 상황에서조차 척도는 여러분이 관찰한 정보를 편리하게 기록하는 방법을 제공한다. 관찰하는 동안에 측정 도구를 갖고 있다는 것은 여러분이 중요 특징에 초점을 맞추고 관찰자의 편견을 없애는 데에 도움을 준다.

질문: 평정척도는 몇 점으로 구성해야 하는가? 5점으로 구성하는 것이 가장 좋은가? 3점도 괜찮은가?

대답: 일반적으로 5점에서 7점 사이로 구성된 평정척도를 사용해야 가장 신뢰할만한 결과를 얻을 수 있다. 그리고 4나 6처럼 짝수로 구성하는 것보다는 5나 7처럼 홀수로 구성하는 것이 일반적으로 더 낫다.

질문: 학생들이 서로 평가할 때 평정척도를 사용해도 되는가?

■ 학생들은 평정척도를 사용할 수 있다.

대답: 물론이다. 평정척도가 잘 만들어졌고, 관찰자를 위한 지시사항이 명백하게 나와 있다면 학생들이 서로 평가할 때 사용할 수 있다. 학생들이 평가하는 것은 특히 공연 예술 부문에서 성공적으로 사용할 수 있다. 잘 만들어진 평정척도는 학생이 집에서 한 과제나 예술 작품 등을 스스로 평가할 때에도 사용할 수 있다.

예: 토론 사회자를 평가하기 위한 평정척도[3]

지시사항: 아래에 있는 각각의 특징들이 나타난 수평선에 √로 표시하면서 토론 사회자를 평가하여라.

1. 토론 사회자가 어느 정도 토론을 장려했는가?

부정적 코멘트를 하면서 토론을 장려하지 못한다.	토론을 장려하지도 않고 어렵게 하지도 않는다.	긍정적인 코멘트로 토론을 장려한다.

2. 토론 사회자가 얼마나 토론을 바른 길로 이끌고 있는가?

토론을 다른 길로 빠지게 한다.	단지 가끔씩 토론을 목표에 맞게 이끈다.	주요 주제에서 토론이 다른 길로 빠지지 않도록 한다.

3. 토론 사회자가 얼마나 많이 논쟁적인 질문을 던지고 있는가?

논쟁적인 질문을 전혀 던지지 않는다.	가끔씩 논쟁적인 질문을 던진다.	지속해서 논쟁적인 질문을 던진다.

4. 부적절한 코멘트에 대해 토론 사회자는 어떻게 대답하고 있는가?

누군가 코멘트를 했을 때 비웃는다.	부적절한 코멘트에 대해서 적절한 코멘트를 할 때와 마찬가지로 대답한다.	부적절한 코멘트를 하지 않도록 장려한다.

기타 루브릭

평가 도구로 사용하는 루브릭은 대부분 체크리스트나 평정척도의 형태를 띤다. 그러나 수행을 기록하거나 점수를 매기기 위한 목적으로 명확하게 정의된 방식, 규칙의 모음 등도 역시 루브릭이라고 할 수 있다. 예를 들어, 논술형 문제에 대한 모범답안은 기본적으로 루브릭이라고 할 수 있다. 또한, 오랜 시간에 걸쳐서 또는 다양한 상황에서 학생의 행동을 평가하는 데 사용하는 안내지침 모음도 루브릭이라고 할 수 있다. 사실, 교사가 보통 수준의 수행 및 결과물을 가장 수준 높은 수행 및 성과물과 비교하여 평가해야 하는 상황이라면 루브릭이 유용하다. 예를 들어, 5학년 교사가 자신의 학생들이 학교에서 얼마나 행동을 잘하는지에 대해 파악하고 싶다고 하자. 이를 위해 교사는 루브릭을 만들 수 있다. 이때의 루브릭은 학생들을 언제 관찰할지를 명시한다. 예를 들어, 새로운 단원을 시작할 때라고 정할 수도 있다. 그리고 수학 시간, 사회 시간, 미술 시간 등 어떤 경우에 관찰해야 한다고 정할 수 있다. 또한, 루브릭은 어떤 종류의 관찰을 해야 하는지를 명확하게 정할 수 있다. 예를 들어, 다른 학생들과 어떤 상호작용을 하는지, 집중하는 태도는 어떠한지, 필기는 어떻게 하는지, 방해하는 행동을 하지는 않는지 등을 관찰하도록 루브릭을 만들 수 있다. 또 다른 상황에 대해 생각해 보자. 중학교 과학 교사가 학생들이 실험시간에 얼마나 과제에 충실한지를 알고 싶어 한다고 가정해 보자. 이 교사는 루브릭을 만들어서 구체적으로 어느 시간에 학생들의 행동을 관찰할지를 정해둘 수 있다. 예를 들어, 관찰해야 하는 시간대로 '13: 10, 13: 19, 13: 27, 13: 41' 등을 루브릭에 표시할 수 있다. 이 루브릭이 있으면 교사는 명확한 과제 내 행동과 과제 외 행동에 집중할 수 있다. 또한, 루브릭을 만들 때 교실의 영역을 나누어서 도식화하여 루브릭에 표시할 수도 있다. 그리고 루브릭에 특정 영역을 특정 시간대에 관찰하도록 명시할 수 있다. 이런 전략을 사용하면 교사는 교실 내의 여러 영역에서 행동 유형의 보기를 구할 수 있고, 이를 통해 문제가 되는 것이 무엇인지 알아내는 데 도움이 된다.

대부분의 루브릭은 수행의 다양한 수준을 말로 기술하는 방법을 많이 사용한다. 각기 다른 수준의 수행이나 질을 나타내는 정도를 나타내는 일에 대한 예시 또한 루브릭을 사용할 수 있다. 예를 들어, 체계가 잘 잡혀 있는지에 따른 보고서를 평가하는 데 사용하는 루브릭은 다음과 같이 만들 수 있다. 체계가 잘 잡혀 있는 정도에 따라서 구분한 보고서의 작성 예를 사용하는 것이다. 즉, 체계가 전혀 안 잡힌 보고서에서부터 매우 체계가 잘 잡힌 보고서의 예까지 순서대로 정렬하여 루브릭 작성에 사용한다. 또 다른 예를 살펴보자. 원근법을 사용하여 그린 그림에 점수를 주기 위해 루브릭을 만들 때에는 원근법이 전혀 사용되지 않은 그림부터 매우 잘 사용된 그림을 순서대로 정렬하여 활용할 수 있다. 연설 수업에서 연설자의 몸짓 사용에 대한 평가를 하는 데 사용할 루브릭을 만들 때에는 몸짓을 잘못 사용한 경우부터 잘 사용한 경우까지 짤막한 동영상을 만들어 사용하는 방법이 있다. 이 동영상 파일은 CD에 저장하여 컴퓨터 모니터를 통해 보여줄 수 있다.

이러한 종류의 성취 기준은 학생들이 좋은 활동이 무엇인지 학습하는 데에 도움을 줄 뿐만 아니라 교사가 학생의 수행에 대해 평가를 하는 데에도 도움을 준다는 것은 분명하다.

종합문제 4

목표 4: 학생의 학습 결과물과 수행을 평가하기 위한 루브릭(체크리스트와 평정척도 포함)을 개발할 수 있다.

1. 다음 중 학생의 작품을 하나 고르고 작품을 평가하는 데에 가장 중요한 기준을 담은 체크리스트를 만들어보시오.

(1) 비누 조각
(2) 간단한 지도
(3) 소묘
(4) 독후감
(5) 마을 모형
(6) 교육용 게임
(7) 건강 포스터

2. 평정척도를 개발하기 위한 안내지침으로써 다음의 형식을 활용하시오.
(1) 평가받을 수행 또는 그 학생의 사회적이며 개인적인 특성을 명명하시오.
(2) 평가에서 수행할 주요 단계 혹은 고려해야 할 중요한 특징을 열거해 보시오.
(3) 1번 문제의 예시 목록에서 4~5개의 항목을 고르고, 각 항목에 대해서 척도를 만들어 보시오. 극단적인 것을 먼저 기술하고 그 후 중간의 것을 기술하시오.

목표 5: 수행과 진보를 평가하기 위해 포트폴리오를 사용할 수 있다.

■ 학생 포트폴리오

포트폴리오는 매우 특정한 종류의 평가를 하기 위해 학생의 작품을 신중하게 선별하여 모아놓은 것이다. 평가를 목적으로 사용되는 일반적인 종류의 두 가지 포트폴리오는 가장 잘한 작품들만 모아둔 포트폴리오와 성장과 학습 과정을 모아둔 포트폴리오가 있다.

가장 잘한 작품들만 모아둔 포트폴리오는 학생의 최고 작품을 모은다. (미술 작품, 수학 학습지, 혹은 쓰기 과제 등이 있다.) **성장과 학습 과정 포트폴리오**는 학생이 일반적인 활동 중에서 여러 차례 수행한 것들을 모아놓은 것이다. 이러한 포트폴리오는 교사가 학생들이 학습 과정에서 일어나는 실수의 유형과 수준, 학습할 때 학생들이 사용한 사고와 문제 해결 전략의 유형, 그리고 활동 중에서 실수를 알고 고치는 학생의 능력과 같은 것들을 평가하는 것에 도움을 준다.

포트폴리오가 효과적이기 위해서는 1년 동안 꾸준히 이루어져야 한다.

■ 포트폴리오: 수업의 필수적 부분

평가를 위한 포트폴리오 사용 단계

평가 도구로 포트폴리오를 사용하는 것은 최소한 다음의 6단계가 요구된다.

1. 포트폴리오의 목적을 결정하라. 여기서 가장 중요한 점은, 왜 여러분이 학생의 과제에 대해 포트폴리오로 수집하는 것을 원하는가를 결정하는 것이다. 다음의 질문에 대답하는 것은 도움이 될 것이다. 어떤 학습 목표가 평가될 수 있는가? 학생들은 교사가 계획한 과정에 대하여 무엇을 배울 수 있는가? 여러분은 학생들의 과제 중 최고의 과제를 평가하길 원하는가? 성장 혹은 진보 정도를 평가하는 데 관심이 있는가? 여러분은 과정을 평가하기를 희망하는가? 혹은 결과를 평가하기를 희망하는가? 포트폴리오가 여러분이 필요로 하는 평가 정보를 얻는 최고의 방법인가?

2. 포트폴리오의 내용을 결정할 사람을 정하라. 학생이 수행한 모든 것을 수집하는 것은 효과적이지 않고 포트폴리오를 해석하기 어렵게 만든다. 신중하게 선택한 과제의 내용은 포트폴리오를 잘 관리할 수 있고 평가하기 쉽게 만든다. 보통 교사가 어떤 과제를 포트폴리오에 집어넣을지 결정하지만, 때때로 여러분은 학생이 선택하도록 하는 것을 더 선호할지도 모른다.

3. 포트폴리오에 포함되어야 할 것을 결정하기 위한 기준을 세워라. 어떤 학습 목표가 평가되고, 어떤 과제가 과정 혹은 성취와 그런 목표들을 잘 나타내는가? 여러분은 학생들에게 최고의 과제를 원하는가? 여러분은 초안을 원하는가? 아니면 그뿐만 아니라 그에 뒤따르는 최종 결과물을 원하는가? 여러분은 참고자료(그 과제에 이용된 것뿐만 아니라 이용되지는 않았지만 확인된 것들을 포함), 필기 카드, 개요 등과 같은 예비 과업과 관련된 것들을 보기 원하는가?

4. 포트폴리오는 어떻게 조직되고 작품들은 어떻게 나타낼 것인지 결정하라. 작품들의 이름을 어떻게 붙일 것인가? 목차는 도움을 줄 수 있는가? 학생들의 이름과 완성 날짜, 작품에 대한 다른 정보는 도움이 되는가? 각각의 작품에 대한 학생의 평가는 유용한 정보를 제공할 수 있는가? 그 작품들은 연대순으로 조직될 것인가? 포트폴리오에 작품들을 언제 배치할 것인가?

5. 언제 그리고 어떻게 포트폴리오를 평가할지 결정하라. 시간의 흐름에 따라 각 지점에서 포트폴리오 작품을 평가할 것인가? (형성평가), 완성된 포트폴리오 작품을 평가할 것인가? (총괄평가) 교사 또는 학생이 평가할 것인가? 교사와 학생이 함께 평가할 것인가? 발전된 평가를 위한 규준이 있는가? 혹은 수량 루브릭이 계획되어 있는가? 하나의 점수(혹은 학점)를 줄 것인가? 혹은 조금 더 분석적인 평가를 할 것인가? 얼마나 많이 그리고 어떠한 종류의 피드백을 학생들에게 줄 것인가? 논평을 다는 것이 점수나 학점보다 더욱 도움이 되는가?

6. 포트폴리오의 평가와 그 내용을 어떻게 활용할지 결정하라. 평가 결과는 주로 학기말 평가로 사용될 것인가? 혹은 진보를 결정하는 데 사용할 것인가? 결과는 학생들의 노력으로 학습할 수 있도록 도움이 되게 사용할 것인가? 여러분의 수업 전략들은 학생들이 학습하고 있는 것을 얼마나 효과적/효율적으로 변화시킬 수 있는가? 학부모들이 포트폴리오와 그 내용을 더 잘 이해하도록 돕기 위해 어떤 정보를 주어야 하는가? 그 내용을 세워진 기준에 기초하여 판단할 것인가? 혹은 다른 학생들과의 비교를 통해 판단할 것인가? 이런 유사한 질문들은 포트폴리오 평가로부터 얻어진 정보의 기초를 구성하게 될 판단과 결정의 종류를 돕는데 도움을 줄 것이다.

전자 포트폴리오

전자 포트폴리오(e-portfolio)가 점차 인기를 얻고 있다. 이것들은 전통적인 파일 폴더와 스크랩북을 뛰어넘는 많은 장점이 있다. 컴퓨터로 하기 때문에 장소(집, 학교, 도서관 등)에 구애받지 않고 학교에서 점점 사용이 확대되고 있다. 무엇보다도 e-포트폴리오는 저장과 회수 문제를 가지고 있지 않다. 교사는 CD 한 장에 많은 포트폴리오를 넣을 수 있고 그것을 평가하기 위해 집으로 가져갈 수 있다. e-포트폴리오는 집과 학교 사이에서 메일로 보내질 수 있다. 이는 학생을 가정과 연계하는 데 큰 도움이 된다. 파일 폴더와 공책은 시간이 지나면서 찢기고 쉽게 잃어버릴 수 있다. 그러나 e-포트폴리오는 언제나 백업 되어 있다. 전자 형식으로 포트폴리오를 만들기 위해 고려해야 할 것들이 있다.

1. 학생과 교사를 위한 컴퓨터의 유용성
2. 소프트웨어의 유용성(변화를 줄 수 있는 워드프로세서, 사진을 조직할 수 있는 소프트웨어, 스크랩북이나 포스터를 만들 수 있는 소프트웨어)

3. 학생들의 결과물과 수행을 기억하기 위한 스캐너와 디지털카메라의 유용성

4. 교사와 학생의 장비 사용 기술 수준 그리고 장비 사용 기술이 없는 학생을 위한 교육

5. e-포트폴리오와 전통적인 포트폴리오를 비교하여 판단

e-포트폴리오는 학생의 저장, 검색, 공유, 그리고 평가를 더 쉽게 만들 수 있다. 그러나 만약 모든 사람이 이용할 수 없고, 그것의 사용에 대한 훈련이 되어 있지 않다면, 문서 폴더로 학생 과제를 철하기가 더 쉽다.

■ 포트폴리오: 강력한 도구

만약 포트폴리오를 단지 수업의 부차적인 것이 아닌 종합적인 수업의 과정으로 완전히 통합한다면, 포트폴리오는 강력한 도구가 될 수 있다. 모든 종류의 자료들이 포트폴리오로 조직될 수 있다는 점을 기억하라. 포트폴리오는 그밖에 노트 필기, 미술 작품, 3D 모형, 수행과정의 오디오 테이프나 비디오 테이프(음악, 연설, 인터뷰) 등을 담을 수 있다. 포트폴리오는 창의적이어야 한다. 그러나 다음의 질문은 매우 중요하다. 학생의 수행과 진보를 평가하는 것을 돕기 위한 예시 자료들은 어떠한가? 그러한 평가는 어떻게 수업과 학생의 학습을 개선하도록 돕는가?

종합문제 5

목표 5: 수행과 진보를 평가하기 위해 포트폴리오를 사용할 수 있다.

1. 포트폴리오를 정의하시오.
2. 성장과 학습 과정 포트폴리오는 무엇을 평가하는데 도움을 주는지 세 가지를 쓰시오.
3. 학생들은 자신의 포트폴리오를 평가하는 것이 허락되어 있지 않다. 참인가 거짓인가?
4. 포트폴리오를 어떻게 조직할지 결정하기 전에 몇 가지 작품 샘플을 획득할 때까지 기다리는 것이 최선의 방법이다. 참인가 거짓인가?

목표 6: 평가하기 위해 정보를 사용하는 방법을 기술할 수 있다. (평가한다는 것은 점수를 매기고, 학생의 진보와 학생의 태도 변화를 판단하는 것이다.)

■ 평가하는 것은 판단하는 것이다.

평가하는 것은 판단하는 것이고 가치를 부여하는 것이다. 우리는 성적을 부과하고, 해당 학생이 학년 수준 이하인지를 결정하며, 학생들의 진보를 평가하거나 혹은 교사의 효과성을 평가할 때 판단한다. 다음의 질문은 이 장에서 대답하게 될 기본적인 질문이다. 관찰과 실험 등으로 평가와

판단을 하기 위해 얻은 정보를 어떻게 사용할 수 있는가? 일반적인 **판단 형성**의 과정을 살펴본 후, 몇몇 특정한 교실 판단(예를 들어, 등급 결정, 학생 진보 판단, 학생 태도 변화 판단, 수업 효과 판단)의 종류를 주의 깊게 살펴보자.

■ 판단 형성

■ 판단하는 것은 비교하는 것이다.

판단을 형성하는 과정은 우리가 일상적으로 많이 사용하기 때문에 잘 알고 있다. 우리는 우리가 사기 원하는 차, 레스토랑의 질, TV 쇼의 가치, 학급의 정리 정돈, 가정의 화목함, 이웃과의 친근함, 그 밖에 많은 것들을 판단한다. 우리가 판단을 내리는 이 시간에 우리는 기본적으로 같은 과정을 사용한다. 우리는 우리가 판단하게 될 몇 가지 **준거**와 가지고 있는 정보를 비교한다. 예를 들어, 레스토랑이 별로라고 이야기하는 것은 그곳의 음식이 어머니의 음식만큼 좋지 않기 때문일 것이다. 만약 집이 춥다고 생각하는 것은 온도계가 18℃보다 아래를 가리키고 있기 때문이다. 우리가 차가 비싸다고 판단을 내리는 것은 다른 비슷한 차의 값이 적게 나가기 때문이거나, 그 차가 너무 비싸게 느껴지는 것은 내가 쓸 수 있는 돈보다 천 만원 정도 더 많이 필요하기 때문이다. 이와 같은 상황에서, 우리는 몇 가지 준거와 우리가 가지고 있는 정보를 비교한다. 아래의 표는 다양한 판단 과정을 설명한 것이며 두 부분으로 나누어진다. (1) 정보를 사용하는 것, (2) 준거와 정보를 비교하는 것.

일반적 판단		
판단	정보	비교 대상
경일이는 맞춤법에 굉장히 능하다.	경일이의 맞춤법 시험 점수	학급의 맞춤법 시험 점수
민지는 학년 수준 이상으로 읽는 것에 능하다.	민지의 읽기 성취 평가 점수	같은 성적 수준 학생들의 평균 읽기 성취 점수
이 책은 내가 수학을 가르치면서 본 책 중 최고다.	이 수학책을 읽은 경험	다른 수학책을 읽은 경험
규호의 IQ는 평균보다 높다.	규호의 IQ	규호 또래의 평균 IQ
그 학급은 수학 교과서의 다른 단원으로 넘어가도 된다.	수학 성취 점수	다른 단원으로 넘어가는 데 필요한 수학 성취 수준
병만이는 해군에 가기엔 키가 너무 크다.	병만이의 키	해군의 신장 제한 기준

판단	정보	비교 대상
민경이는 자기 자리에서 공부하는 모습을 통해 많은 진보를 보여주었다.	민경이가 오늘 자리에 남아 있던 횟수	민경이가 지난주 자리에 남아 있던 횟수

표의 예를 보면 쓰인 준거가 모두 다르다는 것을 알 수 있다. 우리는 자주 우리가 가진 정보와 준거 혹은 표준을 비교한다. 예를 들어, 한 레스토랑의 음식을 예전에 저녁을 먹었던 레스토랑과 비교하거나, 경진이가 올바르게 대답한 문제의 수를 반 전체에서 정확히 대답한 학생들의 평균과 비교한다. 이런 판단의 종류는 **규준지향접근(상대평가)**에 기초를 두고 있다.

사람이나 어떤 대상이 최소한의 규준을 만족하는지 파악하고자 할 때 우리는 규준을 철저히 명시하고 이를 비교의 근거로 사용한다. 예를 들어, 차가 너무 비싼지 판단하기 위해서는 현재 소비할 수 있는 돈과 차의 가격을 비교한다. 내가 소비할 수 있는 돈이 기준이며, 이 기준을 사용하여 내리는 판단의 종류를 **준거지향판단(절대평가)**이라고 한다. 절대평가는 학생들이 독립적으로 다른 학생에 비해 얼마나 잘했는지 혹은 못했는지를 판단하는 것이다. 수업에서 학습 숙달 정도를 판단할 때 굉장히 중요하게 쓰이는 판단법이다.

가장 많이 쓰이는 세 번째 판단의 종류는 **자기지향판단(자기평가)**이다. 이 판단을 내릴 때 판단하게 될 개인(혹은 대상)은 그들 자신이 갖는(자아) 준거를 제시한다. 예를 들어, 우리가 윤상이의 공연을 보고 잘했다고 판단할 때 어제 그가 했던 공연에 비해 오늘의 공연을 더 잘했다고 비교하는 것이다. 이런 판단은 또한 학생의 장점과 약점을 파악하는 데에 쓰일 수 있다. "은정이의 수학능력과 독해능력을 어떻게 비교하지?"라는 질문에 대한 답을 내리는 것이 자기지향판단을 내리는 것이다.

큰 집단에서 몇 명의 학생을 선택할 필요가 있을 때 우리는 규준지향판단을 해야 할 필요가 있다. 예를 들어, 누가 수학을 가장 잘하는지를 판단하기 위해 몇몇 개개인을 비교할 필요가 있을 때 다른 반 학생과 같은 표준 그룹과 해당 학생을 비교하는 것이 유용하다. 학생 중 한 명을 뽑는 것(반장을 뽑는 것과 같이)은 두 학생의 성향을 비교하게 한다. 이러한 판단의 종류는 항상 여러분이 학생들을 비교하기 원할 때 쓰인다.

반면 준거지향판단은 학생에게 제시할 과제의 종류나 학생들의 성취수준에 대한 판단을 내려야 할 때 유용하게 쓰인다. 다시 말해, 행동을 취하기 전에 성과나 성취의 정확한 판단이 필요할 때 준거지향판단은 가장 유용하게 쓰인다. 다양한 교과 중에 적성에 맞는 것 혹은 학생의 진보와 관련한 정보에 따라 판단을 내릴 때에는 자기지향판단이 적합하다.

연습문제 6 판단의 유형

여러분이 다양한 유형의 평가 과정을 얼마나 잘 이해했는지 알아보기 위해 다음의 질문에 대답하시오.

1. 판단 형성 과정의 핵심은 무엇인가?
   (1) 정보
   (2) 비교
   (3) 사람
   (4) 통계

2. 판단을 내리는 것은 어떤 것에 [?]를 부여하는 것이다.
   (1) 점수
   (2) 수치
   (3) 가치

3~6까지의 질문은 판단의 종류를 알아보는 것이다. 빈 칸에 알맞은 숫자를 쓰시오.

(규준지향판단: 1, 준거지향판단: 2, 자기지향판단: 3)

_______ 3. 3학년 담임인 김 교사는 반 아이들의 수학과 학업성취시험 점수가 국가 평균점수보다 높다는 것을 알게 되었다.

_______ 4. 고등학교 생물 교사인 강 교사는 다음날 실험을 잘할 수 있도록 도울 수 있는 최선의 학생을 선택하였다.

_______ 5. 영주의 담임인 박 교사는 정말 기뻤다. 왜냐하면 작년보다 확실하게 독해에서 진보를 보였기 때문이다.

_______ 6. 수학 능력 시험을 치른 4명의 학생은 높은 점수를 얻는 데에 실패했고, 그들은 수학 기초 점수를 인정받지 못했다.

■ 판단의 유형

등급 판정

등급을 부여하는 것은 판단하는 것이다. 교사는 등급을 부여하는 일을 싫어한다. 등급을 부여할 때 공정한 방법이란 없는 것 같다. 그리고 등급을 주는 제도는 항상 해석상의 문제를 일으킬 소지가 있을 수 있다. 이후 논의되는 내용을 읽는다고 등급을 부여할 때의 문제가 해결되지는 않을 것이다. 적어도 등급을 부여하는 어떤 대안들이 나와 있는지 더 많이 이해할 수 있게 될 것이다.

학생들이 등급을 부여하는 것과 관련하여 교사에게 흔히 하는 질문 중의 하나는 다음과 같다. 상대평가로 등급을 부여할 것인가? 등급을 준 결과가 정규분포에 맞는 곡선을 따르든 아니면 합리적인 분포를 나타내는 곡선을 따르든, 상대평가방식으로 등급을 부여한다는 것에 대한 기본적인 생각은 같다. 즉, 규준지향판단을 내린다는 것이다. 이는 등급을 부여할 때 흔히 사용하는 방법이다. 학급 전체가 표준집단이 되며, 학급의 평균은 참조대상의 역할을 하고, 학생들의 등급을 판단할 때에는 이 참조대상과 비교하여 판단한다. 보통 평균점수는 C로 배정된다. 그리고 평균점수의 양쪽에 있는 부분의 일정 비율은 역시 C를 받는다. (C를 받는 범위는 보통 학급의 30~50%이다.) 그 다음 구분할 지점을 선택하고, 학급의 몇 퍼센트(보통 C보다는 적은 비율)는 B와 D를 준다. 마지막으로 B보다 높은 점수를 받은 학생은 A를 받고, D보다 낮은 점수를 받은 학생은 F를 받는다. 이렇게 점수 주는 방식의 장점과 단점은 무엇이라고 생각하는가? 종이 한 장을 꺼내어 써 보라. 그리고 다음 쪽에 있는 표에 나온 내용과 비교해 보라. 그리고 이런 접근법의 단점을 염두해 두어라. 다른 학생의 결과(또는 학급의 평균)와 비교하여 어떤 학생의 결과에 대해 등급을 부여하는 경우에는 규준지향접근 방식으로 등급을 주는 것이다.

■ 등급을 부여하는 것은 판단하는 것이다.

또 다른 방식으로 등급을 부여하는 방법은 등급별로 최저 기준점(cutoff)을 구축하는 것이다. 이러한 최저 기준점은 학생들의 수행을 평가하는 기준이 된다. 이런 접근법을 흔히 사용하는 경우는 교사가 모든 과제와 시험에 등급을 줄 때다. 그 다음 교사는 학생이 A, B 등의 등급을 얻기 위해서 몇 점을 받아야 하는지를 정한다. 이런 방식으로 각각의 과제와 시험에 등급을 부여할 수 있다. 이런 방식은 준거지향 등급 부여라고 한다. 그러나 실제의 준거지향 평가방식은 위에서 언급한 방식보다는 좀 더 복잡하다. 왜냐하면 최저 기준 점수는 의미 있는 외부 준거를 근거로 해서 정해야 하기 때문이다. 준거지향 등급 부여 방식의 장·단점은 무엇이라고 생각하는가? 교사는 학생이 많이 향상한 부분에 대해서 높은 등급을 주고 싶어 할 때가 많다. 이처럼 향상한 정도를 근거로 등급을 부여하는 방식은 한 학생에 대하여 과거의 등급과 비교하여 등급을 부여할 때 유용한 방법이다. 자신의 과거의 등급과 비교하여 등급을 부여하는 방식은 바람직하고 인간적인 방법이다. 그러나 이런 방식은 많은 단점을 가지고 있다. 어떤 단점이 있는지 말할 수 있는가? 다음에 제시된 표를 살펴보라.

학생에게 부여한 등급이 적절하고 의미 있으려면 우선 첫 번째 중요한 단계로써 적절한 참조(규준, 준거, 자기)를 사용해야 한다. 등급을 부여하는 데에는 매우 중요한 다른 요인도 있다. 등급 부여에 앞서 이러한 여러 가지 요인에 대해서 숙고해야만 한다.[4]

세 가지 등급 부여 방식의 장·단점

등급 부여 유형	장점	단점
1. 규준지향 (상대평가)	1. 학생들 간의 비교를 할 수 있다. 2. 학급 간의 비교를 할 수 있다. 3. 학급에서 뒤처지는 학생을 발견할 수 있다.	1. 만약 학급 전체가 잘한다면, 몇 학생들은 계속 낮은 점수를 받을 것이다. 2. 만약 학급 전체가 잘하지 못한다면, 좋은 점수가 오해받을 수 있다. 3. 개인의 진보와 개인적인 상황이 고려되지 않는다. 4. 학급 전체가 같은 방식으로 평가되어야만 한다. 5. 학급의 모든 구성원은 같은 조건에 같은 평가 도구로 평가되어야만 한다.
2. 준거지향 (절대평가)	1. 교사가 학생들이 다음 단계로 나아갈 준비가 되었는지 판단하도록 돕는다. 2. 준거는 집단 수행과 독립적이다. 3. 학습 숙달 준비가 잘된다. 4. 각 개인은 그들의 성취 수준에 맞는 다른 자료로 평가될 수 있다.	1. 유의미한 기준을 세우기 어렵다. (마음대로 최저 기준 점수가 사용된다.) 2. 절대평가의 신뢰성에서 문제가 발생한다. 3. 학생들 간의 비교가 어렵다.
3. 자기지향 (자기평가)	1. 학생들의 진보를 확인할 수 있다. 2. 한 개인의 다른 과목과의 성취를 비교할 수 있다.	1. 개인에게 이루어지는 모든 측정은 비슷한 상황에서 비슷한 평가 도구로 이루어져야 한다. 2. 그들의 동료와 비교할 수 없다.

지금부터는 학부모, 교육실천가, 그리고 평가 전문가들에 의해 의문이 제기되는 일반적인 등급 부여 관행을 논의할 것이다. 제기된 이슈들은 매우 중요하지만, 문제에 대한 해결책이 그리 간단하지는 않다. 일부의 사례에서 전문가들은 주어진 문제를 해결할 최고의 방법에 동의하지 않는다. 그러므로 이 장은 여러분에게 이러한 문제를 익숙하게 할 것이고 여러분이 피해야만 하는 등급 부여 관행을 보여줄 것이다. 여러분은 이런 문제들에 대해서 공부해야 하고, 이 문제들에 관해 전문가와 더 많은 이야기를 해야 한다. 또한, 이러한 문제의 다양한 해결책을 이해하는데 측정과

통계학적 개념들이 필요하다.

등급 부여 척도 사용에서의 모순은 대부분의 학교를 괴롭히는 문제이고, 유치원에서 대학원까지 모든 수준의 교육에 영향을 미치는 문제이다. 한 교실에서의 어느 학생은 80%의 점수로 B를 받지만 다른 반에 80%인 학생은 A 또는 C를 받을지도 모른다. 등급 부여 척도는 학급, 학교, 학구마다 모두 다르다. 그리고 심지어 같은 교사가 같은 교실에서 치르는 시험 마다도 다를 수 있다.

두 번째 문제가 되는 부분은 점수의 평균을 내는 관행이다. 점수를 평균 내면 부정확한 결과를 만들어낼 수 있다. 왜냐하면 평균을 낼 때 각 점수에 해당하는 시험이나 과제의 난이도를 고려하지 않기 때문이다. 이 문제를 해결하는 방법이 있다. 각 점수를 표준점수로 전환한 후에 평균을 내는 것이다.

또 한 가지 문제는 서로 매우 차이가 나는 점수를 평균낼 때 발생한다. 이 문제는 쉽게 해결하기 어렵다. 예를 들어, 이런 상황을 가정해보자. 한 학생이 한 번만 빼고 A 범위에 해당하는 등급을 받았다. 그러나 그 한 번은 매우 낮은 등급을 받았다(아팠을 수도 있고, 출제 의도를 잘못 파악했을 수도 있으며, 실수로 다른 시험 범위를 공부했을 수도 있다.). 낮은 등급 하나 때문에 그의 평균 등급은 B나 C로 내려가게 된다. 어떤 자료에 대해서 A등급을 받은 다른 학생들만큼 또는 그들보다 더 잘 아는 학생이 있다고 해보자. 한 번의 시험을 망치거나 과제 하나를 망친 것 때문에 그 학생은 결국 성적표를 받을 때에 다른 학생들보다 낮은 등급을 받게 된다.

또한, 과제를 완료하지 않았다고 0점 처리하거나 벌을 주기 위해 0점 처리하는 것은 공정하지 않은 관행이다. 0점을 가지고 다른 점수와 평균을 내면 결과에 큰 영향을 미친다. 0점이 하나만 있어도 평균을 낸 결과는 D나 F 범위에 속할 수 있다. 이런 예도 있다. 학생의 지식을 테스트하면 A 수준인데, 낙제 점수를 받거나 낙제에 가까운 점수를 받는 경우이다. 왜냐하면 그 학생이 시험을 한 번 못 봤거나, 학업과는 관련 없는 행동 때문에 벌로 받은 낮은 점수 때문이다.

쪽지 시험이나 애매한 사실에 관해 시험 보는 것, 또는 방심하는 학생들의 주의를 끌기 위한 전략 등은 학생들의 학업 성취가 아닌 다른 것들을 평가하는 점수를 내는 관행이다. 게다가 이런 종류의 시험은 보통 짧고, 신뢰하기 어려우며, 유효하지 않은 측정 결과를 만들어낸다. 교사는 자신이 내는 시험의 신뢰도나 타당도에 대해서 거의 신경을 쓰지 않는다. 그러나 이 시험 결과가 갖는 측정 오차가 최종 등급에 미치는 영향에 대해서는 생각해야 한다. 교사가 많은 개수의 점수를 신중하게 합산하여 평균을 내더라도 그 결과 나오는 등급은 부정확할 수도 있다. 왜냐하면 평균을 낼 때 사용했던 개별 점수가 부정확하기 때문이다. 나는 교사가 낸 시험 중에 신뢰도가 낮은 시험 수 백 개를 개인적으로 분석해 보았다. 이 시험들은 신뢰도가 낮아서 평가상의 오차가 자주 발생하였으며, 점수의 분포는 마음대로 점수를 부여하는 경우와 같은 분포를 보였다.

■ 측정 오차를 경계하라.

모든 교사와 학교 관리자는 **측정 오차**에 대해서 명확하게 이해해야 한다. 평균을 낼 때 피해야 하는 또 하나의 관행은 학생이 해 온 과제나 학생의 과업을 모두 사용해서 평균을 내고 최종 등급을 부여하는 것이다. 학생들은 새로운 지식을 습득하고 새로운 기능을 익히기 위하여 과제를 부여받는다. 이러한 과제는 보통 연습문제의 형식이 많다. 이런 과제를 통해서 학생들은 기능을 사용해보고, 실수도 하고, 교사로부터 적절한 피드백을 받고, 그 실수로부터 배우는 기회를 가진다. 충분히 익힐 수 있는 연습과 시간을 가진 후에 치르는 시험 결과와 이런 과제물 결과를 모두 합하여 평균을 내는 것이 과연 적절한가?

■ 공정하도록 노력하라.

등급을 부여하는 것은 매우 복잡한 일이다. 그러나 공정한 과정과 가능한 유의미한 결과를 만들어내기 위해 우리가 할 수 있는 모든 것을 해야 함은 매우 중요하다.

학생의 진보 판단

교사는 학생들의 진보에 지속적인 관심을 기울인다. 만약 학생들이 학업에 진척이 있다면, 수업 방법, 수업 자료 등이 제대로 기능하고 있는 것이다. 만약 학생들의 진보가 거의 없다면 몇몇 교육적 프로그램의 변화가 필요하다.

물론 학생들 진보의 판단은 자기지향판단이다. 그리고 모든 판단에 대한 불이익이 생기기도 한다. 특히 학업 성취도에서의 진보는 각각 같은 방식으로 측정되어야 한다. 여러분이 학생의 읽기 과정을 평가한다고 가정하라. 만약 여러분이 같은 방식으로 진보를 평가한다면 이는 좋은 것이다. 다음 제안은 여러분이 학생들의 진보를 평가하는데 도움을 줄 것이다. 이를 주의 깊게 학습하고, 여러분의 동료와 이러한 제안들을 고려하여 다른 과목, 다양한 학년 수준에서 수행할 방법을 의논하라.

학생의 진보를 평가하기 위한 제안

1. 학생들의 어떤 특성과 기능이 요구되는지 먼저 결정하라. (학기 도중에 "어떤 진보가 있었는가?"라고 갑자기 묻지 마라.)
2. 기준점을 학기 초에 설정하라. (성취수준, 행동유형 등)
3. 사전에 도구(시험, 루브릭과 같은)를 선택하거나 개발하여 학생의 진보에 도움이 되게 하라. (포트폴리오는 특히 여기에 도움이 된다.)
4. 여러분은 학생의 진보에 대한 기대를 기술하고, 이런 평가가 학생의 행동과 성취에 적절히 적용되는지 확인하라.

5. 학생의 진보를 위해 충분한 정보를 획득하고, 평가에서 발생할 수 있는 좋지 않은 정보의 예에 대해 점검하라.

태도의 변화에 대한 평가

대부분 심리학자는 태도를 어떤 물체나 사람을 향한 부정적 또는 긍정적인 성향으로 정의한다. 태도가 성향으로 간주된다는 것에 주목하라. 그리고 이때 성향은 관찰하거나 측정할 수 없다. 그러나 행동에 대한 성향은 측정할 수 있다. 이것은 태도를 측정하기 위해 학생의 동작 또는 행동에 초점을 두어야 한다는 것을 의미한다. 물론 어떤 행동이나 행동의 유형이 무엇을 의미하는지(어떤 태도가 행동을 만들어내는지) 알아차리는 것은 매우 어려운 일이다.

■ 행동에 초점을 맞춰라.

보통 교사는 한 명 혹은 그 이상의 학생들이 나쁜 행동을 하는 것을 발견했을 때에야 신경을 쓰기 시작한다. 흔히 일어나는 나쁜 행동은 교과에 대한 부정적인 태도, 교사에 대한 부정적인 태도, 학급의 소수 집단 학생 또는 특수 학생에 대한 편견들이다. 여러분이 부정적인 태도를 처음 알게 되었을 때 기억해야 할 가장 중요한 점은 그 태도를 발견하게 한 어떤 행동이 반드시 있었다는 것이다. 그 학생(들)은 반드시 무엇을 말했거나(말은 관찰 가능한 행동이다), 무엇을 했거나, 또는 여러분이 그 태도에 대해서 알게 하는 어떤 일을 했을 것이다. 그러므로 여러분은 우선 태도 변화가 필요하다고 생각하는 특정한 행동이 무엇인지 결정하기 위해 노력해야 한다.

일단 여러분이 변화시켜야 한다고 생각하는 태도와 관련 있는 행동을 알아냈다면, 여러분은 다음으로 그 행동의 발생 빈도수에 관해 체계적으로 정보를 수집해야 한다. 이 자료들은 향후 태도 변화에 관한 여러분의 판단에 기준점의 역할을 할 것이다.

■ 기준점을 확립하라.

여러분이 관찰한 학생들의 행동이 빈번하게 일어나며 부정적인 태도를 보이고 있음을 확신했을 때 여러분은 학생들의 태도를 변화시키기 위한 관찰 계획을 수립할 준비가 된 것이다. 여기서 고려해야 하는 두 가지 중요한 점이 있다. 첫째, 여러분이 관찰한 행동이 일시적인 행동이 아니라 전형적인 행동이라는 사실에 확신을 가지려면 관찰을 자주 해야 한다. 둘째, 그 학생이 부정적인 태도로 무언가를 대하거나 생각하고 있을 때의 행동을 찾아야 한다. (예를 들어, 만약 그 학생이 수학을 싫어한다면 수학 시간 동안 지장을 주는 행동을 찾아라.)

마지막으로, 정보를 얻었을 때 여러분은 태도가 변화했는지 아닌지를 반드시 판단해야 한다. 자기지향판단의 단점을 기억하라. 두 가지 관찰 사항에 대한 차이는 많은 것을 의미하지는 않을 것이다. 만약 여러분이 일정 기간(그리고 태도는 보통 변화하기 위해 상당한 시간이 걸린다.) 바람직하지 않은 행동이 감소하고 바람직한 행동이 증가하고 있다는 것을 발견했다면, 태도의 변화는 아마도 일어나고 있는 것이다.

■ 변화를 주시하라.

관찰 후 자료를 요약하기 위해 평정척도를 사용할 수도 있다. 수학에 대한 학생의 태도가 향상되었는지를 알기 위한 가정을 해보자. 여러분은 다음과 같은 평정척도를 개발할 것이다.

싫어함		보통임		좋아함
1	2	3	4	5
수학에 대해서 불평하고, 과제를 미루며, 수학 페이퍼를 대충해서 제출한다.		"수학 점수에 신경 쓰지 않아"라고 말한다. 과제를 하기는 하지만, 기한 내에 제출하지 못하는 경우가 있다.		"난 수학이 좋아"라고 말한다. 과제를 바르게 한다. 추가점수를 받기 위해 노력한다. 다른 과목 중에 수학을 선택한다.

서로 다른 태도의 행동적 특성들이 척도의 두 개의 종점과 가운뎃점 아래 있다는 것을 주목하라. 수학에 대한 학생들의 반응을 관찰하는 동안 우리는 그들이 반응하는 행동의 종류가 무엇과 가장 비슷한지를 결정하고, 그에 따라 척도에 √로 표시하면 된다. 한 학기 동안 표시해온 몇몇 척도들은 그 학생에 대한 어떤 진보의 그림을 우리에게 제공해줄 수 있다.

■ 기본적인 단계

태도 측면의 학생 변화를 평가하는 것과 관련된 기본적 단계는 다음과 같다.

1. 변해야 한다고 생각하는 태도와 관련이 있는 행동들을 알아내라.
2. 이 행동들의 발생 빈도에 관한 정보를 체계적으로 수집하라.
3. 그 행동들이 부정적인 태도를 나타내기에 충분히 빈번하고 지속적으로 일어나는지를 결정하라.
4. 시간이 흐르면서 그 태도에 관한 어떤 가능한 변화들을 관찰하기 위해 계획을 세워라.
5. 2회 이상의 획득한 정보와 비교하여 그 행동이 변화했는지 아닌지를 결정하라.
6. 가능하다면 평정척도나 기타 루브릭을 사용하여 여러분이 발견한 사항을 기록하라.

수업 효과성 평가

INTASC 제9원칙

교사 대부분은 수업이 효과적인지 아닌지를 알고 싶어 한다. 그들은 또한 수업이 효과적이지 않다는 것을 자신 또는 교장이 발견하게 될 것을 두려워한다. 교장과 동료교사, 학생, 그리고 학부모는 모두 수업의 질을 판단한다. 그러므로 교사가 그들의 수업 효과성에 대해서 문서로서 충분히 입증된 증거를 가지고 있는 것은 매우 유리하다.

물론 학생의 성적에 대한 책임 외에도 교사는 자신의 수업에 대해서 걱정을 한다. 그들은 항상 수업을 개선할 수 있도록 도움을 주는 정보를 원한다. 이제 자신의 수업을 평가하고 싶어하는 교사가 사용할 수 있는 몇 가지 사항에 대해서 간략하게 탐색해보자. 여기에 제공된 정보는 여러분이 수업 평가를 하는데에 도움을 줄 것이다.

여러분 자신의 수업을 평가하는 것에는 두 가지의 주요 고려할 사항이 있다. 첫째, 수업 효과성에 대해 얻게 될 정보의 종류를 결정해야 한다. 둘째, 수업에 대한 효과성을 판단하기 위한 기준을 결정해야 한다.

수업 효과성을 결정하기 위해 사용할 수 있는 정보의 종류에는 최소한 세 가지가 있다. 첫 번째는 교사로서 여러분의 행동에 관한 정보이다. 예를 들어, 효과적인 수업이 교사가 특정한 일(예를 들어, 학생들에게 수업 목표를 제시하거나, 학생들과 많은 상호작용을 하거나, 수업시간 동안 특정한 유형의 질문을 하는 것)을 할 때 일어난다고 생각한다면, 여러분은 이에 대한 정보 수집을 수업 평가의 맨 처음에 두어야 한다. 실제로 교사의 효과성을 측정하는 평정척도들은 교사의 행동에 초점을 두는 경우가 많다. 교사로서의 향상 정도를 확인하는 데에는 이러한 정보가 여러분에게 도움이 될지도 모른다. 그러나 수업의 효과성을 측정하는 방법으로는 적절하지 않다. 교사가 어떤 행동을 한다는 것 자체만으로는 교사가 효과적으로 가르치고 있다는 것을 보장할 수 없고, 학습이 향상되었다는 것을 보장할 수 없다.

교사의 효과성을 판단하는 방법 중에 위의 방법보다 더 나은 방법은 학생들이 교사의 효과성에 대해서 등급을 부여하는 것이다. 만약 자신만의 평가방법을 만들고 싶다면, 효과적인 교사의 특징에 초점을 맞추어라. 교사가 학생들에게 다음과 같은 내용을 물어보는 것도 교사의 효과성을 판단하는데 도움이 될 것이다. (“이 수업에서 가장 좋았던 점은 무엇인가?” 또는 “이 수업이 더욱 효과적이려면 어떻게 하면 좋겠는가?”)

■ 수업의 구성요소를 평가하라.

물론 수업의 효과성에 대해서 궁극적으로 평가해야 하는 것은 학생들이 얼마나 잘 배우는가이다. 그러나 학생의 학업 성취도를 사용하여 교사의 효과성을 측정하는 것에는 몇 가지 문제가 있다. 첫 번째 문제는 학생들은 교사가 유능하지 않아도 잘 배울 수도 있다는 것이다. 두 번째 문제는 교사가 다른 접근을 취한다면 학업 성취도와 교사의 효과성을 연관짓기가 어려울 수도 있다. 가령, 학생들이 잘 배웠다고 하더라도 교사는 학생들이 더욱 잘 배울 수는 없었을지에 대해 생각해 볼 수 있다. 학업 성취도가 낮은 한 학급에 대해서 생각해 보자. 교사는 학업 성취도가 낮은 원인에 대해 다음과 같이 반문할 수 있다. 교실은 학생들이 공부하기에 적합한 환경이었는가? 다른 교사가 그 수업을 했다고 해도 그 학생들의 학업 성취도는 향상되었겠는가? 교사는 위와 같은 물음에 정확히 대답하기는 어렵다. 그러나 이러한 물음들은 수업의 효과성 측정의 많은 문제에 대한 해결책을 제시해 준다. 이에 대한 해결책은 수업 전체를 평가하는 것이 아니라 수업과정의 다양한 구성요소를 분리하여 개별적으로 평가하는 것이다. 한 가지 예를 들어보자. 어느 고등학교 영어 수업에서 학생들은 수업을 평가할 때 교사에 대해서만 평가하지 않고 수업을 구성하는 다양한 요소에 대해 평가를 한다. 교과서나 워크북, 모둠별 토론, 시험 등이 이에 해당한다.

또한, 수업을 평가할 때에는 적절한 참조 즉 여러분의 수업을 무엇과 비교할 것인지를 고려해야 한다. 예를 들면, 여러분 학급의 표준화 시험 결과와 다른 학급의 표준화 시험 결과를 통해 다른 교사와 비교할 것인가? 또는 미리 정해둔 요건에 비추어 수업이 얼마나 효과적인지를 판단할 것인가? 아니면 자기지향접근법을 사용해서 평가할 것인가? 이를테면, 지난 학기 여러분 학급 학생들의 점수와 이번 학기의 점수를 비교하는 방식이다. 이러한 세 가지 방법 모두 합당하다. 여러분의 수업을 향상하는데 가장 유용하다고 생각하는 것을 선택하기만 하면 된다. 동료교사와 이 주제에 대해서 얘기해보면 여러분의 생각을 더욱 명확히 하는 데 도움이 된다.

1. 동료교사들을 상대로 설문 조사를 해보라. 교사로 일하면서 자신이 평가받은 방식 중 싫어했던 것을 나열하라고 해보라. 동료교사들은 평가하는 방법으로 어떤 방법이 가장 적절하다고 생각하는지 알아보라. 이렇게 알아낸 것을 동료와 함께 나누고 자신의 수업에 어떤 의미가 있을 수 있는지 이야기해보라.

2. 최대한 많은 학부모에게 물어보라. 학부모들이 아이들의 진보에 대해서 어떤 종류의 정보를 가장 알고 싶어 하는지 알아보라. 최대한 구체적인 내용을 구하라.

3. 만약 여러분이 효과적인 시험 문제를 낸 적이 있었다면, 여러분은 그것 중 몇몇을 여전히 시험에 넣을 필요가 있다. 동료교사에게 시험 문제를 낼 때에 고려해야 할 중요한 것들이 무엇인지 물어보라.

종합문제 6

목표 6: 평가하기 위해 정보를 사용하는 방법을 기술할 수 있다. (평가한다는 것은 점수를 매기고, 학생의 진보와 학생의 태도 변화를 판단하는 것이다.)

1. 규준지향평가의 주요한 장점은 무엇인가?

(1) 학생들 사이의 비교 용이

(2) 더욱 정확한 판단

(3) 개인 사이의 차이성 발견

아래의 2~5항목과 연관된 판단의 유형을 구분해 보시오. 다음 제시되는 숫자를 사용하시오. (규준지향: 1, 준거지향: 2, 자기지향: 3)

_______ 2. 어느 교사는 수지에게 D 점수를 주었다. 왜냐하면 그 학생의 점수는 학급 평균보다 훨씬 아래에 있었기 때문이다.

_______ 3. 어느 고등학교 생물 교사는 누구에게든 시험의 90%보다 위의 점수를 기록한 사람에게는 A 점수를 주겠다고 약속했다.

_______ 4. 박 교사는 민지의 학부모에게 표준화 시험에서 받은 점수로 판단해볼 때, 이 아이는 읽기에서 높은 등급을 받았기 때문에 우수하다고 말했다.

_______ 5. "나는 너의 언어 과목 등급이 수학 과목처럼 높은 수준으로 곧 올라갈 것으로 생각한다."

6. 학생의 진보를 판단하는데 가장 큰 문제는 무엇인가?

(1) 진보 정도의 측정 시기

(2) 이전의 측정과 다음의 측정에 같은 평가 기준 적용

7. 교사가 학생의 진보를 측정할 때 어떤 유형의 판단을 할 수 있는가?

(1) 규준지향

(2) 준거지향

(3) 자기지향

8. 태도의 변화에 대해 평가할 때 어떤 것이 측정되고 관찰될 수 있는가?

(1) 감정

(2) 생각

(3) 성향

(4) 행동

목표 7: 학생들이 더 효과적으로 배우도록 도와주기 위해 평가 자료를 활용하는 방법을 기술할 수 있다.

■ 평가와 기준

교육에서 매우 중요한 두 가지 동향은 학생들을 어떻게 평가할지와 평가 결과를 어떻게 활용할지에 관한 것이다. 전자는 국가적 기준과 책임을 강조하며 후자는 정확한 평가 기술에 대한 높아지는 관심을 반영한다. 이 두 가지 동향은 학생들의 학습을 위하여 교사가 적절한 평가전략을 선택할 필요가 있음을 시사한다.

포트폴리오, 루브릭, 체크리스트와 같은 진정한 평가 도구는 학생들을 학습 과정에 포함하고자 할 때 특히 도움이 된다. 예를 들어, 학생들이 주장하는 글쓰기를 배울 때, 교사는 그들이 무엇을 하고 있는지 알아 보기 위해 학생들에게 다양한 포트폴리오의 초안을 만들도록 할 수 있을 것이다. 최근의 평가 동향은 단지 학습의 최종 결과물만이 아니라 학습의 과정을 강조한다는 점에 주목하라.

결과물인가 아니면 과정인가?

■ 학습하는 과정 중에 평가하라.

과거에는 학생 평가를 할 때에 학습 결과물을 평가하는 것에 초점을 맞추었다. 그래서 교사는 학생들이 특정 정보를 기억하는지 확인하기 위해 시험을 치르고, 학생들이 맞는 답을 고르는지 확인하기 위해서 단원 평가와 총괄 평가를 계획했다. 이처럼 결과물을 평가한 것을 보면 학생들이 얼마나 잘 배웠는지, 교사의 수업이 얼마나 성공적인지에 대해 잘 알 수 있다. 그러나 만약 학습하는 과정에서 학생들을 바로 평가할 수 있다면, 학생들이 정보를 처리하는 방식을 변경할 수 있도록 교사가 수업을 조정할 수 있을 것이다. 그리고 교사는 학생들이 잘못 이해하는 부분에 대해서 미리 감지하고, 적시에 좀 더 빨리 대처하여 어려움을 겪는 학생들에게 더욱 효과적인 학습 전략을 제시해줄 수 있을 것이다. 이런 관점에서 보면, 학습하는 과정에 있는 학생들을 관찰한다는 것은 특히 유용하다. 또한, 학생들에게 학습의 과정이 모두 담겨져 있는 포트폴리오를 만들라고 하여 이를 관찰하면, 많은 것을 알 수 있다. 예를 들어, 학생이 작문숙제를 하기 위해 작성했던 여러 가지 초안을 포트폴리오에 보관해두고, 교사가 그것을 본다면 많은 정보를 알 수 있다. 포트폴리오에는 학생이 쓰려고 고려했던 주제들, 실제로 쓰기 전에 구상했던 것들, 찾아보았던 참고 자료들(사용하지 않겠다고 결정한 자료도 포함), 초안부터 최종안까지 포함될 것이다.

학생들이 더욱 효과적으로 배우도록 도우려면, 교사는 학생들이 배우려고 노력할 때 무엇을 하는지 또는 어떻게 생각하는지 알 필요가 있다. 이런 과정을 통해서 효과적으로 배우는 학습자의 전략을 발견하여 이 전략을 그렇지 않은 학습자에게 가르칠 수 있는 경우도 종종 있다.

평가 과정에 학부모 참여

INTASC 제1, 7, 4원칙

학습자가 더욱 잘 배우도록 돕기 위하여 교사는 많은 일을 할 수는 있지만, 이 과정에서 학부모의 참여를 대신해줄 수 있는 것은 없다. 최근 학교에서 일어나는 일에 학부모가 참여하는 경우는 점점 더 줄어드는 듯하다. 그러므로 교사는 학부모와 소통하기 위하여 다양한 방법을 사용할 필요가 있다. 가정으로 통신문이나 편지 보내기, 주간 뉴스레터 보내기, 이메일 보내기, 전화로 연락하기, 특정한 일이 있을 때 가정 방문 등의 방법을 사용하여 학부모와 연락을 유지할 수 있다.

학부모와 어떤 방법으로 연락하는가의 문제보다는 왜 연락하는가, 무엇을 소통하는가의 문제가 더욱 중요하다. 여러분이 학부모와 의사소통하는 주요 목적은 아이들의 교육에 학부모를 참여시키는 것이다. 학부모가 자녀를 돕기 원하는가? 교사와 학교에 도움을 주기를 바라는가? 그렇다면 여러분의 목적은 단지 학생에 대해서 불평하는 것이 되어서는 안 된다. 학부모와 의사소통을 하게 될 경우, 여러분은 학부모와 그들의 자녀에 관한 진심 어린 관심을 보여주어야 한다. 여러분은 그들을 존중하고, 잘 듣고 있다는 것을 보여주어야 하며, 여러분의 생각을 분명하게 전달해야 한다. 학부모에게 학생들을 위한 여러분의 목표를 말하고, 학생들이 이런 목표에 도달하도록 어떻게 계획했는지, 이런 목적에 도달하기 위해 학생들이 하도록 기대되는 것이 무엇인지, 어떤 절차가 만들어졌는지, 그리고 어떻게 학부모가 도울 수 있는지를 말하라. 부모의 관점을 조심스럽게 경청하라. 그들은 자신의 아이들에 대하여 여러분이 아는 것보다 더 많이 알고 있다.

종합문제 7

목표 7: 학생들이 더 효과적으로 배우도록 도와주기 위해 평가 자료를 활용하는 방법을 기술할 수 있다.

1. 학습 결과가 아닌 학습 과정의 학생 평가가 왜 중요한 것인가?
2. 학생들이 학습할 때 그들에게서 무엇을 발견할 필요가 있는가?

목표 8: 표준화 도구를 선택하고 사용할 수 있다.

■ 표준화 검사란 무엇인가?

표준화 검사는 교육적 의사 결정을 하는 데 필요한 신뢰로운 정보를 얻는 데 도움을 준다. 비록 표준화 검사가 대개 상업적으로 사용되고는 있지만, 가장 중요한 특징이 바로 표준성이다. 표준화 검사는 정해진 시간동안 해결해야 할 문제와 준수해야 할 절차가 있다. 표준화 검사는 대개 표준집단에서 사용된다. 즉, 평균집단과 여러분 학급의 학업 성취도를 비교하기 위한 일종의 안내서이다. 여기에 활용도가 높은 3가지 유형의 표준화 도구가 있다.

1. 적성 검사
2. 학업 성취도 시험
3. 흥미, 성격, 태도 질문지

적성 검사는 인간의 여러 능력 중 특정 영역의 능력이 얼마나 되는지를 예측하기 위한 척도로써 사용된다. 지능 검사는 일반적인 학문적 능력을 측정하며, 창의력 검사는 창의성을 측정한다. 이 밖에도 여러 가지가 있다. 이런 일반적인 적성 검사를 제외하고도 다양한 교과목들에 대해 얼마나 학습할 수 있는지를 측정하는 교과목 관련 적성 검사들도 굉장히 많다.

학업 성취도 시험은 개인이 어떤 특정 영역에서 그 성취가 어느 정도인지를 측정하기 위해 사용된다. 학업 성취도 시험에는 여러 가지 서로 다른 교과목들을 다루는 일반적인 평가와 특정 교과목에 대한 심도 있는 성취를 측정하는 평가가 있다. 대부분의 학업 성취도 시험은 학년별로 시행되며, 학년에 알맞은 기준 점수가 있다.

흥미, 성격, 태도 질문지는 대개 어느 하나의 단독적인 질문들로는 측정하기 어려워서 기술적인 평가라고 보기는 어렵다. 이런 평가는 최상의 결과보다는 평균적인 통계를 측정하는 것을 목표로 한다. 흥미, 학습 습관, 학습 양식, 학문적 기호 등에 대한 태도를 평가하는 이 질문지는 학교 상담가들과 교사들에게 큰 도움이 된다.

■ 표준화 검사의 선택

표준화 검사의 선택은 쉽지 않은 일이다. 다음의 4가지 질문을 만족하는 평가를 선택한다면 훨씬 더 긍정적인 결과를 얻을 수 있을 것이다.

주요 질문

표준화 검사를 선택하기 위한 4가지 주요 고려사항

1. 검사가 필요한 정보를 제공할 수 있는가?
2. 검사를 통해 얻은 정보는 신뢰로운가?
3. 검사의 해석, 점수화, 관리가 용이한가?
4. 검사를 치르는 데 드는 비용이 적당한가?

■ 타당도를 고려하라.

검사가 필요한 정보를 제공할 수 있는가? 이 질문의 목적은 검사의 목적에 대한 타당도의 여부를 묻는 것이다. 검사의 **타당도**는 평가 목적에 알맞고 올바르게 평가되었는가 하는 척도에서 결정된다. 만약 검사가 여러분이 원하는 정보를 제공해주지 못한다면 그 검사는 가치가 없으며 그것을 대신할 다른 검사를 모색해야 할 것이다.

검사의 타당도를 결정하는 요소는 매우 많다. 아마 가장 중요한 요소는 **내용 타당도**일 것이다. 이것은 간단히 말하자면 측정하기로 계획한 요소들이 얼마나 잘 구성되었나 하는 것이다. 만약 검사지가 있다면, 그 검사를 통해 여러분이 측정하기 원하는 것에 대한 기준에 적합한지 검토하고 비교해 볼 수 있어야 한다.

예를 들어, 여러분이 학업 성취도 시험을 실시할 경우, 그 성취도 시험의 내용이 여러분의 수업 목표에 맞는지 비교해볼 수 있을 것이다. 몇 가지의 학업 성취도 시험을 비교해봄으로써 여러분은 그것 중에서 여러분의 목표에 가장 알맞는 평가를 선택할 수 있을 것이다.

예언 타당도는 시험이 미래의 시험 점수에 대해 얼마나 잘 예측할 수 있는지를 말한다. **공인 타당도**는 같은 목표를 측정하기 위한 다른 시험들의 예상 결과와 얼마나 유사한지에 대한 것이다. 예언 타당도는 일반적으로 공인 타당도보다 낮게 추정되기 때문에 항상 같은 유형의 타당도의 척도끼리 비교해야 한다.

표준화 검사에 수반되는 설명서는 대개 이런 타당도 계수의 유형을 제시하여 타당도를 평가하는 데 도움을 준다. 이 계수는 0에서 1까지의 숫자로 표현된다. 같은 척도를 사용하여 검사를 검토함으로써 검사의 유형에 대한 계수가 합리적이고 객관적임을 느낄 수 있을 것이다. 이때 같은 타당도의 유형끼리 비교해야 함을 주의해야 한다.

■ 신뢰도를 고려하라.

검사를 통해 얻은 정보는 신뢰로운가? 검사는 측정결과가 일관성이 있을 때 신뢰도가 높아진다. **신뢰도**는 몇 가지 다른 방법들로 측정되며 앞서 언급한 타당도 계수처럼 0~1사이의 숫자로 표기된다. 신뢰도 계수는 일반적으로 타당도 계수보다 높게 산출된다. 아마 가장 유용한 신뢰도 추정은 내적 합치도 측정일 것이다. 이것은 평가 문항들 사이에 얼마나 일관성 있게 측정되는지를 추산해내는 것이다. 검사-재검사 신뢰도는 한 평가와 그 다음 평가 사이의 일관성을 추산하며 동형 검사 신뢰도는 미리 두 개의 동형 검사를 제작하여 동일 집단을 대상으로 실시하여 얻은 두 점수간의 상관관계에 의한 신뢰도이다. 표면적인 내용은 서로 다르지만, 두 개의 검사가 이론상 동질적이며 동일하다고 추정할 수 있는 문항들로 구성된 검사이다.

검사의 해석, 점수화, 관리가 용이한가? 검사를 선택할 때 이와 같은 요소를 고려하기란 쉽지 않은 일이지만, 몇 가지 반드시 검토해야 하는 요소들이 있다. 검사의 지시문항들이 명확한가? 내용이 적절하며 학생들이 이해할 수 있는 예시를 사용하는가? 시간 배분에 대한 안내가 명확한가? 학생들이 질문을 이해하기 위해 설명이 충분한가? 답안지를 작성하기가 쉬운가? 손으로 채점하기가 쉬운가 아니면 다른 기기를 사용해야 하는가? 다른 기기를 사용해야 한다면 비용은 어느 정도 드는가? 점수 산출을 통해 얻을 수 있는 다른 정보들에는 어떤 것들이 있는가? 검사 결과를 해석하는 데 도움이 되는 충분한 기준이나 설명이 제시되어 있는가? 이 질문에 대한 답은 검사의 견본을 검토함으로써 얻을 수 있을 것이다.

검사를 치르는 데 드는 비용이 적당한가? 검사의 비용을 결정할 때는 검사 소책자, 지침서, 답안지, 채점, 연습 시간(검사하려는 교사가 필요한 것들을 점검하기 위한 시간), 평가 보고서(학부모에게 결과를 알리기 위한 안내문), 검사 결과를 해석하기 위해 드는 비용과 시간 등을 고려해야 한다.

■ 표준화 검사의 사용

행정사항

■ 지시사항을 따르라.

표준화 검사를 치를 때 검사 지시사항을 학생들이 정확하게 따르지 않으면 검사 점수를 해석하기 어렵거나 심지어는 불가능할 수도 있다. 사전에 주어진 지시사항에 대해서 주의 깊게 읽어 보라. 대부분의 표준화 검사에서 검사 시간은 매우 중요하다. 검사 문제지를 나누어주고 거두어가는 방법을 검토하여, 모든 학생에게 똑같은 시간을 주어 검사를 치르는 시간이 정확히 지켜지도록 하라. 예를 들어, 여러분이 학생들에게 검사 문제지를 풀라고 말하기 전까지는 받은 검사 문제지를 풀지 않고 책상 위에 그대로 두도록 하라. 그리고 검사시간이 다 되어 검사 문제지를 덮으라고 했을 때는 여러분이 거두어갈 때까지 검사 문제지를 뒤집어 놓고 책상 위에 두도록 하라.

여러분이 지시사항에 대해서 설명할 때에나 검사를 치르는 중에 학생들은 질문할 것이다. 이때 학생들의 질문에 주의 깊게 대답하라. 학생들은 모두가 지시사항을 명확하게 이해해야 한다.

질문 자체에 모호함이 있을 경우나 학생들이 질문 자체를 이해하지 못할 때에는 여러분이 도와주어야 한다. 검사 문항에서 묻는 것이 무엇인지를 학생들이 이해하도록 도와주되 정답에 대한 힌트를 주어서는 안 된다.

학생들이 사전에 검사에 대해서 준비가 되어 있으면, 질문하는 경우가 훨씬 줄어들 것이다. 검사 결과가 어디에 사용될 것인지에 대해 학생들이 질문하면 정직하게 대답하라. 그리고 누구도 정답을 모두 맞출 수 없는 검사 문제를 만든 것이라고 학생들에게 이야기하라. 학생들에게는 온 힘을 기울이고, 풀 수 없는 문제가 있더라도 걱정하지 말라고 이야기하라.

채점

대부분의 표준화 검사는 객관식으로 되어 있어서 수작업으로 채점하기에 그리 어렵지 않다. 그리고 채점을 위한 표준점수표가 제공된다. 이때 교사가 직접 채점할 수도 있지만, 출판사에 의뢰할 수도 있다. 출판사에서 제공하는 채점 서비스를 이용하면 채점 결과가 매우 정확하고, 학급 간의 점수 분포를 보여주는 도표나 그래프를 제공받을 수 있다. 이러한 검사 결과의 통계치는 학교 내의 여러 학급들을 비교하는 데 유용하게 활용된다.

종합문제 8

목표 8: 표준화 도구를 선택하고 사용할 수 있다.

1. 표준화 검사의 가장 중요한 특징은 무엇인가?
2. 표준화 검사를 선택하려고 할 때 필요한 4가지 질문들을 적어보시오.
3. 만약 여러분이 검사가 무엇을 측정하는지 판단하고자 할 때 어떤 통계적 추정치가 중요한가?
   (1) 신뢰도
   (2) 타당도
   (3) 실용도
   (4) 여기에 언급되지 않은 것
4. 표준화 검사 관리에 대해 기억해야 할 가장 중요한 것은 무엇인가?
5. 학생이 표준화 검사에 대해 질문할 때, 어떻게 해야 하는지 간략하게 설명하시오.

7장

목표 9: 학급 평가에서 공학의 역할을 기술할 수 있다.

■ 공학의 역할

인터넷과 더불어 공학의 발달은 대부분의 학생들과 교사들에게 상당한 양의 정보를 얻을 수 있는 기회를 제공하였다. 컴퓨터화 시험이 점점 흔해지고 있지만, 그것은 학생들의 지식과 수행 및 결과물을 평가하는 데 사용되는 방법 중 하나일 뿐이다. 공학은 교사의 학급 평가 활동을 더욱 쉽게 하고, 평가 결과의 활용을 효과적으로 수행할 수 있도록 도와주는 역할을 한다. 또한, 학생들은 전자 포트폴리오(e-portfolio)를 활용할 수 있고, 다양한 교육용 웹 사이트를 활용하여 과제를 수행할 수도 있다. 이뿐만 아니라 과제를 학교의 네트워크에 탑재할 수도 있고, 디지털 카메라나 캠코더를 사용해서 과제를 완성하거나 학습 내용을 기록할 수 있다. 이러한 공학의 활용이 학생들에게 과제물 표절이나 각종 부정행위와 같은 부정적인 측면도 있다는 것을 우리는 간과해서는 안 된다. 바로 이러한 공학의 부정적 측면 때문에 오늘날 많은 교사들이 골머리를 앓고 있다.

교사는 공학을 기반으로 한 평가 전략을 활용할 때 다음과 같은 사항을 주의 깊게 고려해야 한다.

1. 그것은 학생들을 평가하기에 간단하고, 쉬운 방법인가?
2. 시간과 돈을 모두 고려하여 비용이 어느 정도 드는가?
3. 사생활을 침해할 수 있는 요소를 포함하고 있지는 않은가?
4. 공학의 이해부족이 측정 오차로 이어지지는 않는가?

종합문제 9

목표 9: 학급 평가에서 공학의 역할을 기술할 수 있다.

1. 학생의 진보를 평가하는 데 공학의 활용이 왜 도움을 주는지 기술하시오.
2. 만약 여러분이 학생들을 평가하는 데 공학을 활용할 지 여부를 결정하기 위해 고려해야 할 사항을 3가지 이상 쓰시오.

연습문제 해답

연습문제 1: 정보 수집 도구의 선택

1. 조사: 느낌은 조사에 의해 알아내는 것이 최선이다. 해당 교사는 학생들이 어떻게 느끼고 있는지 물을 것이다.
2. 검사 및 시험: 학업 성취도는 시험을 통해 측정하는 것이 최선이다.
3. 검사 및 시험: 언제라도 여러분이 인지적인 기능에 대한 최대한의 수행을 측정하기 원한다면 시험이 좋다.
4. 관찰 및 분석: 교사는 학생의 연주를 관찰하고, 분석해야 한다.

연습문제 2: 시험 유형의 선택

1. 논술형: 설명을 요하는 문제는 답에 대한 상당한 재량이 필요하다.
2. 단답형: 답에 대한 재량이 없다. 단지, 단계들을 나열할 뿐이다.
3. 선다형: 선택지 중에서 가장 맞는 답을 고르는 것이다.
4. 논술형: 논의는 자유로운 답을 요구한다.
5. 단답형: 요구하는 답은 이름을 열거하는 것이다.
6. 선다형: 선택지 중에서 가장 맞는 답을 고르는 것이다. (연결형도 가능)

연습문제 3: 논술형

1. 개방형 질문: 이 질문은 학생들에게 답에 대한 많은 재량을 주어야 한다. 그러나 질문은 분명해야 한다. 다음에 개방형 질문의 예가 제시되어 있다. 그러나 개방형 질문에 대한 등급 부여는 어려울 수도 있다. 왜냐하면 각각의 학생들은 다양한 답변을 할 것이기 때문이다.

〈질문의 예〉

(1) 즉석 연설 준비시 불안감을 줄일 수 있는 방법에 대해 논의해 보시오.

(2) 만약 살균용품이 없다면 의학 기구에 있는 세균들을 어떻게 제거할 수 있겠는가?

(3) 수도 이전의 장·단점에 대해 논의해 보시오.

(4) 국어의 역사에 대해 이해하는 것이 왜 중요한지 설득해 보시오.

2. 제한된 논술형 질문: 여러분이 질문을 분명하게 해야 한다는 것은 명확하다. 그리고 질문에 대한 답을 제한하는 것은 학생들이 답을 하는 데 도움이 될 것이다. (만약 학생들이 요구하는 정보가 무엇인지 알 수 있다면 답을 어떻게 해야 하는지 보다 쉽게 알 수 있을 것이다.)

〈질문의 예〉

(1) 10줄 이내로 구석기 시대의 삶에 대해서 기술하시오.

(2) 실험 준비 각각의 단계에 대해 열거하고 설명하시오.

(3) 학교 앞 시속 30km 속도 제한에 대한 이유 두 가지를 들고, 그 이유에 대해 근거를 제시하시오.

연습문제 4: 모범답안의 구성

모범답안의 준거와 비교하여 모범답안을 확인하시오. 모범답안을 동료와 비교해 보시오. 만약 여러분의 답안이 불확실하다면 다시 확인해 보시오.

연습문제 5: 선다형 질문의 평가와 작성

효과적인 선다형 문항과 여러분이 제작한 문항을 비교해 보시오. 그리고 여러분이 제작한 문항을 다른 동료와 교환하고 그 문항들을 평가해 보시오.

연습문제 6: 판단의 유형

1. (2)
2. (3)
3. 1
4. 1
5. 3
6. 2

종합문제: 1

1. 과거의 평가(evaluation)는 의사 결정을 하기 위해 정보를 수집하고, 판단을 형성하는 과정을 말한다.

2.

(1) 평가 준비: 이 단계에서 여러분은 판단을 결정하고 의사 결정에 대한 예측이 필요하다. (예를 들어, 언제 2단원을 시작할 것인가, 어떤 과제를 줄 것인가, 영준이가 있는 곳이 어디인가) 다음으로 여러분은 판단과 결정을 통해 필요한 정보의 종류를 결정해야 한다. (예를 들어, 학생들의 흥미는 무엇인가, 영준이의 읽기 수준은 어떠한가) 마지막으로 여러분은 필요한 정보를 언제, 어떻게 얻을지 결정해야 한다. (예를 들어, 매주 퀴즈를 통해, 매월 첫째 주 흥미 조사를 통해, 매월 둘째 주 표준화 읽기 시험을 통해, 수시로 학생들이 책을 읽고 있을 때 관찰을 통해)

(2) 필요한 정보 수집: 학생에게 질문(조사), 학생들을 관찰(학생들의 실험 준비과정을 관찰), 시험(역사적 사실에 관한 선다형 문제 제시)

(3) 판단 형성: 이 단계에서 여러분은 어떤 참조와 수집한 정보를 비교하고, 가치있는 판단을 해야한다. 학업 성취도와 학생이 얼마나 잘할 수 있는지에 대한 예측을 반영하여 등급을 부여하라.

(4) 의사 결정에 판단 사용 그리고 보고서 준비: 어떤 행동을 취할지 결정하는 것이다. (예를 들어, 영준이를 읽기 부진아로 결정하는 것이다.) 그리고 평가의 마지막 단계인 평가 결과에 대한 보고서를 작성하는 것이다. 유의해야 할 점은 판단의 사용이 강조된다는 것이다.

종합문제: 2

1. 4
2. 1
3. 3
4. 2
5. 1
6. 4

종합문제: 3

아래의 기준과 비교하여 여러분이 제작한 시험을 평가해 보시오.

1. 시험은 목표를 분명하게 측정해야 한다.
2. 문항은 분명하고, 간결해야 한다.
3. 시험의 유형은 목표를 가장 직접적인 방법으로 측정할 수 있어야 한다.
4. 문항의 가독성은 학년 수준에 적합해야 한다.
5. 학생들에게 필요한 지시가 분명하게 진술되어야 한다.

종합문제: 4

1. 체크리스트 개발: 여러분의 체크리스트는 분명하고, 간결하며, 사용하기 쉬워야 한다. 만약 가능하다면 체크리스트를 사용해 보시오. 만약 여러분이 중요한 행동들만 체크리스트에 포함하고자 한다면, 전문가에게 수행에 대한 리스트 작성 방법을 물어보시오.
2. 평정척도 구성: 효과적인 평정척도와 비교하여 여러분의 척도를 비교해 보시오. 만약 성공적인 평정척도의 사용을 원한다면 여러분의 척도를 동료와 비교하고, 그것들에 대해 논의해 보시오.

종합문제: 5

1. 포트폴리오는 학생들의 과업을 신중하게 선별하여 모아둔 것이다.
2. 포트폴리오는 실수의 유형과 수준, 사고의 유형 혹은 문제 해결 전략, 활동 중에서 실수를 알고 고치는 학생의 능력을 평가하는 데 도움을 준다.
3. 거짓
4. 거짓

종합문제: 6

1. 1
2. 1
3. 2

4. 1

5. 3

6. 2

7. 3

8. 4

종합문제: 7

1. 교사가 필요에 따라 수업을 조정하고, 미리 오개념을 감지할 수 있으며, 더 효과적인 학습 전략을 제시할 수 있다.
2. 학습을 하는 동안 학생들이 무엇을 하고 있고, 어떻게 생각하고 있는지 발견할 필요가 있다.

종합문제: 8

1. 타당도. 만약 검사가 여러분이 측정하고자 했던 것을 정확히 측정하지 못한다면, 그 검사는 타당하지 않은 것이다. 만약 그 검사가 신뢰로울지라고 여러분에게 그 검사는 아무런 소용이 없다.
2.
   (1) 검사가 필요한 정보를 제공할 수 있는가?
   (2) 검사를 통해 얻은 정보는 신뢰로운가?
   (3) 검사의 해석, 점수화, 관리가 용이한가?
   (4) 검사를 치르는데 비용이 적당한가?
3. 2
4. 검사의 지시사항을 정확하게 따라야 한다.
5. 교사는 분명하게 말하고, 질문에서 묻는 것이 무엇인지 이해하도록 학생을 도와야 한다. 그러나 정답에 대한 힌트를 주어서는 안 된다.

종합문제 9

1. 공학은 교사의 학급 평가 활동을 더욱 쉽게 하고, 평가 결과의 활용을 효과적으로 수행할 수 있도록 도와주는 역할을 한다.
2.
   (1) 더 쉽고, 더 간단하게 학생들을 평가하는 방법이 있는가?
   (2) 시간과 비용이 얼마나 드는가?
   (3) 사생활을 침해할 수 있는 요소를 포함하고 있지는 않은가?
   (4) 공학의 이해 부족으로 인해 측정 오차로 이어지지는 않는가?

후주

1. For more details, see T. D. TenBrink, *Evaluation: A Practical Guide for Teachers* (New York: McGraw-Hill, 1974).
2. *Ibid.*
3. *Ibid.*
4. Canady, R. L., and P. R. Hotchkiss, "It's a Good Score: It's Just a Bad Grade," *Phi Delta Kappan* (September 1989): 68–71.

7장

■ 역자 후기

'그냥 가르치지 말고, 제대로 알고 가르쳐라.' 이제 곧 나의 교직 경력이 0.5년을 겨우 채우게 되었다. 처음이란 이유로, 모른다는 이유로 나의 모든 행위를 합리화하고 조금은 안일하게 보내지 않았나 생각해본다. 번역을 하며 별 생각하지 않고 쉽게 저질러버렸던 일들 그리고 내가 내뱉은 말들이 둥둥 떠다니며 나를 괴롭혔다. 아이들의 다양성을 인정하며 존중하는 교육. 어쩌면 나는 이리 어리석을까. 내가 번역한 모든 문장은 나를 비추어 주는 거울과도 같다. 지금도 읽으면 읽을수록 아프고 속상하다. 나와 같은, 지금도 어디선가 머리를 쥐어짜고 고통스러워하고 있을 이 세상 모든 신규교사들이 내 글을 읽고 지금보다 더 충분히 아프고 속이 쓰리길 바란다. 우린 좀 혹독하게 단련 받을 필요가 있다. 비련에 빠질 필요가 있다. 단 한 번도 스스로를 사랑하지 않았다는 어느 시구처럼. 흥! 질투는 나의 힘이다.

곽유진 yotaiji15@naver.com / twitter_ @yotaiji15

배를 몰고 가는데 바람이 불지 않으면 편하다. 내가 원하는 방향으로 쉽게 배를 몰 수 있기 때문이다. 그렇지만 바람이 세차게 몰아치는 가운데 배를 몰게 된다면 두 가지 선택이 있다. 바람의 방향에 따라 배를 몰것인가, 아니면 자신이 가야할 방향으로 바람을 거스르며 나아갈 것인가. 자신이 가야 할 방향을 설정하고 바람을 거스르며 헤쳐나갈 때 인생이 풍요로워지는 것은 아닐까. 나의 주체를 회복하고, 그러면서 나만의 인생을 설계하는 삶. 이것이 나의 삶이고, 우리의 아이들에게 가르쳐야 할 교육의 본질이 아닌가 생각한다. 이제 2011년도 절반이 지났다. 한 여름의 이 밤은 가을이 성큼 다가온 듯한 착각을 일으키게 한다. 여름이 가면 가을이 오고, 가을이 가면 겨울이 온다. 그렇게 세상은/자연은 돌고 돈다. 세상의/자연의 거대한 흐름속에서 유한한 우리의 삶을 풍요롭게 가꾸어 가야하리라. 이것이 지금 나에게 주어진 사명이요, 내 삶의 진리이다.

김외솔 oesol.kim@gmail.com

교사로서의 삶의 운명에 처해진 나. 나는 그 운명에 동승하여 오늘도 살아가고 있다. 그러나 하루하루 그냥 살아가기에 나의 삶은 너무 무의미하다. 소크라테스는 음미하지 않은 삶은 살 가치가 없다고 하였다. 그렇다. 나는 교사로서 주체적인 존재로 거듭나 끊임없이 음미하는 삶을 살아야 하리라. 이는 바로 가르치는 일에 대하여 끊임없이 고민하고 회의하는 삶과 같다. 이 책 역시 바로 그러한 고민과 회의가 담겨있는 하나의 텍스트이다. 이 안에는 바로 나만의 존재론적 역사성의 이름이 남겨져 있다. 그러니 조심스럽기만 하다. 그러나 시대를 앞서간 이들은 그들의 역사적 갈림길에 주저함이 없다. 나 역시 그들의 가르침을 이어받아 이 텍스트에 교사로서의 희망과 소망을 담아본다. 우리 교육이 자유와 성취의 서사로 거듭나 그린나래를 펼치는 꿈을 꾸면서 말이다.

박상현 comet098@hanmail.net

커피 한 잔을 하면서 동학년 선생님들과 학교 이야기를 나눈다. 각 학교에서 이루어지는 일들, 아이들과 학부모 이야기, 학교 시스템에 문제 등을 이야기하며 나는 공감을 하고, 위안을 받는다. 커피 한 잔을 하면서 번역한 내용을 다시 살펴본다. 읽고, 또 읽으며 내 눈에 보이지 않는 것들을 위해 다른 선생님들에게 읽어달라고 부탁을 한다. 대화 주제를 꺼내 다른 선생님들과 생각도 나눠보고, 글 속의 내용과 나의 교실 속 풍경은 어떤지 생각하며 다짐의 도약을 다진다. 번역 작업을 통해 공감만으로 다 채울 수 없는 나의 마음에 나를 돌아볼 수 있는 시간을 가질 수 있었다. 교육 현장 속 모든 이들에게 이 책이 다른 교실의 풍경만을 보기 위한 아픈 잣대를 키우는 것이 아니라 나의 교실 속 풍경을 바라보기 위한 시선의 여유와 만나길 바란다.

양정은 forme97@hanmail.net

십 년 전 아바타 위저드코스에서 천 명이 넘는 사람들이 한 장소에서 같은 주제에 골몰하는 장면을 보고 충격을 받았다. "아, 이 장면을 학교에 그대로 옮겨놓을 수만 있다면 정말 근사할 텐데…!" 그 이후로 내 꿈은 "어떻게 모두가 신명 나는 배움터를 만들 수 있을까?" 하는 것이었다. 교사 시절 내내 수업전문성을 쌓을 수 있는 구체적인 안내를 받아보지 못했다. 그래서 번역하는 동안 이 책에 많이 매료되었고, 설레였고, 흥분했다. 이 책은 분명 많은 선생님들에게 수업전문성에 대한 명쾌한 길잡이가 될 것이다.

장경숙 jks1130@hanmail.net

이 책을 읽고 수업전문성에 대해 완전히 체득하기를 기대했던 독자들에게는 다소 모자란 듯한 느낌이 들었을지도 모른다. 그렇다면 이렇게 생각해 보자. 이 책을 통해 지금까지 두루뭉술하게 접했던 수업전문성에 대해 실제적인 기반을 마련했다고. 그래도 만족스럽지 않은 독자에게는 이 책에 대한 아낌없는 비판과 더불어 수업전문성을 함양하기 위한 스스로의 끊임없는 노력을 경주하기를 희망해 본다. 교사에게 수업전문성이란 가만히 앉아서 누군가가 떠 먹여주는 무언가가 아니다. 또한, 수업전문성에 대한 강좌를 들었다고 해서 절로 생겨나는 것도 아니다. 그렇다. 수업전문성이란 결국 스스로 만들어 나가야 하는 것이고, 그것이 무엇인지에 대한 체계가 마련되는 것이 선행되어야 한다. 이런 점에서 이 책은 수업전문성을 갈망하는 교사에게 그 체계를 마련하기 위한 선행작업의 보조자료로써 충분히 가치가 있을 것이다.

한민철 acafirst@naver.com

■ 부록

INTASC 기준과 장별 목표에 따른 교사의 수행 및 성과

INTASC 기준	교사의 수행 및 성과	장별 목표	교사의 수행 및 성과
제1원칙	주요한 개념, 조사 도구, 가르칠 교과의 구조를 이해한다. 학생들에게 유의미한 학습 경험을 창안한다.	2장(목표 2, 4) 5장(목표 1~6)	수업 목표를 작성한다. 학생의 배경에 기반하여 차이성을 반영해 수업한다.
제2원칙	아이들이 어떻게 학습하고 발달하는지를 이해하고, 그들의 발달을 지원하는 학습 기회를 제공한다.	2장(목표 2, 4) 3장(목표 1~7) 4장(목표 1~4) 5장(목표 1~6)	수업 목표를 작성한다. 학생의 주의를 이끌면서 학습시킨다. 학생의 이해를 깊게하는 발문을 한다. 학생의 다양성에 기반하여 차이성을 반영해 수업한다.
제3원칙	학생들의 학습 방식이 어떻게 차이가 나는지 이해하고, 다양한 학습자를 아우르는 교육적 기회를 창안한다.	3장(목표 1~7) 5장(목표 1~6) 6장(목표 3)	학생의 주의를 이끌면서 학습시킨다. 학생의 특성에 기반하여 차이성을 반영해 수업한다. 현재 진행중인 학급 과업의 관리 측면에서 바람직한 학습 환경을 조성한다.
제4원칙	다양한 수업 전략을 이해하고 활용한다.	2장(목표 3, 4) 3장(목표 1~7) 4장(목표 1~4) 5장(목표 1~6)	수업 목표를 작성한다. 학습에 학생을 참여시키기 위해 전략을 활용한다. 효과적인 발문 전략을 활용한다. 아이들의 차이성에 바탕을 둔 수업을 위한 전략을 활용한다.

(옆면에 계속)

INTASC 기준과 장별 목표에 따른 교사의 수행 및 성과

INTASC 기준	교사의 수행	장별 목표	교사의 수행 및 성과
제5원칙	긍정적인 사회적 상호작용, 적극적인 학습 참여, 자기 동기화를 장려하는 학습 환경을 조성한다.	3장(목표 1~7)	학생의 주의를 이끌기 위해 전략을 활용한다.
		4장(목표 1~4)	효과적인 발문 전략을 활용한다.
		5장(목표 1~6)	아이들의 차이성에 바탕을 둔 수업을 위해 전략을 실행한다.
		6장(목표 1~3)	효과적인 교실 관리 전략을 실행한다.
제6원칙	적극적 탐구, 협력, 교실 상호작용을 지지하는 분위기 조성을 위해 미디어 의사소통 공학에 대한 지식을 활용한다.	3장(목표 1~7)	학생을 참여시키기 위한 학습 전략을 실행한다.
		4장(목표 1~4)	효과적인 발문 전략을 활용한다.
		5장(목표 3, 4)	문화적 차이성을 반영한 수업 전략을 실행한다.
제7원칙	교과목, 학생, 지역 사회, 교육과정 목적에 대한 지식을 기초로 하여 수업을 계획한다.	2장(목표 1~3)	수업 목표를 작성하고 활용한다.
		4장(목표 1~4)	교과 내용과 관련있는 발문을 한다.
		5장(목표 4~6)	학생의 준비도, 흥미, 학습 프로파일에 기반해 차이성에 바탕을 둔 수업을 한다.
제8원칙	형식적이거나 비형식적인 평가 전략을 이해하고 활용한다.	3장(목표 6, 7)	효과적인 수업 정리에 대한 전략을 실행한다.
		4장(목표 1~4)	학생의 학습을 평가하기 위한 발문 전략을 실행한다.
		5장(목표 3, 4)	비형식적인 평가 전략을 통해 학생의 요구를 잘 이해한다.
		7장(목표 1~8)	효과적인 평가 전략을 실행한다.

(뒷면에 계속)

INTASC 기준과 장별 목표에 따른 교사의 수행 및 성과

INTASC 기준	교사의 수행 및 성과	장별 목표	교사의 수행 및 성과
제9원칙	수업을 반성한다.	1장(목표 1~4)	반성적 의사 결정자로서의 교사임을 확인한다.
		5장(목표 5, 6)	학생이 적극적으로 학습할 수 있도록 어떻게 해야할 지 숙고한다.
		6장(목표 3)	교실 관리에 대한 과업과 결정을 향상시키기 위해 어떻게 해야할 지 숙고한다.
		7장(목표 1~8)	수업 의사 결정의 판단 형성을 위한 정보 수집의 다양한 방법을 활용한다.
제10원칙	동료교사, 학부모, 지역단체와의 바람직한 관계를 조성한다.	5장(목표 6)	특정한 상황에 대한 해결을 위해 동료 교사로부터 조언을 구하고 함께 해결한다.
		6장(목표 3)	학부모와 바람직한 관계를 형성한다.

☞ INTASC에 관해서는 본문 8쪽과 38쪽을 참조하시오.

수업전문성 *Cafe* : 그것의 지형과 맥락

Classroom Teaching Skills | 9/E

펴낸날 2011년 10월 5일 초판발행

지은이 James M. Cooper

옮긴이 서명석·곽유진·김외솔·박상현·양정은·장경숙·한민철

펴낸이 홍진기

펴낸곳 아카데미프레스

주 소 122-900 서울시 은평구 역촌동 58-9 부호아파트 102동 상가 3호

전 화 (02)2694-2563

팩 스 (02)2694-2564

홈페이지 www.academypress.co.kr

등록일 2003. 6. 18(제313-2003-220호)

ISBN: 978-89-91517-87-5 93370

값: 27,000원